LONELY PLANET PUBLICATIONS

W0195132

MAT OAKLEY
JOSHUA SAMUEL BROWN

SINGAPUR
CITYGUIDE

WILLKOMMEN IN SINGAPUR

Köche im Raffles Hotel (S. 134) befriedigen unermüdlich Singapurs größte Leidenschaft: das Essen

Immer die Brautjungfer, niemals die Braut – die ewige Stadt der Zwischenlandungen beginnt sich als Reiseziel neu zu erfinden.

Die meisten kennen sich mit Shoppen und Essen aus, Singapur aber hat sich auch ernsthaft mit dem Thema Spaß beschäftigt und Gefallen daran gefunden. Mittlerweile befindet es sich auf dem Weg zur ultimativen Metropole des 21. Jahrhunderts. Und in einer Stadt, für die stetiger Wandel und Fortschritt fast Religion sind, werden Entschlüsse schnell in die Realität umgesetzt.

Nahezu jeder Bereich dieser winzigen Insel erfährt eine Renaissance, egal ob Kunst und Unterhaltung, Sport, Touristenattraktionen, Naturschauplätze oder – wie könnte es anders sein – Essen und Shoppen.

Der einst etwas spießige Unterhaltungssektor ist aus seinem Schlaf erwacht; neue Megaclubs und Strandpartys bescheren der Stadt einen Platz auf der Nightlife-Landkarte Asiens. Zwei riesige neue „Integrated Resorts" (etwas euphemistische Bezeichnung für neu errichtete Stadtgebiete mit Casino-Betrieb) locken mit ihren Casinos, Freizeitparks und außergewöhnlichen Attraktionen Horden von Besuchern an. Große, moderne neue Malls zwängen sich in jegliche noch verfügbare Ritze der berühmten Shoppingmeile Orchard Road. Kunst- und Kulturfestivals füllen den Kalender. Mit einem Mal steht Singapur sogar auf dem Terminplan des internationalen Sports: als Gastgeber des ersten Formel-1-Nachtrennens und der Jugend-Olympiade 2010.

Und immer und überall gibt es Essen, fantastisches Essen; diese einzigartige und überwältigende Obsession, die alle Bewohner Singapurs eint und sie als solche definiert.

Irgendwo zwischen all dem – und oft übersehen – finden sich wunderbare grüne Oasen. Sie erst machen Singapur zu einem städtebaulichen Meisterwerk – zur Überraschung aller, die sich diese winzige Insel als Großstadtdschungel vorstellen.

Und wer da glaubt, schon alles über Singapur zu wissen, den erwartet um die Ecke garantiert die nächste Überraschung.

STADTLEBEN

Abgesehen von ihrer immer gleichbleibenden Regierung sehen sich die Durchschnitts-Singapurer schon morgens beim Verlassen ihrer „Housing Development Board"-Wohnung (staatliches Wohnungsbauprogramm) konstanter Veränderung gegenüber.

Die Tage insularen Wohlstands und Komforts der 1980er- und frühen 1990er-Jahre sind vorbei. Den Wohlstand gibt es noch, aber der raue Wind der globalen Ökonomie bläst kräftiger. Daran werden die Singapurer ständig durch Politik und Medien erinnert, und sie müssen lernen mitzupusten.

Aber gerade dieser globale Wind weht auch den Rest der Welt nach Singapur. Heutzutage gibt es viele Ausländer, die nicht nur in den reichen, traditionellen Auswandereroasen leben und mit dem Taxi oder Firmenwagen reisen. Jetzt leben sie in den Vorstädten, nehmen den Bus oder den Zug, essen in Einkaufszentren und den Hawker Centern (Open-Air-Garküchen). Und natürlich kommen auch die Touristen – jede Menge und noch mehr –, so sagt man es auf jeden Fall den Singapurern.

Überall wird gebaut und alles ist im Wandel: Casinos, der Universal-Studios-Freizeitpark, das weltgrößte Aquarium sowie das riesige Riesenrad, der Singapore Flyer. Eine neue Linie des Nahverkehrsschnellzuges MRT ist fast fertiggestellt, die Arbeiten an einer weiteren sollen bald beginnen. Ein Formel-1-Rennen. Neue Straßen, mehr Verkehr, höhere Mautgebühren. Neue Wohngebiete überall. Abwasserkanäle werden in Wasser-Freizeitparks umgewandelt, neue botanische Gärten entstehen in der Bucht. Hightech aus Europa zieht ein. Biomedizinische Forschungszentren. Noch ein Terminal für den Flughafen. Neue Ausgehviertel. Ein Projekt zur Landgewinnung ist angekündigt. Schlussverkauf im brandneuen Einkaufszentrum. Ein Hawker Center wird wegen Renovierung geschlossen. Ein Museum wird erweitert, umgebaut und wiedereröffnet.

Moment mal, wir waren doch vor sechs Monaten hier, woher kommt denn dieses Gebäude da? Und wo ist unsere Lieblingskneipe jetzt hin? Letzte Woche war sie noch hier.

Singapur geht aufs Ganze in seinem Bestreben, eine moderne, lebenswerte Stadt zu werden. Für den Besucher ist das eigentlich nur gut. Und für die Einwohner? Es wird passieren, ob sie es wollen oder nicht, also bleibt ihnen wohl keine andere Wahl, als zu versuchen mitzuhalten.

Futuristische Architektur am Peddler's Walk, Clarke Quay (s. Kasten S. 59)

HIGHLIGHTS

❶ Das ernste …
Das Asian Civilisations Museum (S. 53) und das National Museum of Singapore (S. 59 und Abbildung links) zeigen kulturelle Schwergewichte in innovativer Aufmachung

❷ Das düstere …
Handgeschriebene Zettel in der Changi Chapel (S. 87) erinnern an die Erfahrungen Singapurs während des Zweiten Weltkrieges

❸ Und das seltsame Singapur
Um einen Blick auf die schrulligeren Seiten der Stadt zu werfen, sollte man das Museum of Shanghai Toys (S. 74) oder die Haw Par Villa (S. 102 und Abbildung unten) besuchen

MUSEEN

Singapur kann mit Recht behaupten, es sei die Museumshauptstadt Südostasiens. Wer die kulturellen Highlights vom kolonialen Bombast bis zur kleinen, aber umso bewegenderen Gedenkstätte erkunden will, braucht locker eine ganze Woche.

❶ Fischkopf-Curry
Die regionale Spezialität schmeckt besser, als der Name vermuten lässt

❷ 24 Stunden geöffnet
Kaufrausch rund um die Uhr im Mustafa Centre (S. 117)

❸ Wanderlust
Einfach ziellos schlendern – Little India (S. 71) ist immer faszinierend

EINE SCHEIBE SUBKONTINENT

Little India ist der am besten erhaltene der traditionell ethnisch geprägten Stadtteile Singapurs. Einige behaupten, er sei wie Indien, nur ohne die stressigen Unannehmlichkeiten. Das Gewirr pulsierend lebhafter Gassen und Wege ist erfüllt vom Geruch der Gewürze, geschmückt mit Girlanden und beschallt von stampfenden Bhangra-Klängen.

GRÜNES SINGAPUR

Viele Besucher sind überrascht über die üppige Pflanzenpracht der Stadt. Allein die Anzahl und die Schönheit der Grünflächen machen Singapur zu einer der bestgeplanten Städte der Welt – ein urbanes Meisterstück, das sich immer wieder neu erfindet.

❶ Sungei Buloh Wetland Reserve
Ein Paradies für Vogelbeobachter in einem
unberührten Mangrovensumpf – das ein oder
andere Krokodil gibt's gratis dazu (S. 93)

❷ Singapore Botanic Gardens
Pflanzenpracht nicht weit vom Ende der Orchard
Road (S. 96)

❸ MacRitchie Nature Reserve
Ein Naturschutzgebiet mit tropischem Regenwald im Zentrum der Insel (S. 94)

❹ Fort Canning Park
Einst ein verbotener Hügel, jetzt ein grünes
Naherholungsgebiet im Stadtkern (S. 57)

❶ Neonlicht-Charme
Ohne in einem Hawker Center oder einem Coffeeshop gespeist zu haben, wäre ein Besuch unvollständig (S. 133)

❷ Futtern vom Feinsten
Zum Gourmet-Dinner geht's hoch hinaus: ob im 70. Stockwerk des Equinox (S. 132), hoch oben auf einer Klippe in The Cliff (S. 147) oder in einer Seilbahn im Sky Dining (S. 147)

ESSEN BIS MAN PLATZT

Wer bei der Abreise keine Plusterbacken und einen prallen Bauch hat, der muss irgendetwas falsch gemacht haben. Denn Singapur ist das Essparadies schlechthin; von den einfachsten, billigsten Snacks an der Straßenecke bis zu kulinarischen Hochgenüssen – diese Stadt ist vom Essen besessen.

ALTE FREUNDE NEU ENTDECKEN

Reisende auf der Suche nach dem alten Singapur sollten sich auf den Weg nach Joo Chiat machen, dem Herzen der Peranakan-Renaissance.

❶ **Koon Seng Road Shophouses**
Wunderschöne Häuser aus der Kolonialzeit erstrahlen nach ihrer Restaurierung in neuem Glanz (S. 83)

❷ **Katong Antique House**
Faszinierende Einblicke in die Geschichte und Kultur der Peranakan (S. 83)

HEILIGE HÄUSER

Spirituelle Vielfalt und selbstverständliche kulturelle Toleranz machen die „Löwenstadt" praktisch zu einem Gemischtwarenladen religiöser Kultur.

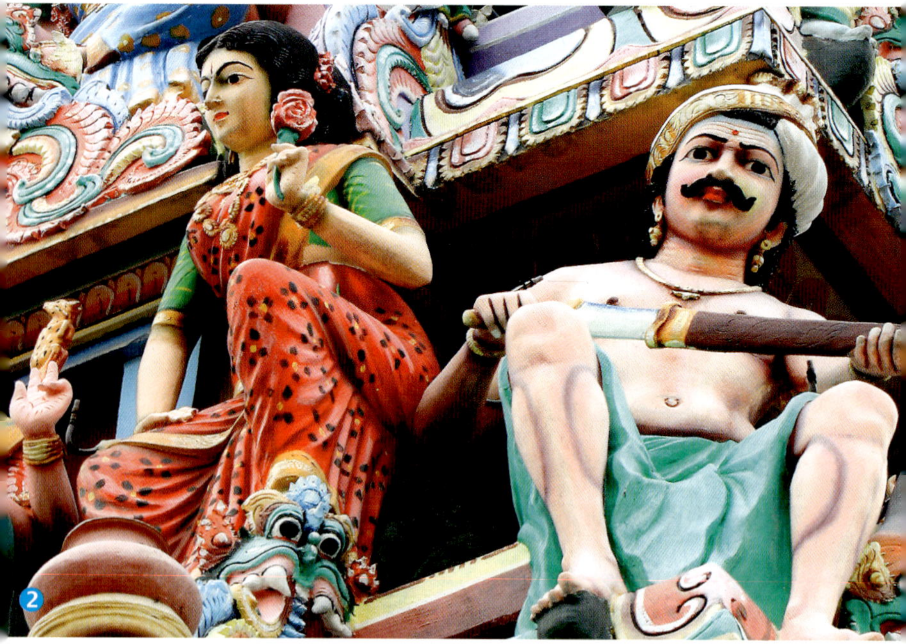

❶ Buddha Tooth Relic Temple
Eine Zahn-Reliquie Buddhas aufbewahrt unter
420 kg puren Goldes (S. 66)

❷ Sri Mariamman Temple
Ein Rausch der Farben und Verzierungen an
Singapurs ältestem Hindutempel (S. 67)

❸ Thian Hock Keng Temple
Himmlischer Segen im Stadtzentrum (S. 67)

❹ Sultan Mosque
Die beeindruckende Kuppel der Moschee über-
ragt Kampong Glam (S. 75)

❶ Die Höhen erklimmen
Die beste Aussicht auf die Stadt hat man im G-max Bungy (S. 166), vom Riesenrad Singapore Flyer (S. 166 und Abbildung links) oder auch vom großen gelben DHL-Ballon aus (S. 166)

❷ Fahrrad fahren
Mit dem Fahrrad lässt sich Singapurs weitläufige Parklandschaft (S. 163) erkunden und gleichzeitig der Verkehr umgehen

❸ Singapur auf Inlineskates
Mit eigenen oder geliehenen Skates über Fahrradwege, Parkwege und Straßen kreuz und quer über die Insel rollen (S. 163)

SINGAPUR MAL ANDERS

Unzufrieden mit dem üblichen Essen-Shoppen-Tempel-Trott? Einfach mal die Höhen erklimmen oder sich draußen austoben.

INHALT

DIE AUTOREN

Mat Oakley

Mat ist in Watford geboren und aufgewachsen, was er seinen Eltern nie verziehen hat. Seitdem er England 1993 entkommen ist, lebte und arbeitete er als Journalist und Autor in Thailand, Laos, Australien und auf den Fidschi-Inseln. Die letzten vier Jahre hat er mit seiner Frau und drei Katzen in Singapur verbracht. Abgesehen davon, die gastronomische Vielfalt der Stadt zu erschließen, liebt er es besonders, die grünen Oasen Singapurs zu erkunden oder sich auf sein Motorrad zu schwingen und einen leeren Straßenabschnitt ausfindig zu machen (ist nicht einfach, gibt es aber wirklich). Mat war koordinierender Autor und schrieb die Kapitel „Willkommen in Singapur", „Bevor es losgeht", „Hintergrund", „Shoppen", „Essen", „Verkehrsmittel & -wege" und „Allgemeine Informationen".

MATS PERFEKTER TAG IN SINGAPUR

Ich beginne den Tag auf der Veranda des Rider's Café (S. 146), das zum Bukit Timah Saddle Club gehört und das wohl friedlichste und urigste Frühstückslokal in Singapur ist. Falls es ein Werktag ist, fahre ich danach zum East Coast Park (S. 85) und drehe in der Lagune von Ski360° (S. 168) ein paar Runden Wasserski. Anschließend gehe ich zu Fuß zum East Coast Lagoon Food Village (S. 144) und gönne mir zum Mittagessen eine Schale Laksa.

Nachmittags gehe ich in die Stadt und stöbere im Tanglin Shopping Centre (S. 120) nach Büchern und Antiquitäten. Dann besuche ich das National Museum (S. 59) und den Colonial District, bevor ich kurz nach Einbruch der Dunkelheit von der Elgin Bridge aus zusehe, wie am Boat Quay (S. 59), vor der beeindruckenden Kulisse der Wolkenkratzer, nach und nach die Lichter angehen – großartig!

Das viele Herumlaufen macht durstig, wohin also als Nächstes? Auf ein belgisches Bier ins Oosters? Oder ein Fensterplatz in der Lounge vom Harry's (S. 152)? Zu Abend gegessen wird auf jeden Fall in Little India, im Gayatri (S. 138), Anjappar (S. 139) oder Andhra Curry (S. 139), ehe ich den Tag mit einem Bier im Prince of Wales (S. 155) beschließe.

Joshua Samuel Brown

Joshua Samuel Brown reist als Autor und Fotojournalist seit seiner Jugend rund um den Globus und hat Artikel in zahlreichen Zeitschriften veröffentlicht. Singapur hat er seit den späten 1990ern immer wieder besucht.

Ansonsten treibt er sich mal in Asien, mal in Nordamerika und zwischendurch in Mittelamerika herum. Wenn er nicht gerade für Lonely Planet schreibt, lebt Joshua mit seiner Frau, vier Hunden und sechs Katzen auf einer Biofarm in Texas, wo er politische Essays und endlose E-Mails verfasst und vergeblich versucht, jeglicher handwerklichen Tätigkeit aus dem Weg zu gehen. Sein ebenso lehrreicher wie eigenwilliger Blog, *Snarky Tofu*, ist online unter www.josambro.blogspot.com zu finden. Er schrieb die Kapitel „Stadtviertel", „Ausgehen & Nachtleben", „Kunst & Kultur, Freizeit", „Schlafen" und „Ausflüge" sowie den Abschnitt über Kunst & Kultur im Kapitel „Hintergrund".

Sich in Singapur zurechtzufinden ist buchstäblich ein Kinderspiel. Selbst eine Gruppe von Halbwüchsigen, die man am Changi Airport absetzt und ihrem Schicksal überlässt, kriegt es ohne Weiteres geregelt, binnen weniger Stunden ein Hotelzimmer zu finden, mit öffentlichen Verkehrsmitteln die Stadt unsicher zu machen und etwas zu futtern zu organisieren.

Sie brauchen allerdings reichlich Taschengeld, denn Singapur ist nicht gerade billig. Wer sich in den Hawker Centern etwas zu essen besorgt und öffentliche Verkehrsmittel benutzt, kann eine Menge Geld sparen. Die Unterkünfte haben ebenfalls ihren Preis, es lohnt sich, frühzeitig zu buchen. Wer im September während des Formel-1-Grand-Prix anreist, muss sich darauf gefasst machen, für ein Zimmer besonders tief in die Tasche greifen zu müssen.

REISEZEIT

Singapur ist immer eine Reise wert. Das ganze Jahr über gibt es kulturelle Veranstaltungen aller Art, und weil in der Stadt so viele verschiedene Bevölkerungsgruppen leben, findet eigentlich immer irgendein Festival statt. Auch die weniger spektakulären, weniger ausgefallenen Aspekte der traditionellen Kultur sind allerorten anzutreffen. Kaum zu übersehen sind beispielsweise die zahlreichen kleinen Straßenschreine mit ihren Räucherstäbchen, Opfergaben und Orangenpyramiden, die oft unvermutet in irgendeiner Ecke auftauchen.

Da Singapur in unmittelbarer Äquatornähe liegt, ist es das ganze Jahr über feucht und heiß. Die Temperaturen sinken nie unter 20°C und auch die Niederschlagsmengen sind relativ gleichbleibend. Die nassesten Monate, in denen es auch mal ein, zwei Grad kühler ist, sind wohl November bis Januar, die trockensten Mai bis Juli. Die Unterschiede sind allerdings so gering, dass sie sich kaum bemerkbar machen. Dementsprechend gibt es so etwas wie Haupt- und Nebensaison eigentlich nicht, während der Schulferien (S. 208) und der großen Festivals ist die Stadt aber deutlich voller als sonst.

FESTIVALS

In Singapur finden zahllose religiöse, kulturelle, nationale und kommerzielle Festivals statt. Insbesondere religiöse Feste richten sich zumeist nach dem Mondkalender, die genauen Termine finden sich normalerweise auf der Website des Tourismusverbandes.

Januar

PONGGAL

Die viertägigen Feierlichkeiten des Erntedankfests der Südinder finden vor allem am Sri Mariamman Temple (S. 67) an der South Bridge Rd. und in Little India statt. Die Menschen begrüßen sich traditionell mit den Worten *„pal pongitha"* (Ist bei dir zu Hause die Milch übergekocht?). Gesüßter und gewürzter Reis wird in Milch zubereitet, die als Zeichen für Großzügigkeit zum Überkochen gebracht wird. Dabei rufen die Feiernden *„pongollo ponggal!"*.

THAIPUSAM

Eines der spannendsten Festivals der Hindus, das die Verehrer von Lord Subramaniam mit geradezu masochistischem Eifer begehen. Die Prozession der Gläubigen marschiert vom Sri Srinivasa Perumal Temple (S. 74) in der Serangoon Rd. zum Chettiar Hindu Temple (S. 60) in der Tank Rd. Dabei tragen sie *kavadis:* schwere, mit Pfauenfedern, Früchten und Blumen geschmückte Metallgestelle, die mit Haken direkt in der Haut befestigt werden. Andere Gläubige durchbohren ihre Wangen und Zungen mit Spießen *(vel)* oder tragen Sandalen mit Nagelfußbett.

Februar

CHINESISCHES NEUJAHRSFEST

Mit Drachentänzen und Paraden wird der Beginn des neuen Jahres gefeiert. Familien haben Tag der offenen Tür, unverheiratete Verwandte (besonders Kinder) erhalten *ang pow* (Geldgeschenke in roten Umschlägen), Schulden werden beglichen und alle wünschen *„Gung hei faat choi"* (Ich hoffe, du bekommst viel Geld). Chinatown ist hell erleuchtet, besonders Eu Tong Sen St. und New Bridge Rd., und beim *Singapore River Hongbao Special* gibt es einen Nachtmarkt *(pasar malam)*, Varieté und Feuerwerk.

CHINGAY

www.chingay.org.sg

Singapurs größter Straßenumzug findet am 22. Tag nach dem chinesischen Neujahrsfest statt. Eine bunte, multikulturelle Veranstaltung mit Fahnenträgern, Löwentänzern und geschmückten Wagen, die sich entlang der Orchard Rd. oder rund um den Colonial District abspielt. Wer dem Gedrängel um die besten Plätze entlang der Straßenabsperrungen entgehen möchte, kann sich für die Zuschauertribünen Tickets im Vorverkauf besorgen.

März

MOSAIC MUSIC FESTIVAL

www.mosaicmusicfestival.com

Beim jährlichen Musikfestival des Esplanade-Theaters geben sich zehn Tage lang bekannte und unbekannte Musiker und Bands aus aller Herren Länder die Ehre. Auf dem Programm stehen Weltmusik, Jazz und Independent sowie zahlreiche kostenlose Konzerte auf den kleineren Bühnen des Esplanade.

SINGAPORE FASHION FESTIVAL

www.singaporefashionfestival.com.sg

Es mag nicht ganz Paris sein, ohne Zweifel aber eines der interessantesten und wichtigsten Modefestivals in Südostasien. Zwei Wochen lang präsentieren sich einheimische Designer ebenso wie die internationale Prominenz der Szene.

April

QING MING FESTIVAL

An ihrem Totengedenkfest besuchen Chinesen traditionell die Ruhestätten ihrer Vorfahren, um die Gräber zu reinigen und Blumen und andere Gaben niederzulegen. An aufeinanderfolgenden Wochenenden strömen die Menschen scharenweise zu den Kolumbarien in Singapurs größter Tempelanlage, dem buddhistischen Kloster Kong Meng San Phor Kark See (S. 91) im Zentrum der Insel, und bringen den Verkehr in den umliegenden Straßen praktisch zum Erliegen.

WORLD GOURMET SUMMIT

www.worldgourmetsummit.com

Mit dem *World Gourmet Summit* feiern die Singapurer üblicherweise zwischen März

und April zwei Wochen lang ihre nationale Leidenschaft – das Essen (der Termin verschiebt sich immer mal wieder um ein paar Wochen). Hier kommen alljährlich internationale Spitzenköche zusammen, um Feinschmecker mit kulinarischen Veranstaltungen und Workshops zu verwöhnen.

INTERNATIONAL FILM FESTIVAL

www.filmfest.org.sg

Independentstreifen und internationale Filmkunst haben im von Hollywood besessenen Singapur einen schweren Stand. Dieses Festival bietet Filmfreunden die seltene Gelegenheit, cineastische Erzeugnisse abseits der gängigen Blockbuster zu sehen.

KARFREITAG

An der St. Joseph's Catholic Church (Karte S. 54–55) in der Victoria St. findet eine Prozession mit einer Figur des gekreuzigten Jesu statt.

Mai

VESAK DAY

Mit verschiedenen Veranstaltungen wird Buddhas Geburtstag, Erleuchtung und Tod gedacht. U. a. werden Vögel, als Symbol für die Befreiung gefangener Seelen, aus ihren Käfigen entlassen. An Tempeln wie dem Sakaya Muni Buddha Gaya (S. 74) in Little India versammeln sich zahlreiche Anbeter, besonders viel los ist aber am Buddha Tooth Relic Temple (S. 66) in der South Bridge Rd.

June

GREAT SINGAPORE SALE

www.greatsingaporesale.com

Dieses Event findet von Ende Mai bis Anfang Juli statt und scheint jedes Jahr größer zu werden. Die Orchard Rd. und die großen Einkaufszentren sind mit Transparenten geschmückt und auf der ganzen Insel reduzieren die Händler die Preise (und kramen ihre Ladenhüter hervor). Paradiesische Zustände für Schnäppchenjäger oder doch eher der verzweifelte Versuch, den schwächelnden Einzelhandel der Stadt anzukurbeln? An dieser Frage scheiden sich die Geister.

BIRTHDAY OF THE THIRD PRINCE

Bei diesem chinesischen Fest wird der Kindgott mit Prozessionen geehrt. Die Gläubigen versetzen sich in Trance und bohren sich

Haken und Schwerter ins Fleisch. Die Feierlichkeiten finden an verschiedenen Tempeln und in der Queen St. (Karte S. 54–55) statt.

DRAGON BOAT FESTIVAL

www.sdba.org.sg

Das Drachenbootfest, mit dem des Todes eines chinesischen Heiligen gedacht wird, der sich aus Protest gegen die korrupte Regierung ertränkt haben soll, wird mit Bootsrennen im Bedok Reservoir gefeiert. Auf der Website gibt's Termine weiterer Rennen, die das ganze Jahr über ausgetragen werden.

SINGAPORE ARTS FESTIVAL

www.singaporeartsfest.com

Singapurs wichtigstes Kunstfestival wird alljährlich vom National Arts Council organisiert und wartet mit einem erstklassigen Programm aus Kunst, Tanz, Theater und Musik auf.

Juli

SINGAPORE FOOD FESTIVAL

www.singaporefoodfestival.com

Eine vierwöchige Feier alles Essbaren. Namhafte Restaurants locken Leckermäuler mit besonderen Veranstaltungen, dazu gibt es Kochkurse, geführte Touren rund ums Essen und reichlich Gelegenheit, malaiische, chinesische und indische Gerichte auszuprobieren. Aber Vorsicht: Bei Sonder- und Gratisangeboten sind Andrang und Futterneid enorm.

August

SINGAPORE NATIONAL DAY

www.ndp.org.sg

Praktisch das ganze Jahr über bereitet sich der Stadtstaat auf seinen Nationalfeiertag vor. Das nationalistische Spektakel umfasst Militärparaden, extravagante Prozessionen, Flugschauen der Luftwaffe, frenetisches Fahnenschwenken und – zum Abschluss – ein gigantisches Feuerwerk. Obacht vor den etwas verstörenden, ganz in weiß gekleideten Kolonnen der People's Action Party, die das ganze Treiben überwachen. Der Vorverkauf beginnt lange im Voraus.

WOMAD

Dieses Weltmusik-Festival markiert das Ende der Nationaltag-Feierlichkeiten und findet normalerweise im Fort Canning Park (S. 57) statt.

HUNGRY GHOST FESTIVAL

Ein etwas morbide anmutender Feiertag, an dem die Seelen der Toten befreit werden und auf der Suche nach Nahrung über die Erde wandeln. Um die ruhelosen Geister zu besänftigen und zu unterhalten, legen die Chinesen Lebensmittel auf der Straße nieder, entzünden Feuer und führen Opern auf.

September

FORMEL-1-GRAND-PRIX

www.f1singapore.com

2008 wurde auf dem malerischen Kurs rund um Marina Bay das erste Nachtrennen der Formel-1-Geschichte ausgetragen. Singapur hat gute Chancen, ein fester Bestandteil im Rennkalender der Königsklasse zu werden.

BIRTHDAY OF THE MONKEY GOD

Der Geburtstag von T'se Tien Tai Seng Yeh wird zweimal im Jahr am Tempel des Affengottes (Karte S. 64–65) in der Seng Poh Rd. nahe des Tiong Bahru Market gefeiert. Medien versetzen sich in Trance, bohren sich Spieße in die Wangen und Zungen und schreiben mit ihrem Blut besondere Zauberformeln.

MOONCAKE FESTIVAL

Dieses Fest ist auch als Laternenfest bekannt und wird bei Vollmond des achten Mondmonats gefeiert. Traditionell sind Mondkuchen mit Bohnenpaste, Lotussamen oder auch einem Entenei gefüllt, heutzutage gibt es aber zahllose Varianten, um modernen Geschmäckern gerecht zu werden.

NAVARATHRI

Im sechsten Monat des tamilischen Kalenders wird zu Ehren der Ehefrauen von Shiva, Vishnu und Brahma das Hindufest der „Neun Nächte" abgehalten. Junge Mädchen verkleiden sich als Göttin Kali, traditionelle Tänze und Gesänge werden aufgeführt. Die Feierlichkeiten finden vor allem an den Tempeln Chettiar Hindu (S. 60), Sri Mariamman (S. 67) und Sri Srinivasa Perumal (S. 74) statt.

Oktober

DEEPAVALI

Mit dem „Fest des Lichts" wird Ramas Sieg über den Dämonenkönig Ravana gefeiert. Unzählige Öllampen und Kerzen verwandeln ganz Little India einen Monat lang in ein strahlendes Lichtermeer. Das Fest gipfelt in einer riesigen Straßenparty am Vorabend des Feiertags.

WALLFAHRT NACH KUSU ISLAND

Im neunten Monat des chinesischen Mondkalenders, zwischen Ende September und November, ehren die Taoisten den Gott des Wohlstands, Tua Pek Kong, mit einer Wallfahrt zum Schrein auf Kusu. An den Wochenenden droht die Insel unter der Last der Pilger zu versinken.

HARI RAYA PUASA

Mit diesem Fest, das auch als *Hari Raya Aidilfitri* bekannt ist (und manchmal bereits im September stattfindet), feiern die Moslems das Ende des Ramadan. Während des Fastenmonats lohnt sich ein Besuch im arabischen Viertel Kampong Glam, wo jede Nacht große Festessen abgehalten werden.

November

HARI RAYA HAJI

Ein Fest, mit dem das Ende der Pilgerfahrt nach Mekka gefeiert wird. In den Moscheen werden Tiere (vor allem Schafe, die aus Australien eingeführt werden) rituell geschlachtet und ein Teil des Fleisches nach Weisung des Korans an die Armen verteilt. (In den Jahren 2009, 2010 und 2011 findet das Fest im November statt.)

THIMITHI

Bei dieser Zeremonie am Sri Mariamman Temple (S. 67) stellen Hindus ihren Glauben unter Beweis, indem sie über glühende Kohlen wandeln.

SINGAPORE BUSKERS FESTIVAL

Akrobaten, Artisten, Zauberer, Schlangenmenschen, Jongleure, Pantomimen und andere Straßenkünstler stellen beim größten Festival seiner Art in Südostasien ihr Können zur Schau. Die Veranstaltung findet hauptsächlich entlang der Orchard Rd. und des Singapore River sowie auf dem Marina Sq. statt.

Dezember

WEIHNACHTEN

Alles, was wir an Weihnachten so sehr lieben, wird auch in Singapur mit Begeisterung zelebriert: Der zügellose Konsum, die Gefühlsduselei und der Kitsch. Aber egal wie zynisch man ist (und wir sind sehr zynisch): Die Lichterpracht, die ab Ende November die Orchard Rd. erhellt, ist atemberaubend.

PREISE

Singapur hat für jeden Geldbeutel etwas zu bieten, ist verglichen mit seinen südostasiatischen Nachbarn allerdings alles andere als billig, insbesondere seitdem 2007 die Hotelpreise in die Höhe geschossen sind.

Es ist möglich, mit 50 bis 60 $ pro Tag auszukommen, ohne sich dabei auf Fernsehen im Hostel und Fertignudeln beschränken zu müssen. Ein Bett im Hostel kostet zwischen 16 und 30 $, ein Gericht in den Hawker Centern zwischen 2,50 und 6 $. An den Ständen in den Einkaufszentren der Innenstadt wird's um die 2 $ teurer. Museen bieten zeitweise freien Eintritt, so lässt sich zusätzlich ein wenig Geld sparen.

In der Mittelklasse ist ein einfaches, sauberes Zimmer in einem der weniger schicken Stadtviertel für um die 90 $ zu haben, im 3-Sterne-Hotel werden bis zu 300 $ fällig.

Für ein paar Sehenswürdigkeiten, maßvolles Shopping, ein bescheidenes Mittag- und Abendessen in einem guten Restaurant sowie ein paar Taxifahrten sollte man mit weiteren 200 bis 300 $ pro Tag rechnen.

Wer in einem Hotel der Spitzenklasse absteigt, dem Kaufrausch anheimfällt und in den feinsten Restaurants und Bars der Stadt zu speisen und zu trinken plant, kann ohne Weiteres mehr als 1000 $ pro Tag ausgeben.

INFOS IM INTERNET

http://disgruntledsingaporean.blogspot.com Hier lässt eine kritische Stimme Singapurs ihren Gedanken freien Lauf. Dazu gibt's Dutzende Links zu ähnlichen nonkonformistischen Blogs.

www.mrbrown.com Die Website des Bloggers und Podcasters Lee Kin Mun, dessen Kolumne in der Zeitung *Today* abgesetzt wurde, nachdem er zu offenherzig über die steigenden Lebenshaltungskosten in Singapur geschrieben hatte. Sein Podcast, der über die Website zu erreichen ist, erfreut sich nach wie vor großer Beliebtheit.

www.sistic.com.sg Hier gibt's Tickets für so ziemlich jedes Konzert, Theaterstück und sonstiges Event, dazu einen nützlichen Veranstaltungskalender.

WAS KOSTET WIE VIEL?

Liter Benzin 2,01 $

Literflasche Wasser 1,20 $

Flasche Tiger-Bier (im Hawker Center) 5,50 $

Flasche Tiger-Bier (im Pub) 12 $ und mehr

Souvenir-T-Shirt 5 $

Schale Laksasuppe 3,50 $

Caffè Latte bei Coffee Bean 5,50 $

Kopi (Kaffee) in einem Kopitiam (Coffeeshop) 1,25 $

Taxifahrt von Orchard nach Chinatown zur Hauptverkehrszeit 12 $

Teuerste Fahrt mit MRT 1,90 $

---

www.stomp.com.sg Die Seite des Mediengiganten SPH kultiviert die Art der sorgsam überwachten „offenen Gesellschaft", die die Regierung zu pflegen versucht. Der Menüpunkt „Singapore Seen" gewährt Einblicke darin, was die Singapurer so beschäftigt.

www.talkingcock.com Satirische Website, über die sogar schon im Parlament debattiert wurde. Ein ironischer Blick auf das Tagesgeschehen, dazu das unbezahlbare *Coxford Singlish Dictionary*.

www.visitsingapore.com Die Seite des Tourismusverbandes bietet Infos über die Hauptattraktionen der Stadt und einen nützlichen Veranstaltungskalender, auch auf Deutsch.

UMWELTBEWUSSTES SINGAPUR

Singapur ist auf Besucher, die sich um ihre Ökobilanz sorgen, gut eingestellt. Von Malaysia und sogar von Thailand aus ist eine Anreise bequem mit der Bahn möglich. Es ist nicht teurer als Fliegen und wesentlich malerischer.

In der Stadt selbst empfiehlt es sich, möglichst Züge und Busse zu nutzen. Die Innenstadt lässt sich gut zu Fuß erkunden. Fahrradfahren ist allerdings nur in den Parks wirklich schön, die Autofahrer können nämlich ziemlich aggressiv sein und scheren sich wenig um die Bedürfnisse der Radfahrer (S. 203).

Klimaanlagen sind in Singapur allgegenwärtig und in den meisten Hotels Standard. Sie lassen sich aber abschalten und durch einen Ventilator ersetzen. Sofern eine frische Brise vom Meer weht, kann man auch einfach bei offenem Fenster schlafen.

Die Idee des Recycling ist auch in Singapur angekommen und es gibt entsprechende Abfallbehälter in der ganzen Stadt. Viele Verkäufer und Kassierer sind allerdings krankhaft besessen davon, so viele Plastiktüten wie möglich zu verteilen.

GESCHICHTE
SINGAPUR VOR DER KOLONIALZEIT

Fast jedes Museum in Singapur beschäftigt sich mit der Geschichte der Stadt nach der Kolonialisierung, was einfach daran liegt, dass über die Zeit davor nur wenige gesicherte Fakten bekannt sind. So wie die Reiche im Norden und Süden im Laufe der Jahrhunderte kamen und gingen, war auch die Insel von mal größerer, mal geringerer Bedeutung. Archäologische Ausgrabungen belegen, dass auf der Insel in der Vergangenheit beträchtliche Siedlungen existierten, doch verlässliches historisches Material gibt es kaum.

Einer malaiischen Legende zufolge besuchte vor langer Zeit ein Prinz aus Sumatra die Insel Temasek, wo er ein seltsames Tier erblickte, das er für einen Löwen hielt. Dieses gute Omen veranlasste den Prinzen, an dieser Stelle eine Stadt zu gründen, die er Singapura (Löwenstadt) nannte.

Mindestens seit dem 5. Jh. verkehrten chinesische Handelsschiffe auf ihrem Weg nach China in den Gewässern des heutigen Singapur. In den Aufzeichnungen chinesischer Seeleute wird bereits im 3. Jh. eine Insel namens Pu Luo Chung erwähnt, bei der es sich um Singapur handeln könnte. Anderen Quellen zufolge befand sich bereits im 2. Jh. eine Siedlung auf der Insel.

1292 besuchte Marco Polo eine blühende Stadt, die er Chiamassie nannte und die sich dort befunden haben könnte, wo heute Singapur liegt. Aber auch das ist keinesfalls gesichert, zumal die Glaubwürdigkeit der Reiseberichte des Venezianers ohnehin oftmals angezweifelt wird.

Klar ist, dass Singapur nicht die erste der großen Handelsstädte in der Region war. Das buddhistische Seefahrerreich Srivijaya mit der Hauptstadt Palembang auf Sumatra herrschte ab dem 7. Jh. über die Straße von Malakka und dehnte sein Machtgebiet bis zum 10. Jh. bis auf die malaiische Halbinsel aus. Während der Blütezeit Srivijayas war Singapur allenfalls ein kleiner Handelsposten.

Angriffe rivalisierender Königreiche und das Aufkommen des Islam besiegelten den allmählichen Niedergang Srivijayas. Die Vormachtstellung in der Region übernahm nun das Sultanat von Malakka, dessen Wohlstand sich auf dem florierenden Freibeutertum gründete und das sich zu einem kosmopolitischen Freihafen entwickelte.

1511 eroberten die Portugiesen Malakka. Die ebenso ambitionierten Holländer gründeten Batavia (das heutige Jakarta), um die Position Malakkas zu schwächen, das sie ihren europäischen Konkurrenten 1641 schließlich entrissen. Gegen Ende des 18. Jh. machten sich die Briten auf die Suche nach einem geeigneten Hafen an der Straße von Malakka, um die Handelswege zwischen China, der malaiischen Welt und den eigenen Stützpunkten in Indien zu sichern. Als die Franzosen 1795 die Niederlande annektierten, nutzten die Briten die Gelegenheit, um die holländischen Besitzungen in Südostasien, inklusive Malakka, an sich zu reißen.

Nach dem Ende der Napoleonischen Kriege willigten die Briten 1818 ein, die Besitzungen wieder an die Holländer zurückzugeben. So mancher Untertan der Krone war über das Scheitern der britischen Expansionspläne in Südostasien bitter enttäuscht. Einer von ihnen war

ZEITACHSE

300	13. Jh.	um 1390
Chinesische Seeleute verzeichnen die Insel auf Karten und nennen sie Pu Luo Chung, vermutlich abgeleitet vom malaiischen Namen Pulau Ujong („Insel am Ende").	Ein Prinz der Srivijayan-Dynastie aus Sumatra gründet eine Siedlung auf der Insel und nennt sie Singapura („Löwenstadt"), nachdem er dort angeblich einen Löwen gesehen hat. Die Siedlung wird später in Temasek („Stadt am Meer") umbenannt.	Nach seiner Absetzung flieht der Srivijayan-Prinz Parameswara von Sumatra nach Temasek. Später gründet er das Sultanat Malakka, für das Temasek ein wichtiger Handelsposten ist.

Stamford Raffles, der Vizegouverneur von Java. Stamford Raffles erhielt die Genehmigung, eine Niederlassung zu gründen, um die britischen Handelswege und Interessen in der Region zu sichern, und wurde angewiesen, mit dem Sultan des nahe gelegenen Johor über den Erwerb von Land zu verhandeln.

DIE RAFFLES-ÄRA

Für jemanden, der nur kurze Zeit auf der Insel verbrachte, hatte Sir Stamford Raffles erheblichen Anteil an der Entwicklung Singapurs. Sein Name begegnet einem in der Stadt überall – Raffles Place im Central Business District, Stamford Road, Raffles Hotel, das Raffles City Shopping Centre, die angesehene Raffles Institution (wo Lee Kuan Yew zur Schule gegangen ist) –, doch sein Einfluss reicht weit darüber hinaus, bloßer Namensgeber für ein paar öffentliche Plätze und Gebäude zu sein.

Die Straßen der Innenstadt ebenso wie die Grenzen der ethnischen Viertel verlaufen auch heute noch weitgehend so, wie Raffles sie angelegt hatte. Auch das Design der klassischen Shophouses – einfache Ziegelbauten mit durchgehender, überdachter Veranda und einem lichtdurchfluteten, luftigen Innenhof – wird ihm zugeschrieben. Vor allem aber hat die Stadt Raffles' Vision eines britisch kontrollierten Handelszentrums in der Region ihren Status als einer der bedeutendsten Häfen der Welt zu verdanken.

Selbst Raffles' geschickte diplomatische Verhandlungen mit dem malaiischen Sultanat im Norden, in dessen Schatten das winzige Eiland stand, schlagen sich noch heute in dem bisweilen gereizten Verhältnis zwischen den beiden Ländern nieder.

Als Raffles Anfang 1819 in Singapur eintraf, war das Johor-Reich geteilt. Nachdem der alte Sultan 1812 gestorben war, hatte sein jüngerer Sohn die Abwesenheit des eigentlichen Thronfolgers Hussein genutzt, um selbst die Nachfolge seines Vaters anzutreten. Die Holländer hatten ein Abkommen mit dem jungen Sultan, Raffles aber sagte Hussein seine Unterstützung zu, erklärte ihn zum Sultan und überzeugte ihn, sich in Singapur niederzulassen.

Der Sultan, so Raffles' Plan, sollte keine eigentliche Macht ausüben, wohl aber die britischen Ansprüche auf die Insel legitimieren. Raffles unterzeichnete außerdem ein Abkommen mit dem hoch angesehenen *temenggong* (oberster Richter) von Johor und brachte ihn in einem Anwesen am Singapore River unter. Im Gegenzug für überschaubare jährliche Zahlungen an Sultan Hussein und den *temenggong* verschaffte sich Raffles so die Erlaubnis, Singapur als Handelsposten zu nutzen. 1824 schließlich kaufte er dem Sultan die Insel ab und Singapur ging in den Besitz der britischen East India Company über.

Die Familie des Sultans besaß bis 1999 ein Haus in Singapur. Das Gebäude beherbergt heute das Malay Heritage Centre (S. 71).

Zusammen mit Penang und Malakka bildete Singapur ein mächtiges Dreigestirn von Handelsstützpunkten, den sogenannten Straits Settlements, die von der East India Company in Kalkutta kontrolliert, aber von Singapur aus verwaltet wurden.

Raffles hatte die brillante Idee, ein dünn besiedeltes, malariaverseuchtes Sumpfgebiet in ein brummendes Wirtschaftszentrum zu verwandeln, indem er geschäftstüchtige Glücksritter anlockte und sie hemmungslos Handel treiben ließ. Es dauerte viele Jahrzehnte, bis in die aufstrebende Stadt so etwas wie eine soziale Ordnung einkehrte, doch der unternehmerische Geist und der unbedingte Wille zum Erfolg, der die Raffles-Ära prägte, sind noch heute in Singapur spürbar.

1613	1819	1823
Portugiesen greifen die auf der Insel gelegene Stadt an und brennen sie nieder. Solange die Portugiesen Malakka beherrschen, fristet Singapura ein Schattendasein.	Auf der Suche nach einem Hafen, um die britischen Interessen in der Straße von Malakka zu festigen, landet Sir Stamford Raffles auf Singapura und befindet, einen geeigneten Platz gefunden zu haben.	Raffles unterzeichnet ein Abkommen mit dem Sultan und Temenggong von Johor, womit die Briten die Kontrolle über einen Großteil der Insel erhalten. Raffles kehrt daraufhin nach Großbritannien zurück. Singapur wird er nicht mehr wiedersehen.

DER GROSSE RAFFLES

Der Kultur- und Naturforscher, Kolonisator von Singapur und Gründer des Londoner Zoos, Sir Stamford Raffles, starb 1826 in seinem Haus in Hendon im Norden Londons – einen Tag vor seinem 45. Geburtstag. Wahrscheinlich erlag er einem Gehirntumor. Da er sich mit der East India Company überworfen hatte, wurde sein Tod in der Londoner Gesellschaft weitgehend ignoriert. Erst acht Jahre später wurde ihm zu Ehren in Westminster Abbey eine Marmorstatue errichtet, die von Freunden und Verwandten in Auftrag gegeben worden war.

Die original Bronzestatue von Raffles in Singapur, die am 29. Juni 1887 auf dem Padang enthüllt wurde, steht heute vor der Victoria Theatre and Concert Hall. Eine weiße Nachbildung aus Stein am Empress Place markiert angeblich die Stelle, an der Raffles erstmals einen Fuß auf die Insel setzte.

Raffles war ein außergewöhnlicher Mann und in mancherlei Hinsicht kein typischer Kolonialherr. Zwar teilte er das Selbstverständnis des British Empire als heilsbringender Macht, doch machte er sich auch dafür stark, Singapur zu einem Freihafen zu machen, und lehnte die Sklaverei ab. Raffles setzte sich außerdem mit der Mentalität und Kultur der Menschen in der Region auseinander und sprach fließend Malaiisch.

Seine Herkunft aus bescheidenen Verhältnissen formte seinen Charakter. Im Alter von 14 Jahren begann er, für die East India Company zu arbeiten. 1805 zählte er zu einer Abordnung, die nach Südostasien gesandt wurde, um die britischen Interessen in Penang zu festigen. Innerhalb von sechs Jahren und nach zahlreichen Beförderungen stieg Raffles zum Gouverneur von Java auf und erwarb sich durch seinen leidenschaftlichen Führungsstil nachhaltigen Respekt. Von dort aus reiste er nach Sumatra, wo er Gouverneur des an der Südküste der Insel gelegenen Bengkulu wurde.

Sein Leben war aber von tragischen Schicksalsschlägen geprägt. Während seines Aufenthalts in Südostasien fielen vier seiner fünf Kinder Krankheiten zum Opfer, seine umfangreiche Sammlung naturhistorischer Zeugnisse ging bei einem Schiffsbrand verloren und sein Vermögen bei einer Bankenpleite. Die East India Company verweigerte ihm eine Rente und sein Gemeindepfarrer, der mit seiner Ablehnung der Sklaverei nicht einverstanden war, einen Grabstein.

Angesichts seiner Verdienste als Staatsmann gerät oft in Vergessenheit, dass Raffles außerdem ein brillanter Naturforscher war. Er unternahm umfangreiche Studien zur Flora und Fauna der Region, und wenngleich ein Großteil seiner Arbeit verloren gegangen ist, wird sie von der National University of Singapore, die das Raffles Museum of Biodiversity Research (S. 101) unterhält, nach wie vor gewürdigt.

KOLONIALISIERUNG & BESATZUNG
Singapur unter britischer Herrschaft

Die ersten beiden Besuche Raffles in Singapur im Jahr 1819 waren kurz. Als seinen Handlungsbevollmächtigten und Verwalter setzte er Colonel William Farquhar ein, den früheren Residenten (Vertreter der britischen Krone) in Malakka. Als Raffles drei Jahre später zurückkehrte, boomte die Stadt, in der indes chaotische Zustände herrschten.

Raffles entwarf daraufhin den Stadtplan, der noch heute Bestand hat. Er ließ einen Hügel abtragen, um ein neues Geschäftsviertel anzulegen (den heutigen Raffles Place) und ließ rund um eine andere Erhebung namens Forbidden Hill (heute Fort Canning Hill) Regierungsgebäude errichten.

Seine Neuordnung folgte außerdem der kolonialen Praxis, die Bevölkerung fein säuberlich nach ethnischen Gesichtspunkten aufzuteilen. So entstanden mehrere Zonen: Den Europäern wurde Land im Nordosten des Regierungsviertels (im heutigen Colonial District) zugewiesen, viele von ihnen zogen aber schon bald in die beschaulicheren westlichen Vorstädte um. Die

1824	1826	1867
Mit dem Britisch-Niederländischen Vertrag stecken die beiden Kolonialmächte ihre jeweiligen Einflussgebiete in der Region ab. Damit wird zudem die britische Herrschaft über Singapur gefestigt.	Penang, Malakka und Singapur bilden die Straits Settlements, die von Indien aus verwaltet werden. Um den niederländischen Zöllen zu entgehen, siedeln sich zahlreiche Kaufleute im Freihafen Singapur an.	Soziale Probleme und die Unzufriedenheit über die mangelhafte Verwaltung und Kontrolle in Singapur veranlassen die Briten, die Straits Settlements zur eigenständigen Kronkolonie zu erklären.

Chinesen, darunter Hokkien, Hakka, Kantonesen, Teochew und Straits, konzentrierten sich vor allem an der Mündung und im Südwesten des Singapore River, wo jedoch auch viele Inder lebten (daher der große Hindutempel an der South Bridge Rd.). Hinduistische Inder ließen sich größtenteils in Kampong Kapor und an der Serangoon Rd. nieder, Gujarati und andere muslimische Kaufleute in der Gegend rund um die Arab St., tamilische Muslime betrieben ihre Geschäfte rund um die Market St. Die malaiische Bevölkerung lebte in erster Linie in den sumpfigen Randgebieten im Norden der Stadt.

In groben Zügen existieren diese Zonen noch heute, natürlich sind die Grenzen aber nicht mehr ganz so klar umrissen.

Zwar hatten die Briten in der Kolonie das Sagen, sie waren aber auch auf die Kooperation ihrer Untertanen angewiesen, insbesondere die der Chinesen, für die die Briten ebensolche Bewunderung empfanden wie andere europäische Mächte, denen chinesische Gemeinden unterstanden.

Der ansonsten für seine Schroffheit berüchtigte Generalgouverneur von Niederländisch-Ostindien, Jan Pieterszoon Coen, beschrieb die chinesischen Bewohner von Batavia (Jakarta) als „kluge, höfliche und fleißige Menschen". Besonders die Singapurer Chinesen beeindruckten die Reiseautorin Isabella Bird, die 1879 auf die Insel kam und über das „unaufhörliche Brummen der Geschäftigkeit" in der Stadt sowie das „unwiderstehliche, überwältigende und erstaunliche chinesische Element" berichtete.

Trotz ihres Reichtums war die Kolonie ein liederlicher Ort, an dem das Verbrechen blühte, unsägliche hygienische Zustände herrschten und es von Opiumabhängigen, Ratten, riesigen giftigen Tausendfüßlern, Moskitos und Tigern wimmelte. Der Großteil der Bevölkerung fristete ein hartes Dasein; wie hart es war, wird heutigen Besuchern wohl am anschaulichsten im Chinatown Heritage Centre (S. 63) vermittelt.

Raffles strebte danach, mit den verschiedenen *kongsi* zusammenzuarbeiten. *Kongsi* sind Clans – eine Art Mischung aus Geheimbund, Triade und rituell religiöser Bruderschaft –, in denen sich Chinesen in der Diaspora organisierten, um sich gegenseitig, insbesondere auch wirtschaftlich, zu unterstützen. (Viele von ihnen hatten ihren Sitz in der Club Street; ein paar von ihnen sind immer noch dort und halten bis heute der fortschreitenden Gentrifizierung des Viertels stand.) Das Netzwerk der *kongsi* war im 19. Jh. von zunehmender Bedeutung für den wirtschaftlichen Erfolg Singapurs, denn die Nachfrage nach Produkten wie Pfeffer, Zinn und Gummi, die von Chinesen gewonnen und von der malaiischen Halbinsel über Singapur ausgeführt wurden, stieg gewaltig.

Allerdings profitierte Singapur von der Wirtschaftskraft der *kongsi* vor allem dank der Einnahmen eines Produkts der East India Company, das aus Indien kam und für den chinesischen Markt bestimmt war – Opium.

Farquhar hatte Singapurs erste Opiumfarm für den heimischen Markt gegründet und bereits in den 1830er-Jahren machten die Steuern und Verkaufserlöse aus dem Opiumhandel fast die Hälfte der Einnahmen der Stadt aus. An diesem Zustand änderte sich bis weit ins 20. Jh. nichts. Doch das Britische Empire (das als erstes großes Drogenkartell bezeichnet wurde) brachte nicht nur Opiumabhängige hervor; es förderte auch die teils westlich orientierten Ansichten der in den Straits geborenen Chinesen.

Im 19. Jh. wurde es Frauen nur selten erlaubt, China zu verlassen. Also heirateten Chinesen, die sich in den Straits Settlements niederließen, oftmals malaiische Frauen. Dadurch entstand schließlich eine neue Mischkultur, die in Singapur heute als Peranakan (S. 30) bekannt ist.

1877	1939	1942
Die Briten errichten ein Protektorat in den Straits Settlements, um den von chinesischen Geheimgesellschaften organisierten ausbeuterischen Handel mit Arbeitskräften zu bekämpfen.	Fertigstellung des britischen Marinestützpunkts auf der Insel. Die „Festung Singapur" verfügt nun über das größte Trockendock der Welt, schwere Verteidigungsanlagen und Treibstoffvorräte, von der die britische Navy monatelang zehren könnte.	Die Japaner überrennen das auf eine Invasion aus dem Norden nur unzureichend vorbereitete Singapur. Die Alliierten ergeben sich am 15. Feburar.

Dem Wohlstand Singapurs konnten auch rapide sinkende Gummipreise in den 1920er-Jahren nichts anhaben. Die Stadt, in der man praktisch über Nacht zum Millionär werden konnte, lockte scharenweise Immigranten an. In den 1930er- und frühen 1940er-Jahren dominierte die Politik die intellektuelle Szene der Stadt. Die Inder beobachteten das Geschehen in der alten Heimat und suchten nach Anzeichen für das Ende der Kolonialherrschaft, während die Chinesen mit großem Interesse den Machtkampf zwischen der Kuomintang (Nationalpartei) und Maos Kommunisten verfolgten. Japans Einmarsch in China in den Jahren 1931 und 1937 stieß in Singapur auf allgemeine Ablehnung.

Die Briten fingen gerade an, nervös zu werden, als der Krieg Singapur erreichte.

Singapur unter japanischer Herrschaft

Als General Yamashita Tomoyuki am 15. Februar 1942 mit seinen Truppen einmarschierte, begann damit das dunkelste Kapitel in der Geschichte Singapurs. Für die Briten, die in den 1920er-Jahren einen Marinestützpunkt nahe der Stadt errichtet hatten, bedeutete die Kapitulation eine Demütigung. Für manche Historiker markiert der Fall Singapurs den Punkt, an dem der Mythos der britischen Unbezwingbarkeit zu bröckeln und der Niedergang des Empires begann.

Die Auswirkungen der japanischen Besatzung auf das kollektive politische und soziale Gedächtnis der Stadt sind nicht zu unterschätzen und zum Teil für das ausgeprägte Sicherheitsdenken im heutigen Singapur verantwortlich.

Die Japaner führten ein strenges Regime. Yamashita ließ die Kriegsgefangenen auf dem Padang zusammentreiben, von wo aus sie in Internierungslager kamen. Viele von ihnen endeten im berüchtigten Lager Changi, andere wurden nach Siam (dem heutigen Thailand) gebracht, um an der schrecklichen „Todeseisenbahn" zu arbeiten.

Die Japaner starteten außerdem die Operation Sook Ching, um den chinesischen Widerstand auszuschalten. Die chinesischen Bewohner Singapurs wurden aus ihren Häusern gejagt und „geprüft", woraufhin sie entweder einen „Stempel" erhielten (eine Markierung auf der Stirn) und entlassen oder aber fortgebracht wurden, um eingesperrt oder exekutiert zu werden (ein Mahnmal am Changi Beach erinnert an das Massaker). Über die Zahl der Todesopfer gibt es unterschiedliche Angaben. Einige Quellen nennen 6000 Tote, andere gehen von mehr als 45 000 aus.

Auch Malaien und Inder waren das Ziel systematischer Misshandlungen.

Die Japaner benannten die Insel in „Syonan" (Licht des Südens) um und tauschten sämtliche Schilder durch japanische aus. Außerdem stellten sie die Uhren auf Tokioer Zeit um und führten eine eigene Währung ein (die von den Einheimischen abfällig als „Bananengeld" bezeichnet wurde). Im weiteren Verlauf des Krieges schoss die Inflation rasant in die Höhe und die Versorgung mit Nahrungsmitteln, Medizin und allen anderen lebenswichtigen Dingen war so dramatisch schlecht, dass die Menschen an Unterernährung und Mangelerkrankungen starben.

Der Krieg endete mit Japans Kapitulation am 14. August 1945, woraufhin Singapur wieder unter die Kontrolle des British Empire fiel. Zwar wurden die britischen Truppen freudig empfangen, doch die japanische Besatzung hatte das Vertrauen in die frühere Schutzmacht erschüttert. Neue politische Kräfte waren bereits am Werk und der Weg in die Unabhängigkeit hatte begonnen.

1942–45	1945–59	1959
Singapur wird von den Japanern in Syonan umbenannt. Chinesen werden massakriert und misshandelt, alliierte Gefangene in Changi eingesperrt oder zur Arbeit an der Todeseisenbahn gezwungen. Die Wirtschaft bricht zusammen.	Die Briten erlangen die Kontrolle über Singapur zurück, doch der Unmut gegen die Kolonialherren wächst. Die Straits Settlements werden 1946 aufgelöst, Singapur wird bis 1955 von teils gewählten gesetzgebenden Räten, dann von einer teilautonomen Regierung geführt.	Angeführt vom jungen Cambridge-Absolventen Lee Kuan Yew erzielt die People's Action Party bei den ersten allgemeinen Wahlen einen Erdrutschsieg und führt eine aggressive Wirtschafts- und Sozialpolitik ein.

INTERNATIONALE BEZIEHUNGEN

Ebenso wie die britischen Kolonialherren und später die japanischen Besatzer spielten auch die internationalen Beziehungen seit der Entlassung in die Unabhängigkeit eine entscheidende Rolle darin, Singapur zu dem zu machen, was es heute ist.

Seitdem es 1965 aus der Föderation Malaya ausgeschlossen wurde, lastet die unmittelbare Nähe seiner riesigen Nachbarländer wie eine allgegenwärtige Bedrohung auf Singapur. Dieses Gefühl der Angreifbarkeit wird noch verstärkt durch ständige Streitereien mit Malaysia und Indonesien über alles Mögliche, von der Wasserversorgung und Rohstoffexporten bis hin zu Gebietsansprüchen und Territorialfragen.

Noch 2007 untersagte Indonesien den Export von Sand nach Singapur (was ohne Zweifel auch daran lag, dass Singapur sich lange sträubte, ein Auslieferungsabkommen mit Indonesien zu unterzeichnen). 2008 wurde der internationale Gerichtshof angerufen, um den Streit über ein Häuflein winziger Eilande zu schlichten, das die Singapurer Pedra Blanca und Middle Rocks nennen und in Malaysia als Pulau Batu Puteh bekannt ist. Das Gericht entschied, die Inseln unter den beiden Nationen aufzuteilen.

Der frühere Premierminister Lee Kuan Yew reagierte auf die vermeintliche Angreifbarkeit, indem er ein enges Bündnis mit den USA einging und Milliarden in Singapurs Militär steckte (das mit israelischer Hilfe ausgebildet wurde). Singapur hält regelmäßig internationale Manöver ab, und es vergeht kein Tag, an dem nicht irgendeine Art von Militärflugzeug – Chinooks, Kampfjets oder Transportmaschinen – am Himmel zu sehen wäre.

Die Gründung der ASEAN (Association of Southeast Asian Nations) trug ebenfalls dazu bei, Singapurs Sicherheit zu gewährleisten. Vielen Mitgliedsstaaten ist indes nicht wohl dabei, in welchem Maße der Stadtstaat seine wirtschaftlichen Bestrebungen in der Region kontinuierlich forciert. So sorgten in letzter Zeit u. a. Singapurs beträchtliche Investitionen in Birma (offiziell Myanmar), die Übernahme des Kommunikationsgiganten Shin Corp. des früheren thailändischen Ministerpräsidenten Thaksin Shinawatra – was Massenproteste auslöste, die schließlich im Sturz Thaksins gipfelten – und die Beteiligung an Indonesiens Telekommunikationsindustrie für Kontroversen.

In den letzten Jahren war die Regierung bemüht, enge Beziehungen zu China (und, weniger unverhohlen, zu Indien) zu knüpfen. Dafür schreckte sie auch nicht davor zurück, Falun-Gong-Aktivisten festzunehmen und sicherzustellen, dass die Medien nichts allzu Kritisches über Peking berichten.

DIE LEE-DYNASTIE

Keine andere Person hat die Geschichte und Geschicke Singapurs seit der Unabhängigkeit derart geprägt wie Lee Kuan Yew.

Der Nachkomme in den Straits geborener Chinesen kam am 16. September 1923 als Harry Lee zur Welt (die Einheimischen nennen ihn „Uncle Harry" oder auch „Old Man") und wurde, wie er selbst sagt, dahingehend erzogen, „jedem Engländer ebenbürtig" zu sein. Seine Ausbildung genoss er an der renommierten Raffles Institution und später in Cambridge, wo er 1949 sein Studium der Rechtswissenschaften mit Auszeichnung abschloss. Als Singapur in den 1960er-Jahren sein Schicksal in die eigenen Hände nahm, war Lee dadurch gut auf den Umgang mit der Kolonialmacht und auch der politischen Opposition vorbereitet.

1963	1964	1965
Auf Betreiben von Lee Kuan Yew schließt sich Singapur mit Sabah und Sarawak zusammen, um gemeinsam mit Malaya den Staat Malaysia zu bilden.	Bei Rassenunruhen zwischen Malaien und Chinesen kommen 36 Menschen ums Leben, mehr als 500 werden verletzt. Die ohnehin gereizten Beziehungen zwischen der PAP und der malaiischen Regierungspartei UMNO verschlechtern sich noch.	Singapur wird vom malaysischen Parlament in Kuala Lumpur einstimmig aus der Föderation ausgeschlossen. Lee Kuan Yew weint, als er die Nachricht verkündet. Die Republik Singapur ist geboren.

Die frühen Jahre waren nicht leicht. Die schweren Rassenunruhen von 1964 und der Ausschluss aus der Föderation Malaya ein Jahr später erschwerten Lee seine Aufgabe. Aber dank seines außergewöhnlichen Weitblicks und seiner Zielstrebigkeit schaffte er es, die angeschlagene Hafenstadt auf Vordermann zu bringen. Wahrscheinlich können nur diejenigen, die das Singapur der 1960er-Jahre erlebt haben, wirklich ermessen, welche erstaunliche

www.lonelyplanet.de

EIN LUKRATIVER JOB

Lee Hsien Loong ist der bestbezahlte Regierungschef der Welt. Er streicht ein Jahresgehalt von umgerechnet fast 2 Mio. € (3,8 Mio. $) ein. Zum Vergleich: Der britische Premierminister erhält um die 260 000 €, der US-Präsident rund 280 000 € und die deutsche Bundeskanzlerin etwa 180 000 €.

Wandlung die Stadt in den letzten vier Jahrzehnten vollzogen hat.

Mit großzügigen Steueranreizen und verschärftem Arbeitsrecht gelang es Lee, ausländische Investoren anzulocken. Zudem wurde viel in den Aufbau eines englischsprachigen Bildungssystems gesteckt, das der Stadt kompetente Arbeitskräfte und alsbald ein erstaunliches Wirtschaftswachstum bescherte.

Unter Lees strenger Führung begann die People's Action Party (PAP) außerdem, jegliche ernst zu nehmende politische Opposition auszuschalten. Kritische Berichterstattung in den Medien wurde untersagt und die Stadt in eine disziplinierte, funktionale Gesellschaft nach konfuzianischem Vorbild umgeformt, in der die Erhaltung der bestehenden hierarchischen Strukturen und der sozialen Ordnung über allem steht. Die überschaubare Größe der Insel erleichterte es, das Experiment durchzuziehen und all die berühmt-berüchtigten Bestimmungen und Verbote durchzusetzen, für die Singapur bekannt ist.

Lee schaffte es, die vermeintlich anarchischen Tendenzen der Singapurer Bevölkerung im Zaum zu halten. Die Versuche, sämtliche Facetten der Gesellschaft zu steuern, wurden dabei immer abenteuerlicher. So gab es z. B. eine Art staatliche (inzwischen wieder eingestellte) Heiratsvermittlungsagentur, um geeignete Paare zusammenzubringen.

Das rasche Wirtschaftswachstum füllte die Kassen der PAP und ermöglichte es, in die Infrastruktur, die Verteidigung, das Gesundheitssystem, die Rentenversicherung und den Wohnungsbau zu investieren. So erreichte Singapur einen Grad an Wohlstand und Sicherheit, für den es bis heute von zahlreichen Ländern in der Region und auf der ganzen Welt beneidet wird (viele haben das „Singapurer Modell" untersucht und nachzuahmen versucht).

Der Erfolg der PAP beruht insbesondere auf den Fortschritten im Wohnungsbau und der Stadterneuerung. Inzwischen gibt es in Singapur mehr Wohnungseigentümer als sonst wo auf der Welt.

Zwar legte Lee 1990 sein Amt als Premierminister nach 31 Jahren nieder und machte dem gutmütigeren, aber nicht weniger entschlossenen Goh Chok Tong Platz, doch als Minister Mentor hat Lee noch immer erheblichen Einfluss auf die Regierungspolitik.

„Ich würde selbst noch von meinem Sterbebett aufstehen, wenn ich das Gefühl hätte, es läuft etwas falsch", sagte Lee 1988.

Lees außergewöhnliche Verdienste sind nicht von der Hand zu weisen. Nicht wenige sagen aber, er hätte sich schon lange zurückziehen und das Land seine natürliche Entwicklung nehmen lassen sollen. Die unnachgiebige Unterdrückung kritischer oder abweichender Meinungen erachten viele als anachronistisch und passt so gar nicht zur stabilen, blühenden Gesellschaft, die Lee aufgebaut hat.

HINTERGRUND GESCHICHTE

1971	1975	1981
Die britischen Streitkräfte ziehen sich aus Singapur zurück, was eine Wirtschaftskrise auslöst. Die PAP nutzt die Gunst der Stunde, um durch verschärfte Gesetze den Einfluss der Gewerkschaften zu beschneiden. Das lockt zahlreiche ausländische Investoren an, vor allem aus den USA.	Singapur ist der nach Rotterdam und New York verkehrsreichste Hafen und das drittgrößte Raffineriezentrum der Welt. Zudem werden hier Bohrinseln gefertigt und riesige Mengen Erdöl gelagert.	Der Changi Airport wird eröffnet und ersetzt den Flughafen Paya Lebar. Im ersten Jahr verzeichnet Changi Airport, der als einer der besten Flughäfen der Welt gilt, 8 Mio. Passagiere, 2004 sind es 30 Mio.

ABSOLUTE MEHRHEIT?

Bei den letzten Wahlen im Jahr 2006 erreichte die PAP wie erwartet eine überwältigende Mehrheit und gewann 82 der 84 Sitze im Parlament. Lediglich in den Wahlkreisen Hougang und Potong Pasir setzte sich erneut die Opposition durch.

Die Wahl war aber keine so klare Angelegenheit, wie die *Straits Times* und überhaupt jede Zeitung in Singapur ihren Lesern glauben machen wollte. Statistisch gesehen stimmte ein Drittel der Wahlberechtigten gegen die Regierung, doch aufgrund des Wahlsystems schlagen sich diese Zahlen nicht proportional in der Sitzverteilung im Parlament nieder.

Bemerkenswert waren zudem die beachtlichen Menschenmengen, die sich zu Kundgebungen der Opposition einfanden und dabei ganze Stadien füllten (http://en.wikipedia.org/wiki/Image:Hougangwpcrowd.jpg). Weniger erstaunlich war, dass die Zeitungen diese Veranstaltungen mit keiner Silbe erwähnten.

Es war das erste Mal seit 1988, dass die PAP nicht automatisch schon am Nomination Day (Wahlvorschlagstermin) wieder an die Macht kam.

Zwar ist es unwahrscheinlich, dass sich die bestehenden Machtverhältnisse in naher Zukunft wesentlich verschieben und die PAP ihre Position einbüßen könnte (dafür sorgt allein schon das Wahlsystem). Die Tatsache, dass etwa 330 000 der 1,1 Mio. Wahlberechtigten mit den bestehenden Verhältnissen unzufrieden sind, ist aber nicht unbedeutend.

„Wenn die Öffentlichkeit selbst nach vier Jahrzehnten so unberechenbar ist, dass sensible Themen nicht offen diskutiert werden können, hat die Regierung darin versagt, eine harmonische Gesellschaft zu schaffen", äußerte sich der Herausgeber der *Far Eastern Economic Review* als Reaktion auf einen der zahllosen Prozesse, die die Familie Lee gegen ausländische Medien angestrengt hat.

Manche behaupten, dass sich die aggressive Vorgehensweise der Regierung nicht ändern kann, solange der Gründungsvater des modernen Singapur weiterhin einen solchen Einfluss hat. Aber ob die Regierung nun von ihm gehemmt wird oder ob sie vielmehr nach wie vor auf die Respekt einflößende Strahlkraft des „alten Mannes" angewiesen ist, um ihre Politik durchzusetzen, ist eine Frage, die nur die Zeit beantworten kann.

JÜNGSTE VERGANGENHEIT & NAHE ZUKUNFT

2004 übernahm Lee Kuan Yews Sohn Lee Hsien Loong, der unter seinem Vorgänger Goh Chok Tong Vizepremier und Verteidigungsminister war, das höchste Amt im Staat. Goh löste wiederum Lee senior als Senior Minister ab, der seitdem den neu geschaffenen Posten des Minister Mentor bekleidet.

Lee Hsien Loong sieht sich mit den gleichen Herausforderungen konfrontiert, denen sich bereits sein Vater stellen musste. Seine wohl größte Aufgabe ist es, Singapurs erstaunlichen wirtschaftlichen Erfolg zu festigen und weiterzuführen. Die Finanzkrise in Asien, die 1997 einsetzte, und der Ausbruch des SARS-Virus 2003 haben Spuren hinterlassen. Wirtschaftlich und finanziell steht Singapur zwar hervorragend da, doch mittlerweile verlegen immer mehr Firmen ihre Produktion an billigere Standorte wie Vietnam und China. Infolgedessen hat die Regierung damit begonnen, das ganze Land radikal zu verändern, um Singapur in eine dynamische, moderne Metropole zu verwandeln.

Der Hafen, die Erdölraffinerien und die Werften, die in der Vergangenheit entscheidend für den wirtschaftlichen Erfolg der Stadt waren, werden bleiben. Darüber hinaus versucht

1989	2004	2008
Lee Kuan Yew tritt als Premierminister zurück und übergibt das Amtsgeschäfte an Goh Chok Tong. Lee wird Senior Minister und hat weiterhin die Aufsicht über die Regierungspolitik.	Goh Chok Tong tritt als Premierminister zurück, sein Nachfolger wird Lee Kuan Yews Sohn, Lee Hsien Loong. Nachdem Glücksspiel jahrzehntelang verboten war, wird der Bau zweier Casinos beschlossen.	Singapur trägt erstmals einen Formel-1-Grand-Prix aus.

Singapur, eine moderne Hightech-Hochburg zu werden und sich als attraktiver Standort für Pharmaunternehmen, die „Neuen Medien" und Finanzdienstleister sowie für das Hochschul- und Gesundheitswesen zu positionieren.

Im Zuge dessen hat das Land einige Anstrengungen unternommen, sein engstirniges und konservatives Image abzulegen und sich als hip, kreativ und weltoffen zu präsentieren. Zudem soll das gesamte Bildungssystem runderneuert werden, dessen rigide Methoden keineswegs dazu angetan sind, die kreativen und unabhängigen Geister hervorzubringen, die das Land in der Zukunft braucht.

Diese Bemühungen waren nur teilweise von Erfolg gekrönt, haben die Stadt aber äußerlich bis zur Unkenntlichkeit verändert. Abgesehen von zwei großen Casinos (euphemistisch als „Integrated Resorts", also in etwa „ganzheitliche Erholungszentren") in Marina Bay und Sentosa entstanden das Riesenrad Singapore Flyer, das Freizeit- und Wassersportgebiet Marina Bay, ein zweiter botanischer Garten, der Unterhaltungstempel St. James Power Station, ein großer neuer Sportkomplex und vieles mehr.

Inzwischen hat Singapur auch in der Sportwelt seinen festen Platz. 2008 wurde in der Stadt, auf einem Straßenkurs rund um den Colonial District und Marina Bay, das erste Nachtrennen der Formel-1-Geschichte ausgetragen. 2010 ist Singapur Austragungsort der Jugend-Olympiade.

So, wie die Entscheidung, zwei Casinos zu bauen, bedeutete auch die Austragung eines Formel-1-Rennens einen überraschenden Kurswechsel in der Regierungspolitik. Singapur hatte schon früher, auf einer Stecke, die entlang der Old Upper Thomson Rd. (Karte S. 50–51) verlief, Autorennen veranstaltet. Lee Kuan Yew ließ Motorsport aber irgendwann generell verbieten, weil er glaubte, seine Bürger dadurch von einer gefährlichen Fahrweise abzuhalten. (Ein tragischer Irrtum, wie wenige Minuten auf der Autobahn hinreichend veranschaulichen.)

Diese radikale Wandlung zielt nicht nur auf den Tourismus ab. Durch die erhöhte Lebens- qualität erhofft sich die Regierung außerdem, ausländische Unternehmen in die Stadt zu locken und damit auch die zusätzlichen zwei Millionen Menschen, die Singapur Schätzungen zufolge braucht, um wettbewerbsfähig zu bleiben.

Natürlich hat diese Entwicklung auch ihre Kehrseite. Die meisten der neuen Arbeiter, die ins Land kommen, sind hoch bezahlte Fachkräfte aus dem Ausland. Da die Lebenshaltungskosten schneller steigen als die Löhne und die Einkommensschere immer weiter auseinanderklafft, besteht die Gefahr, dass in diesem neuen Singapur viele Menschen auf der Strecke bleiben. In erster Linie werden das die Singapurer selbst sein, unter denen sich bereits ein gewisser unterschwelliger Unmut breitmacht.

Insofern sorgte die Entscheidung der Regierung, sich selbst eine üppige Erhöhung der Bezüge zu gewähren, nicht gerade für Freudentänze auf den Straßen. Allein der Premiermi- nister verbesserte sich um satte 25 % und streicht nun sagenhafte 3,9 Mio. $ ein (S. 27). In den einheimischen Zeitungen erschienen zahllose Artikel, um die Erhöhungen zu rechtfertigen. Die Regierung war sich also sehr wohl darüber im Klaren, wie unpopulär ihre Maßnahme war. Die Begründung lautete, dass sich die Gehälter an denen der großen Unternehmen orientierten, um der Korruption vorzubeugen und somit die Integrität der Regierung zu gewährleisten.

Über die gestiegenen Mietkosten, die zwischen 2006 und 2008 um 100 % zulegten, freuen sich lediglich die Hauseigentümer. Den meisten Singapurern aber fällt es zunehmend schwerer, über die Runden zu kommen. Langfristig könnte dadurch die Akzeptanz der Regierung innerhalb der Bevölkerung leiden, insbesondere wenn ihre Wirtschaftspolitik nicht die gewünschten Erfolge erzielt.

KULTURELLE IDENTITÄT

In letzter Zeit beschäftigt sich Singapur zunehmend damit, was es überhaupt bedeutet, Singapu- rer zu sein. Gibt es so etwas wie eine singapurische Identität? Die Regierung bemüht sich, ihren Bürgern die Idee einer solchen zu vermitteln, aber über den Gebrauch des Singlish-Dialekts (S. 43) und die allgemeine Begeisterung fürs Essen hinaus, gibt es kaum etwas, das die einzelnen Bevölkerungsgruppen verbindet.

Die Malaien, Tamilen und Chinesen (und die Peranakan – s. Kasten S. 30) haben starke indi- viduelle religiöse, kulturelle und ethische Werte bewahrt. Obwohl oder vielleicht gerade weil sich die Stadt einen zunehmend westlichen Anstrich gibt, bleiben viele traditionelle Bräuche, Feste und Feierlichkeiten erhalten.

Wenn es so etwas wie ein gemeinsames Wertesystem gibt, dann die von der Regierung geförderten neokonfuzianischen Ideale. Diese basieren auf unbedingtem Gehorsam gegenüber der Familie und der Autorität, harter Arbeit, Disziplin und dem Streben nach Erfolg. Die Unantastbarkeit des Familienverbundes und der Respekt vor den Eltern werden sowohl gesellschaftlich als auch durch die Gesetzgebung verfestigt.

Für Singapurer ist es nicht ungewöhnlich, bis jenseits der 30 bei ihren Eltern zu wohnen. Zum Teil liegt das an kulturellen Gepflogenheiten, zum Teil aber auch am Wohnrecht, das es jungen Menschen, sofern sie sich nicht ein Haus oder eine Eigentumswohnung leisten können, fast unmöglich macht, von zu Hause auszuziehen, bevor sie verheiratet sind. Singles dürfen erst mit 35 eine Wohnung des Housing Development Board (HDB) kaufen oder mieten und selbst dann müssen sie den Antrag gemeinsam mit einer anderen alleinstehenden Person stellen.

Vor allem in chinesischen Familien wird erwartet, dass sich die Kinder so um ihre alternden Eltern kümmern, wie sich die Eltern um die Kinder gekümmert haben. Im Großen und Ganzen läuft es auch noch so, doch die Zeiten scheinen sich zu ändern, wie die Berichte über ältere Menschen, die in Pflegeheime abgeschoben werden, der Bevölkerung regelmäßig vor Augen führen.

Bis zur kürzlich vollzogenen abrupten Kehrtwende unterband das Bildungssystem rigoros jegliche Individualität und scherte sich recht wenig um außerakademische Bestrebungen. Schon in sehr jungem Alter werden Kinder entsprechend ihrer akademischen Fähigkeiten eingeordnet. Ihr Bildungsweg ist somit quasi vorgezeichnet und es ist schwierig, daraus auszubrechen und einen höheren einzuschlagen. In dem erfolgreichen Film *I Not Stupid* wird dieses System, das nun reformiert wird, satirisch aufs Korn genommen.

Singapurs auf Ordnung und Anpassung beruhendes Wertesystem zieht die gleichen kulturellen Konflikte zwischen Ost und West nach sich, die auch anderswo in Asien zu beobachten sind. Europäer und Amerikaner beklagen sich häufig, die Singapurer seien nicht willens oder in der Lage, lateral oder kreativ zu denken. Andersherum sind den Singapurern die Freimütigkeit der Menschen aus der westlichen Welt und ihre Bereitschaft, Autorität und anerkannte Normen infrage zu stellen, oft nicht geheuer. Sie empfinden dies als unverschämt und arrogant. Diese

DIE PERANAKAN

„Peranakan" bedeutet „Mischling" auf Malaiisch und genau das sind die Peranakan: Nachkommen chinesischer Zuwanderer, die sich seit dem 16. Jh. In Singapur, Malakka und Penang ansiedelten und malaiische Frauen heirateten. Der Begriff bezeichnet indes nicht nur Chinesen – es gab außerdem Peranakan Yahud (Juden), Ceti Peranakan (Hindus aus Südindien) und Peranakan Yawi (Araber).

Kultur und Sprache der chinesischen Peranakan sind eine faszinierende Mischung chinesischer und malaiischer Traditionen. Von ihren chinesischen Vätern übernahmen die Peranakan den Namen und die Religion, von ihren malaiischen Müttern die Sitten, Sprache und Kleidung. Sie nannten sich selbst auch „Straits-Chinesen", um sich von späteren Ankömmlingen aus China abzugrenzen (die sie ebenso gering schätzten wie heutzutage so ziemlich alle chinesischen Singapurer die „Verwandten" aus dem Mutterland).

Andere Bezeichnungen sind Babas und Nonyas, nach den Peranakan-Wörtern für männlich *(baba)* und weiblich *(nonya)*. Viele Peranakan waren wohlhabende Händler, die einer Leidenschaft für prachtvolles Mobiliar, Juwelen und edle Stoffe frönten. Ihre Häuser waren farbenfroh gestrichen und mit gemusterten Fliesen geschmückt.

Die Kleidung der Peranakan war ebenso opulent. Nonyas trugen kunstvoll bestickte *kasot manek* (Pantoffeln) und *kebaya* (Blusen, die über einem Sarong getragen werden), die mit schönen, meist aus Gold oder Silber kunstvoll gefertigten *kerasong* (Broschen) verschlossen wurden. Die Babas, die im 19. Jh. westliche Kleidung übernahmen, hoben sich ihre besten Stücke für besondere Anlässe wie etwa die Hochzeitszeremonie auf, ein hochkomplexes, stilisiertes Ritual nach den Vorgaben des *adat* (das ungeschriebene Gesetz der Malaien).

Die Mundart der Peranakan ist ein malaiischer Dialekt, in den viele Hokkien-Wörter eingeflossen sind – so viele, dass er für Malaien fast unverständlich ist. Die Peranakan übernahmen außerdem viele Wörter und Ausdrücke aus dem Englischen und Französischen. Es gibt nur noch wenige – und zumeist sehr alte – einsprachige Peranakan, deren Kultur allmählich zu verschwinden droht.

In den letzten Jahren wurden aber große Anstrengungen unternommen, dieses Erbe am Leben zu erhalten. Der Peranakan Association (☎ 6255 0704; www.peranakan.org.sg) zufolge wächst das Interesse an den Traditionen der Peranakan, deren Küche sich nach wie vor großer Beliebtheit erfreut. Das fabelhafte Peranakan Museum (S. 58) unterstreicht die große Bedeutung der Peranakan für Singapurs Geschichte und Kultur.

VOLLKOMMENE HARMONIE?

1964, als Singapur noch Teil der Föderation Malaya war, wurde die Stadt zweimal von Rassenunruhen zwischen Malaien und Chinesen erschüttert. Die ersten Zwischenfälle ereigneten sich im Juli, am Geburtstag des Propheten Mohammed und den folgenden Tagen. Mehr als 20 Menschen kamen ums Leben, um die 450 wurden verletzt.

Im September wurde im traditionell malaiischen Viertel Geyland Serai ein Malaie tot aufgefunden. Angeblich war er von Chinesen ermordet worden, was zu neuen Ausschreitungen in Geylang und Joo Chiat führte. Es gab weitere 13 Tote und über 100 Verletzte.

Seit den Unruhen unternimmt die Regierung große Anstrengungen, für Toleranz zwischen den Religionen und Ethnien zu sorgen. Rassendiskriminierung ist nach Regierungskritik das zweite große Tabuthema des Landes.

Religionsunterricht ist in den Schulen nicht erlaubt, das HDB vergibt Wohnungen nach einem strengen Quotensystem, und wer in Blogs oder sonst wo öffentlich rassistische Ansichten äußert, muss mit harten Strafen rechnen.

Tragen die Maßnahmen Früchte? Im Wesentlichen schon, immerhin ist es seitdem zu keinen Unruhen mehr gekommen. Singapur hat viel dafür getan, eine multikulturelle Gesellschaft zu bewahren, schließlich ist die Stadt vor allem auch wirtschaftlich auf ein funktionierendes Miteinander der unterschiedlichen Bevölkerungsgruppen angewiesen. Tatsache ist, dass die ethnischen Unterschiede im Bewusstsein vieler Singapurer fest verankert sind – vielleicht auch deswegen, weil sie ständig an sie erinnert werden. Zumindest unterschwellig schwelen Vorurteile, was für viele andere Gesellschaften aber ganz genauso gilt.

Untersuchungen zufolge findet zwischen den unterschiedlichen Ethnien nur sehr wenig Interaktion statt. Wer sich auf den Straßen umschaut, kommt zur gleichen Schlussfolgerung: Gemischte Gruppen sind eher selten anzutreffen und Paare unterschiedlicher Ethnien müssen damit rechnen, angestarrt zu werden.

Insgeheim denken viele Malaien und Inder, dass die Chinesen bevorzugt behandelt werden. Zwar ist es nicht erlaubt, bei Stellenangeboten eine bevorzugte Ethnie anzugeben, viele Arbeitgeber umgehen das aber, indem sie Mandarin-Kenntnisse voraussetzen.

Solange es Singapur wirtschaftlich gut geht, werden sich die verschiedenen Bevölkerungsgruppen wohl einigermaßen vertragen. Doch wie sich in vielen anderen Ländern gezeigt hat, sind die üblen, unterschwellig brodelnden Vorbehalte meist das Erste, was in schweren Zeiten zum Vorschein kommt.

Unterschiede machen sich oft in Kleinigkeiten bemerkbar, z. B. wenn man versucht, in einem Coffeeshop zwei Minuten nach der Frühstückszeit noch ein Frühstück zu bekommen, oder einen Bankangestellten bittet, eine ihm nicht geläufige Transaktion durchzuführen. Ausländer, die es sich in den Kopf setzen, eine Aufgabe in ungewöhnlicher oder nicht vorschriftsmäßiger Weise anzugehen, stoßen oft auf völliges Unverständnis. Das kann nicht zuletzt auch zu Problemen zwischen ausländischen Arbeitskräften und einheimischem Personal führen.

Kaum ein Besucher aus der westlichen Welt wird sich hingegen darüber beklagen, wie sicher Singapur ist. Anders als in vielen westlichen Städten, kommt es in Singapur nicht einer Mutprobe gleich, des Nachts an einer Gruppe junger Männer vorbeizulaufen.

Zwar prägen Disziplin und Pflichtbewusstsein den harten Berufsalltag der Singapurer, aber diejenigen, die es sich leisten können, genießen ihre Freizeit in vollen Zügen. Singapurer reisen gern, sei es übers Wochenende zum Shoppen nach Kuala Lumpur, Bangkok oder Hong Kong, in die Genting Highlands zum Zocken oder für einen längeren Urlaub nach Australien, Europa oder in die USA. Junge Singapurer entdecken allmählich das individuelle Reisen, und viele von ihnen, die ihre Ausbildung im Ausland genossen haben, haben eine vollkommen andere Mentalität als jene, die durch das einheimische Bildungssystem gegangen sind.

KUNST & KULTUR

Singapurs Kulturszene blüht wie nie zuvor. Der Stadtstaat bietet zahlreiche Galerien, die heimische wie ausländische Künstler ausstellen. Theater führen vor Ort produzierte Stücke auf und immer mehr Filmregisseure bringen Singapur mit Erfolg auf die Leinwand. Die Mischung aus Vielfältigkeit und Stabilität, die Singapur zu einem finanzstarken Standort gemacht hat, hat dazu beigetragen, eine ziemlich lebendige Kunst- und Kulturszene entstehen zu lassen.

Es gibt natürlich auch diejenigen, die behaupten, dass es der Szene in Singapur an Biss fehle. Die soziale Sicherheit und der allgemeine Wohlstand geben wenig her, gegen das man rebellieren könnte. Und deshalb hat sich vielleicht auch ein Umfeld entwickelt, das ein bisschen steriler daherkommt als in Städten wie Peking oder New York, mit einer langen Tradition sozialer Rebellion. Daher bringt Singapur Kunst und Künstler hervor, die nicht ganz so radikal sind.

In dem Film The Wilde One (Der Wilde) antwortet Marlon Brando auf die Frage „Wogegen rebellierst du?" „Was hast du denn anzubieten?". Wäre das ein Film aus Singapur, hätte die Antwort vielleicht gelautet „Wogegen darf ich denn rebellieren?".

Das illustriert recht gut, was Kritiker an der Kulturszene in Singapur auszusetzen haben.

Zumindest in ästhetischer Hinsicht ist jedoch das, was es in Singapur an Kulturproduktion gibt, reichhaltiger als seine winzige Größe vermuten lässt – von den internationalen Gastkünstlern mal ganz abgesehen. Besucher können sich also über ein Kulturprogramm freuen, das von chinesischer Oper über klassischen indischen Tanz bis hin zu britischer Pantomime und Stand-up-Comedy reicht. Die Anzahl der Galerien mit Ausstellungen sowohl lokaler als auch internationaler Künstler ist während des letzten Jahrzehnts exponentiell gestiegen. Auch für Tourneen internationaler Theaterproduktionen und angesagter Popmusiker ist Singapur immer eine Station.

Singapurs Platz in der Welt des internationalen Films nimmt an Bedeutung zu, und das jährliche internationale Filmfestival bietet regionalen und auch internationalen Filmemachern ein Forum. Die Theaterszene blüht: Es gibt eine Anzahl von lokalen Theatergruppen, die seit einigen Jahren die Grenzen dessen, was man als „diskursfähig" bezeichnet, um einiges ausgeweitet haben. Auch wenn man Singapur noch immer nicht als Kulturszene, in der „alles geht", bezeichnen kann, so muss ein Theater heutzutage doch eher mangels Kartenabsatz schließen denn aus Staatsräson.

Käufer, die nach lokalen Kunst- und Bildhauerei-Erzeugnissen Ausschau halten, haben eine Menge Auswahl; günstiger ist es aber in Hanoi, Bangkok oder Bali.

Der Architektur-Mix macht das Schlendern durch die Straßen zu einer eklektischen Freude, mit indischen Tempeln in Chinatown oder dem von Foster & Partners entworfenen Gebäude des Supreme Court, das wie ein Raumschiff über das Stadtviertel aus der Kolonialzeit ragt. Kunst und Architektur gehen Hand in Hand, wie der dornige Charme des Esplanade zeigt. Viele Gebäude aus der Kolonialzeit erfinden sich neu als Orte der Kunst, etwa das Arts House im Old Parliament House.

Musik- und Tanzaufführungen wie das Womad-Festival (World of Music and Dance) oder Ballet under the Stars im Fort Canning Park werden oft unter freiem Himmel oder in Einkaufszentren abgehalten, um ein breiteres Publikum anzusprechen. Das jährlich stattfindende Arts Festival (Juni/Juli) bietet ein Spektrum, das von ulkigem Straßentheater bis zu abgehobener Avantgarde reicht.

Eine ausführliche Auflistung von Galerien, Theatergruppen und Kinos befindet sich im Kapitel „Kunst & Kultur, Freizeit" (S. 159).

MALEREI

Die Singapurer Schule hat sich nicht in der gleichen Weise etabliert wie die Indonesiens, Vietnams oder Chinas – mit Ausnahme der Nanyang-Schule der Sechzigerjahre, welche später zur Gründung der Nanyang School of Fine Art führte. Einer ihrer Gründer, der Collagekünstler Goh Ben Kwan, ist noch immer aktiv. Die Künstler Tan Swie Hian, Heman Chong und Francis Ng nahmen an der Biennale 2003 in Venedig teil. Tan war auch der erste Singapurer, der im

HINTERGRUND KUNST & KULTUR

DER SKULPTUREN-PFAD

Vom Startpunkt Raffles Place (Karte S. 54–55) können bei einem Spaziergang folgende Skulpturen abgehakt werden.

- die bootförmige Skulptur Struggle for Survival von Aw Tee Hong an der Südspitze des Raffles Place
- die singapurische Straßenlandschaft Progress & Advancement von Yang Ying-Feng steht im Norden des Raffles Place
- Henry Moores Reclining Figure vor dem OCBC Centre in der Chulia St.
- die surrealistische Homage to Newton von Salvador Dalí im Atrium des UOB Plaza in der Chulia St.
- der riesige, fette Bird von Fernando Botero am Fluss vor dem UOB Plaza
- die kleinen, in den Fluss springenden Jungen der First Generation von Chong Fat Cheong auf der rechten Seite der Cavenagh Bridge
- die Familie der winzigen Kucinta-Katzen auf der linken Seite der Cavenagh Bridge

Jahr 2004 den Crystal Award des Weltwirtschaftsforums verliehen bekam. Onk Kim Seng ist ein anerkannter heimischer Aquarellmaler, während Chua Ek Kay sehr schöne Arbeiten mit chinesischer Tusche herstellt. Beim Besuch örtlicher Galerien (und davon gibt es eine Menge, ältere wie neu eröffnete) kann man einiges über die hiesige Malereiszene erfahren. Ausführliche Angaben zu Galerien befinden sich im Kapitel „Kunst & Kultur, Freizeit" auf S. 159.

Das MICA Building (Ministry of Information, Communication and the Arts) beherbergt eine Handvoll Galerien; Galerie-Boutiquen wie die Red Sea Gallery an der River Valley Rd. und Utterly Art an der South Bridge Rd. zeigen Kunst aus der Region.

Der große alte Mann der Töpferkunst heißt Iskandar Jalil, welcher Ärger mit den Behörden bekam, als sein altertümlicher Brennofen gegen die Bauauflagen verstieß (dabei hatten Bewunderer ihm bereits einen neuen, sichereren geschenkt).

BILDHAUEREI & KUNST IM ÖFFENTLICHEN RAUM

Der Sculpture Square (Karte S. 54–55) an der Middle Rd. wurde 1999 eröffnet – Kunst im öffentlichen Raum sprießt überall. Hat die New Yorker Wall Street ihren Stier, so befindet sich in Singapurs Bankenviertel die klobige, ein wenig schrullig anmutende Skulptur mit dem Titel *Bird* des kolumbianischen Künstlers Fernando Botero. Das Gelände zu beiden Seiten des Flusses ist gespickt mit Skulpturen, darunter eine Serie aus Bronzefiguren mit dem Titel *The People of the River*, die Szenen aus Singapurs Geschichte zeigt. Hierzu gehören unter anderem Jungen, die fröhlich in den Fluss springen, ein bezopfter chinesischer Geschäftsmann, der mit einem Kolonialherren des 19. Jhs. über den Preis eines Ballens Baumwolle verhandelt, und einige ziemlich neugierige (und total niedliche) Katzen beim Fullerton Hotel am Ende der Cavenagh Bridge. Fans des surrealistischen Meisters Salvador Dalí sollten sich nicht die Skulptur *Homage to Newton* entgehen lassen, ein typisch bizarres Werk, das ein wenig deplatziert wirkt in einer Stadt, die nicht gerade dafür bekannt ist, das Halluzinatorische zu schätzen.

top picks

KUNSTGALERIEN

- **Singapore Art Museum** (S. 59) Eklektisch-asiatisch.
- **Gajah Gallery** (S. 161) Elegant-asiatisch.
- **Red Sea Gallery** (Karte S. 54–55; 232 River Valley Rd.) Preisgünstige vietnamesische Kunst.
- **Utterly Art** (S. 114) Moderne regionale Kunst.
- **Opera Gallery** (Karte S. 80–81; Ngee Ann City 02–12, Orchard Rd.) Teure Europäer.

MUSIK & TANZ

Singapurs Rockszene ist überraschend lebendig. Die Rockband Electrico ist auch nach Veröffentlichung des dritten Albums *We Satellites* im Sommer 2008 gut im Geschäft. Andere Gruppen wie Ugly in the Morning, Mi Lu Bang, Observatory und eine mit dem seltsamen Namen I Am David Sparkle (eine Electro-Formation, deren Sound mit dem einer anderen Band mit kompliziertem Namen, nämlich Godspeed You Black Emperor!, verglichen worden ist). Auf der etwas leichteren Seite befinden sich der Pianist Jeremy Monteiro, seine Schwester Clarissa und andere wie der Gitarrist Eugene, die Singapurs Flagge in der internationalen Jazzszene hochhalten.

Das hervorragende Singapore Symphony Orchestra (SSO), gegründet 1979, war Singapurs erstes Berufsorchester mit aktuell über hundert Aufführungen pro Jahr im Esplanade. Das auch sehr angesehene Singapore Chinese Orchestra (SCO) spielt seit der Gründung 1997 etwa 20 traditionelle und sinfonische chinesische Werke pro Jahr, daneben auch indische, malaiische und westliche.

Es gibt über 30 Tanzkompanien und -gruppen. Die bekannteste Kompanie, das Singapore Dance Theatre, gibt etwa 28 Aufführungen pro Jahr – das jährliche Tanz-Open-Air *Ballet under the Stars* im Fort Canning Park zieht allein rund 10 000 Zuschauer an. Das Odyssey Dance Theatre vertrat Singapur beim ASEAN Festival of Arts und Gruppen wie EcNad und Ah Hock & Peng Yu ergänzen die wachsende Szene. Die ethnischen Minderheiten sind gut vertreten: die Bhaskar's Arts Academy und die Nrityalaya Aesthetics Society für indischen Tanz sowie Warisan Som Said Performing Arts für zeitgenössischen und traditionellen malaiischen Tanz.

Chinesische Oper

In Singapur ist *wayang* (die chinesische Oper) angelehnt an die Kantonoper. Diese versteht sich eher als Varieté-Mischung aus Dialog, Musik, Liedern und Tänzen. Was hier an literarischen Nuancen fehlt, wird durch knallbunte Kostüme und scheppernde Musik wettgemacht. Ein Bühnenbild gibt es praktisch nicht – Action ist alles. Eine Aufführung kann schon mal einen ganzen Abend lang dauern; währenddessen gehen Zuschauer ein und aus, essen einen Happen oder plaudern ein wenig. Normalerweise ist es selbst für Nicht-eingeweihte ziemlich leicht, der Handlung zu folgen. Das Schauspiel ist recht stilisiert und die Musik schmerzend für westliche Ohren, aber trotzdem lohnt es sich, wenigstens eine Aufführung anzusehen.

Straßenaufführungen gibt es an wichtigen Feiertagen wie dem chinesischen Neujahrs-fest, dem *Hungry Ghost Festival* oder dem *Nine Emperor Gods Festival*. Die besten Gelegenheiten, eine solche Aufführung zu sehen, bieten sich in Chinatown.

KINO

Im Jahr 2008 feierte sich das *Singapore International Film Festival* (SIFF) in seinem 21. Jahr als Großereignis des Sinapgurer Kulturkalenders. Ob das die Volljährigkeit der Stadt in der Welt des Films andeutet, ist strittig, wohl scheint es jedoch so, dass Sin-gapurs Filmemacher zunehmend komplexere Themen in ihren Filmen behandeln.

Es gibt viele Erklärungsversuche für die schwankenden Leistungen des singapurischen Films in der Vergangenheit, darunter Mangel an Geld, an Interesse, an kreativem Talent oder an Ermutigung von offizieller Seite – an Letzterem und am fehlenden Geld fehlt es heutzutage zumindest nicht mehr.

In letzter Zeit wurde einiges an Geld in das regionale Kino gepumpt. Zum einen lief dies über die Kanäle der Singapore Film Commission, zum anderen über finanzstarke lokale Produktionsfirmen wie die zu Mediacorp gehörenden Raintree Productions – mit ge-mischtem Erfolg, muss man sagen.

Der vermutlich beste Regisseur ist Eric Khoo, dessen Filme *12 Storeys*, *Mee Pok Man* und *Be with Me* im Herzen der Insel spielen und vom Publikum gut aufgenommen wur-den. Die letzten beiden waren auch in Cannes große Erfolge.

Regisseur Jack Neo kann drei der größten regionalen Kassenschlager aufweisen. *Money*

top picks

DIE WICHTIGSTEN FILME AUS SINGAPUR

Filmemacher Wesley Wong ist ein Vertreter der neuen Kinogeneration in Singapur. Sein Alter Ego „ah-tan" in dem Kurzfilm *Zo Gang* spiegelt Wongs Ansichten im wahren Leben wider. Seit seinem Abschluss an der Filmschule von Perth arbeitet er beim heimischen Inde-pendentfilm. Dies ist Wesleys persönliche Auswahl der wichtigsten Filme aus Singapur.

- **Bujang Lapok** (*Confirmed Bachelor*; 1957) Die erste Komödie von P. Ramlee, einem der vielseitigsten und schöpferischsten Filmemacher. Der Film löste eine ganze Welle von Junggesellen-Komödien aus und machte Ramlee gleichzeitig zu dem Marken-namen, der er heute noch ist.
- **They Call Her … Cleopatra Wong** (1978) Singa-purs Version der Blaxploitation-Filme der 70er. Dieser Film wurde oft kopiert, war ein regionaler Straßenfeger und brachte es zu Kultstatus.
- **Medium Rare** (1991) Dieser Film war zugleich gut und schlecht für das singapurische Kino. Er markierte einerseits das Revival heimischer Filme, lieferte aber auch das Zeugnis für den Tod des lokalen Kinos. Das unglückliche Experiment wird für immer in Erinnerung bleiben als „Tedium-rare" (etwa „halb gar"), wie ein Lokalblatt schrieb. Selbst hartgesottene Kinogänger in Singapur schreckten davor zurück und das führte uns zu …
- **12 Storeys** (1997) Der Name Eric Khoo taucht öfter auf als die aller anderen lokalen Filmemacher. Sein zweiter Spielfilm ist ein sehr gut zugängliches und lebensnahes Porträt Singapurs. Er beobachtet das Leben der Bewohner in einem der mittlerweile weltberühmten Singapurer Sozialwohnungsbauten.
- **Money No Enough** (1998) Einer der größten Kas-senerfolge aus heimischer Produktion, Regie führte Jack Neo, einer der Hauptdarsteller in *12 Storeys*. Der Erfolg war Segen und Fluch zugleich, ganz ähnlich wie bei *Medium Rare*. Einerseits machte er das Kino Singapurs wieder wettbewerbsfähig, andererseits wurde er zur Schablone für die Profit-maximierung bei lokalen Filmproduktionen.
- **Perth** (2004) Djinn Ongs Debüt ist einerseits eine Hommage an Martin Scorseses *Taxi Driver* und zugleich eine Kritik am Traum vieler Singapurer: sich auf's Altenteil in eine Stadt mit langsamerem Tempo, hier dem australischen Perth, zurückzuzie-hen. Hervorragende Schauspielleistungen in den Nebenrollen, in der Hauptrolle ein etwas übermoti-vierter Routinier, der ein bisschen zu sehr auf Travis Bickle macht. Ein sehr mutiger Film.

No Enough befasst sich mit der dunklen Seite des Landesinneren in Form von Kredithaien, die in diesen weitläufigen Gebieten ihre Runden machen und sich an den Verarmten bereichern. *I Not Stupid* ist eine zugleich amüsante und bissige Darstellung der Gesellschaft Singapurs am Beispiel seines aggressiven, zermürbenden Bildungssystems. Die Fortsetzung *I Not Stupid Too* war kommerziell sogar noch erfolgreicher, jedoch nicht ganz so satirisch.

Der junge Regisseur Royston Tan wurde 2005 bekannt, als sein Film *15: The Movie,* in dem es um Drogenmissbrauch und rebellische Jugendliche geht, zensiert wurde. Tan und sein Film bekamen dadurch viel Aufmerksamkeit. Der Filmemacher setzte noch einen drauf, indem er sich in einem Musikvideo mit dem Titel *Cut,* das man auf YouTube anschauen kann, über die Zensoren lustig macht.

Im Rahmen des Singapore Panorama zeigte das Festival unter anderem den Film des Regisseurs Kan Lumé, *Dreams from the Third World,* der die spirituelle Reise eines Mannes zeigt, der einen Porno dreht. Nach westlichen Standards vielleicht etwas zahm, aber vor zehn Jahren wäre es sicherlich nicht möglich gewesen, einen solchen Film in die regionalen Kinos zu bringen.

THEATER

Singapurs Theatergruppen stehen immer an vorderster Front, wenn es darum geht, die Grenzen des als erlaubt geltenden Diskurses auszuweiten. Aufgeführt werden intellektuell anspruchsvolle

DAS THEATER NECESSARY STAGE

Mr Tan, ich habe mir sagen lassen, dass Sie das Hirn sind, (Hausdramatiker) Haresh das Herz und das Theater selbst der Körper. Was denken Sie selbst über diese Analogie? (Lacht) Darin liegt eine gewisse Wahrheit, aber ich weiß nicht, was ich damit anfangen soll! Es kann schon sein, dass ich der verkopftere und Haresh der emotionalere Typ ist.

Wie wichtig ist Ihnen die soziale Botschaft bei Ihrer Arbeit? Sehr wichtig. Es gibt einige Künstler, die sagen, unsere Arbeit sei keine echte „Kunst", weil sie zu sehr eine Plattform für soziale Botschaften ist. Aber wir sind am meisten daran interessiert, Werke zu erschaffen, die mehrdimensional sind und die Paradoxien auf die Bühne bringen.

Als das Stück *Off Centre* 1994 herauskam, gab es Kontroversen. Warum? In der Geschichte gibt es zwei Protagonisten, und einer davon ist ein Offizier, der zudem noch ein Rabauke ist. Das Gesundheitsministerium sagte, man könne kein Schauspiel in Auftrag geben, dass ein anderes Ministerium in ein schlechtes Licht stellt. Zudem wurden wir seinerzeit beschuldigt, Marxisten zu sein, und 1995 wurde das Theater geschlossen. Später wurden wir rehabilitiert, indem man uns als Idealisten und nicht als Marxisten bezeichnete.

Wir spulen mal kurz vor ins Jahr 2008, denn jetzt ist dasselbe Stück vom Erziehungsministerium in den Lehrplan der weiterführenden Schulen aufgenommen worden. Das muss doch eine große Genugtuung sein. Ganz genau. Heute machen wir natürlich Sachen, die noch viel kontroverser sind. Wir decken Themen von Pädophilie bis Todesstrafe ab; alles Themen, die 1994 undenkbar gewesen wären.

Ihr jüngstes Stück *Good People* scheint auch Kontroversen zu provozieren, da es sich mit dem Thema des medizinischen Gebrauchs von Marihuana beschäftigt. Hätten Sie das vor 15 Jahren überhaupt aufführen können? Nein, natürlich nicht. In Singapur ist es jetzt spürbar entspannter. Im Moment ist Singapur ein echt interessanter Ort.

Ist eine der Aufgaben von Necessary Stage die Grenzen dessen, was sagbar bzw. unsagbar ist, auszuloten? Das wünschen wir uns jedenfalls. Wie können wir das sichtbar machen, was sonst unter den Teppich gekehrt wird? Darum geht es uns.

Was denken Sie über das derzeitige Ausmaß von künstlerischer Zensur in Singapur? Ich halte nichts von Zensur, aber ich halte etwas von Regeln. Wenn wir diese Regeln alle gemeinsam beschließen, gut. Aber das ist etwas, über das wir uns im Moment keine Sorgen machen. Necessary Stage macht keine Stücke mehr, die die Regierung herausfordern. Jetzt machen wir Stücke, die das Publikum verstören.

Seit über zwei Jahrzehnten hat die Theatertruppe Necessary Stage (www.necessary.org) Bühnenstücke aufgeführt, die nicht nur der Unterhaltung dienen, sondern auch aufklären und die Diskussion über gesellschaftliche Themen anregen sollen. Ganz nebenbei hat die Gruppe den Bereich des „Sagbaren" in der sonst so konservativen Stadt erweitert. Alvin Tan ist künstlerischer Leiter von Necessary Stage.

Stücke, die soziale, manchmal auch politische Tabus thematisieren. Das kreativ-innovative Theater luna-id hat sich auf die Stücke ausländischer Autoren mit „universeller Relevanz" spezialisiert. Mit Produktionen von Stücken seines Hausdramatikers Haresh Sharma versucht das Necessary Stage, „anspruchsvolles bodenständiges und innovatives Theater, das Herz und Geist anspricht", zu machen. Daneben gibt es noch Theatergruppen wie WildRice, Theatreworks and Action Theatre.

ARCHITEKTUR

Wie viele andere Städte rund um den Globus durchlebte Singapur sein architektonisches „finsteres Zeitalter" während der 1960er- und 1970er-Jahre. Damals hielten Legionen von Stadtplanern und Architekten die Betonkiste für zukunftsweisend und ließen die Abrissbirne hektarweise das Architekturerbe plattmachen.

Glücklicherweise setzte sich die Vernunft durch, bevor es zu spät war. Gebiete in Chinatown, Little India und Katong weisen wundervoll erhaltene oder restaurierte Shophouses auf, und das Stadtzentrum ist eine Schatztruhe tropischen Kolonialstils, vermischt mit einigen eindrucksvollen modernen Gebäuden (S. 38).

Singapurs beachtliche Architektur lässt sich in verschiedene grobe Kategorien aufteilen.

KOLONIALSTIL

Der Ire George Drumgoole Coleman, welcher 1826 Singapurs Stadtvermesser und Leiter des Bauamts wurde, ist der bedeutendste Vertreter kolonialer Architektur. Geschickt passte er den Palladianismus (mit dorischen Säulen, hohen Decken und breiten Verandas) dem tropischen Klima an. Von ihm erbaut wurden unter anderem die Armenian Church (Karte S. 54–55), das Caldwell House des ehemaligen Klosters Chijmes (Karte S. 54–55) und das Old Parliament House (Karte S. 54–55). Er war ebenso verantwortlich für das ursprüngliche zentrale Straßennetz der Stadt, welches von Sir Stamford Raffles entworfen wurde.

Andere Kolonialgebäude des 19. Jhs. von Bedeutung sind die St. Andrew's Cathedral (Karte S. 54–55) und die Cathedral of the Good Shepherd (Karte S. 54–55) sowie der Thian Hock Keng Temple (S. 67) und die Hajjah Fatimah Mosque (S. 71).

SHOPHOUSES

Vor den HDB-Wohnungen war das Shophouse das dominierende Gebäude Singapurs. Die längliche, schmale Bauart der Shophouses war auch in anderen Hafenstädten wie Penang oder Malakka weit verbreitet.

In der unteren Etage befanden sich meistens Werkstätten oder Läden, während im oberen Stockwerk der Wohnbereich lag. Über den Gehweg ragte oft ein massives Vordach, bekannt als *five-foot way*. Das Vordach wurde in Südchina und Teilen Südostasiens verwendet und von Sir Stamford Raffles im Jahr 1822 zwingend vorgeschrieben. In einer Reihe von Bauvorschriften teilte er mit, dass „alle Ziegelhäuser einen einheitlichen Typus von Vordach haben sollen, jedes mit einer Arkade von bestimmter Tiefe, nach allen Seiten offen als durchgehende und offene Passage …".

Raffles wollte eigentlich die Fußgänger vor Sonne und Regen schützen. Die Ladeninhaber hatten jedoch andere Ideen und binnen kurzer Zeit wurden die Vordächer zu Erweiterungen des Ladens im Inneren. Die meisten *five-foot ways* sind jetzt zwar frei von Handelsware, aber Spaziergänge durch die Buffalo Road in Little India oder das nördliche Ende der Telok Ayer Street in Chinatown geben einen Eindruck davon, wie schwierig es für die Passanten war, sich einen Weg durch diese Passagen zu bahnen.

Die tragenden Wände, welche die Gebäude voneinander trennen sind massiv gemauert – eine Abkehr von der traditionellen Holzbauweise. Das sorgte nicht nur für mehr Stabilität und Privatsphäre, sondern schützte auch vor der Ausbreitung von Bränden.

Die ersten Shophouses stammen aus dem Jahr 1840 und sind einfache, niedrige zweistöckige Gebäude. Diese fachsprachlich *Early Shophouses* genannten Gebäude wurden gefolgt von den *First Transitional, Late Transitional* und *Second Transitional Shophouses* und von denen im Art-déco-Stil. Neben hübschen Kacheln und bunten Anstrichen finden sich an den Fassaden oft klassische Elemente wie Säulen. Die Chinesen, Peranakan und Malaien bevorzugten stets kräftige Farben.

Shophouses haben typischerweise einen offenen Hinterhof, der Tageslicht in das Gebäude lässt und in früheren Tagen als Wassersammelstelle diente (die Höfe verfügten früher über offene Zisternen). Bei einigen Bauarten fungierte eine hohe Rückwand als eine Art Windablenker, der die Luftströme nach unten drückte und sie in das Haus leitete.

Eine speziell singapurische Variante war das sogenannte „Chophouse". Rekonstruktionen davon sind im Chinatown Heritage Centre (S. 63) zu sehen. Im Grundriss dem Shophouse ähnlich wurden sie erbaut, um viele Dutzende, manchmal sogar Hunderte von Bewohnern zu beherbergen. Die Etagen waren in winzige, düster-schmuddelige Schlafzellen aufgeteilt und die hohe Dichte an Bewohnern schuf unglaublich elende Wohnbedingungen. Einige wenige Chophouses blieben in Little India erhalten, zum Beispiel entlang der Desker Road, die meisten wurden jedoch abgerissen.

BUNGALOWS

Nicht vergleichbar mit den einstöckigen westlichen Wohnhäusern gleichen Namens sind Bungalows hier nach den Häusern im Bangalore-Stil benannt; sie haben normalerweise zwei Stockwerke. Die meisten wurden in einem Stil erbaut, den man in Singapur als *black and white* bezeichnet, was auf das nachgeahmte Tudor-Fachwerk zurückgeht, das zwischen 1900 und den späten 1930er-Jahren angesagt war. Diese Häuser sind sehr beliebt bei Zuwanderern, die nach dem drei Generationen zurückliegenden Glanz der Kolonialzeit suchen. Viele Black-and-White-Bungalows befinden sich in den grünen Wohnvierteln hinter der Orchard Road, wie etwa entlang der Nassim Rd. und dem Teilstück der Scotts Rd. in der Nähe des Sheraton-Towers-Hotels. Außerdem ballen sie sich in Nobelvierteln wie Alexandra Park und Ridley Park, wo man das Flair von Gin Slings und diskret-eleganten Liebschaften vergangener Zeiten fast schmecken kann.

Unten an der Mountbatten Rd. in Kallang (Karte S. 84) gibt es Beispiele für die sehr schmucken viktorianischen Bungalows und für Art-déco-Bungalows in Betonbauweise aus den 1920er- und 1930er-Jahren; typischerweise mit Flachdächern, runden Ecken und strengem horizontalem Design.

HDB-WOHNUNGEN

Es ist wohl nur in Singapur möglich, des Nachts unbehelligt durch eine Hochhaussiedlung zu laufen und einen Getränkeautomaten zu finden, der kalte Getränke verkauft und auch noch funktioniert – keine Spur von Vandalismus! Während anderswo Hochhäuser mit Sozialwohnungen abgerissen werden, in

top picks

MODERNE ARCHITEKTUR

- **Supreme Court** (Karte S. 54–55) Foster & Partners' Beitrag zur Skyline von Singapur besteht aus riesigen Silberscheiben, die einmal den Expo-Bahnhof nahe des Flughafens Changi zieren und jetzt auch den schimmernden, ultramodernen Supreme Court, der im Jahre 2005 eröffnet wurde.

- **The Esplanade** (Karte S. 54–55) Entworfen von dem Briten Michael Wilford und liebevoll als „Durians" bezeichnet, macht die birnenförmige, dornige Doppelkonzerthalle dem Opernhaus von Sydney Konkurrenz. Eine großartige Sehenswürdigkeit, besonders nachts.

- **National Museum of Singapore** (Karte S. 54–55) Der neue Anbau, ein Meisterstück in der Synthese von Tradition und Moderne, befindet sich hinter dem ursprünglichen palladianischen Gebäude aus dem 19. Jh. Die Sonne kann dem Gebäude, das über natürlich klimatisierende Luftschächte verfügt, nichts anhaben. Riesige doppelwandige Rundbauten aus Glas, eine Glaspassage, die es mit dem Altbau verbindet, und verrückte Details wie schwingende Kronleuchter können sich sehen lassen.

- **Parkview Square** (Karte S. 72) Das von dem Amerikaner James Adam entworfene Parkview Square ist ein Musterbeispiel für den Art-déco-Kitsch der 1930er-Jahre. Es erinnert ein wenig an Gotham City mit seinem kathedralenartigen Eingangsbereich, dem terrassierten Hof, einer Phalanx von Statuen bedeutender historischer Persönlichkeiten und acht bronzefarbenen Kolossen, die an den Ecken des Gebäudes knien.

- **Gateway** (Karte S. 72) Die klaren Linien des Gateway sorgen für einen starken Kontrast zur Verspieltheit des Parkview Square. Die schlanken Türme aus Glas und Stahl, von I. M. Pei in der Form identischer Parallelogramme entworfen, scheinen aus fast jedem Blickwinkel zweidimensional zu sein.

Singapur funktionieren sie. Das müssen sie auch, denn: Land ist knapp. Also hatte die Regierung kaum eine andere Wahl, als in die Höhe zu gehen. Das staatliche Wohnungsbauprogramm Housing Development Board (HDB) ist an einem Mammut-Bauprojekt beteiligt. Es entstehen Gebiete mit solide gebauten, gut verwalteten und preiswerten Wohnungen. Bislang wurden etwa eine Million Wohneinheiten gebaut.

HDB-„Städte" wie Toa Payoh, Pasir Ris und Tampines stellen den Wohnraum für fast 84 % der Bevölkerung. HDB-Siedlungen verfügen über Märkte, Schulen, Spielplätze, Geschäfte und Hawker Center. Die älteren aus den 1960er- und 1970er-Jahren haben einen alten Baumbestand, der Schatten spendet und sie relativ wohnlich macht. Viele Wohnblocks haben sogenannte „Leerdecks", das sind Freiflächen im Erdgeschoss, wo die Luft zirkulieren kann und alte Männer im Schatten Schach spielen.

Das HDB ist auch verbunden mit einem fortwährenden Renovierungs- und Verbesserungs- programm, und das, obwohl die meisten Wohnungen im Privatbesitz sind. Das macht das HDB zu einem in der Welt einzigartigen Wohnungsbauprojekt. Alle paar Jahre werden die Blocks neu gestrichen und man versieht sie mit neuen Annehmlichkeiten. Zurzeit ist ein Großprojekt im Gang, in dessen Verlauf Aufzüge installiert werden, die auf jeder Etage halten. Nicht wie früher, als das nur alle drei Stockwerke der Fall war; ein Albtraum für Senioren.

Mit der MRT ist es ganz einfach, das HDB-Kernland zu besuchen. Besucher brauchen nur einen Zug zu besteigen und zum Beispiel in Toa Payoh aussteigen. Die Architektur ist zwar nicht atemberaubend, aber man bekommt einen Eindruck vom Alltagsleben der Singapurer.

MODERNE

Das Gebiet rund um Bras Basah, die Verbindung zwischen Orchard Rd. und dem Colonial District, füllt sich zunehmend mit Bildungseinrichtungen, die mit außergewöhnlichem De- sign aufwarten und Singapurs Stadtlandschaft mehr und mehr in die experimentelle Richtung lenken – allen voran die unglaublichen Esplanade-Theater.

Die Singapore Management University (Karte S. 54–55) sieht zwar klobig und zweckmäßig aus, das wird aber abgemildert durch verspieltes Grün. Das Lasalle-SIA College of the Arts (Karte S. 84) hingegen ist ein bemerkenswertes, unsymmetrisches gläsernes Gebäude und sieht ein bisschen so aus, als sei ein Eisblock heruntergefallen und in sechs Teile zerschellt.

Die National Library (Karte S. 54–55) ist eines der Öko-Paradestücke der Regierung, entworfen im Hinblick auf minimalen Energieverbrauch und geringe Abfallmengen. Der neue Anbau des National Museum of Singapore (S. 59) verknüpft gewagte und exzentrische Architekturdetails mit der ursprünglichen viktorianischen Baustruktur in exzellenter Weise.

Im Central Business District (CBD) befindet sich eine Ansammlung schimmernder Türme von berühmten japanischen Architekten, darunter Kurawa Kishos 66 Stockwerke umfassender Republic Plaza sowie das OUB Centre und der UOB Plaza von Kenzo Tange. Tange entwarf ebenfalls das URA Centre in Chinatown (Karte S. 64–65) – sehr interessant, um einen Eindruck von der baulichen Zukunft Singapurs zu bekommen.

Wie in den meisten Städten ist die öffentliche Meinung über Architektur sehr geteilt; bislang blieben Singapur aber die schlimmsten modernen Missgriffe, wie sie in anderen Städten an der Tagesordnung sind, erspart.

NATUR & UMWELT

GEOGRAFIE

Singapur ist sehr flach, sehr heiß und oft sehr nass.

Singapurs Hauptinsel ist 42 km lang und 23 km breit und befindet sich einen Grad oberhalb des Äquators. Es gibt weitere 63 vorgelagerte Inseln, einige werden gewerblich, andere indus- triell genutzt. Einige dienen dem Vergnügen und ein paar sind nicht viel mehr als von Wellen umspülte Felsen. Insgesamt hat Singapur eine Landmasse von knapp 700 km², jedoch wächst es stetig durch Landgewinnung (s. Kasten rechts).

Die anderen Hauptinseln sind Pulau Tekong, ein Militärareal, das überwiegend ländliche Pulau Ubin und Sentosa, Singapurs sich rasch entfaltende Vergnügungsinsel. Etwa die Hälfte der Insel ist bebaut, die andere Hälfte besteht aus Parks, Wasserspeichern, einigen kleinen

Bauernhöfen, großen Militärgebieten und ein paar übrig gebliebenen Fleckchen Dschungel. Die Agrarfläche des Landes beträgt insgesamt weniger als 3 %.

Da es auf der Insel keine nennenswerten Erhebungen gibt, ist Singapur ideal für Spaziergänge geeignet – die erbarmungslose Hitze und Feuchtigkeit sollte man dabei allerdings nicht vergessen. Bukit Timah (malaiisch für „Zinnhügel") ist mit schwindelerregenden 166 m der höchste Punkt. Im Landesinneren befinden sich die größten Wald- und Freiflächen, doch auch die gesamte Stadt ist übersät mit großen Parks. Der westliche Teil besteht aus Sedimentgestein mit seichten Hügeln und Tälern, während der Südosten überwiegend flach und sandig ist. Singapur ist mit der malaysischen Halbinsel durch eine Schnellstraße im Norden und durch eine Brücke im Westen verbunden.

FAUNA

Die Tiger, die einst die Wälder durchstreiften, sind durch Ausrottung schon lange bloße Erinnerung, und Elefanten schwimmen auch nicht mehr herüber nach Pulau Ubin. Naturbeobachtungen sind aber in den verbliebenen Wäldern Singapurs immer noch möglich.

Die bei einer Wanderung durch das Central Catchment Nature Reserve (S. 91) am häufigsten anzutreffenden Tiere sind langschwänzige Makaken, Warane und Eichhörnchen. Die Wälder beheimaten ebenfalls fliegende Lemuren, Pythons, Kobras und andere Schlangen, daneben Fledermäuse und sogar Ameisenbären; Letztere sind allerdings schwer zu entdecken.

Singapur ist bekannt als ein wichtiger Anlaufpunkt auf der Ostasien-Vogelzugstrecke, was die Regierung dazu anregte, das vogelreiche Schutzgebiet Sungei Buloh Wetland Reserve zu erschaffen. Das Paradies für Vogelbeobachter bietet auch Lebensraum für Otter, riesige Warane und für ein paar Salzwasserkrokodile. Weitere geschützte Mangrovensümpfe sind Pasir Ris Park und Chek Jawa auf der Insel Pulau Ubin.

Obwohl ständige Überwachung die Moskitopopulation einigermaßen unter Kontrolle brachte, verfügt Singapur nichtsdestotrotz über eine ganz ansehnliche sechs- und achtbeinige Bevölkerung. Es gibt 935 Insektenarten und es werden immer noch neue entdeckt.

Unter Wasser sind die magischen „Korallenwälder", welche die Reiseschriftstellerin Isabella Bird im 19. Jahrhundert beschrieben hat, weitgehend zerstört. All das, was irgendwann einmal an marinem Leben in der Straße von Singapur geblüht haben mag, wurde durch Schifffahrt, Umweltverschmutzung und Landgewinnung niedergemacht. Es gibt aber noch immer die *kelongs* (Angel-Plattformen), besonders vor der Küste von Pulau Ubin (obwohl die meisten Singapurer eher nach Malaysia fahren, um auf Kelong-Angeltour zu gehen). Außerdem leben in den Gewässern Singapurs noch geschätzte 451 Arten von Krebsen und Krabben, darunter als lebendes Fossil der blaublütige Pfeilschwanzkrebs.

FLORA

Singapur bestand früher aus Mangrovensümpfen, Tieflandregenwald und Süßwasser-Sumpfwald. Das meiste davon ist verschwunden. Einige Waldstücke finden sich aber noch in den Naturschutzgebieten Bukit Timah Nature Reserve und MacRitchie Nature Reserve (hierbei handelt es sich allerdings um Sekundärwald) sowie auf Pulau Ubin.

EINE INSEL WÄCHST

Es ist schon ziemlich lange her, dass die Beach Road am Meer lag. Die Insel hat ihre Landmasse von 581 km² zur Zeit der Unabhängigkeitserklärung 1965 bis heute auf 682,7 km² erweitert. Zukünftig sind weitere 100 km² geplant – zur großen Beunruhigung der Nachbarn Malaysia und Indonesien. Aber das ist nichts Neues: Die erste Landgewinnung gab es schon zu Raffles' Zeiten, als Erde von einem Hügel abgetragen wurde, um einen Sumpf aufzufüllen.

Landgewinnung hat die Geografie rund um das Stadtzentrum dramatisch verändert, besonders im Gebiet um Marina Bay, wo 550 Hektar angefügt wurden. In den Gebieten Tanah Merah und rund um den Flughafen Changi im Osten sowie in Tuas im Westen schiebt sich das Land allmählich ins Meer. Einige Landgewinnungsprojekte haben dem benachbarten Malaysia bereits auf die Zehen getreten.

Eines der ambitioniertesten Projekte war die Verbindung von sieben einzelnen Inseln, aus denen die Insel Jurong hervorging, die größte Insel neben Singapur selbst. Das neue Land wird hauptsächlich zur Lagerung von Öl genutzt.

Trotzdem hat sich Singapur seinen Beinamen „Gartenstadt" verdient. Es gibt nur wenige Städte, die in puncto Verbreitung, Größe und Variantenreichtum der Grünflächen mithalten können. Das Spektrum reicht von kleinsten Stadtparks wie Telok Ayer Green in Chinatown über große Parzellen von Stadtwald wie Labrador Park oder Kent Ridge Park bis hin zu den außerstädtischen grünen Oasen wie Pasir Ris Park oder Bishan Park – nicht zu vergessen die erstklassigen Botanic Gardens.

Es überrascht nicht, dass das heiße, feuchte Klima in Singapur eine verblüffende Vielfalt von Pflanzen hervorbringt. Ein Botaniker schätzte sogar einmal, dass auf der Insel mehr Pflanzenarten zu finden seien als in ganz Nordamerika.

GRÜNES SINGAPUR

Der *Singapore Green Plan 2012*, ein 10-Jahres-Plan zur ökologischen Nachhaltigkeit, wurde im Jahr 2002 gestartet. Die Schwerpunkte sind Abfallwirtschaft, saubere Luft, Wasserversorgung und Ökologie. Der Plan, der alle paar Jahre aktualisiert wird, zielt darauf ab, die bereits makellose und gut organisierte Insel noch ein wenig sauberer und grüner zu machen.

Auf dem Boden der Tatsachen zeigt sich jedoch, dass Einstellungen schwer zu ändern sind. Potenziell wäre Singapur das ideale Testgebiet für „grüne" Fahrzeuge. Die Regierung aber zögert noch mit entsprechenden Anreizen, die einen massenhaften Umstieg auf Hybrid- oder Elektroautos fördern würden. Das liegt möglicherweise auch an Singapurs Status als drittgrößtem Erdöl-Raffineriezentrum der Welt. Neue Emissionsgrenzwerte wurden bereits eingeführt, aber die Verstopfung der städtischen Straßen hat sich während der letzten Jahre dramatisch verschlimmert.

Recycling läuft langsam an, was etwas überrascht, da die Müllentsorgung die ohnehin schon knappen Flächenressourcen enorm belastet. Die meisten Läden geben immer noch Berge von Plastiktüten heraus (obwohl einige der internationalen Ketten wie Ikea hier das Tempo etwas beschleunigen und die Kunden entwöhnen wollen), und die Singapurer zögern mehrheitlich, ihre Taschensucht aufzugeben. Veränderungen wird es aber definitiv geben. Recyclingstationen finden sich überall im Stadtzentrum, vor allem entlang der Orchard Rd.

So sehr sich der Stadtstaat auch bemüht, die eigenen Umweltprobleme in den Griff zu kriegen – über die Nachbarn hat er keine Kontrolle. Zwischen Juni und September ziehen braune Dunstwolken von Bränden in Indonesien (meist von riesigen Plantagen) über die Insel. Dann riecht es penetrant nach Holzrauch: eine düstere Warnung an ihre verwundbare ökologische Stellung in der Region.

REGIERUNG & POLITIK

Theoretisch hat Singapur eine demokratisch gewählte Regierung nach dem Vorbild des Westminster-Systems. In der Praxis jedoch zeigt sich, dass die Wahlgesetze wohl zugunsten der regierenden PAP (People's Action Party) gemacht wurden. Das geht so weit, dass bei den Wahlen 2006 zwar 33 % der Stimmen auf eine der drei Oppositionsparteien entfielen, die Regierung aber alle bis auf zwei der 84 Sitze einheimste. Abgesehen davon akzeptieren die meisten Singapurer still diesen Status quo, wohl mit der Überlegung, dass der hohe Lebensstandard, den sie genießen, ein fairer Tausch für politische Freiheit ist.

Das derzeitige Einkammerparlament hat 84 gewählte Abgeordnete, davon neun über Single Member Constituencies (Wahlkreise, in denen verschiedene Einzelkandidaten gegeneinander antreten) und 75 über Group Representation Constituencies (Mehrpersonenwahlkreise). Letztere sollen sicherstellen, dass Minderheiten, wie z. B. die der Malaien oder Inder, im Parlament vertreten sind. Ein Nebeneffekt der Mehrpersonenwahlkreise, bei denen mehrere Abgeordnete für einen Sitz kandidieren, ist allerdings, dass es für die Oppositionsparteien äußerst schwierig ist, genug Kandidaten aufzubieten, um überhaupt an der Wahl teilnehmen zu können.

Bei Wahlen herrscht Wahlpflicht und die Regierung wird für fünf Jahre gewählt. Eine amtierende Regierung kann jedoch das Parlament auflösen und jederzeit Neuwahlen ausrufen.

Singapur hat auch einen vom Volk gewählten Präsidenten, momentan ist es S. R. Nathan. Seine Funktion ist überwiegend repräsentativ.

Die regierende PAP hört sich nach eigener Aussage gerne alle Meinungen an und nimmt freudig gute Ideen auf, egal von welcher Seite sie kommen. Daher sei mehr politischer Pluralismus eigentlich nicht vonnöten.

Man glaubt ebenfalls, dass die Regierung, befreit von ermüdenden Debatten mit einer renitenten Opposition, viel mehr Zeit hat, um das Land vernünftig zu regieren. Als abschreckende Gegenbeispiele werden dann immer die chaotischen Demokratien in Ländern wie Indien, Thailand und Indonesien genannt. Oder man zeigt mit einer gewissen Häme in den Fernsehnachrichten Tumulte in den Parlamenten Koreas und Taiwans.

Deutliche Opposition gibt es, aber diejenigen, die diesen Pfad beschritten haben, wie Chee Soon Juan, J. B. Jeyaretnam und Francis Seow (s. Kasten S. 42), sind oft Opfer von harscher Kritik, juristischen Schikanen und Spott. Von den Medien werden sie ignoriert, es sei denn, es gibt etwas Negatives zu berichten. Die bevorzugte Methode der Regierung mit diesen unliebsamen Kritikern umzugehen, ist die, sie vor Gericht zu schleifen und sie dadurch finanziell zu ruinieren. Das ist ein „sauberes" Mittel, da Bankrotteure von Wahlkandidaturen ausgeschlossen sind.

Das Rechtssystem basiert auf dem britischen Recht und die Unabhängigkeit der Judikative wird vor der Verfassung garantiert. In der Praxis aber werden viele Richter nur kurzfristig berufen und die Verlängerung ihrer Amtszeit hängt von der Zustimmung der Partei ab. Urteile, die gegen die Regierungslinie laufen, werden manchmal auch einfach mit neu erlassenen Gesetzen unterlaufen, um die Vormacht der Regierung zu sichern.

Singapurs Internal Security Department führt Bericht über seine Bürger und es herrscht eine weitverbreitete Angst (wenn auch nicht nachweisbar), dass Kritik an der Regierung zum Verlust von Arbeitsplatz und Karrierechancen führen könnte.

Wie anderswo auch hat das Internet in Hinblick auf die politische und soziale Diskussion einen Gezeitenwechsel ausgelöst. So sind mittlerweile eine Unzahl an Blogs entstanden, in denen Kritik an der Regierung geübt wird (s. Kasten S. 42).

Singapur verfügt über einen ausgedehnten kommunalpolitischen Apparat, der z. B. öffentliche Anhörungen organisiert, um die verschiedensten Bürgeranliegen zu erörtern. Das gewaltige „e-government"-Netzwerk, die elektronische Verwaltung, mit dem die Bürger die verschiedensten Transaktionen von der Kartenreservierung für das Fußballspiel bis zur Einkommens-

JBJ

J. B. Jeyaretnam ist der berühmteste Dissident Singapurs. Seine Erfahrungen haben sich in das kollektive Unbewusste des Landes eingebrannt wie eine Art Schauermärchen.

Der Anwalt JBJ führte die Worker's Party an und forderte die regierende PAP heraus. 1981 wurde er der erste Oppositionskandidat nach 13 Jahren, der einen Sitz gewann, weil der Wahlkreis Anson bei einer Nachwahl an ihn fiel.

Er wurde 1984 wiedergewählt, kurz darauf aber vor Gericht gezerrt, wo man gegen ihn in Sachen Parteigelder klagte. Er wurde bis auf einen Anklagepunkt von allen Vorwürfen freigesprochen und zu drei Monaten Haft und einer Geldstrafe von 5000 $ verurteilt. Das reichte, um ihn für fünf Jahre von den Wahlen auszuschließen und ihm die anwaltliche Zulassung zu entziehen.

JBJ wandte sich an den British Privy Council, der sein Berufsverbot aufhob (was die Regierung veranlasste, das Gesetz zu ändern, das solche Berufungsverfahren regelte). Er bat anschließend den Präsidenten von Singapur, das Urteil aufzuheben, was aber abgelehnt wurde.

Von den Wahlen 1988 schloss man ihn zwar aus, er machte aber dennoch Wahlkampf für die Worker's Party. Er gab einige Kommentare über Lee Kuan Yew ab, die es dem Premierminister ermöglichten, ihn – mit ein wenig kreativer Gesetzesauslegung – zu verklagen. Lee Kuan Yew erhielt eine Entschädigungssumme von 260 000 $. Ein weiterer Prozess im Jahr 1995 verurteilte ihn zu einer Entschädigungssumme von 465 000 $. Als er dann 1997 als „listenfreier" Abgeordneter ins Parlament berufen wurde, gab es weitere elf Prozesse wegen Rufschädigung gegen ihn, da er aus Polizeiakten über den Abgeordneten Goh Chok Tong zitiert hatte.

Der Richter räumte zwar ein, dass die Klage des Abgeordneten überzogen gewesen sei, gestand ihm aber dennoch eine Entschädigung von 20 000 $ zu. Nach einer Berufung wurde diese sogar auf 100 000 $ erhöht – und der Richter bald darauf entlassen.

JBJ trat als Parteivorsitzender 2001 zurück und hielt sich in seinen letzten Tagen mit dem Straßenverkauf seiner beiden Bücher – *Make it Right for Singapore* und *The Hatchet Man of Singapore* – mühsam über Wasser. Er starb am 20. September 2008, ein paar Wochen nachdem er sein politisches Comeback mit seiner neu gegründeten Reform Party eingeleitet hatte. Seines Todes wurde weltweit in Nachrufen und Beileidsbekundungen gedacht. So blieb er noch im Tod ein Stachel im Fleisch der Regierung.

top picks

POLITISCHE BÜCHER

Bücher über die dunkle Seite der Politik Singapurs findet man natürlich nicht innerhalb des Landes. Sie sind aber über Onlineshops erhältlich und malaysische Buchläden verkaufen auch gerne solche kritischen Bücher.

- **Singapore Story** (Lee Kuan Yew) Um die offizielle Story des Singapur-Wunders zu erfahren, kann man sich die Bände schmeichlerischer Schreiberlinge sparen und sich direkt an der Quelle informieren – bei dem Mann, der sich das alles ausgedacht hat.
- **Lee's Law** (Chris Lydgate) Eine verstörende, traurige Geschichte über den Aufstieg und die systematische Zerstörung von Singapurs berühmtestem Dissidenten und erfolgreichstem Oppositionspolitiker, dem Rechtsanwalt J. B. Jeyaretnam.
- **No Man Is An Island** (James Minchin) Eine breit angelegte kritische Studie zu den Büchern von Lee Kuan Yew.
- **To Catch A Tartar** & **Beyond Suspicion? The Singapore Judiciary** (Francis Seow) Das erste Buch des ehemaligen Präsidenten der Law Society erzählt davon, wie er in einen Albtraum aus Verfolgung und beruflichem Ruin gerät, nachdem er offen gegen Lee Kuan Yew opponierte. Das zweite Buch stellt die Unabhängigkeit des Rechtssystems des Landes infrage.

steuererklärung tätigen können, hat auch ein Forum eingerichtet, in dem die Menschen ihre Meinung zu bestimmten Themen und Problemen kundtun können.

Das bemerkenswerteste Beispiel in jüngster Zeit war die Debatte über den Bau von zwei Casino-Komplexen. An der zwei Jahre andauernden Diskussion beteiligten sich normale Bürger, Vertreter von Religionsgemeinschaften und Bürgerinitiativen sowie karitative und soziale Einrichtungen. Obwohl man verbreitet glaubte, die Regierung habe ihre Entscheidung bereits vor dieser „öffentlichen Beratung" getroffen, gab es einige sehr deutliche Meinungsäußerungen.

MEDIEN

Im Prinzip herrscht in Singapur Presse- und Meinungsfreiheit, in Wirklichkeit ist dies aber gar nicht der Fall. Selbstzensur in Kombination mit strenger Regierungsaufsicht und regierungstreuen Herausgebern hält abweichende Meinungen und destruktive Berichterstattung heraus aus der Lokalpresse. Jeder Lokaljournalist, der versucht, die ungeschriebenen Grenzen zu durchbrechen, wird seinen Job nicht sehr lange behalten. Diese Erfahrung machte z. B. der frühere Kolumnist der Zeitung *Today* und jetzige Blogger **mr brown** (www.mrbrown.com).

Das größte Medienunternehmen ist die riesige Singapore Press Holdings (SPH), welche während einer jahrzehntelangen Quasi-monopolstellung unvorstellbar reich wurde. Sie gibt die führende Zeitung des Landes heraus, die dröge *Straits Times,* eine behördennahe Tageszeitung. Die Asien-Berichterstattung ist nicht schlecht, aber selbst diese wird zurechtgebogen, wenn Singapurs Nationalinteressen im Spiel sind. Das Blatt ist sogar so geschickt darin, die Illusion einer freien Presse zu erzeugen, dass die Regierungen Birmas und der Volksrepublik China schon Teams nach Singapur entsandt haben, um dieses Vorbild zu studieren.

MEINUNGSFREIHEIT IN SINGAPUR

Oberflächlich gesehen genießen die Singapurer ein grundlegendes Maß an gesellschaftlicher Freiheit. Oppositionspolitiker wie J. B. Jeyaretnam (s. Kasten **S. 41**) und Chee Soon Juan mussten jedoch erfahren, dass sich das Leben dramatisch ändern kann, sobald man der Regierung von Singapur auf die Nerven geht. Beide Männer wurden durch die Gerichte geschleift und durch Prozesse finanziell ruiniert; Chee wurde als Unidozent gefeuert.

Die Regierung, die darauf erpicht ist, als demokratisch zu gelten, richtete 2000 im Hong Lim Park eine **Speaker's Corner** (Karte **S. 64–65**) ein. Es wurde aber gleichzeitig stark reglementiert, welche Themen die Sprecher sich vornehmen dürfen. Nachdem man anfangs in Begeisterung ausgebrochen war, nutzte sich der Effekt des Neuen bald ab und die stets leere Speaker's Corner wurde zu einem lokalen Witz. Allerdings versammelten sich 2008 mehrere Hundert Menschen dort, um ihren Unmut darüber zu äußern, dass sie im Zuge der Pleite der Lehman Brothers Bank hohe Investitionen verloren hatten … Ob dieser Ausbruch von Unzufriedenheit mehr Singapurer dazu ermutigt, den Status quo offen infrage zu stellen, ist eine andere Sache, aber die Stimmung ändert sich deutlich und auf lange Sicht könnte das ernste Konsequenzen für die PAP haben.

SPH veröffentlicht ebenfalls das Boulevardblatt *New Paper,* das ein schrilles und mäßig unterhaltsames Spektrum von Verbrechen, Skandalen, Sensationen und moralischer Empörung sowie englischen Fußball und scheußliches Layout bietet.

In den späten 1990er-Jahren experimentierte die Regierung für ein paar Jahre mit einem Wettbewerb zwischen den Unternehmen SPH und Mediacorp, die beide konkurrierende Gratiszeitungen und Fernsehsender betrieben. Das stellte sich aber als kommerzieller Reinfall heraus. Mediacorps überlebendes Gratisblatt *Today* (kann man morgens in den MRT-Stationen mitnehmen) ist zwar die unterhaltsamste aller Tageszeitungen, aber ihr Ansehen als Zeitung, die auch unbequeme Fragen stellt, ist seit der Anstellung von regierungsfreundlichen Chefredakteuren dahin.

Internationale Presse in englischer Sprache wie *Time, Economist* und *Newsweek* sind überall erhältlich, aber die *Far Eastern Economic Review* bekommt man nicht. Sie wurde nach einem Bericht über den Oppositionsführer Chee Soon Juan von der Regierung verboten und verklagt.

Während im Bereich „seriöse Lokalpresse" eine Lücke klafft, biegen sich die Regale der Zeitschriftenhändler unter dem Gewicht von Lifestyle- und Fachzeitschriften wie *Her World, Expat Living* und *Tatler.* Männermagazine und Frauenzeitschriften wie *Maxim, FHM* und *Cosmopolitan* dürfen ihr übliches Nackttitelblatt und Aktdarstellungen innerhalb gewisser Grenzen zeigen.

Tipps fürs Ausgehen findet man in *8 Days, Time Out* oder *I-S.* Siehe auch S. 214.

Das Lokalfernsehen in englischer, chinesischer, tamilischer und malaiischer Sprache zeigt eine Mischung aus regionalen und ausländischen Soaps und Spielfilmen (manchmal zensiert), Magazinsendungen, Reality-TV und den allseits beliebten Talentshows. Die Qualität lässt, um ehrlich zu sein, sehr zu wünschen übrig.

Von allen Medien ist das Radio das wohl risikofreudigste und mit Sicherheit das Medium, das am häufigsten Ärger mit den Behörden bekommt. Die Musikstationen werden allerdings immer noch von faden Pseudo-DJs mit amerikanischem Akzent dominiert.

SPRACHE

Eine Bevölkerung mit einer großen Vielfalt an Muttersprachen stellte das Land in der Vergangenheit vor einige Probleme. Die Antwort darauf war ganz klar: Jeder sollte mindestens zwei Sprachen beherrschen, zum einen seine Muttersprache und zum anderen eine nationale Verkehrssprache – Englisch natürlich. Also müssen alle Schulkinder Englisch lernen und außerdem eine „Muttersprache" wie Malaiisch, Tamil oder Mandarin.

Chinesische Dialekte sind noch immer verbreitetet, besonders unter den älteren Einwohnern. Die geläufigsten sind Hokkien, Teochew, Kantonesisch, Hakka und Hainan-Chinesisch. Während die Regierung früher ihre Bürger damit nervte, Englisch zu lernen oder es besser zu beherrschen, gibt es seit dem wirtschaftlichen Aufstieg Chinas eine genauso insistierende Kampagne, die chinesische Singapurer dazu auffordert, Mandarin zu lernen.

Dieser etwas inkonsequente Ansatz führte dazu, dass viele Singapurer in linguistischer Hinsicht weder Fisch noch Fleisch sind, weil sie weder Englisch noch Mandarin richtig beherrschen.

SINGLISH

Das erste, was Besuchern neben der makellosen Sauberkeit der Stadt auffällt, ist, dass die meisten Singapurer fließend Englisch sprechen. Manchmal sprechen sie so flüssig, dass sie kaum zu verstehen sind. Diesen Slang, der im Prinzip aus Englisch mit Einsprengseln aus Malaiisch, Hokkien und Tamil besteht und in einem charakteristischen Singsang-Stakkato gesprochen wird, nennt man mit gewissem Stolz „Singlish".

Singlish ist der Regierung etwas peinlich, und darum hat sie die eindringlich betitelte „Speak Good English"-Kampagne ausgerufen. Einmal wurde sogar ein Song mit „singlischem" Text und dem Titel „Fried Rice Paradise" aus dem Radioprogramm verbannt.

Im Grunde unterscheidet sich Singlish nicht sehr von melanesischem Pidgin, den Kreolsprachen der Karibik oder anderen Dialekten. Mag Singlish auch nahezu unverständlich für die meisten Besucher Singapurs sein, so hat es doch als Umgangssprache seine Berechtigung.

Mittlerweile hat auch die Regierung eingesehen, dass der Kampf gegen Singlish vergeblich ist, und hat aufgegeben. Außerdem tragen viele Singapurer noch einen englischen „Ersatzakzent" mit sich herum und können mühelos zwischen den maschinengewehrartigen Sprachsalven des Singlish, das man im Freundeskreis spricht, und einem besucherfreundlichen Standardenglisch hin- und herschalten.

Trotzdem ist es ziemlich wahrscheinlich, dass Besucher Einheimische manchmal tumb anstarren, weil sie versuchen zu verstehen, was diese um Himmels willen gesagt haben könnten. Unnötige Präpositionen und Pronomina werden nämlich einfach weggelassen, die Wortstellung wird verändert, Wendungen verkürzt und Betonung und Sprachmelodie sind – gelinde gesagt – unkonventionell.

Eine Singlish-Grammatik als solche existiert nicht, aber es gibt bestimmte Charakteristika. Zum Beispiel wird die letzte Silbe einer Phrase lang betont, sodass das standardsprachliche „*government*" zu „gawwe-*men*" wird. Wörter, die auf Konsonanten enden – speziell auf „l", „k" und „t" –, werden oft verbunden und Vokale oft verzerrt.

Und natürlich seien der Vollständigkeit halber noch die expressiven, letztlich aber bedeutungslosen Partikel erwähnt, die die Singapurer am Satzende zur Betonung verwenden. Am bekanntesten ist „lah", zu hören sind aber auch „mah", „meh", „lor", „hor" und „leh".

Diese Partikel haben einige unvergessliche Phrasen erschaffen, wie diese romantsiche Ouvertüre, die wir im Vorbeigehen hörten, als ein junger Bursche zu seiner Liebsten sagte: „I love you hor" (klingt wie „Ich liebe dich Hure").

Eine Liste mit etwas gebräuchlicheren Ausdrücken auf Singlish befindet sich im Kapitel „Sprache" (S. 215).

STADTVIERTEL

top picks

Eine uralte Parabel, deren Ursprünge für immer im Nebel der Zeiten verloren sind, erzählt von einer Gruppe blinder Männer, die, nachdem sie einen Elefanten an verschiedenen Stellen berührt haben, zu völlig unterschiedlichen Ansichten darüber gelangen, was ein Elefant wirklich ist. Einer berührt ein Bein und erklärt den Elefanten zu einer Säule. Ein anderer greift den Schwanz und sagt, der Elefant sei „wie ein Seil". Wieder ein anderer berührt den Stoßzahn, ein weiterer das Ohr und so weiter.

> „Die Löwenstadt ist weit mehr als die Summe ihrer einzelnen Teile."

Das moderne Singapur erscheint Reisenden ganz ähnlich wie der sprichwörtliche Elefant den blinden Männern: Es hinterlässt stark voneinander abweichende Eindrücke, abhängig davon, welcher Teil erkundet wird.

Geschäftsleute, die Singapur für eine Dreitageskonferenz aufsuchen, halten sich wohl im Central Business District (CBD) auf. Vielleicht schaffen sie es nach der Arbeit ein paar Stunden abzuzwacken, um Ruhe und Erholung entlang des Flussufers zu suchen. „Eine moderne Metropole aus glänzendem Stahl und Wolkenkratzern aus Glas, die sich gerade noch die richtige Portion kolonialen Prunk für den historischen Touch erhalten hat. Richtig westlich!", sagt dieser Besucher vielleicht bei der Heimkehr und bemüht sehr wahrscheinlich die alte Kamelle, die gerne zur Beschreibung der Löwenstadt herangezogen wird: „… und so sauber und ordentlich."

Wer sich in der Gegend um die Orchard Road herumtreibt, findet vielleicht eher zu folgender Beschreibung: „Durch und durch ein Paradies für Modejunkies, teuer und durchdrungen von einer seltsamen West-trifft-Ost-Kultur, ganz ähnlich wie einige der angesagteren Stadtviertel Hongkongs, nur sauberer und weniger chaotisch."

Backpacker, bei ihrem obligatorischen Zweitagesaufenthalt auf dem Weg durch Südostasien, finden sich wahrscheinlich in der budgetfreundlichen Umgebung von Little India und Kampong Glam wieder. Sie werden von einer lärmigen, nach Curry und Cumin riechenden Stadt mit bunten, hingeduckten Gebäuden und Frauen in Saris erzählen – und auch von Männern in Saris, zumindest in gewissen Straßen. Andere Backpacker begeben sich schnurstracks nach Geylang. Dort entdecken sie in manchen Straßen eventuell zahlreiche buddhistische Schreine und Tempel, in anderen Straßen wiederum stoßen sie auf semilegale Freudenhäuser und eine ansehnliche Armee von Prostituierten. (Für welche Straße sie sich auch entscheiden, die Beschreibung in ihrem Reisebericht verspricht in jedem Fall sehr farbenfroh zu werden!)

Und so geht es weiter: von der Sterilität der scheinbar endlosen Häuserblocks in Singapur (auch diese Stadtbezirke halten Überraschungen für diejenigen bereit, die sich Zeit für eine Erkundung nehmen) bis zur tropischen Üppigkeit von Farmen, Parks und kleinen Fleckchen Dschungel in den Stadtaußenbezirken sowie an Orten wie der Waldinsel Pulau Ubin.

Welche dieser Impressionen vermittelt am besten die Essenz Singapurs? In der Parabel vom Elefanten liegen alle blinden Männer gleichermaßen richtig und falsch: Der Elefant ist mehr als das, was sie durch das einmalige Berühren erfahren können. Und so ist es auch mit Singapur. Wer jedes Stadtviertel individuell erkundet, stimmt am Ende sicherlich zu: Die Löwenstadt ist weit mehr als die Summe ihrer einzelnen Teile.

SINGAPUR

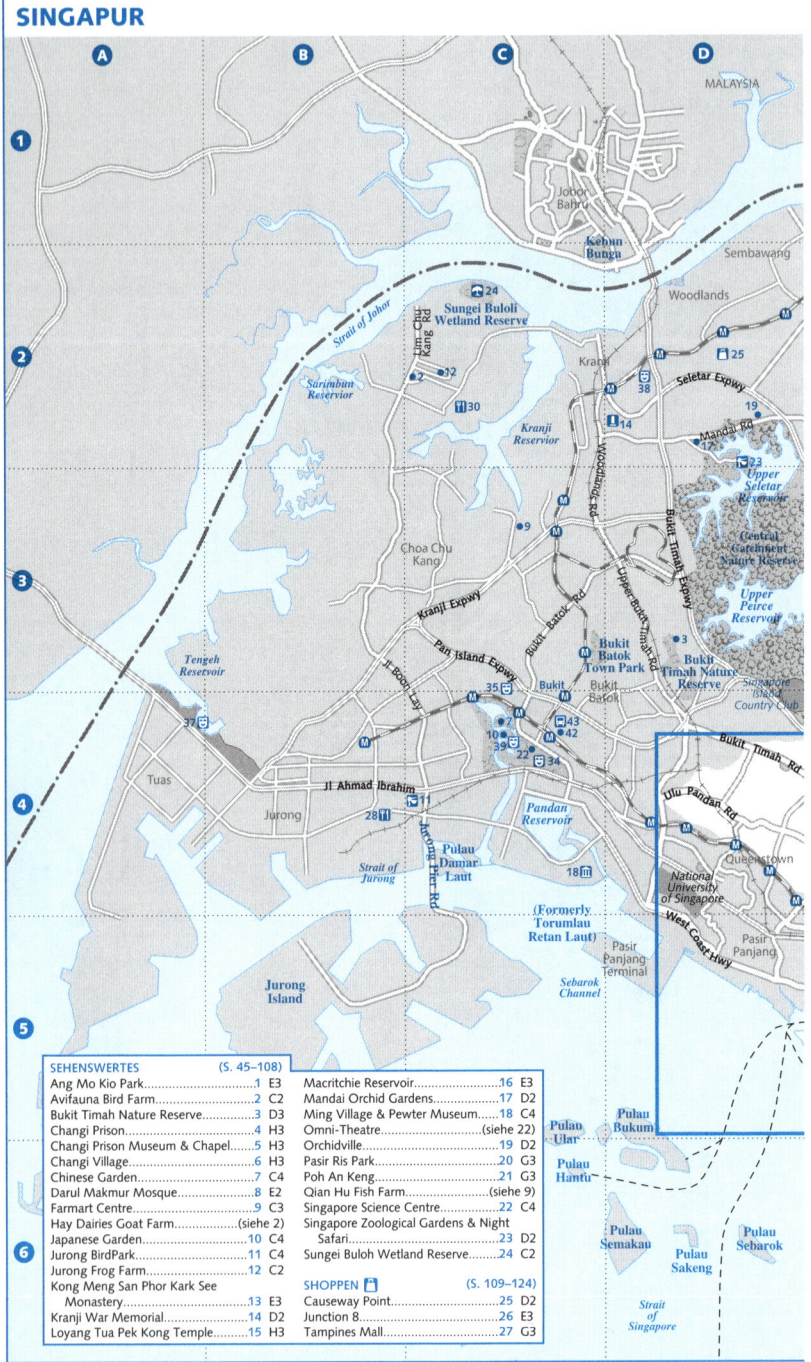

MALAYSIA

Johor Bahru

Sembawang

Kebun Bunga

Woodlands

Strait of Johor

Sungei Buloh Wetland Reserve

Kranji

Seletar Expwy

Sarimbun Reservoir

Kranji Reservoir

Mandai Rd

Upper Seletar Reservoir

Central Catchment Nature Reserve

Choa Chu Kang

Woodlands Rd

Upper Peirce Reservoir

Kranji Expwy

Pan Island Expwy

Bukit Batok Rd

Upper Bukit Timah Rd

Bukit Timah Expwy

Bukit Batok Town Park

Bukit Timah Nature Reserve

Singapore Island Country Club

Tengeh Reservoir

Jl Boon Lay

Bukit Batok

Bukit Timah Rd

Ulu Pandan Rd

Tuas

Jurong

Jl Ahmad Ibrahim

Jurong Rer Rd

Pandan Reservoir

National University of Singapore

Queenstown

Strait of Jurong

Pulau Damar Laut

West Coast Hwy

Pasir Panjang

(Formerly Torumlau Retan Laut)

Pasir Panjang Terminal

Sebarok Channel

Jurong Island

Pulau Ular

Pulau Bukum

Pulau Hantu

Pulau Semakau

Pulau Sakeng

Pulau Sebarok

Strait of Singapore

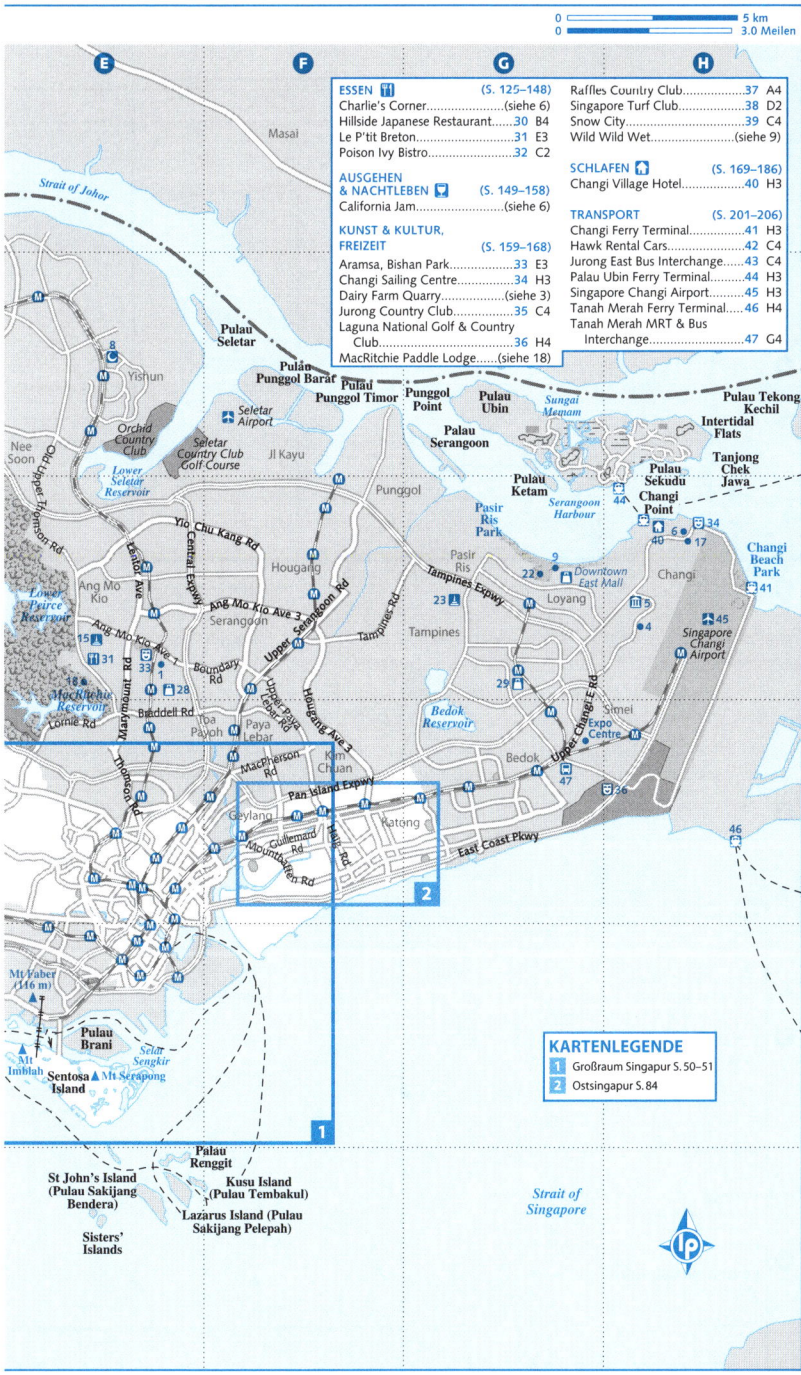

0 — 5 km
0 — 3.0 Meilen

ESSEN 🍴 (S. 125–148)
Charlie's Corner..........................(siehe 6)
Hillside Japanese Restaurant......30 B4
Le P'tit Breton.............................31 E3
Poison Ivy Bistro........................32 C2

**AUSGEHEN
& NACHTLEBEN** 🍸 (S. 149–158)
California Jam.........................(siehe 6)

**KUNST & KULTUR,
FREIZEIT** (S. 159–168)
Aramsa, Bishan Park.................33 E3
Changi Sailing Centre...............34 H3
Dairy Farm Quarry.................(siehe 3)
Jurong Country Club................35 C4
Laguna National Golf & Country
   Club..36 H4
MacRitchie Paddle Lodge......(siehe 18)

Raffles Country Club................37 A4
Singapore Turf Club................38 D2
Snow City.................................39 C4
Wild Wild Wet....................(siehe 9)

SCHLAFEN 🛏 (S. 169–186)
Changi Village Hotel................40 H3

TRANSPORT (S. 201–206)
Changi Ferry Terminal..............41 H3
Hawk Rental Cars.....................42 C4
Jurong East Bus Interchange.....43 C4
Palau Ubin Ferry Terminal........44 H3
Singapore Changi Airport.........45 H3
Tanah Merah Ferry Terminal....46 H4
Tanah Merah MRT & Bus
   Interchange...........................47 G4

KARTENLEGENDE
1 Großraum Singapur S. 50–51
2 Ostsingapur S. 84

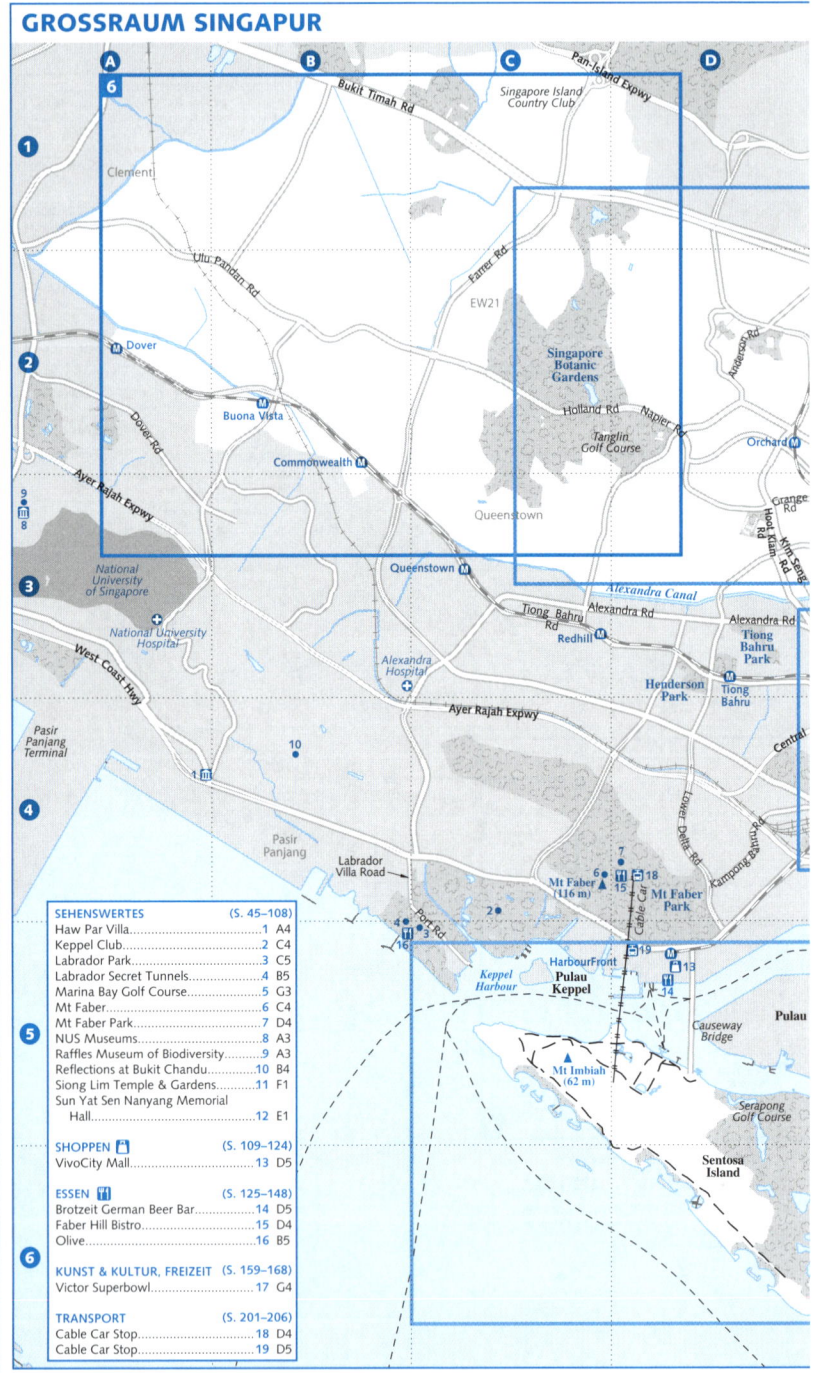

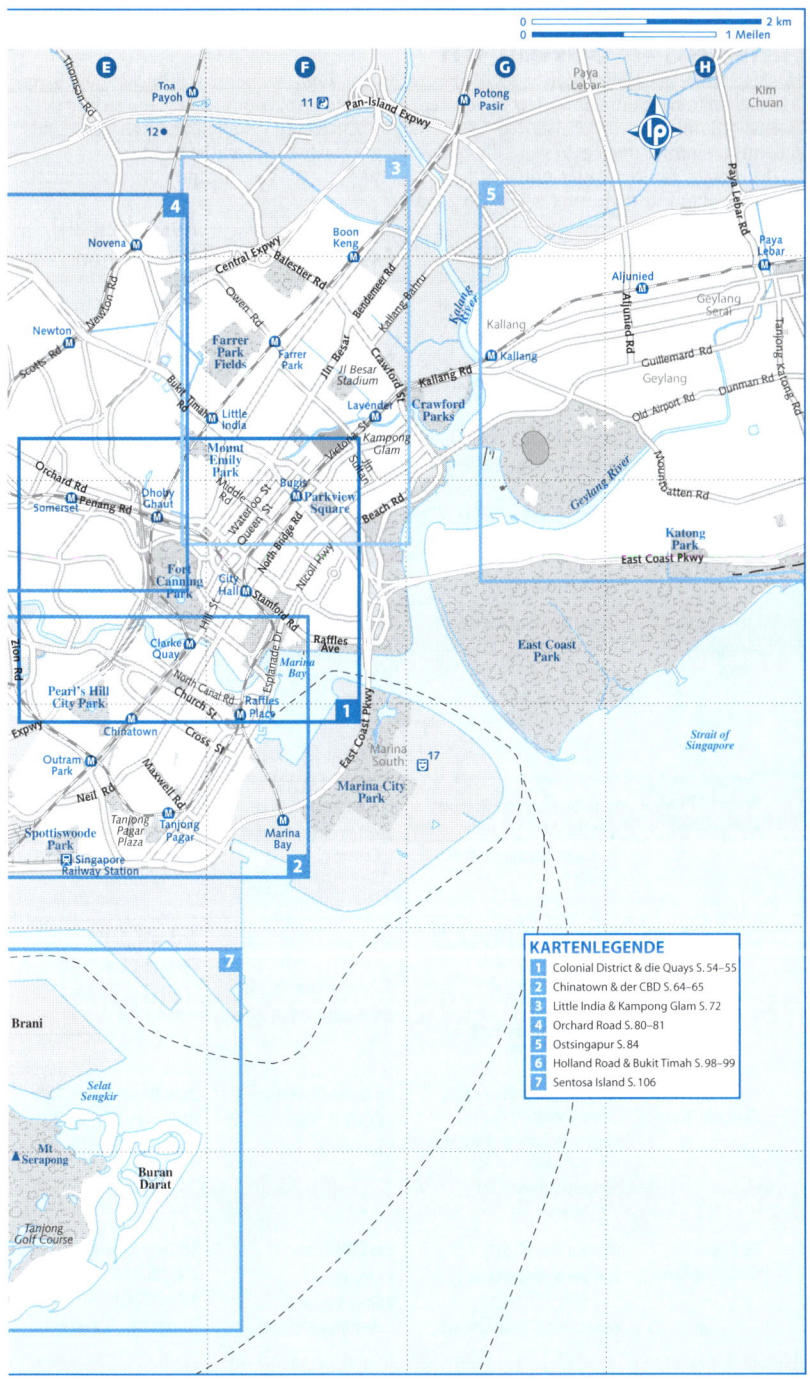

STADTVIERTEL GROSSRAUM SINGAPUR

KARTENLEGENDE

1 Colonial District & die Quays S. 54–55
2 Chinatown & der CBD S. 64–65
3 Little India & Kampong Glam S. 72
4 Orchard Road S. 80–81
5 Ostsingapur S. 84
6 Holland Road & Bukit Timah S. 98–99
7 Sentosa Island S. 106

EIN TAG IN SINGAPUR

Die Stadt macht es Reisenden leicht, sie zu ergründen. Tagsüber können Besucher der Hitze entfliehen und sich in kühlen Gebäuden dem kulturellen Angebot widmen, um sich später, wenn es kühler geworden ist, den spektakulären Ansichten draußen zuzuwenden. Und abends ist immer noch genügend Energie für das fantastische Nachtleben übrig.

In diesem Routenplaner umfasst die Kategorie Süd- & Westsingapur die Stadtviertel Sentosa Island sowie Jurong & Westsingapur.

STADTVIERTEL	AKTIVITÄTEN	Sehenswertes	Essen	Ausgehen & Nachtleben
	Colonial District & die Quays	Peranakan Museum (S. 58) Singapore Art Museum (S. 59) Esplanade – Theatres on the Bay (S. 53)	Chef Chan's Restaurant (S. 132) Hai Tien Lo (S. 132) Garibaldi (S. 132)	Brewerkz (S. 151) Butter Factory (S. 152) Crazy Elephant (S. 152)
	Chinatown & der CBD	Buddha Tooth Relic Temple (S. 66) Sri Mariamman Temple (S. 67) Chinese Heritage Centre & Pagoda St. (S. 63) Sultan Mosque (S. 75)	Lau Pa Sat (S. 137) Saint Pierre (S. 136) Annalakshmi (S. 137)	Penny Black (S. 153) Play (S. 154) Tantric Bar (S.154)
	Little India & Kampong Glam	Sakaya Muni Buddha Gaya Temple (S. 74) Haji Lane (S. 71)	Gayatri (S. 138) French Stall (S. 138) Tekka Centre (S. 140)	Night & Day (S. 155) Café Domus (S. 155) Blujaz Café (S. 155)
	Orchard Road, Holland Road & Bukit Timah	Istana (S. 78) Bukit Timah Nature Reserve (S. 96) Singapore Botanic Gardens (S. 96)	Wasabi Tei (S. 140) Din Tai Fung (S. 141) Newton Circus Hawker Centre (S. 142)	Alley Bar (S. 155) Downunder Bar (S. 156) Wine Network (S. 157)
	Ostsingapur	Kleine Tempel & Lorongs von Geylang (S. 82) Sri Senpaga Vinayagar Temple (S. 85) Stadtspaziergang durch Joo Chiat (S. 88)	Old Airport Road Food Centre (S. 133) Guan Hoe Soon (S. 143) 328 Katong Laksa (S. 144)	Artoholic (S. 158) California Jam (S. 158) Sunset Bay Garden Beach Bar (S. 158)
	Nord- & Zentralsingapur	Kong Meng San Phor Kark See Monastery (S. 91) Singapore Zoological Gardens & Night Safari (S. 92) Sungei Buloh Wetland Reserve (S. 93)	Au Jardin (S. 144) PS Café (S. 145) L'Estaminet (S. 146)	2am: Desert Bar (S. 157) Dempsey's Hut (S. 157) Wala Wala Café Bar (S. 157)
	Süd- & Westsingapur	Haw Par Villa (S. 102) Singapore Science Centre (S. 104) Reflections at Bukit Chandu (S. 101)	The Cliff (S. 147) Il Lido (S. 147) Hilltop Japanese Restaurant (S. 145)	St. James Power Station (S. 157) KM8 (S. 158) Sunset Bay (S. 158)

COLONIAL DISTRICT & DIE QUAYS

Ausgehen & Nachtleben S. 150; Essen S. 132; Shoppen S. 117; Schlafen S. 172

Das Herz Singapurs pulsiert als urbane Fundgrube mit ursprünglichen Kolonialbauten, Galerien, Museen, gewaltigen Einkaufszentren, Parks und drei am Flussufer gelegenen Unterhaltungsmeilen. Ein anschaulicheres Bild Singapurs als lebendiger Stadt gibt es sonst nirgends. Hier heißen ehemalige Gerichtsgebäude und Kirchen Trinker und Schlemmer willkommen, hier bieten Männer mit Fahrradrikschas ihre Dienste vor gläsernen Megamalls an und so weit das Auge reicht, ist der Nachhall der britischen Herrschaft deutlich wahrzunehmen.

Sir Stamford Raffles hat unauslöschliche Spuren in diesem Distrikt hinterlassen. Sein Standbild wacht über dem Singapore River und sein Haus hockt immer noch auf einem Hügel in der üppigen grünen Oase von Fort Canning Park. Die kolonialen Bauwerke umgeben immer noch den Padang, einen städtischen Park, in dem die britische High Society sich einst traf, um Cricket zu spielen und den neuesten Klatsch und Tratsch auszutauschen. Hier steht auch das berühmte Raffles Hotel, eine Reihe alter Kirchen, das alte und neue Parlamentsgebäude, die Kunst- und Geschichtsmuseen und, als Brückenschlag in die Gegenwart, die geradezu blendend zeitgemäßen „Durians", auch bekannt als Esplanade – Theatres on the Bay.

top picks

- **Am Fluss entlangspazieren** (S. 61)
- **Esplanade – Theatres on the Bay** (unten)
- **Fort Canning Park** (S. 57)
- **Peranakan Museum** (S. 58)
- **Singapore Art Museum** (S. 59)

ASIAN CIVILISATIONS MUSEUM

Karte S. 54–55

☎ 6332 7798; 1 Empress Pl.; Erw./Kind 5/2,50 $;
🕒 Mo 13–19, Di–SO 9–19, Fr bis 21 Uhr;
Ⓜ Raffles Place

Mit einem wahren Schwall an Ausstellungsstücken zu den Zivilisationen und Kulturen Asiens ist dieses Museum fraglos das Kronjuwel der Museen des National Heritage Board. Hinein geht es durch eine ganze Serie von Bildern, die auf die Wände, den Boden und schließlich auf einen Vorhang projiziert werden, durch der den Weg in die Galerien führt. Die hinduistisch-buddhistische Galerie ist wohl das Highlight, mit herrlich erleuchteten Ausstellungsstücken, zu denen ein atemberaubender birmanischer Buddhakopf aus dem 18. Jh. gehört und eine große Trommel aus Bronze. Ansonsten gibt es exquisites Porzellan, erlesene Textilien, Lackarbeiten, Kostüme und riesige traditionelle Prozessionsstatuen. Regelmäßig finden Wander- und Programmausstellungen statt. Geführte Touren in englischer Sprache: an den meisten Tagen um 11 und 14 Uhr.

CIVIL DEFENCE HERITAGE GALLERY

Karte S. 54–55

☎ 6332 2995; 62 Hill St.; Eintritt frei;
🕒 Di–So 10–17 Uhr; Ⓜ City Hall

Die Civil Defence Heritage Gallery, gewidmet der Brandbekämpfung und Zivilverteidigung in Singapur, wird nur wenige interessieren. Die Galerie befindet sich in der Central Fire Station, die im Jahr 1908 als rotes Backsteingebäude erbaut wurde und auch heute noch genutzt wird.

ESPLANADE – THEATRES ON THE BAY Karte S. 54–55

☎ 6828 8222; www.esplanade.com;
1 Esplanade Dr.; Ⓜ City Hall

Es gibt wohl kaum einen größeren Kontrast zum kolonialen Ensemble des Padang als die silbernen Zwillingsigelkuppeln dieses 600-Millionen-$-Komplexes, der ganz treffend mit dem Spitznamen „the Durians" (nach der stacheligen Stinkfrucht) versehen wurde. Ob es einem gefällt oder nicht, der Esplanade-Komplex hat sich zum Vorzeigekind des heutigen Singapur gemausert, ein leuchtendes Beispiel der kunstbeflissenen, kreativen Seite des Inselstaates.

Außer den Zwillingsauditorien, von denen beide sowohl visuell als auch akustisch spektakulär sind (sie ruhen auf einem Gummipolster, das äußere Lärmeinflüsse und Vibrationen dämpft), gibt es noch einige anständige Möglichkeiten zu speisen. Es lohnt sich außerdem, nach den regelmäßig stattfindenden Aufführungen draußen

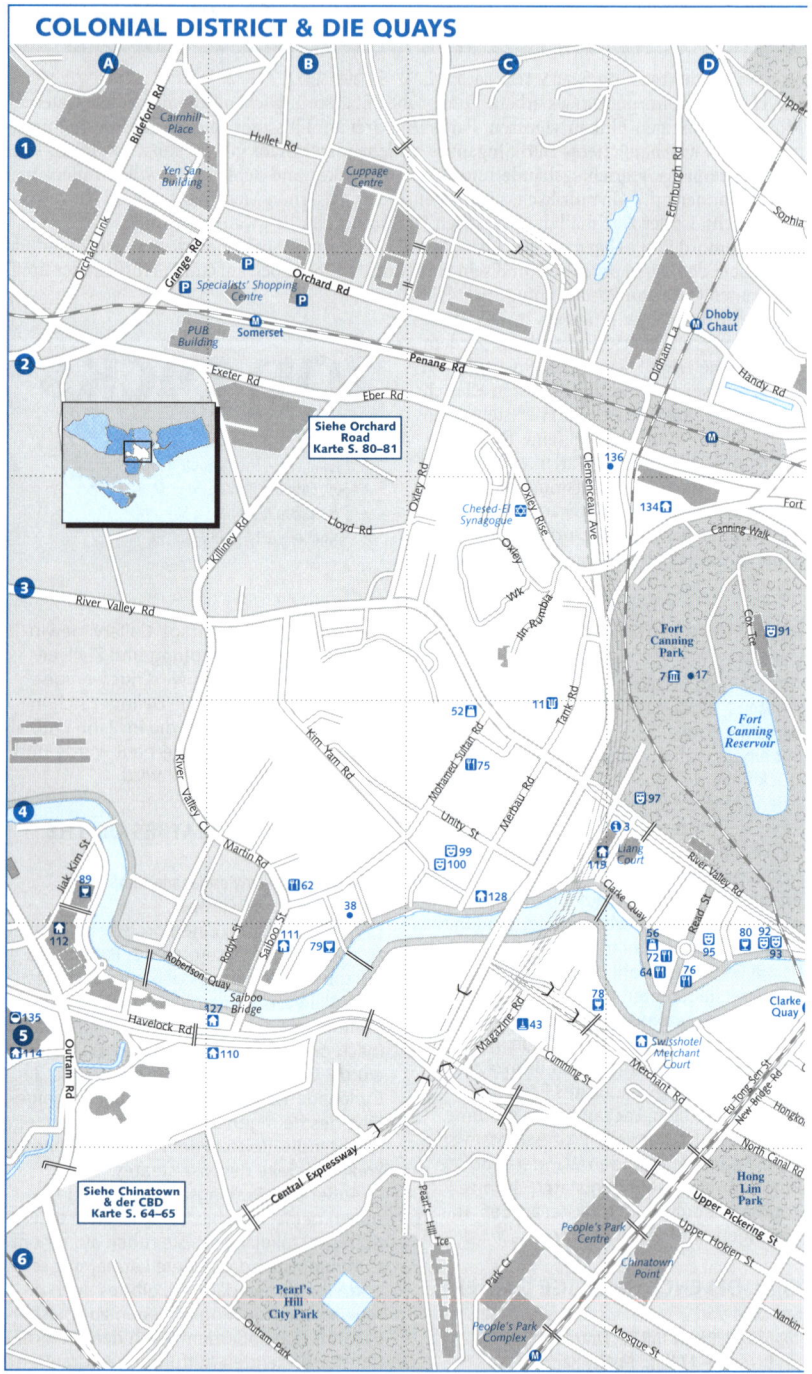

COLONIAL DISTRICT & DIE QUAYS

Biderbott Rd

Camhill Place

Hullet Rd

Yen San Building

Orchard Link

Orchard Rd

Grange Rd

Cuppage Centre

Edinburgh Rd

Dhoby Ghaut

Specialists' Shopping Centre

PUB Building

Somerset

Penang Rd

Exeter Rd

Eber Rd

Handy Rd

Oldham La

Siehe Orchard Road Karte S. 80–81

Killiney Rd

Lloyd Rd

Oxley Rd

Chesed-El Synagogue

Oxley Rise

Clemenceau Ave

136

134

Fort

Canning Walk

River Valley Rd

Oxley Wk

Jln Rumbia

Fort Canning Park

7   17

Cox Tce

91

Kim Yam Rd

52

11

Tank Rd

River Valley Cl

Mohamed Sultan Rd

75

Merbau Rd

Fort Canning Reservoir

Martin Rd

Unity St

97

Iak Kim St

89

62

99
100

3

Liang Court

113

River Valley Rd

112

Rodyk St

Saiboo St

111

38

79

128

Clarke Quay

56
72   95
64   76

80   92
93

Robertson Quay

Saiboo Bridge

127

78

Clarke Quay

135
114

Havelock Rd

110

Magazine Rd

43

Cumming St

Swissôtel Merchant Court

Merchant Rd

Eu Tong Sen St

New Bridge Rd

Hongto

North Canal Rd

Outram Rd

Central Expressway

Pearl's Hill Tce

Park Cr

People's Park Centre

Hong Lim Park

Upper Pickering St

Upper Hokien St

Siehe Chinatown & der CBD Karte S. 64–65

Chinatown Point

Pearl's Hill City Park

Outram Park

People's Park Complex

Mosque St

Nankin

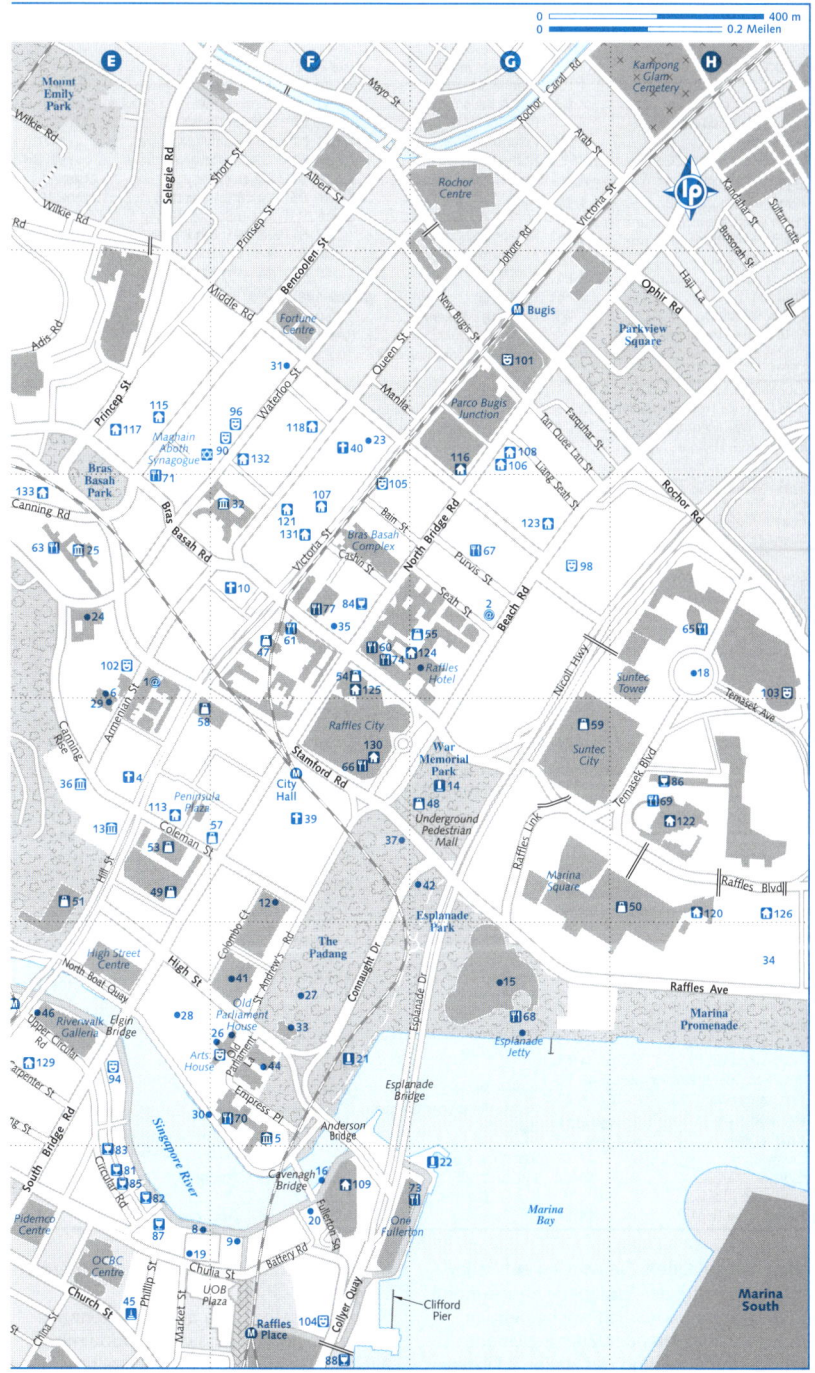

COLONIAL DISTRICT & DIE QUAYS

Ausschau zu halten. Sie werden entweder auf der Website des Esplanade angekündigt oder in einem monatlich erscheinenden Veranstaltungskalender. Zum Esplanade gehört eine Abteilung der National Library,

wo man lesen oder Filme in berauschender Umgebung sehen kann.

Der Bau selbst ging aus der Erkenntnis Singapurs hervor, dass es Gebäude mit Wiedererkennungswert brauchte, um im

Wettbewerb der internationalen Tourismus-industrie Schritt halten zu können – also eine Art asiatisches Opernhaus von Sydney.

Trotz des fruchtigen Spitznamens: Die Designidee zu den Zwillingsglaskuppeln des Theaterkomplexes, bedeckt von stacheligen Sonnenblenden aus Metall, geht nicht auf die Tropenfrucht zurück. Vielmehr referiert sie auf die Geometrie der Natur und traditionelle asiatische Schilfweberei. Variierende Winkel und Geometrie wandeln und verändern die Dachverkleidung über das gesamte Gebäude hinweg. Der praktische Aspekt des markanten Äußeren liegt einerseits darin, dass die insgesamt 7139 unterschiedlich gewinkelten Aluminiumblenden das natürliche Licht maximieren, während sie andererseits gleichzeitig das Glasdach vor der Sonne schützen.

FORT CANNING PARK Karte S. 54–55
Ⓜ Dhoby Ghaut

In diesem Park steht ein Schrein des Sultans Iskander Shah, dem letzten Herrscher des uralten Majapahit-Reiches, das einst Singapur beherrschte. Damals war Fort Canning Park als Bukit Larangan (verbotener Hügel) bekannt. Heute empfängt der Park seine Besucher sehr viel herzlicher; als einzige natürliche Erhebung des Distrikts bietet der Park eine herrlich kühle Rückzugsmöglichkeit von der Hitze der Straßen weiter unten (sogar noch nach dem erschöpfenden Stufenparcour aufwärts). Die kleinen Pfade und ruhigen Eckchen lassen den Besucher bisweilen fast vergessen, dass er sich in einer Stadt befindet.

Ein paar gothische Tore führen in den hübschen Park, wo Grabsteine des alten christlichen Friedhofs in die Backstein-mauern eingebettet sind. Hier gibt es auch einen Gewürzgarten, und zwar auf dem Gelände, auf dem sich ursprünglich der botanische Garten vom Raffles befand. Dort sind ausgehöhlte Kokosnussschalen auf Stöcken aufgestellt, in denen Genusswillige eine Auswahl verschiedener Gewürze zum Probieren finden. Die Schalen haben allesamt beschriftete Schildchen wie übrigens auch zahlreiche Bäume im ganzen Park. In dem Gewürzgarten ist eine archäologische Ausgrabungsstätte. Dort können Neugierige unter einem Holzdach javanische Artefakte des Majapahit-Reiches aus dem 14. Jh. bewundern, die hier gefunden wurden.

Außerdem gibt es auf Fort Canning Hill auch noch die Battle Box (☎ 6333 0510; 51 Canning Rise; Erw./Kind 8/5 $; Ⓩ Di–So 10–18 Uhr), Singapurs größten unterirdischen Komplex für militärische Operationen während des Zweiten Weltkriegs. Dieser Kaninchenbau mit 26 Räumen und Tunneln beherbergt jetzt eine faszinierende Hightechausstellung zum Fall Singapurs im Jahre 1942. Durch eine Art Fernglas können Besucher holografische Figuren dabei betrachten, wie sie Morsenachrichten übermitteln. Die japanischen Codes sind immer noch in die Wände eingeritzt.

Der Park richtet jedes Jahr diverse Open-Air-Veranstaltungen aus, dazu gehören beispielsweise *Womad* und *Ballet under the Stars* sowie gelegentlich auch Filmfestivals unter freiem Himmel.

RUND UM PADANG Karte S. 54–55
Ⓜ City Hall

Auf der offenen Fläche des Padang spielen in Flanell gekleidete Trottel bei tropischer

---

ÖFFENTLICHE VERKEHRSMITTEL: COLONIAL DISTRICT & DIE QUAYS

Der gitternetzartige Aufbau des Distrikts erleichtert Besuchern die Navigation. Von der MRT-Station City Hall, unter dem hoch aufragenden Komplex des Raffles-City-Einkaufszentrums, Richtung Süden finden sich die meisten kolonialen Schätze. Dazu gehören der Padang, St. Andrew's Cathedral, die City Hall, das Old Parliament House und das Asian Civilisations Museum (das eigentlich näher an der MRT-Station Raffles Place liegt). Von dort aus geht es über die elegante Cavenagh Bridge zum Boat Quay und entlang des Flusses zum Clarke Quay, dann weiter zum Robertson Quay oder nach Norden die steilen Treppen hinauf zum Fort Canning Park.

Wer nicht das Glück hat, sich eine Unterkunft im teuren Colonial District leisten zu können, nimmt als Ausgangspunkt die Metrostation City Hall, von der aus alle Hauptsehenswürdigkeiten leicht zu Fuß zu erreichen sind. Bei zu großer Hitze bieten die folgenden Busse dem gepeinigten Touristen Erleichterung. Bus 2 fährt hinunter zur Victoria Street und Hill Street. Die Busse 51, 61, 63 und 80 fahren die North Bridge Road entlang. Zur Beach Road geht es mit den Bussen 100, 107 oder 961. Für die Bras Basah Road sind die Busse 14, 16, 77 oder 111 zuständig. In der Nacht sind die Taxistände Clarke Quay an der River Valley Road und an der Elgin Bridge nahe des Jazz@Southbridge Pub an der South Bridge Road am besten bestückt. Woanders ist es meist reine Glückssache.

STADTVIERTEL COLONIAL DISTRICT & DIE QUAYS

Hitze Cricket und werden dabei von Mitgliedern des Singapore Cricket Club im Pavillon bejubelt. Am gegenüberliegenden Ende des Feldes befindet sich der Singapore Recreation Club. Cricket wird immer noch an Wochenenden gespielt.

Diesem recht nüchternen Ort haftet eine düstere historische Bedeutung an, denn hier trieben die Japaner bei ihrer Invasion die europäische Gemeinde zusammen, bevor sie sie zum Changi-Gefängnis abführten. Mal abgesehen von der rekonstruierten Monstrosität, die sich Singapore Recreation Club nennt (er sieht irgendwie aus, als sei er aus Kinderbausteinen gemacht), wird der Padang von ein paar hübschen Kolonialbauten und einigen Monumenten flankiert, die sich Besichtigungswillige allesamt bei einem gemütlichen Spaziergang erlaufen können (S. 61).

Am südlichen Ende des Padang steht die Victoria Theatre & Concert Hall (1862). Ursprünglich als Rathaus erbaut, dient sie heute als Veranstaltungsort für kulturelle Ereignisse. Parliament House (1827) ist Singapurs ältestes Regierungsgebäude. Zunächst war es ein herrschaftlicher Wohnsitz, wurde dann zum Gerichtsgebäude umfunktioniert, erfuhr eine neuerliche Zweckerweiterung zum Abgeordnetenhaus der Kolonialregierung und wurde schließlich das Parlamentsgebäude des unabhängigen Singapur.

Entlang der St. Andrew's Road befindet sich der 1939 erbaute alte Supreme Court. Hierbei handelt es sich um ein relativ neues Gebäude und das letzte klassische, das in Singapur errichtet wurde. Es ersetzte das Grand Hotel de L'Europe, das einstmals als Singapurs Spitzenhotel dem Raffles die Schau stahl. Direkt nebenan und noch neuer steht der von Foster & Partners entworfene Supreme Court (S. 37), der 2005 öffnete.

Die City Hall, mit einer klassischen Fassade aus korinthischen Säulen, befindet sich unmittelbar neben dem Supreme Court und datiert auf das Jahr 1929. An diesem geschichtsträchtigen Ort verkündete Lord Louis Mountbatten 1945 Japans Kapitulation und Lee Kwan Yew erklärte 1965 Singapurs Unabhängigkeit. Komplettiert wird das koloniale Trio von der St. Andrew's Cathedral.

PERANAKAN MUSEUM Karte S. 54–55
☎ 6332 7591; 39 Armenian St.; Erw./Kind 6/3 $; ☷ Mo 13–19, Di–So 9.30–19, Fr bis 21 Uhr; Ⓜ City Hall

Singapurs neuestes Museum steht als Testament für das Revival der Peranakan-Kultur in der Löwenstadt. Es wurde 2008 eröffnet und verfügt über zehn Galerien mit mehr als 1200 Artefakten und einer Auswahl von Multimedia-Ausstellungsstücken, die Besucher mit der Geschichte und Gegenwart der Peranakan-Kultur vertraut machen sollen.

Außer traditionell gefertigter, perlenverzierter Kleidung der Peranakan-Kultur und erlesenen antiken Möbelstücken hat das Museum noch diverse interessante und interaktive Ausstellungsstücke im Angebot. Uns gefällt das Diorama am allerbesten. Es zeigt eine traditionelle Behausung der Peranakan mit einem Video von zwei Stammesältesten, die sich darüber streiten, ob ihre Nachkömmlinge ein Leben führen, das ihrer Kultur angemessen ist. Dieses Museum sollte jeder aufsuchen, der die lokale Kultur verstehen will.

RAFFLES HOTEL Karte S. 54–55
☎ 6337 1886; www.raffleshotel.com; 1 Beach Rd.; Ⓜ City Hall

Es ist kaum vorstellbar, dass das heute so hoheitsvoll wirkende Gebäude sein Dasein als Hotel einst als Bungalow mit zehn Zimmern begann. Die Gebrüder Sarkies eröffneten es im Dezember 1887. Die Brüder waren Einwanderer aus Armenien und besaßen noch zwei weitere koloniale Grandhotels, das Strand in Yangon (Rangoon) und das Eastern & Oriental in Penang.

Die Blütezeit des Hotels nahm ihren Anfang 1899 mit der Eröffnung des Hauptgebäudes, in dem die Gäste auch heute immer noch wohnen. Raffles mauserte sich bald zum Schlagwort für orientalischen Luxus („Sagenhaftes Symbol aller Mythen des exotischen Ostens", so der Werbespruch) und fand Eingang in Romane von Joseph Conrad und Somerset Maugham. Der berühmte Cocktail namens Singapore Sling wurde 1915 in der Long Bar des Hotels erfunden.

Die Lobby des Hotels ist öffentlich zugänglich und eine beliebte Touristenattraktion. Es gilt eine Kleiderordnung, Shorts oder Sandalen sind also nicht angesagt. Versteckt im dritten Stock der Raffles Hotel Arcade befindet sich das Raffles Hotel Museum (Eintritt frei; ☷ 10–19 Uhr), ein Besuch lohnt sich. Das Museum hält eine faszinierende Sammlung von Memorabilien bereit, unter denen sich Fotos und Poster vergangener

DIE QUAYS DER STADT

Als die Quays wird der Flussabschnitt bezeichnet, der den Colonial District vom CBD trennt.

Boat Quay

Der dem Hafen am nächsten gelegene Boat Quay war einst Singapurs Handelszentrum und bis in die 1960er-Jahre ein wichtiger Wirtschaftsraum. Mitte der 1980er-Jahre waren viele der Shophouses verfallen, das Geschäft hatte sich in Form von Hightech-Frachtzentren anderswo auf der Insel etabliert. Seit die Regierung dieses Gebiet unter Denkmalschutz gestellt hat, hat sich hier eine gigantische Unterhaltungsmeile mit zahlreichen Restaurant, Bars und Shops entwickelt.

Am Boat Quay finden Schlemmerfreudige Restaurants entlang des Flussufers, die alle möglichen Köstlichkeiten Singapurs servieren. Viele empfinden allerdings die Restaurantwerber als etwas aggressiv.

Clarke Quay

Dieser Kai, benannt nach Singapurs zweitem Kolonialgouverneur Sir Andrew Clarke, entwickelte sich wie der Boat Quay Anfang der 1990er-Jahre zu einer Essens- und Einkaufszone. Durch sein einzigartiges Design avancierte er in der ersten Dekade des 21. Jhs. zum Lieblingsort für Singapurs Nachtschwärmer.

Wie viel Zeit jeder am Clarke Quay verbringt, hängt ganz vom persönlichen Sinn für Ästhetik ab. Auf diesem Flussabschnitt durften sich nämlich Singapurs verrückteste Designer einmal richtig austoben und ihren wildesten Träumen Leben einhauchen. Zu den Highlights (vielleicht auch Lowlights) gehören: Weingummirelings in Malkastenfarben, Seerosenblattschirme wie aus einem Kindermalbuch und zahlreiche einst ehrwürdige Shophouses mit einem Farbanstrich, der für manche Augen einen Tacken zu grell geraten sein könnte. Ein hipper Treffpunkt für die einen, eine schräge Bonbonstadt für die anderen.

Robertson Quay

Robertson Quay, der am weitesten entfernte Flussabschnitt, diente einst der Güterlagerung. Ein paar von den alten *godown* (Lagerhallen) wurden zu schicken Partylocations und Bars aufgemotzt, obwohl es hier insgesamt ruhiger und unaufdringlicher ist als flussabwärts. Diverse gute Hotels und Restaurants sind in dieser Ecke auch zu finden.

Zeiten befinden sowie ein schöner Stadtplan, der noch erkennen lässt, wie Noel Coward einst seinen Gin Sling schlürfen und dabei gleichzeitig von der Hotelveranda auf das Meer schauen konnte.

SINGAPORE ART MUSEUM Karte S. 54–55

☎ 6332 3222; www.nhb.gov.sg/sam; 71 Bras Basah Rd.; Erw./Kind 3/1,50 $; 🕑 Mo 12–18, Di–Do, Sa & So 9–18, Fr 9–21 Uhr; Ⓜ City Hall oder Dhoby Ghaut

Vom Raffles Hotel aus zwei Blocks weiter Richtung Westen befindet sich dieses schöne Museum im ehemaligen St.-Joseph's-Institut, eine katholische Knabenschule, die 1987 an anderer Stelle untergebracht wurde.

Die Rekonstruktion des ortsansässigen Architekten Wong Hooe Wai bringt historischen Charme mit einem deutlichen zeitgenössischen Touch zusammen. Zu den Besonderheiten zählen das abstrakte Glasfenster des philippinischen Künstlers Ramon Orlina in der ehemaligen Kapelle der Schule sowie seeanemonenartige Installationen aus mundgeblasenem Glas von dem US-amerikanischen Künstler Dale Chihuly, die gelegentlich auch in der Chihuly Lounge (S. 152) des Ritz Carlton Millenia zu sehen sind.

Die 13 Galerien stellen schwerpunktmäßig regionale und Singapurer Künstler aus. Die Ausstellungen schlagen dabei einen Bogen von klassischer chinesischer Kalligrafie über zeitgenössische Arbeiten, die die asiatische Identität und die moderne singapurische Erfahrung im Blick haben, bis hin zu befristeten Ausstellungen aus Übersee. Nach der Besichtigung lohnt sich ein Besuch in dem vornehmen Museumscafé, dem Dôme. Der Eintritt in das Museum ist an Wochentagen von 12 bis 14 Uhr frei.

NATIONAL MUSEUM OF SINGAPORE
Karte S. 54–55

☎ 6332 3659; www.nationalmuseum.sg; 93 Stamford Rd.; Ⓜ Dhoby Ghaut

Die Grand Dame der Museumsszene Singapurs hat ihren Sitz in dem geschichtsträchtigen neoklassischen Gebäude aus dem 19. Jh., das einst das frühere Raffles Museum samt dazugehöriger Bibliothek beherbergte. Das wohl prunkvollste Merkmal des Gebäudes selbst ist die kürzlich restaurierte Rotunde mit 50 herrlich gearbeiteten

Teilen aus Buntglas. Modern und klassisch zugleich verfügt das Museum über eine große Vielfalt von Multimedia-Ausstellungsstücken, die sich vornehmlich auf Singapurs Geschichte, Kultur und überwältigende Herrlichkeit spezialisiert haben.

SINGAPORE PHILATELIC MUSEUM
Karte S. 54–55

☎ 6337 3888; www.spm.org.sg; 23B Coleman St.; Erw./Kind 5/4 $; ⏱ Di–So 9–19, Mo 13–19 Uhr; Ⓜ City Hall

Untergebracht in dem attraktiven ehemaligen Gebäude einer methodistischen Schule, das um 1895 erbaut wurde, gibt's in diesem Museum eine gut präsentierte Sammlung von seltenen und weniger seltenen Briefmarken Singapurs und aus aller Welt. Die Ausstellung ist insgesamt ziemlich beeindruckend, ein echtes Muss ist ein Besuch hier aber nur für Briefmarkensammler.

CHETTIAR HINDU TEMPLE Karte S. 54–55

☎ 6737 9393; 15 Tank Rd.; ⏱ 8–12 & 17.30–20.30 Uhr; Ⓜ Clarke Quay oder Dhoby Ghaut

Dieser Shaiviten-Tempel wurde 1984 fertiggestellt und ersetzte einen sehr viel älteren Tempel, der von indischen *chettiars* (Geldverleihern) erbaut worden war. Er ist dem sechsköpfigen Fürsten Subramaniam gewidmet. Wer es schafft, sollte den Tempel unbedingt während des Festivals von Thaipusam (S. 16) besuchen, die Prozession endet nämlich dort.

TAN SI CHONG SU TEMPLE Karte S. 54–55

15 Magazine Rd.; Ⓜ Clarke Quay

Das dekorative Dach, Drachen und Löwen als Wächter und bemalte Holztüren bilden zusammen ein ausgesprochen schönes Beispiel für Tempeldesign. 1876 wurde der Tempel erbaut, und eine Menge des verwendeten Materials erreichte Singapur als Schiffsballast.

ROUTENINFOS

Start Esplanade – Theatres on the Bay
Ziel Merlion Park
Länge 3 km
Dauer zwei Stunden
Anspruch leicht
Pause am Boat Quay

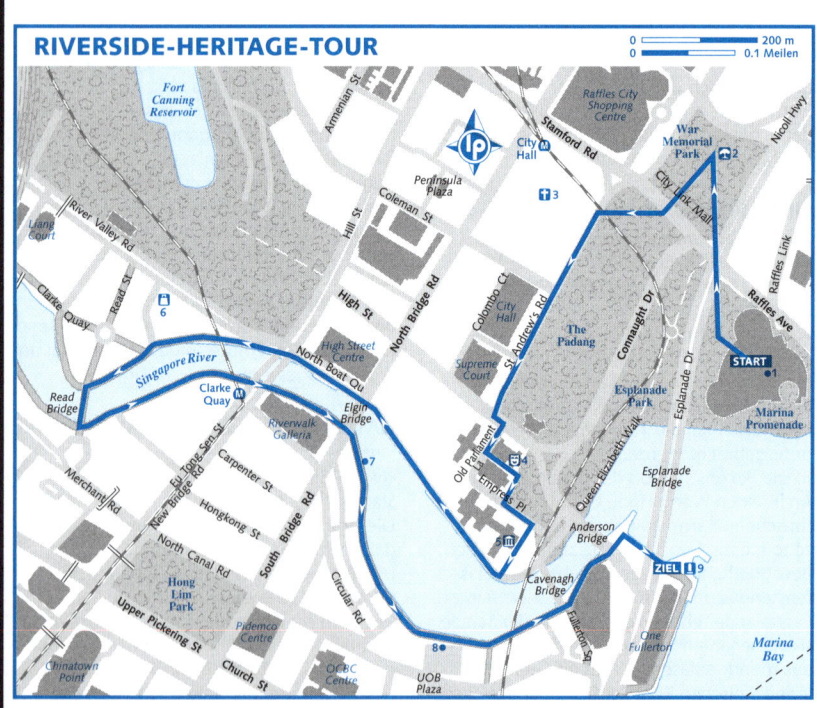

RIVERSIDE-HERITAGE-TOUR

SINGAPORE TYLER PRINT INSTITUTE

Karte S. 54–55

☎ 6336 3663; www.stpi.com.sg; 41 Robertson Quay; Eintritt frei; 🕙 So & Mo 13–17, Di–Sa 9.30–18 Uhr; 🚍 54 ab Ⓜ Clarke Quay

Gegründet wurde das Institut von dem amerikanischen Grafiker Kenneth E. Tyler. In der Galerie sind Ausstellungen zu diversen Aspekten des Druckens zu sehen, außerdem gibt es eine Papierfabrik und es werden Workshops angeboten.

YEO SWEE HUAT Karte S. 54–55

☎ 6533 4288; 15 Upper Circular Rd.; 🕙 8.30–17.30 Uhr, So geschlossen; Ⓜ Clarke Quay

Abergläubische Einheimische mögen um diesen Shop vielleicht einen weiten Bogen machen. Hingegen werden Reisende mit Interesse an religiösen Riten des Ostens von dieser familiengeführten Werkstatt fasziniert sein. Seit drei Generationen stellt sie in Handarbeit Papierbildnisse und Accessoires für buddhistische und taoistische Beerdigungen her. Die Familie Yeo kreiert auch alle möglichen Glücksbringer aus Papier, die sich ausgezeichnet als Geschenk eignen.

RIVERSIDE-HERITAGE-TOUR
Stadtspaziergang

1 Esplanade – Theatres on the Bay Der Spaziergang beginnt am Esplanade – Theatres on the Bay (S. 53), der weltweit größten und teuersten plastischen Hommage an die Durian, Königin aller Früchte. Vom Dach aus lässt sich herrlich die Umgebung fotografieren, und abgesehen davon ist es für eine ganze Weile die letzte Chance auf eine ordentliche Klimatisierung.

2 War Memorial Park Über den Esplanade Drive hinweg geht es in den War Memorial Park, wo das Cenotaph steht, Singapurs bekanntestes Kriegsdenkmal. Ursprünglich zur Erinnerung an die Soldaten des Zweiten Weltkriegs erbaut, kam noch eine zweite Widmung hinzu: die Erinnerung an die Singapurer, die sich im Zweiten Weltkrieg opferten. Den Grundstein dieses Monuments legte der frühere Kolonialgouverneur Sir Lawrence Nunns Guillemard. In diesem Park und rundherum finden sich noch einige andere bemerkenswerte Skulpturen. Dazu gehört beispielsweise das Lim Bo Seng Memorial, erbaut zu Ehren eines Helden aus dem Zweiten Weltkrieg, das Indian National Army Monument und der im viktoriani-

schen Stil gestaltete Tan Kim Seng Fountain. Auf der anderen Seite der Stamford Road befindet sich das Civilian War Memorial, bei den Einwohnern auch bekannt als „die Essstäbchen" – die Wahl des Spitznamens ist mehr als augenfällig.

3 St. Andrew's Road Durch den Park hindurch, über den Connaught Drive hinweg führt der Weg vorbei am Singapore Recreation Club und am Singapore Cricket Club; auf der anderen Seite der St. Andrew's Road liegt die großartige St. Andrew's Cathedral. Links geht's weiter entlang der St. Andrew's Road, vorbei an der City Hall und dem alten Supreme Court. Gleich rechts neben dem alten befindet sich der brandneue, von Foster & Partners entworfene Supreme Court mit seinem unverwechselbaren Raumschiffdesign. Der Weg bis nach ganz oben steht jedem offen, Fotos machen ist aber nicht (Kameras müssen draußen bleiben).

4 Victoria Theatre & Concert Hall Weiter unten, wo St. Andrew's Road eine Linkskurve macht, steht eine Gruppe von Gebäuden aus der Kolonialzeit, darunter die Victoria Theatre & Concert Hall, vor der sich auch die originale Raffles-Statue befindet, die einst am Padang stand.

5 Asian Civilisations Museum Wer Zeit hat, sollte das außerordentlich beeindruckende Asian Civilisations Museum (S. 53) erkunden, das am nördlichen Flussufer am Empress Place steht. Wer keine Zeit hat (oder kein Geld), sollte zumindest die eintrittsfreie Singapore River Gallery im ersten Stock besuchen.

6 Clarke Quay Der Spaziergang entlang des Nordufers vom Singapore River ist sehr hübsch. Es bieten sich einige der besten Gelegenheiten für Fotos von Singapurs Stadtzentrum. Das malerische Gebäude mit den bunten Fensterrahmen, das an der Ecke Hill Street über dem Fluss steht, ist die alte Hill Street Police Station, die derzeit das Ministry of Communication and the Arts (MICA) beherbergt. Ein Stück weiter, immer noch auf der Nordseite des Flusses, befindet sich der Clarke Quay (S. 59) mit dem G-max Reverse Bungee (was dem einen Nervenkitzel und dem anderen Übelkeit beschert) und dem Clarke Quay Pavilion (der ähnlich abweichende Reaktionen hervorruft).

7 Boat Quay Vom Clarke Quay geht es weiter über den Fluss, und zwar über die Read Bridge. Die 1881 erbaute Fußgänger- und

Fahrradbrücke verbindet den Clarke Quay mit dem Swisshotel Merchant Court. Am Hotel links halten und an der Südseite des Flusses weitergehen. Auf diesem Abschnitt gibt es vorwiegend modernere Bars und Restaurants, die auch deutlich weniger knallig sind als die am Clarke Quay. Hinter der Coleman Bridge am Flussufer geht's los mit den zahlreichen Flussskulpturen: Die erste ist eine Bronzestatue von in den Fluss springenden Kindern, mitten im Sprung eingefroren.

8 Skulpturen-Pfad Auf der Südseite des Flusses hinterm Boat Quay (S. 59) finden sich einige der besten Skulpturen Singapurs unter freiem Himmel. Manche sind etwas seltsam, zum Beispiel Fernando Boteros Bird (ein gigantischer plumper Vogel, der auf einem Marmorpodest hockt). Andere erzählen ganz klare Geschichten, etwa die Skulptur The River Merchants von Aw Tee Hong, die drei in Verhandlungen vertiefte Händler (ein chinesischer, ein malaiischer und ein kaukasischer) aus Bronze zeigt. Salvador Dalís Homage to Newton ist schwieriger zu beschreiben. Zahlreiche andere Skulpturen sind um das Flussufer herum verstreut, Interessierte werden sie entdecken.

9 Merlion Erfüllt von Kultur und Skulptur endet die Tour mit einem gemütlichen Bummel den Fluss entlang. Hier findet jeder ein Restaurant oder einen Pub nach seinem Geschmack. Mit einem Trunk intus lässt sich der Rundgang gut beenden. Dazu geht es am Fluss weiter Richtung Osten bis zur Marina Bay. Hier führen Treppen in die Bucht, an deren oberem Ende der geneigte Wanderer, wenn er seinen Blick aufs offene Meer richtet, sich Auge in Auge mit der berühmten Merlion-Statue (S. 107) sieht, Singapurs berühmtestem Symbol.

CHINATOWN & DER CBD

Ausgehen & Nachtleben S. 153; Essen S. 135; Shoppen S. 114; Schlafen S. 176

Dass eine im Wesentlichen chinesische Stadt wie Singapur ein Stadtviertel namens „Chinatown" hat, mag auf den ersten Blick etwas seltsam erscheinen, das lässt sich aber schnell klären. In einer einst viel kleineren Löwenstadt war dies der Bezirk, in dem neue Einwanderer – hauptsächlich, aber nicht ausnahmslos, aus China – schliefen und aßen. Ihre Arbeit verrichteten sie vornehmlich an den Ufern des nahe gelegenen Singapore River, wo der meiste Handel getrieben wurde. Daher war der Bereich den zumeist englischen Industriekapitänen (die in schickeren Vierteln lebten) als „Chinatown" bekannt. Bis heute, viele Generationen später, ist der Name geblieben.

Heutzutage ist Chinatown ein bekanntes touristisches Ziel für diejenigen, die Singapur auf die Schnelle inhalieren wollen. Wohl aus diesem Grund ist ein Großteil des Stadtviertels von einem disneylandartigen Touch durchdrungen. Zwischen den Tempeln, Parks und anderen kulturell erbaulichen Dingen gibt es eine Masse von Restaurants, Shops und endlosen Straßenständen, die dasselbe Zeug verkaufen, das es auch in allen anderen Chinatowns weltweit gibt.

top picks

- **Buddha Tooth Relic Temple** (S. 66)
- **Nei Xue Tang** (S. 67)
- **People's Park** (S. 116)
- **Chinatown Heritage Centre** (unten)
- **Sri Mariamman Temple** (S. 67)

Zwischen Chinatown und dem Singapore River befindet sich der Central Business District (CBD), die finanzielle Hauptschlagader der Stadt. Einst das pulsierende Herz der Stadt, ist Raffles Place jetzt ein kleines Fleckchen Grün über der Metrostation, umgeben von den glänzenden Türmen der Geschäftswelt. Der CBD ist nur einen kurzen Fußweg über die Cavenagh Bridge vom Colonial District entfernt. Es gibt ein paar interessante Skulpturen hier sowie entlang des nahe gelegenen Singapore River (S. 32), eingeschlossen die neueste Inkarnation der inseleigenen hochgejubelten Merlion-Statue, die sich im Merlion Park befindet.

Chinatown wird in nördlicher Richtung grob begrenzt vom Singapore River, nach Westen von der New Bridge Road, nach Süden von der Maxwell und der Kreta Ayer Road und nach Osten von der Cecil Street. Die Hauptanziehungspunkte für Besucher drängeln sich zwischen der New Bridge und der South Bridge Road. Dort befinden sich der Chinatown Complex, die Fußgängerzone (oder Touristenfalle) der Pagoda und der Trengganu Street sowie die Tempel, während die Bars der Club Street östlich der South Bridge Road liegen.

CHINATOWN HERITAGE CENTRE

Karte S. 64–65

☎ 6325 2878; www.chinatownheritage.com.sg; 48 Pagoda St.; Erw./Kind 9,80/6,30 $; ◷ 9–20 Uhr; Ⓜ Chinatown

Fast wie ein Spiegelbild der oftmals frenetischen Atmosphäre Chinatowns ist dieses Museum bis zu den Dachsparren vollgestopft mit einfallsreichen, interaktiven Ausstellungsstücken, die sich mit der Geschichte des Bezirks befassen. Das dreistöckige Zentrum besteht aus drei restaurierten Shophouses, die zusammengefasst wurden, was zum Teil dazu führt, dass der Besucher einen sehr anschaulichen und lebhaften Eindruck davon gewinnt, in welch beengten und oft erbärmlichen Verhältnissen viele chinesische Einwanderer einst leben mussten.

Faszinierende Geschichten Einheimischer in Bild und Ton beschreiben, wie sich das Leben zeigte, als Singapur alles andere als makellos war: von der alten Frau, die unaussprechliches Leid durchleben musste bis hin zu den Geschichten über die Triaden (chinesische Geheimgesellschaften), die in den Stadtvierteln patrouillierten und die Anwohner in Angst und Schrecken versetzten.

Andrew Yip, Besitzer des nahe gelegenen Service World Backpackers Hostel (S. 177) stellt die Arbeiten seines Vaters, des berühmten singapurischen Fotografen Yip Cheong-Fun, vor dem Zentrum aus und verkauft sie auch.

EU YAN SANG MEDICAL HALL

Karte S. 64–65

☎ 6223 6333; 269A South Bridge Rd.; ◷ Mo–Sa 8.30–18 Uhr; Ⓜ Chinatown

Singapurs berühmtestes Zentrum für chinesische Medizin öffnete seine Tore erstmals

CHINATOWN & DER CBD

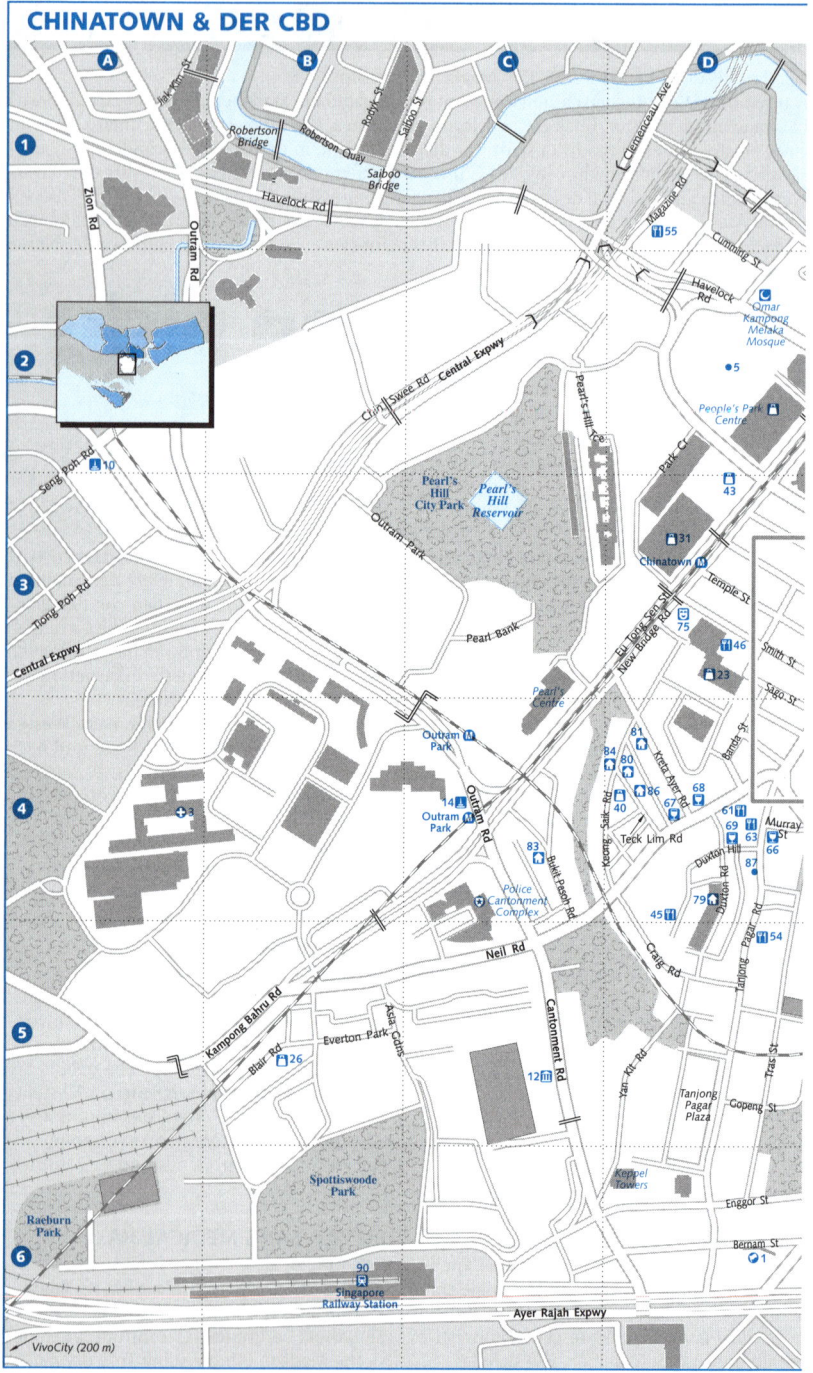

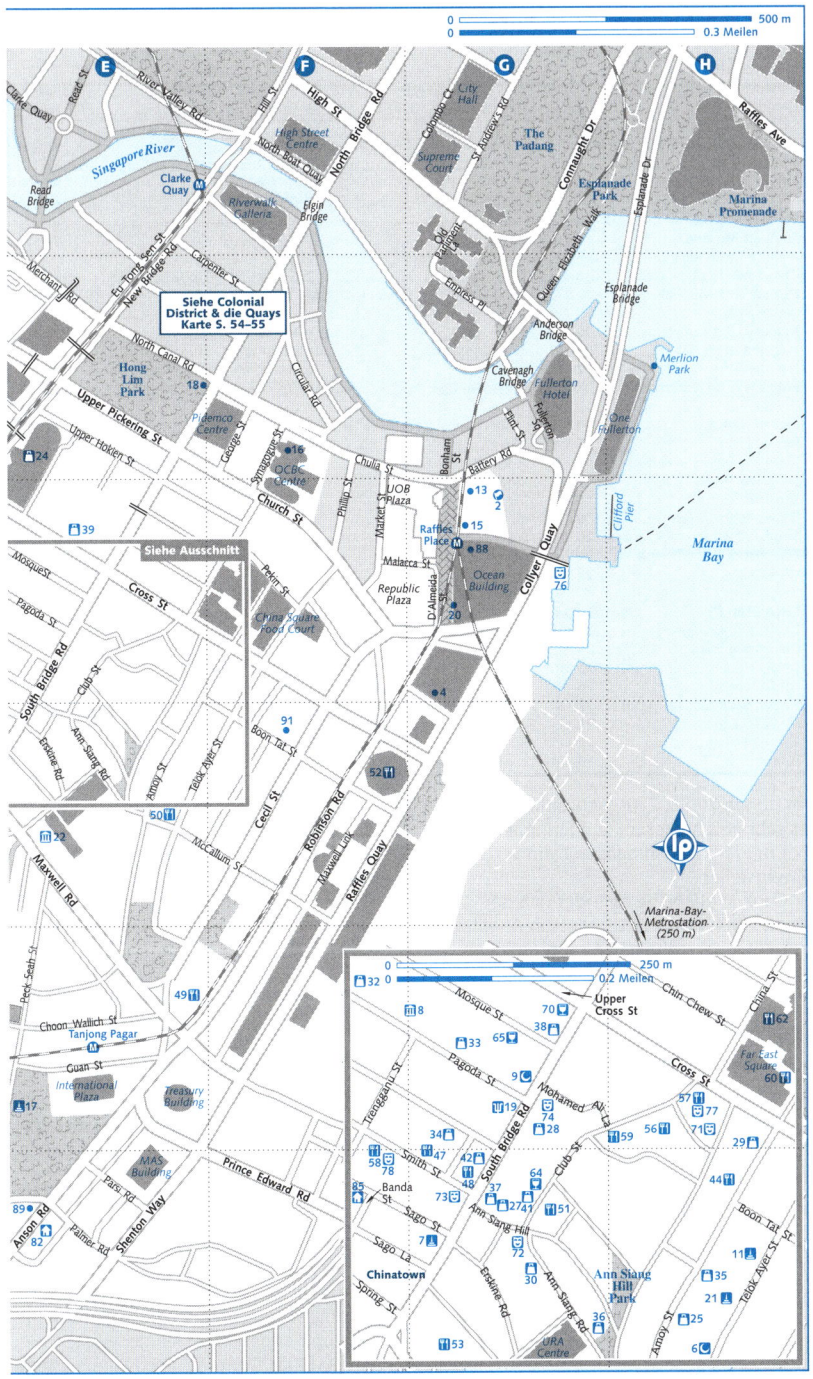

0 _____ 500 m
0 _____ 0.3 Meilen

Clarke Quay
River Valley Rd
High St
North Bridge Rd
Compton Cl
City Hall
St Andrew's Rd
The Padang
Connaught Dr
Esplanade Park
Esplanade Dr
Raffles Ave
Marina Promenade

Singapore River
High Street Centre
North Boat Quay
Supreme Court
Old Parliament
Empress Pl
Queen Elizabeth Walk
Esplanade Dr

Read Bridge
Clarke Quay
Riverwalk Galleria
Elgin Bridge
Circular Rd
Anderson Bridge
Esplanade Bridge
Merlion Park
Marina Bay

Merchant Rd
Eu Tong Sen St
New Bridge Rd
Upper Pickering St
North Canal Rd
Hong Lim Park
18
Cavenagh Bridge
Fullerton Hotel
One Fullerton

Siehe Colonial District & die Quays Karte S. 54–55

Upper Hokien St
Pidemco Centre
George St
16
OCBC Centre
Chulia St
Church St
Philip St
UOB Plaza
Market St
13
2
Bonham St
Battery Rd
Fullerton Rd
Pier St
Clifford Pier

24
39

Siehe Ausschnitt

Mosque St
Cross St
Pekin St
Raffles Place
15
88
Malacca St
Republic Plaza
Ocean Building
Collyer Quay
76

Pagoda St
South Bridge Rd
Club St
China Square Food Court
D'Almeida St
20
Marina Bay

Ann Siang Rd
Erskine Rd
Amoy St
Telok Ayer St
Boon Tat St
91
4

22

52

Maxwell Rd
Cecil St
McCallum St
Robinson Rd
Maxwell Link
Raffles Quay
60
49

Marina-Bay-Metrostation (250 m)

Choon Wallich St
Tanjong Pagar
Guan St
International Plaza
Treasury Building
Prince Edward Rd
17

32
0 _____ 250 m
0 _____ 0.2 Meilen

8
Mosque St
70
Upper Cross St
Chin Chew St
China St
62

33
65
38
Cross St
Far East Square
60

Pagoda St
9
Mohamed Ali Ln
57
77

Trengganu St
19
74
28
Club St
59
56
71
29

MAS Building
34
Smith St
47
42
37
64
27
41
51
44

Pan Rd
58
78
48
85
Banda St
73
11

89
82
Anson Rd
Palmer Rd
Shenton Way
Sago St
7
Sago Ln
30
72
Ann Siang Hill
Ann Siang Hill Park
35
21
25

Chinatown
Amoy St
Telok Ayer St
Boon Tat St
36
6

Spring St
53
URA Centre
Erskine Rd

65

CHINATOWN & DER CBD

im frühen 20. Jh. Zwischenzeitlich wurde es sehr geschmackvoll aufgemöbelt und hat mittlerweile im ganzen Land verteilt Zweigstellen.

Ganz in der Nähe befindet sich der People's Park Complex (S. 116), dessen Angebot aus einer ganz ähnlichen medizinischen

Ecke kommt und der auf jeden Fall auch einen Besuch wert ist. Dort gibt es endlose Reihen von Ständen, die jedes auch nur erdenkliche asiatische Gesundheitszubehör bereithalten: angefangen bei Kräutertinkturen über marmorne Massagebälle, die gegen Arthritis helfen sollen, bis hin zu Fußbädern mit winzigen Fischen darin, die dem Behandlungswilligen die toten Hautschuppen von den Füßen lutschen.

ÖFFENTLICHE VERKEHRSMITTEL: CHINATOWN & DER CBD

Der Mittelpunkt eines jeden Ausflugs nach Chinatown ist die MRT-Station Chinatown. Der Ausgang A der Station führt direkt auf die Pagoda Street. Wer vom Colonial District kommt, nimmt Bus 61, 145 oder 166, die von der North Bridge Road zur South Bridge Road fahren. Von der Hill Street fahren die Busse 2, 12 und 147 hinunter zur New Bridge Road. Es ist auch möglich, vom CBD nach Chinatown zu Fuß zu gehen, aber vom Raffles Quay fährt der Bus 608 zur South Bridge Road und mit dem Bus C2 vom Clifford Pier geht's genauso gut.

BUDDHA TOOTH RELIC TEMPLE
Karte S. 64–65

☎ 6220 0220; www.btrts.org.sg; 288 South Bridge Rd.; ⌚ 4.30–21 Uhr; Ⓜ Chinatown

2008 mit großem Tamtam eröffnet, verändert dieser herrliche fünfstöckige buddhistische Tempel in südchinesischem Stil gerade Chinatowns Schwerkraft: Er hat sich nämlich sowohl für Touristen als auch für die lokalen Verehrer zur Topattraktion gemausert. Wie der Name schon vermuten lässt, beherbergt der Tempel angeblich einen geheiligten Zahn Buddhas. Der prächtige Reliquienstupa besteht aus 420 kg Gold, das Gläubige gespendet haben. Unseres Wissens ist dies auch der einzige Tempel, der über ein eigenes unterirdisches Parkhaus verfügt.

NEI XUE TANG Karte S. 64–65

☎ 6220 0220; 235 Cantonment Rd.; Erw./Kind 5/3 $; ◷ 10–17 Uhr; Ⓜ Outram Park

In diesem Museum ruht die stadtweit größte Sammlung buddhistischer Artefakte, darunter Relikte aus China, Tibet, Indien, Japan, Birma (das heutige Myanmar) und darüber hinaus. Die Sammlung besteht unter anderem aus Statuen und Schmuck bis hin zu einer Auswahl esoterischer Andachtsgegenstände.

SENG WONG BEO TEMPLE
Karte S. 64–65

113 Peck Seah St.; Ⓜ Tanjong Pagar

Versteckt hinter roten Toren neben der MRT-Station Tanjong Pagar steht dieser von Touristen wenig besuchte Tempel. Er ist dem chinesischen Stadtgott gewidmet, der nicht nur für das Wohl der Stadt zuständig ist, sondern auch dafür, die Seelen der Toten in die Unterwelt zu geleiten. Der Tempel ist abgesehen davon der einzige in Singapur, in dem immer noch Geisterhochzeiten abgehalten werden.

SRI MARIAMMAN TEMPLE
Karte S. 64–65

☎ 6223 4064; 244 South Bridge Rd.; ◷ 7.30–11.30 & 17.30–20.30 Uhr; Ⓜ Chinatown

Dieser südindische Tempel im drawidischen Stil ist Singapurs ältester Hindutempel. Er wurde ursprünglich 1827 von Nariana Pillay erbaut, der mit demselben Schiff wie Sir Stamford Raffles in Singapur ankam. Seine derzeitige Gestalt geht auf das Jahr 1843 zurück; der markante farbenfrohe *gopuram* (Turm), dicht bestückt mit Gottheiten, Soldaten und Blütendekorationen über dem Eingangstor, beherrscht die Straße.

Drinnen gibt es zahlreiche Schreine. Wer geradeaus durch den Eingang hineingeht, sieht sich unmittelbar dem Hauptschrein gegenüber, der zu der heilenden Göttin Mariamman gehört. Ein weiterer Schrein ist Periyachi Amman gewidmet, der Kinder beschützt.

Jedes Jahr Ende Oktober/Anfang November findet in dem Tempel das Thimithi-Festival statt, bei dem Gläubige barfuß über glühende Kohlen marschieren – angeblich spüren sie dabei keinen Schmerz, obwohl Zuschauer schon mal berichten, dass einige bei den letzten Schritten ganz schön Gas geben!

THIAN HOCK KENG TEMPLE
Karte S. 64–65

☎ 6423 4626; 158 Telok Ayer St.; Ⓜ Raffles Place oder Chinatown

Übersetzt bedeutet der Name „Tempel himmlischer Glückseligkeit", was absolut passend ist angesichts der hinreißenden Dekoration dieses ältesten und wichtigsten Hokkien-Tempels Singapurs. Zwischen 1839 und 1842 wurde er auf dem Platz des Schreins der Seegöttin Ma-Chu-Po erbaut, einst der begehrteste Anlegeplatz chinesischer Seefahrer, als noch die Telok Ayer

DEMNÄCHST IN SINGAPUR: MEHR!

„... ganz ehrlich Leute, ich liebe Singapur. Ich kann's gar nicht abwarten, wie es wohl aussieht, wenn sie's fertig gebaut haben."

Mit dieser Zeile beschreibt der in Singapur heimische Comedian Jonathan Atherton kurz und bündig den endlosen Expansionsdrang, der in Singapur nahezu manisch ist. Das Gebiet südwestlich des CBD, bekannt als Marina Bay, einst nur ein Glänzen in den Augen der Stadtplaner, ist nun ein leuchtendes Beispiel für die Landgewinnung: prahlerisch breite, palmengesäumte Boulevards umgeben von hochwertigen Eigentumswohnungen, Bars und Restaurants. Im Herbst 2008 raste Singapurs erster Formel-1-Grand-Prix durch die Straßen von Marina Bay und könnte durchaus ein jährliches Event werden. Was kommt als Nächstes?

Wer einen Blick in die Zukunft werfen möchte, nimmt den Bus 30 (einen Doppeldecker mit herrlicher Aussicht) für einen Ausflug entlang des East Coast Parkway, der südlich des CBD verläuft. Noch vor wenigen Jahren hätte der Blick nach Süden Meer und Frachtschiffe erfasst. Zur Zeit der Recherchen für dieses Buch waren Wasser und Fracht verdrängt von neu gewonnenem Land, das von einem Wald aus Baukränen bedeckt war. Verläuft alles nach Plan, dann ist bei Erscheinen des Buches aus der riesigen Baustelle schon das geworden, was die Regierung Singapurs euphemistisch als „Integrated Resort" bezeichnet: eines von zwei geplanten Casinos, die in Singapur noch vor 2012 erbaut werden sollen (der Standortvorschlag für das zweite Casino ist Sentosa Island).

Street entlang der Küste verlief. Das gesamte Material für den Bau kam aus China, ausgenommen die Tore (die aus Schottland herangekarrt wurden) und die Fliesen (aus Holland). Im Jahr 2000 wurde der Tempel prunkvoll restauriert.

Wer die Innenhöfe des Tempels durchstreift, sollte unbedingt Ausschau halten nach den Drachen auf dem Dach, den aufwendig dekorierten Balken, den Blattgoldpaneelen und, das Beste, den wunderschön bemalten Türen. Bei der Restaurierung wurde über dem zentralen Altar ein kalligrafisches Paneel des chinesischen Herrschers Guang Xu der Qing-Dynastie aus dem Jahr 1907 entdeckt.

URA GALLERY Karte S. 64–65

☎ 6321 8321; www.ura.gov.sg; 45 Maxwell Rd.; Eintritt frei; ✆ Mo–Sa 9–17 Uhr; Ⓜ Tanjong Pagar
Wer einmal ganz genau wissen möchte, wie sehr sich Singapurs städtische Umgebung in den letzten Jahrzehnten verändert hat und sich in der Zukunft weiterhin verändern wird (vor allem im Hinblick auf die städtebaulichen Maßnahmen rund um Marina Bay), sollte in der URA Gallery vorbeischauen. Dieses Vorzeigeprojekt der Urban Redevelopment Authority (URA) umfasst Videos, interaktive Ausstellungsstücke und ein riesiges maßstabgetreues Modell des Inselstaates mit einer eigenen sechsminütigen Ton-und-Licht-Show.

WAK HAI CHENG BIO TEMPLE
Karte S. 64–65

Ecke Phillip & Church St.; Ⓜ Raffles Place
An der Grenze zwischen CBD und Chinatown befindet sich dieser taoistische Tempel, der auch als Yueh Hai Ching Temple bekannt ist. Übersetzt bedeutet das „Tempel der ruhigen See". In dem 1826 erbauten Tempel geht es sehr atmosphärisch zu: Gigantische Weihrauchkringel dampfen über dem leeren Innenhof und ein ganzes Dorf aus kleinen Gipsfiguren bevölkert das Dach.

CHINATOWN-SPAZIERGANG
Stadtspaziergang
1 Wak Hai Cheng Bio Temple Es lohnt sich, am Raffles Place einen Moment innezuhalten und sich zu vergegenwärtigen, wie sehr sich der CBD im letzten Jahrhundert verändert hat. Grazil wirken die Eingänge des Mass Rapid Transport (MRT) zwischen den glänzenden Türmen, verkleinerte Kopien von der Fassade des längst nicht mehr existierenden John-Little-Kaufhauses, das einst hier stand. Es geht weiter in westlicher Richtung entlang der Chulia Street und dann nach Süden die Phillip Street hinunter zum Wak Hai Cheng Bio Temple (links).

2 Fuk Tak Ch'i Museum Jetzt geht's über die Church Street zur Telok Ayer Street – der Name bedeutet „Wasser der Bucht", die Straße verlief nämlich einst entlang der Bucht. Rechter Hand, sozusagen verschluckt vom Restaurantbezirk Far East Square, liegt das kleine Fuk Tak Ch'i Museum. Etwas weiter kommt dann das Ying Fo Fui Kun. Das zweigeschossige Gebäude wurde 1822 für die Ying Fo Clan Association erbaut, eine Organisation der chinesischen Volksgruppe namens Hakka.

3 Nagore Durgha Shrine An der Kreuzung mit der Boon Tat Street befindet sich der Nagore Durgha Shrine. Chulia-Moslems von der südindischen Koromandelküste erbauten diese Moschee zwischen 1828 und 1830. Etwas weiter kommt der herrlich restaurierte Thian Hock Keng Temple (S. 67), Singapurs beeindruckendster chinesischer Tempel. Weiter die Telok Ayer Street entlang trifft man auf die Al-Abrar-Moschee, die zwischen 1850 und 1855 erbaut wurde.

4 Siang Cho Keong Temple Am Hawker Center der Amoy Street geht es dann rechts in die Amoy Street hinein, wo die Nr. 66 den Siang Cho Keong Temple beherbergt, der zwischen 1867 und 1869 erbaut wurde. Links vom Eingang befindet sich eine kleine „Drachenquelle". Wer eine Münze hineinwirft, darf sich etwas wünschen.

5 Anglo-Chinese School An der Kreuzung von Amoy Street und McCallum Street ist nahe dem Tempel ein kleiner brauner Torbogen mit der Aufschrift Ann Siang Hill Park zu sehen. Dort geht es zunächst hindurch, dann die Spazierwege entlang und über Holztreppen hinauf zum höchsten Punkt Chinatowns. Man klettert hoch – vorbei am historischen Gelände der alten Anglo-Chinese School, dann eine schmiedeeiserne Wendeltreppe rauf, folgt dem reizvollen Seitensträßchen hügelabwärts und landet auf der Club Street.

6 Club Street Nach einer kurzen Pause geht es weiter auf der Club Street. Die herausgeputzten Häuserreihen hier boten einst chinesischen Gilden und Clubs Platz, aber jetzt gibt's fast nur noch trendige Bars und Restaurants. Wer nach Anbruch der Dunkelheit hierher zurückkehren möchte, will auch so gut wie möglich aussehen. Dazu bietet sich eine gute Gelegenheit in der Mohamed Ali Lane, wo es einen Haarschnitt im antiken Friseurstuhl schon für 6 $ gibt.

7 Jinriksha Station An der Ecke Neil Road und Tanjong Pagar Road ist die dreieckige Jinriksha Station, einst das Depot für handgezogene Rikschas und heute ein Restaurant. Und flott geht's weiter in südwestlicher Richtung auf der Neil Road zur Keong Saik Road, eine gebogene Straße entlang alter Häuserreihen mit Coffeeshops, Clanhäusern, Clubs und kleinen Hotels. An der Kreuzung mit der Kreta Ayer Road liegt der kleine indische Layar Sithi Vinygar Temple.

8 Chinatown Complex Über die Keong Siak Road geht es mitten ins Herz von Chinatown. Auf diesem Weg nähert man sich dem Chinatown Complex (S. 116) von hinten. Wer

Hunger hat, bekommt hier günstig etwas zu beißen. Hier gibt es einen faszinierenden Wet Market (eine Art Straßenmarkt, meist eine Kombination aus Schlachtereien und Fischläden, auf dem ursprünglich lebende Tiere verkauft wurden; um den Platz sauber zu halten, wird er häufig mit Wasser abgespritzt, daher der Name) und ein lebhaftes Food Center. Draußen, gegenüber der Ecke Sago Street und Trengganu Street, liegt ein Platz, auf dem sich abends die Alten gerne treffen.

9 Fong Moon Kee Hinter Fong Moon Kee (Sago St. Nr. 16) stellt ein älterer Herr mit einer antiken Nähmaschine traditionelle Rattanmatten her. Die Matten, oft zum Schlafen genutzt, sind sehr haltbar und saugfähig.

ROUTENINFOS

Start MRT-Station Raffles Place
Ziel South Bridge Road
Länge 2 km
Dauer 2½ Stunden
Anspruch mittel
Pause Imbissstände in der Smith Street

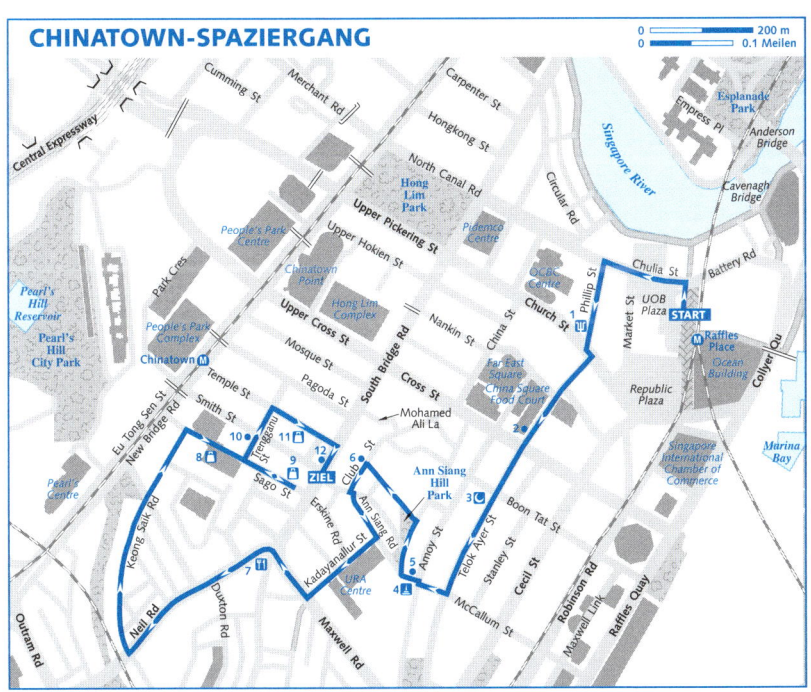

CHINATOWN-SPAZIERGANG

10 Lai Chun Yuen Die nächsten drei Straßen – Smith, Temple und Pagoda Street – gehen alle von der Trengganu Street ab und bilden das Herz der touristischen Chinatown. Konsequenterweise sind sie vollgestopft mit Läden, Restaurants und Straßenständen. An der Ecke von Smith und Trengganu Street liegt ein ehemaliges kantonesisches Opernhaus, das Lai Chun Yuen. Es wurde von demselben Architekten entworfen, der auch für das Raffles Hotel und das Victoria Theatre verantwortlich war.

11 Temple Street In vergangenen Tagen gab es in der Temple Street auf der einen Seite Klempnereien und auf der anderen Seite Keramikläden. An einigen Stellen ist diese Tradition bis heute erhalten geblieben, z. B. bei Bao Yuan Trading in Nr. 15 und Sia Huat (S. 116) von Nr. 9 bis 11.

12 South Bridge Road Entlang der nahe gelegenen South Bridge Road gibt es auch die traditionellen chinesischen Medizinläden. Einen Besuch wert sind hier ebenfalls der Sri Mariamman Temple (S. 67), Singapurs ältester Hindutempel, und ganz in der Nähe die Jamae-Moschee (auch bekannt als Chulia). Indische Moslems von der Koromandelküste aus Tamil Nadu erbauten sie zwischen 1830 und 1855.

LITTLE INDIA & KAMPONG GLAM

Ausgehen & Nachtleben S.155; Essen S. 138; Shoppen S. 117; Schlafen S. 177

Singapur soll steril sein? Hier ist nichts davon zu spüren. Diese farbenfrohe Enklave der indischen Gemeinde ist alles andere als organisiert und sauber. Obst- und Gemüseläden verstopfen die schmuddeligen schmalen Wege mit ihren Kisten voller Auberginen, Okraschoten und Tomaten und drängeln mit den Goldschmieden um Platz; lärmige Läden verkaufen Elektroartikel und billige CDs aus Indien. Die Luft ist geschwängert von Weihrauch und Gewürzen, wabert duftschwer aus den Kaufläden und zahllosen Essensständen, die fantastische indische Gerichte anbieten.

Es ist faszinierend hier herumzuwandern, zu shoppen, zu stöbern, zu essen und, nach traditioneller indischer Art, von Männergrüppchen angestarrt zu werden (als Frau). Was das Shoppen angeht, gibt es wahrscheinlich in ganz Singapur keine andere Einkaufsmöglichkeit, die in Sachen chaotischer Vielfalt an das 24 Stunden geöffnete Mustafa Centre heranreicht.

Ein 15-minütiger Spaziergang Richtung Südosten führt nach Kampong Glam (von Touristen, aber nicht von den Anwohnern, „das arabische Viertel" genannt). Tagsüber ist dieses Viertel super, um Moscheen zu besichtigen und Kleidung und Stoffe zu kaufen. Nachts wandelt sich der Ort zu einem Anziehungspunkt für eine etwas merkwürdige soziale Mixtur, bestehend aus der orientalischen Gemeinde und der städtischen trendig-alternativen Jugend, die herkommt, um Shisha zu rauchen. Hinter der Arab Street hat sich in dem Seitensträßchen Haji Lane eine eigene Szene entwickelt, mit alternativen Plattenläden, ausgefallenen Boutiquen und noch mehr orientalischen Cafés.

top picks

- **Haji Lane** (unten)
- **Arab Street** (unten)
- **Sultan Mosque** (S. 75)
- **Museum of Shanghai Toys** (S. 74)
- **Sakaya Muni Buddha Gaya Temple** (S. 74)

ARAB STREET Karte S. 72

Ⓜ Bugis

Dies ist das traditionelle Textilviertel, wo es an der Kreuzung mit der Baghdad Street jede Menge Läden gibt, die Gegenstände aus Rohrgeflecht verkaufen. Jetzt kommt eine mit Sicherheit wohlverdiente Ruhepause gerade zur rechten Zeit, die sich herrlich mit Brot, Dips und gegrilltem Lamm versüßen lässt, und zwar im besten muslimischen Restaurant des Viertels, Café Le Caire (S. 139). Es ist auch bekannt unter dem Namen Al Majlis.

HAJI LANE Karte S. 72

Ⓜ Bugis

Haji Lane ist ein malerisches, enges Sträßchen (manche behaupten, es sei das engste in Singapur), das mit bezaubernden Läden parallel zur Arab Street verläuft. Darunter sind zum Beispiel drei, die CDs, Bücher und DVDs abseits des Mainstreams verkaufen. Es gibt auch diverse Shops, die Shisha-Pfeifen verkaufen. Kazura (☎ 6293 1757; 51 Haji Lane; ☺ Mo–Sa 10–17 Uhr) ist ein traditionelles Parfümgeschäft mit massenhaft aneinandergereihten Flakons, für Gläubige etwa

gibt es das Parfüm Ramadan. Mehr zum Shoppen in der Haji Lane auf S. 118.

HAJJAH FATIMAH MOSQUE Karte S. 72

☎ 6297 2774; 4001 Beach Rd.; Ⓜ Lavender or Bugis

Erbaut wurde die Moschee 1846 und nach einer malaiischen Frau, Hajjah Fatimah, benannt. An diesem Platz stand einst ihr Haus. Die Moschee hat zwei ungewöhnliche Merkmale. Als Erstes wäre da die Architektur, die eher britische Einflüsse zeigt als die des Nahen Ostens. Das Zweite ist das schiefe Minarett mit etwa sechs Grad Neigung.

MALAY HERITAGE CENTRE Karte S. 72

☎ 6391 0450; www.malayheritage.org.sg; 85 Sultan Gate; Erw./Kind 3/2 $; ☺ Di–So 10–18, Mo 13–18 Uhr

Kampong Glam ist der historische Sitz des malaiischen Königshauses, das hier vor der Ankunft von Raffles residierte. Der *istana* (Palast) auf diesem Gelände war für den letzten Sultan von Singapur, Ali Iskander Shah, zwischen 1836 und 1843 erbaut worden. Ein Abkommen ermöglichte es, dass

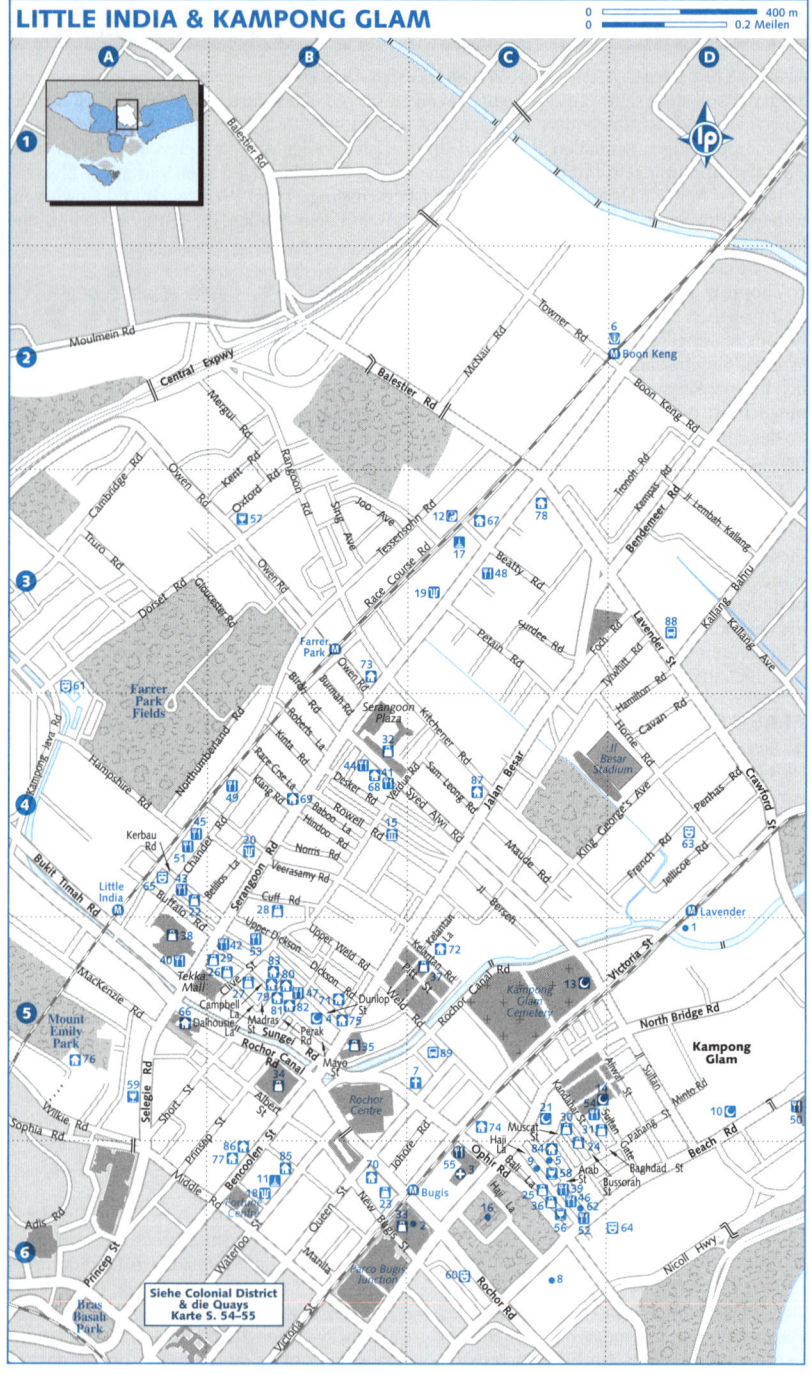

LITTLE INDIA & KAMPONG GLAM

LITTLE INDIA & KAMPONG GLAM

der Palast so lange im Besitz der Sultansfamilie bleiben durfte, wie sie dort lebte. Obwohl das Abkommen 1897 außer Kraft gesetzt wurde, blieb die Familie noch über ein Jahrhundert und der Palast verfiel nach und nach zur Ruine.

1999 zog die Familie aus und eine lange Renovierungszeit endete 2004 mit der Eröffnung des Malay Heritage Centre. Das Gebäude samt Gelände ist eine Wucht, das Museum selbst bietet spärliche, aber interessante Informationen zur malaiischen Bevölkerung Singapurs mit einem rekonstruierten Kampong-Haus in der oberen Etage.

KUAN IM THONG HOOD CHO
TEMPLE Karte S. 72
178 Waterloo St.; Ⓜ Bugis
Der Tempel ist Kuan Yin (Guan Yin; Göttin der Barmherzigkeit), einer der beliebtesten Gottheiten, gewidmet. Täglich zieht er massenhaft Gläubige an, die göttliche

Unterstützung suchen. Blumenverkäufer sind allgegenwärtig vor diesem Tempel, der besonders am Vorabend des chinesischen Neujahrs häufig besucht wird und dann die ganze Nacht hindurch geöffnet ist. Nicht weit entfernt, nahe dem South-East Asia Hotel, steht ein großer Geldgott mit poliertem Bauch, an dem Gläubige ihre Hände reiben. Das soll Glück bringen.

Nebenan befindet sich der kürzlich renovierte und noch buntere Sri Krishnan Temple, der auch Gläubige vom Kuan-Yin-Tempel anzieht. Diese zeigen einen ausgeprägten religiösen Pragmatismus, indem sie auch in diesem Hindutempel beten und Räucherstäbchen verbrennen.

LEONG SAN SEE TEMPLE Karte S. 72
☎ 6298 9371; 371 Race Course Rd.; ☯ 6–18 Uhr; Ⓜ Farrer Park
Quer über die Straße vom Sakaya Muni Buddha Gaya Temple (S. 74) steht dieser weniger schrille taoistische Andachtsort (aus dem

ÖFFENTLICHE VERKEHRSMITTEL: LITTLE INDIA & KAMPONG GLAM

Die MRT-Station Little India ist der Ausgangspunkt für die meisten Besuche und bringt Reisende ans Ende des lebhaften Lebensmittelmarktes an der Buffalo Road. Der Bus 65 fährt von der Orchard Road zur Serangoon Road (das Rückgrat Little Indias, von dem viele enge Straßen mit Myriaden interessanter Erkundungsmöglichkeiten abgehen). Vom Colonial District geht es mit dem Bus 131 oder 147 von der Stamford Road zur Serangoon Road. Little Indias Grenzen werden grob markiert von der Lavender Street im Norden, der Bukit Timah und der Sungei Road im Süden, der Race Course Road im Westen und der Jalan Besar im Osten. Folgt man der Serangoon Road nach Süden, stößt man schließlich auf das Ostende der Orchard Road.

Um nach Kampong Glam zu gelangen, muss man an der MRT-Station Bugis aussteigen – von da ist es ein zehnminütiger Spaziergang bis zur Arab und zur Bussorah Street. Ist der Weg von Little India zu anstrengend, gibt es zwar keine direkten Buslinien, aber ein Taxi kostet ungefähr 4 $. Von der Orchard Road kommt man mit dem Bus 7 zur Victoria Street und steigt an der Stamford School aus, kurz hinter der Arab Street. Vom Colonial District fahren die Busse 130, 133, 145 und 197 die Victoria Street entlang und die Busse 100 und 107 fahren auf der Beach Road vom Raffles Hotel bis zum Ende der Bussorah Street.

Jahr 1917 und Kuan Yin gewidmet). Der Name bedeutet „Drachenbergtempel" und ist wunderschön dekoriert mit Holzbalken, in die Chimären, Drachen, Blumen und menschliche Figuren eingeschnitzt sind.

MALABAR MUSLIM JAMA-ATH
MOSQUE Karte S. 72

☎ 6294 3862; 471 Victoria St.; Ⓜ Lavender
Die blau geflieste Moschee Malabar Muslim Jama-Ath, die einzige auf der Insel, die den Malabar-Moslems des südindischen Staats Kerala gewidmet ist, ist eine der markantesten in Singapur, sie sah aber nicht immer so aus. Der Bau des Gebäudes begann 1956, aber wegen finanzieller Probleme wurde es bis 1963 nicht offiziell eröffnet. Die herrlichen Fliesenarbeiten an der Moschee wurden erst 1995 beendet!

MUSEUM OF SHANGHAI TOYS
Karte S. 72

☎ 6294 7742; www.most.com.sg; 83 Rowell Rd.; Ⓨ 10–20 Uhr; Ⓜ Little India
Wer wusste schon, welche zentrale Rolle Spielzeug im 20. Jh. der Geschichte Chinas spielen würde? Ganz offensichtlich Marvin Chan, der Gründer und Kurator des Museum of Shanghai Toys. Sein Kenntnisreichtum zeigt sich in der beeindruckenden Auswahl antiker Spielzeuge, die in diesem reno- vierten dreistöckigen Shophouse in Little India ausgestellt sind. Besucher können im ersten Stock zeitgenössisches Spielzeug erwerben, nachdem sie die Ausstellung im zweiten Stock besucht haben. Ein Gespräch mit Marvin lohnt sich, er weiß nämlich alles über die kulturellen und historischen Hinter- gründe diverser Gegenstände.

SAKAYA MUNI BUDDHA GAYA
TEMPLE Karte S. 72

Temple of 1000 Lights; ☎ 6294 0714; 366 Race Course Rd.; Ⓨ 8–16.45 Uhr; Ⓜ Farrer Park
1927 gründete ein thailändischer Mönch diesen buddhistischen Tempel, der auch als Temple of 1000 Lights bekannt ist. Beherrschend ist ein 15 m hoher, 300 t schwerer Buddha neben einer zusammen- gewürfelten Auswahl verschiedener Gott- heiten, darunter Kuan Yin, die chinesische Göttin der Barmherzigkeit, sowie auch Brahma und Ganesh (beides Hindugott- heiten).

Gelbe Tiger flankieren den Eingang des Tempels, sie symbolisieren Schutz und Vitalität. Beim Eintreten befindet sich zur Linken ein großer Fußabdruck aus Perlmutt, ausgestattet mit genau den 108 Glück ver- heißenden Zeichen, die einen Buddhafuß erst von allen anderen 2 m langen Füßen unterscheiden. Es soll sich um eine Replik des Fußabdrucks vom Gipfel des Adam's Peak in Sri Lanka handeln.

SRI SRINIVASA PERUMAL TEMPLE
Karte S. 72

☎ 6298 5771; 397 Serangoon Rd.; Ⓨ 6.30–12 & 18–21 Uhr; Ⓜ Farrer Park
Dieser riesige Vishnu gewidmete Komplex stammt aus dem Jahr 1855, aber der 20 m hohe *gopuram* wurde erst 1966 ergänzt und kostete 300 000 $. Im Tempel steht eine Statue Perumals (oder Vishnus), seiner Gattinnen Lakshmi und Andal und seines Reittiers Garuda – halb Mensch, halb Vogel. Hier beginnen viele Gläubige während des Thaipusam-Festes ihren Marsch zum Chet- tiar Hindu Temple.

SRI VEERAMAKALIAMMAN TEMPLE
Karte S. 72

☎ 6293 4634; 141 Serangoon Rd.; ⊗ 8–12.30 & 16–20.30 Uhr; Ⓜ Little India

Dieser Kali gewidmete Shaiviten-Tempel ist einer der farbenprächtigsten und lebhaftesten in Little India. Kali, die blutrünstige Gattin Shivas, war immer schon beliebt in Bengalen, dem Geburtsort der Arbeiter, die diesen Tempel 1881 errichteten.

Die Bilder im Tempel zeigen Kali mit einer Girlande aus Totenschädeln und in wilden Szenen, in denen sie ihren Opfern die Organe aus dem Leib reißt. Es gibt daneben aber auch friedvollere Momente mit ihren beiden Söhnen Ganesh und Murugan.

SULTAN MOSQUE Karte S. 72

☎ 6293 4405; 3 Muscat St.; ⊗ 5–20.30 Uhr; Ⓜ Bugis

Singapurs größte Moschee ist das goldbekuppelte Zentrum von Kampong Glam. Sie wurde 1825 mit finanzieller Unterstützung von Raffles und der East India Company erbaut, als ein Ergebnis von Raffles Vertrag mit dem Sultan von Singapur, der ihm die Herrschaft über den Bezirk zusicherte. Hundert Jahre später, 1928, wurde die ursprüngliche Moschee durch den jetzigen prunkvollen Bau ersetzt. Der wurde interessanterweise von einem irischen Architekten konzipiert, der für dieselbe Firma arbeitete, die auch Raffles Hotel entwarf.

Das Gebäude ist im klassisch türkischen, persischen und maurischen Stil erbaut. In der riesigen Gebetshalle, in der etwa 5000 Menschen Platz haben, finden sich an den mosaikverzierten Wänden Inschriften aus dem Koran, die die Gläubigen zum Gebet rufen. Ein saudischer Prinz spendierte der Moschee den üppigen Teppich, sein Emblem ist darin eingewoben. Es gibt auch ein paar irgendwie unpassend wirkende Digitaluhren, die installiert wurden, damit die Gebetszeit akkurat überwacht werden kann.

Wer diese Moschee besuchen will, sollte sich vorher vergewissern, nicht ausgerechnet in ein Gebet hineinzuplatzen. Respekt ist angesagt: Nichtmoslems werden gebeten, die Gebetshalle generell nicht zu betreten, und alle Besucher müssen angemessen gekleidet sein. Betende zu fotografieren ist zum Beispiel überhaupt nicht angemessen – und zwar nie.

LITTLE-INDIA-SPAZIERGANG
Stadtspaziergang

1 Tekka Centre Der Spaziergang beginnt an der Metrostation Little India, von da aus geht es zur Ecke Serangoon und Buffalo Road; das berühmte Tekka Centre (S. 118 und S. 140) wird derzeit renoviert, aber viele Stände stehen so lange einen Block weiter nördlich an der Race Course Road. Die Buffalo Road bringt viel Spaß bei der Erkundung so wie auch die Kerbau Road (*kerbau* heißt im Malaiischen „Büffel") einen Block weiter östlich.

2 Tan House Bemerkenswert ist das schöne zweigeschossige Tan House, das 1905 im Peranakan-Stil erbaut wurde. Weiter geht's nach Südosten auf der Kerbau Road (eine Fußgängerzone ausgewiesen als „Kunstdorf"). Die Läden und Galerien hier sind spezialisiert auf indische Kleidung, Kunst und Schönheitsbehandlungen, eingeschlossen Hennadesigns für Hände und Füße – einen Biergarten findet man auch. An der Serangoon Road, wo es zahlreiche Goldläden mit glitzernden Schaufenstern gibt, links halten.

3 Khan Mohamed Bhoy & Sons Nach 50 m geht es rechts in die Cuff Road. Hier können Interessierte im Khan Mohamed Bhoy & Sons (S. 118), dem letzten Laden der Insel, in dem Gewürze gemahlen werden, einen Blick in Singapurs Vergangenheit erhaschen.

4 Kampong Kapor Methodist Church Am Ende der Cuff Road geht es links in die Kampong Kapor Road, vorbei an der Kampong Kapor Methodist Church, die 1929 erbaut wurde. Links die Veerasamy Road hoch, die zurück zur Serangoon Road und zum lebhaften, bunten Sri Veeramakaliamman Temple (links) führt.

5 Mustafa Centre Etwa 500 m weiter auf der Serangoon Road befindet sich der indische Einkaufskomplex Mustafa Centre (S. 117) – ein toller Ort für günstige Elektroartikel, Koffer und Taschen sowie alle Arten von Haushaltsartikeln. Es hat 24 Stunden geöffnet und scheint vor lauter kauflustigen Kunden nur so zu brodeln. In den Sträßchen abseits der Desker Road findet man Freudenhäuser – es sind die Nachfolger der längst zerstörten in der alten Bugis Street.

6 Sri Srinivasa Perumal Temple Vom Mustafa Centre aus einen Block weiter nach

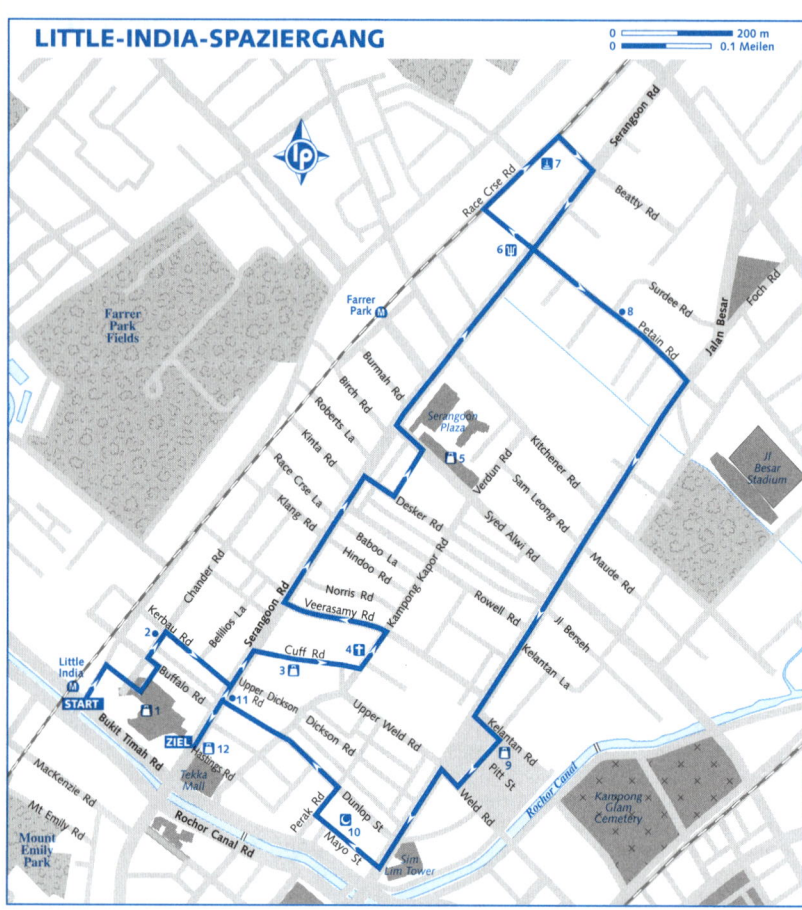

LITTLE-INDIA-SPAZIERGANG

0   200 m
0   0.1 Meilen

Norden an der Serangoon Road entlang steht der **Sri Srinivasa Perumal Temple** (S. 74): ein großer, reich verzierter Komplex, der Vishnu gewidmet ist.

7 Sakaya Muni Buddha Gaya Temple

Stracks geht es durch die Fußgängergasse am Tempel weiter zur Race Course Road, wo der schillernde, thaibeeinflusste **Sakaya Muni Buddha Gaya Temple** (S. 74) steht, besser bekannt als „Tempel der 1000 Lichter". Weiter über die Straße zum **Leong San See Temple** (S. 73), den einige sogar schöner finden als den bestechenden Nachbarn.

8 Shophouses

Zurück zur Serangoon Road und nach Südwesten, dann links in die Petain Road. Hier steht an der Ecke der Surdee Road ein sehr schön restaurierter Shophou-

ROUTENINFOS

Start MRT-Station Little India
Ziel MRT-Station Little India
Länge 2,5 km
Dauer zwei Stunden
Anspruch mittel
Pause Tekka Centre oder Dunlop Street

ses-Block. Bei der Jalan Besar angekommen, geht es rechts herum und Richtung Süden entlang der betriebsamen Hauptstraße, an der sich Geschäfte für Haushaltswaren und Beleuchtung drängen. Der indische Einfluss schwindet hier, doch es gibt immer noch ein paar pastellfarbene Häuserreihen mit aufwendigem Stuck und Kacheln. Wer schon schlapp ist, wendet sich am Ende der Petain

Road einfach nach links, kreuzt die Jalan Besar Richtung Bushaltestelle, nimmt einen Bus (64, 65, 130, 139 oder 147) und steigt am dritten Halt, vor Sim Lim Tower.

9 Sungei Rd. Thieves Market Fast am Ende der Jalan Besar, in der Nähe des Sim Lim Tower, taucht man ein in den Sungei Rd. Thieves Market (S. 119): ein beeindruckendes Warendurcheinander, angeboten von schicken Studenten, knorrigen Hokkien-„Onkeln" und Singapurs Obdachlosen.

10 Abdul Gaffoor Mosque Zurück auf der Jalan Besar geht's rechts in die Mayo Street, wo sich die Abdul-Gaffoor-Moschee erhebt. Als faszinierender Mix aus arabischer und viktorianischer Architektur wurde sie 1979 unter Denkmalschutz gestellt.

11 Wahrsager Ab hier sollte genug Zeit für die Erkundung der atmosphärischen Seitensträßchen sein, die die Namen des imperialen Indien tragen: etwa Clive, Hastings und Campbell. Hier schlägt das Herz Little Indias mit all seinen bunten Läden und lebhaften Straßen. Wo Serangoon Road und Dunlop Street zusammentreffen, stehen Wahrsager mit Vögeln, die die Zukunft der Neugierigen herauspicken sollen (es heißt leider, dass diese Vögel nicht gut behandelt werden). Campbell Street ist eine richtige Touristenmeile, überflutet mit Souvenir-, Kunsthandwerk- und „Antiquitäten"-Läden. Es gibt auch Girlandenmacher, deren Jasminblüten die Luft mit Duft erfüllen.

12 Little India Arcade An der Little India Arcade ist der Spaziergang zu Ende. In diesem Häuserblock renovierter Shophouses sind Läden jeglicher Couleur vertreten. Hier gibt es Gewürze, ayurvedische Arzneien, Textilien, Bänder, Messing- und Haushaltswaren sowie Souvenirs.

ORCHARD ROAD

Ausgehen & Nachtleben S. 155; Essen S. 140; Shoppen S. 119; Schlafen S. 180

Singapurs Konsumnirvana ist ein Angriff auf die Sinne und das Portemonnaie. Angesichts der Myriaden überwältigender, hoch aufragender Malls werden einige spitze Schreie der Begeisterung ausstoßen und andere wohl eher schreiend weglaufen. Vom schrulligen, etwas heruntergekommenen Lucky Plaza über das beeindruckende schokofarbene Marmorgebäude von Ngee Ann City bis zum schicken exklusiven Grau des Paragon – hier können sich Shoppingjunkies tagelang aufhalten, ohne zweimal denselben Laden zu betreten. Die Schatten spendenden Bäume über den Käufermassen sind fast die einzige Erinnerung daran, dass sich hier im 19. Jh. eine Plantage mit Muskatnuss- und Pfefferpflanzen befand. Naja, immerhin sind zwischen den 5-Sterne-Hotels und den klotzigen Materialismusschreinen ein paar architektonische Relikte aus jener Zeit erhalten geblieben.

Wer von den Läden und zu kalt eingestellten Klimaanlagen die Nase voll hat, flüchtet am besten in die Singapore Botanic Gardens, die mit einer kurzen Busfahrt vom westlichen Ende der Straße aus gut zu erreichen sind.

CUPPAGE TERRACE & EMERALD HILL
Karte S. 80–81

Cuppage Rd.; Ⓜ **Somerset**

Die Cuppage Terrace ist benannt nach William Cuppage, der hier im 19. Jh. die Muskatnussplantage besaß. Die renovierten Shophouses im Peranakan-Stil aus den 1920ern werden von den Einkaufszentren und Hotels rundherum erdrückt. Der Großteil der Häuserzeile besteht aus Bars und Restaurants – genauso wie Emerald Hill am Ende der Orchard Road.

Es lohnt sich dennoch, vom fußgängerüberfluteten Peranakan Place zur Emerald Hill Road zu spazieren, wo einige hübsche Reihenhäuser das Auge erfreuen; die ruhige Atmosphäre gibt einem das Gefühl, Millionen Meilen von der quirligen Orchard Road entfernt zu sein. Besonders schön sind Nr. 39 bis 45 aus dem Jahr 1903, die mit einer ungewöhnlich breiten Fassade und einem stattlichen Eingangsbereich im chinesischen Stil aufwarten, sowie die Art-déco-Häuser Nr. 121 bis 129 von 1925.

ISTANA Karte S. 80–81

☎ **6737 5522; www.istana.gov.sg;** Ⓜ **Dhoby Ghaut**

Als Sitz des Präsidenten von Singapur wurde das Istana zwischen 1867 und 1869 als Government House erbaut: ein neoklassisches Monument britischer Herrschaft. Öffentliche Arbeiten genossen im Singapur des kolonialen Laissez-faire keine hohe Priorität, aber die Notwendigkeit, den Duke of Edinburgh bei seinem anstehenden Besuch zu beeindrucken, überzeugte den gesetzgebenden Rat der Insel, das hohe Budget für das Gebäude zu genehmigen.

Die echte Knochenarbeit – Steinmetzarbeit, Klempnerarbeit, Tischlerei, das Schneiden von Gestein und der Anstrich – wurde von indischen Sträflingen erledigt.

Das Istana liegt etwa 750 m von der Straße zurück auf einem wunderschönen Grundstück mit einem 9-Loch-Golfplatz und Gartenterrassen. Meist kommt man nicht näher heran als bis zu den gut bewachten Toren an der Orchard Road, öffentlich

DER KÖNIG & DER „SCHANDFLECK"

Die folgende Frage stellen sich zahlreiche Besucher der herrlich ruhigen Royal Thai Embassy an der Orchard Road. Was im Himmel hat sie hier verloren? Warum steht ein alterndes Haus – von manchen als Schandfleck empfunden (wir lieben es) – umgeben von einem üppigen Gelände auf einem der teuersten Grundstücke Singapurs? Und warum hat die thailändische Regierung das Areal nicht für das Vermögen verkauft, das es zweifellos wert ist?

Die Antwort liegt in der Geschichte. Der verehrte König Chulalongkorn (König Rama V.) erstand das Areal 1893 für 9000 $ für Thailand. Sein Bild hängt praktisch in jedem Haus und Gebäude des Landes, wie jeder Thailandbesucher sicher weiß.

Schon lange ist im Gespräch, das Botschaftsgelände auszubauen. Die thailändische Regierung erhielt in den späten 1990er-Jahren ein Angebot über 139 Mio. $ für das Areal, lehnte aber ab. Der thailändische Ministerpräsident Thaksin Shinawatra kam 2003 auf die Idee des Ausbaus zurück, aber bislang ist nichts passiert. Weil der Verkauf des Areals als Affront gegen das Andenken des hochverehrten Monarchen gesehen würde, bleibt es wahrscheinlich vorerst bei dieser vergnüglichen Schrulligkeit.

ORCHARD ROAD

zugänglich ist es nur an bestimmten Feiertagen – also am besten anrufen oder auf die Website schauen. Wer zur rechten Zeit da ist, sollte sich seinen Ausweis schnappen und in die Schlangen vorm Eingang stellen.

Am ersten Sonntag jedes Monats ist abends der Wachwechsel zu beobachten.

TAN YEOK NEE HOUSE Karte S. 80–81

207 Clemenceau Ave.; Ⓜ **Dhoby Ghaut**
Nahe der Orchard Road, Ecke Penang Road, wurde 1885 das Tan Yeok Nee House als Stadthaus eines reichen Kaufmanns erbaut. Es ist das einzige in Singapur verbliebene Beispiel eines traditionellen chinesischen Herrenhauses. Heute gehört es zum asiatischen Campus der University of Chicago Graduate School of Business, aber die

schöne Dachverzierung ist von außen immer noch zu bewundern.

ÖFFENTLICHE VERKEHRSMITTEL: ORCHARD ROAD

Die Orchard Road ist wichtig genug für drei Metrostationen: Orchard am Westende, Somerset in der Mitte und Dhoby Ghaut am Ostende. (Unglaublich, aber wahr: Manche Singapurer fahren die einzelnen Strecken lieber mit der Bahn als zu laufen.) Dhoby Ghaut ist ein wichtiger MRT-Knotenpunkt, von dem Züge in alle Richtungen nach City Hall und Raffles Place (Colonial District), Little India, Clarke Quay und Chinatown fahren. Busse ab Orchard Road und Scotts Road fahren auch in verschiedene Richtungen über die Insel.

ORCHARD ROAD

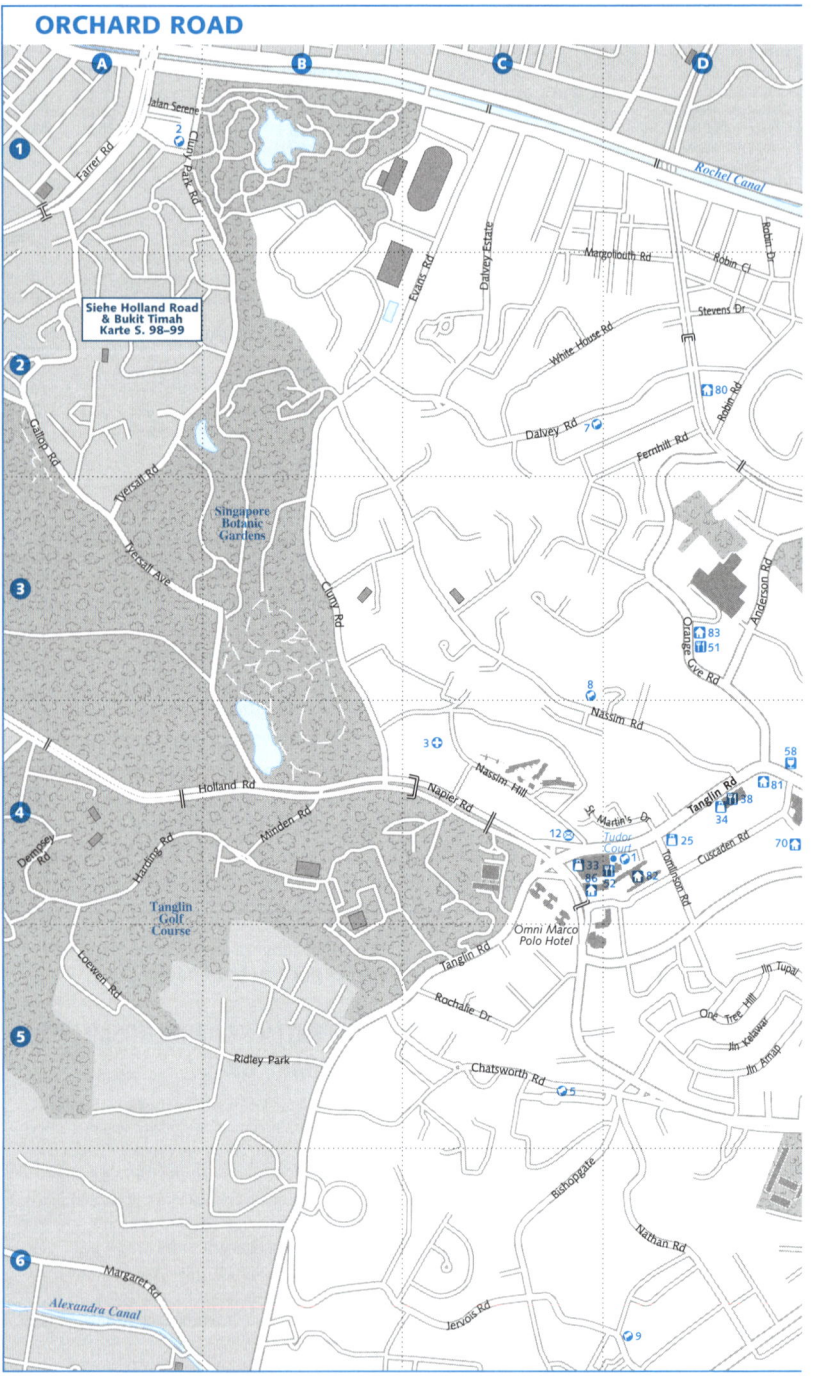

Siehe Holland Road
& Bukit Timah
Karte S. 98–99

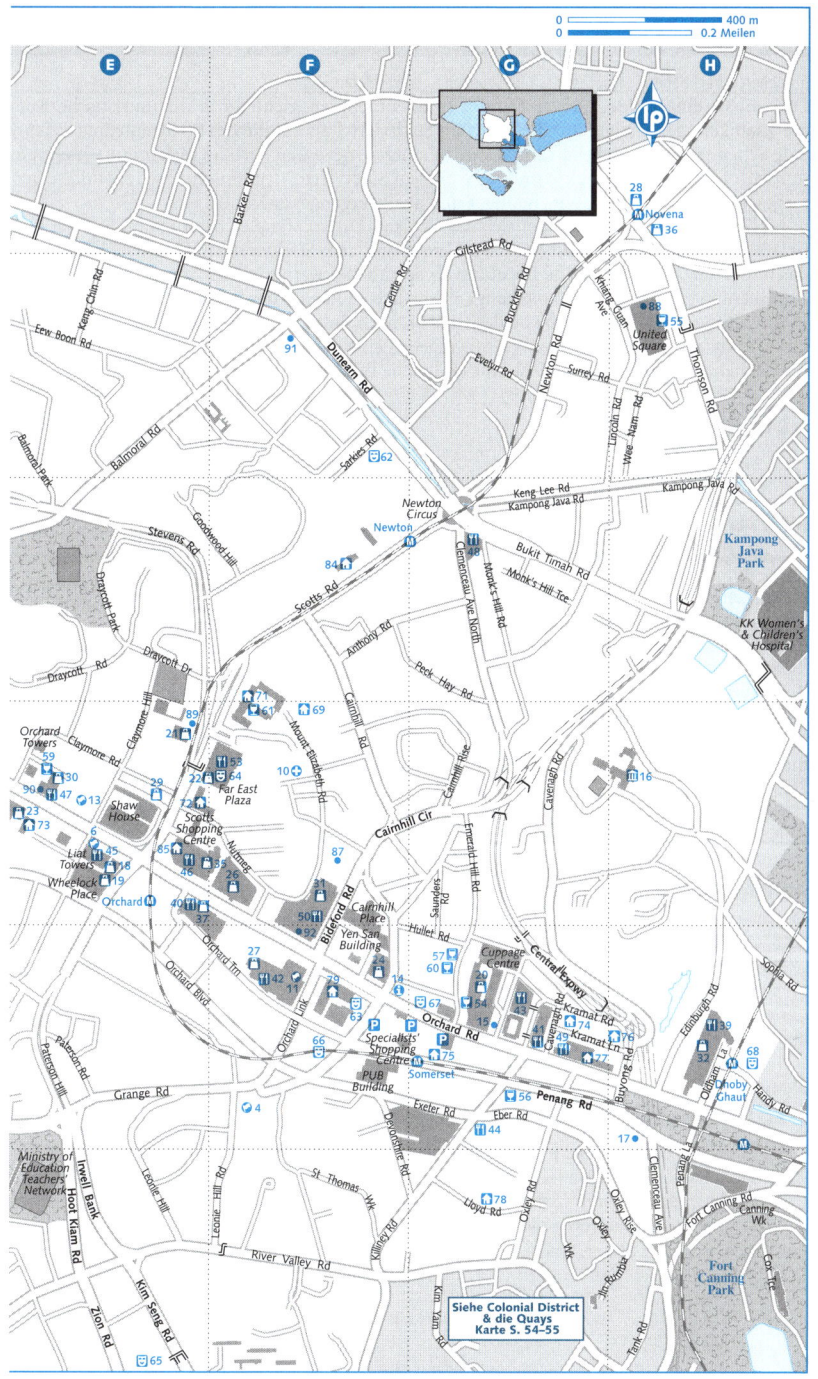

www.lonelyplanet.de

Ausgehen & Nachtleben S. 158; Essen S. 142; Shoppen S. 122; Schlafen S. 183

Obwohl sie einen ordentlichen Teil der Insel einnehmen, richtet sich die touristische Aufmerksamkeit viel weniger auf die östlichen Stadtviertel als auf die des Stadtzentrums. Das ist eine Schande, denn während Chinatown zu einer disneyesken Parodie verkommt – mehr ein touristisches Museumsstück – sind die östlichen Stadtviertel dynamisch, lebendig und zeigen insgesamt mehr von Singapurs heutiger und auch vergangener Kultur.

Im östlichen Singapur befindet sich der Geylang-Distrikt (zugleich berüchtigt und vergeistigt); Katong (auch bekannt als Joo Chiat), ein malerisches Stadtviertel mit bunten Shophouses, das in den letzten Jahren seine Berufung als spirituelles Kernland von Singapurs Peranakan-Bevölkerung gefunden hat; und Changi, die östlichste Region der Stadt.

Am Meeresufer erstreckt sich von der Stadt bis nach Tanah Merah der East Coast Park. Dessen gut befestigte Wege entlang des Wassers ergeben eine viele Kilometer lange Strecke, die ideal fürs Skaten oder Fahrradfahren ist und zahlreiche Einkehrmöglichkeiten bietet.

GEYLANG

Obwohl der Name Geylang in Singapur gleichbedeutend mit Prostitution ist, gibt es hier viel mehr zu entdecken als der erste Blick verrät. Ja, was erzählt wird, stimmt: Der Distrikt ist im Grunde ein Fleischmarkt unter freiem Himmel, vollgestopft mit einer dantesken Auswahl an Bordellen, Girlie-Bars und billigen Hotels; und in jeder Gasse stehen die Prostituierten aus ganz Südostasien dicht an dicht. So merkwürdig es wirkt, ist das Viertel aber auch ein spiritueller Mittelpunkt der Löwenstadt – mit riesigen Tempeln und Moscheen und malerischen Sträßchen, die gesprenkelt sind mit Religionsschulen, Schreinen und Tempeln.

Die Paya Lebar Road markiert die Grenze zwischen Geylang und Katong/Joo Chiat.

AMITABHA BUDDHIST CENTRE
Karte S. 84

☎ 6745 8547; www.fpmtabc.org; 44 Lorong 25A; ☽ 10–21 Uhr; Ⓜ Aljunied

Im siebenstöckigen Tibetan Buddhist Centre gibt es Dharma- und Meditationskurse (auf der Website steht ein Termin-

plan) sowie Veranstaltungen bei religiösen Festen. Die Meditationshalle oben, mit rot-goldenem Stoff ausgekleidet, ist öffentlich zugänglich und angefüllt mit schönen Statuen und anderen Devotionalien. Abgesehen von Gemeindeaktivitäten betreibt das Zentrum auch einen Laden, in dem religiöses und spirituelles Zubehör wie Gebetsfahnen, Spinnräder und andere Gegenstände erhältlich sind, die zum tibetischen Buddhismus gehören.

Um die Ecke vom Amitabha über einem großen Obststand, der Durians verkauft, ist das Sakyamuni Dharma Centre (☎ 6745 5900; Level 3, 270-B Sims Ave.; ☽ 10–21 Uhr). Viel kleiner als das Amitabha, aber auch mit Meditationshalle, heißt es Menschen willkommen, die etwas über tibetischen Buddhismus erfahren möchten.

PU JI SI BUDDHIST RESEARCH CENTRE Karte S. 84

☎ 6746 6211; www.pujisi.org.sg; 39 Lorong 12; Ⓜ Aljunied

In diesem fantastischen viergeschossigen Gebäude, das teils Ausbildungs-, teils Andachtsstätte ist, finden Besucher Meditati-

---

FLUCH & SEGEN VON GEYLANGS LORONGS

Es stimmt schon, Geylang ist bekannt als Rotlichtbezirk, aber der Großteil des anstößigen Geschäfts spielt sich westlich der Aljunied Road ab. Wer sich einen Tag Zeit nimmt, die *Lorongs* (Gassen) von Norden nach Süden zwischen Sims Avenue und Geylang Road zu erwandern, wird überraschend zauberhafte Einblicke gewinnen.

Zu den vielen hübschen Seitenstraßen gehört die von Bäumen gesäumte Lorong 27, klein und vollgepfropft mit bunten Schreinen und Tempeln. Entlang der malerischen Lorong 24A stehen renovierte Shophouses, aus denen häufig Gesang erklingt; viele der Häuser wurden von kleinen buddhistischen Vereinigungen des Bezirks übernommen. Anbetungswürdig ist die Lorong 34: restaurierte und nicht restaurierte Shophouses in verschiedenen Farbnuancen, bunte Schreine und Feuer, in denen Weihrauch verbrannt wird, erfüllen diese Gasse. Eines der Häuser hat sogar einen Bambusgarten!

ÖFFENTLICHE VERKEHRSMITTEL: OSTSINGAPUR

Verglichen mit dem Stadtzentrum ist das östliche Singapur eher das Stiefkind des MRT-Netzwerks; Aljunied ist die Geylang am nächsten gelegene Metrostation, und Paya Lebar führt zum nördlichen Ende von Joo Chiat. Daher sind Busse die bessere Wahl.

Die Busse 33 und 16 durchqueren Geylang und fahren dann ins Zentrum von Joo Chiat, während Bus 14 von der Orchard Road zur East Coast Road fährt. Die Busse 12 und 32 fahren die North Bridge Road rauf und runter ins Stadtzentrum.

Zum East Coast Park fährt der Bus 401 ab Bedok MRT, aber nur am Wochenende. Ansonsten fahren nur Taxis (eine zunehmend teure Möglichkeit, vor allem bei Nacht), oder man muss zu Fuß von der East Coast Road laufen.

---

onshallen, buddhistische Bibliotheken mit Büchern und Schriften sowie eine schier unversiegbare Quelle der Gelassenheit. Mit dem Aufzug geht's nach oben zum statuengefüllten Dachgarten, wo man sich neben dem Springbrunnen niederlassen kann. Hier weht der Hauch der Gelassenheit, in dem sich sehr gut über die Unendlichkeit sinnieren lässt. Auf der anderen Straßenseite befindet sich übrigens ein namenloser Dschungelpark: ein ausgezeichnetes Plätzchen für die postmeditative Kontemplation.

KATONG/JOO CHIAT

Das Herz von Singapurs wiedererstarkender Peranakan-Kultur: Der Joo-Chiat-Distrikt verläuft ungefähr südöstlich der MRT-Station Paya Lebar bis zur Still Road im Westen und zum East Coast Park im Süden. Das Zentrum des Stadtviertels ist die Joo Chiat Road mit einem Heer von Restaurants, Geschäften, Clubs und Bars. Was das Viertel so erkundenswert macht, sind die Myriaden renovierter Shophouses im Peranakan-Stil, die sich sowohl an der Joo Chiat Road wie auch an den Seitenstraßen des ganzen Stadtviertels entlangreihen. Dazu gesellen sich zahlreiche Tempel (chinesische und indische), Moscheen und andere Sehenswürdigkeiten, die Besuchern einen Hauch des alten Singapur vermitteln. Joo Chiat ist auch das Zuhause des Geylang Serai Wet Market.

Die Joo Chiat Road führt zur East Coast Road, die für ihren Peranakan-Einfluss berühmt ist, hauptsächlich aufgrund der Möglichkeit dort Peranakan-Essen (auch bekannt als Nonya-Küche) zu kosten. Die Gässchen im Westen von Joo Chiat entlang der East Coast Road eignen sich besonders gut für Erkundungstouren. Der Joo Chiat Road selbst wird ein Rotlichtcharakter nachgesagt, der aber vor allem nachts spürbar wird und dann auch nur in dem Bereich mit den Bars zwischen Koon Seng Road und Joo Chiat Place.

GEYLANG SERAI WET MARKET
Karte S. 84

Geylang Serai; M Paya Lebar

Versteckt hinter ein paar älteren Häuserblocks in der Geylang Road liegt dieser lebhafte traditionelle südostasiatische Markt, vollgepackt mit Ständen, die Essen, Stoffe und andere Ware verkaufen. Manche sagen, dass sein Fortbestand den Tatsachen trotzt: Während die Immobilienpreise hier in die Höhe schießen, geht der Trend dahin, ältere Einkaufsbezirke abzureißen und an ihrer Stelle eine Art disneyesken Ersatz zu platzieren, wie etwa das nahe gelegene (absolut vermeidbare) Malay Cultural Village. Der Markt erreicht die größte Aktivität zum Ramadan, wenn der ganze Platz von abendlichen Marktständen wimmelt. In nördlicher Richtung befindet sich ein kleiner Park (neben der hier oberirdisch verlaufenden MRT), wo man seine Durian in Frieden essen kann.

CHURCH OF THE HOLY FAMILY
Karte S. 84

6 Chapel Rd.; M Eunos

Mit ihrem graziös gebogenen Dach, den Buntglasfenstern und dem strahlend weißen Bau zeigt diese katholische Kirche einen interessanten Mix aus westlicher und asiatischer Architektur. Eine Besichtigung lohnt sich, auch wenn es sich nicht um das Originalgebäude handelt (die erste Kapelle auf diesem Fleck wurde 1923 erbaut, obwohl die Ursprünge der Gemeinde weiter zurückgehen). Besonders schön ist das ungewöhnliche Buntglasfenster mit einem 16-zackigen Stern oberhalb des Altars.

KATONG ANTIQUE HOUSE Karte S. 84

☎ 6345 8544; 208 East Coast Rd.; M Eunos

Teils Laden, teils Museum ist das Katong Antique House eine Herzensangelegenheit Peter Wees, der sein ganzes Leben

OSTSINGAPUR

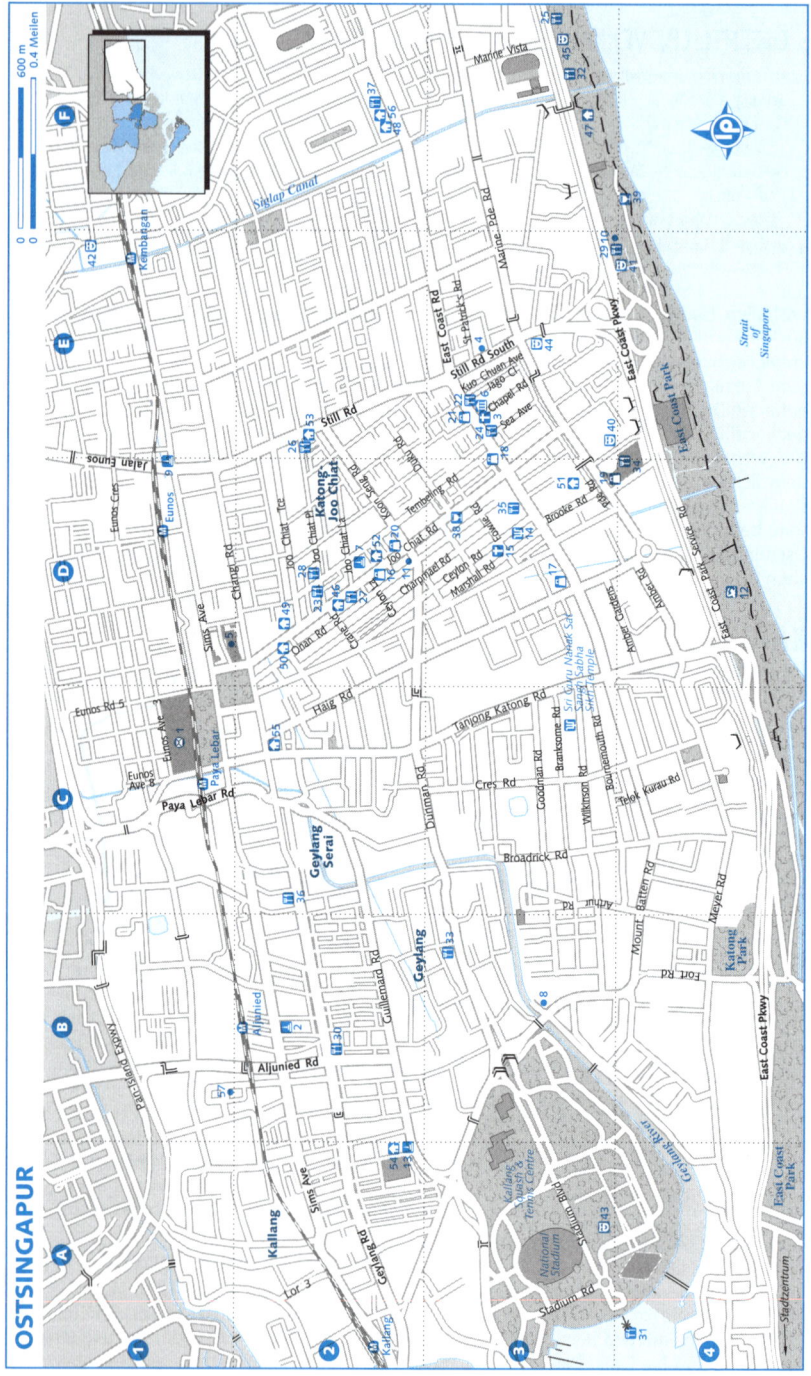

OSTSINGAPUR

in diesem Viertel verbracht hat. Er stellt Peranakan-Antiquitäten und -Artefakte aus (bisweilen verkauft er sie auch). Als berühmter Kenner von Geschichte und Kultur der Peranakan versorgt Peter gerne jeden beim Stöbern mit Geschichten.

SRI SENPAGA VINAYAGAR TEMPLE
Karte S. 84

19 Ceylon Rd.; Ⓜ Paya Lebar
Sri Senpaga Vinayagar gehört sicher zu den schönsten Hindutempeln Singapurs und vielleicht ist er sogar der besucherfreundlichste. Das ist den Bemühungen der Belegschaft und Freiwilligen zu verdanken, die sämtliche Devotionalien des Tempels mit beschrifteten Schildchen in verschiedenen Sprachen versehen haben. Der Tempel hat einiges zu bieten, was ihn besuchenswert macht, auch wenn man nicht gerade im Viertel ist. Dazu gehört vor allem der *kamalapaatham*, ein speziell behauener Granitstein, der in manchen alten Hindutempeln zu finden ist. Das Dach des Allerheiligsten im Inneren ist mit Gold verkleidet.

KUAN IM TING TEMPLE Karte S. 84
Ecke Tembeling Rd. & Joo Chiat Lane; Ⓜ Paya Lebar
Der wunderschöne buddhistische Tempel, gewidmet Kuan Yin, der Göttin der Barmherzigkeit, bildet die Kulisse für viele Feste während des ganzen Jahres. Tempel-

liebhaber werden sich besonders für die verzierten Dachfirste interessieren. Sie sind geschmückt mit tanzenden Drachen und anderen Symbolen, die für die Verehrer von Kuan Yin von Bedeutung sind.

PERANAKAN TERRACE HOUSES
Karte S. 84

Koon Seng Rd.; Ⓜ Paya Lebar
Nicht weit entfernt von der Joo Chiat Road stehen einige der schönsten Reihenhäuser der Peranakan in ganz Singapur. Hier zeigt sich die ganz typische Vorliebe der Peranakan für kunstvolles Design: Sie sind dekoriert mit Drachen, Vögeln und Krebsen aus Stuck und mit glänzend glasierten Kacheln. *Pintu pagar* (Schwingtüren) an der Hausfront sind ebenfalls ein typisches Merkmal. Sie lassen frische Luft rein und wahren doch gleichzeitig die Privatsphäre. (Hintergrundinformation zu den Peranakan gibt's auf S. 30.)

EAST COAST PARK
Diesen 11 km langen Parkstreifen am Meeresufer suchen die Singapurer auf zum Schwimmen, Windsurfen, Kajakfahren, Picknicken, Fahrradfahren, Rollschuhlaufen und natürlich zum Essen. Der Park ist hervorragend angelegt, sodass viele Freizeitmöglichkeiten nicht das Grün mit Beschlag belegen. In dem engen Streifen finden sich viele Vogelschutzgebiete,

Flecken wilden Buschlands, Übungsplätze für Golf, Tennisplätze, ein Urlaubsort, ein Spielplatz für Familien (Playground@Big Splash), mehrere Teiche und eine Lagune, Wassersportclubs, Hawker Center sowie exzellente Bars und Restaurants.

Sehr angenehm lässt sich ein Nachmittag in Singapur auf die folgende Art und Weise verbringen: Mit einem geliehenen Fahrrad oder mit Rollschuhen gemütlich vom einen Ende zum anderen rollen, die Meeresbrise genießen und die beeindruckenden Containerschiffe beobachten, um das Ganze dann mit einem Essen und ein paar Bieren am Strand abzurunden.

Der East Coast Park beginnt am Ende der Tanjong Katong Road in Katong und endet am National Sailing Centre in Bedok, in der Nähe der Metrostation Tanah Merah. Am westlichen Parkende führt der Fahrradweg direkt weiter bis nach Geylang und endet am Kalang River.

EIN PERANAKAN SEIN HEISST: ALS EINHEIMISCHER AKZEPTIERT SEIN
Peter Wee

Das Wort Peranakan entstammt der britischen Kolonialzeit um etwa 1825, als Siedler nach Malakka, Penang und Singapur kamen (diese Orte sind auch als *Straits Settlements* bekannt, weil sie entlang der *Strait of Malacca*, also der „Straße von Malakka", liegen). Um den Begriff richtig zu verstehen, muss man bei den Straits-Chinesen beginnen. Die Peranakan-Kultur entsprang aus der Vermischung von Einheimischen und chinesischen Händlern. Als die Handelsleute aus China um 1500 erstmals Malakka erreichten, kamen sie, um Handel zu treiben. Sie mischten sich unter die einheimische Bevölkerung und bildeten Gemeinschaften. So entstand eine neue Kultur, die der Peranakan.

Nicht nur in Singapur gibt es die Peranakan-Kultur, auch an den Küsten Indonesiens und Malaysias ist sie anzutreffen. Manchen mag die Peranakan-Kultur sehr ähnlich zur traditionellen chinesischen Kultur erscheinen, was durchaus Sinn ergibt, denn unsere Kultur besteht zu 80 % aus chinesischer Kultur. Dennoch gibt es leichte Unterschiede: natürlich in unseren Traditionen, wie wir sprechen und selbstverständlich bei den Essgewohnheiten. Viele dieser Unterschiede sind aus der Zeit geboren und aus den anderen Kulturen, aus denen sich die Peranakan entwickelten, dazu gehören einheimische Straits-Chinesen wie auch der koloniale Einfluss – vor allem der britische.

Es scheint ein zunehmend erwachendes kulturelles Bewusstsein bei den jüngeren Bewohnern Singapurs zu geben. Kürzlich ereignete sich z. B. Folgendes: Ein junges Ehepaar kam während seiner Hochzeitsvorbereitungen in meinen Laden. Die künftige Braut suchte nach *kebaya*, einem wunderschönen handgestickten Gewand, das die Peranakan-Frauen traditionell trugen. Das fand ich seltsam und nahm an, die Eltern hätten diese Kleiderwahl beeinflusst. Ich war sehr überrascht, als ich erfuhr, dass die Eltern – ganz im Gegenteil – dagegen waren. Sie wollten eine modernere Hochzeit. Aber die jungen Leute wollten zur Hochzeit die Kleider ihrer kulturellen Vergangenheit tragen.

Die meisten Peranakan sind Christen wegen des Einflusses der ersten Missionare – Franzosen, Holländer, Portugiesen und schließlich Engländer – in der Gegend. Aber die Peranakan-Kultur überschreitet religiöse Grenzen. Heutzutage gibt es muslimische Peranakans und andere, die buddhistischen Traditionen folgen. Wie wir sprechen ist einzigartig, nicht ganz eine eigene Sprache, eher ein Patois, ein Mix aus Hokkien, Malaiisch und Englisch, mit einem Hauch Holländisch und Portugiesisch. Diese besondere Sprache ist nur in Malakka, Penang und Singapur verbreitet.

Der Joo-Chiat-Distrikt hat seinen Namen von einer berühmten Peranakan-Familie. Die Hauptstraße ist nach Chew Joo Chiat, einem Philanthropen des späten 19. Jhs., benannt. Viele ursprüngliche Familien sind aus verschiedenen Gründen gegangen, aber manche kommen zurück. Viel Nostalgie ist mit dieser Gegend verbunden und wir versuchen, sie wieder zu dem zu machen, was sie einst war.

Wer Singapur besucht, sollte sich Zeit für diese Gegend nehmen, um die einzigartige Architektur anzusehen, vor allem die Art-déco-Shophouses an der Koon Seng und der Tembeling Road. Und natürlich ist Joo Chiat genau der richtige Ort in Singapur, um die Peranakan-Küche zu kosten. Freunde lade ich immer dazu ein, einen *mee siam* (weiße dünne Nudeln in einer süß-sauren Sauce mit Tamarinde), Laksasuppe und unsere traditionellen Peranakan-Klöße zu probieren. Eine weitere Spezialität ist die *buah keluak*, eine cremige, kakaoartige Nuss, die es in Indonesien gibt.

Es gibt Peranakan-Inder, Peranakan-Chinesen, Peranakan-Hokkien. Sogar Peranakan-Eurasier. Mein Ururgroßvater kam aus Malakka, aber er fand heraus, dass seine Vorfahren aus Xiamen (in China) stammen, und ich bin ein Peranakan aus Singapur. Ein Peranakan sein heißt: als Einheimischer akzeptiert sein.

Peter Wee, 62, ist der Besitzer und Kurator des Katong Antique House in Joo Chiat, dem Herzen der kulturellen Renaissance von Singapurs Peranakan. Seinen Laden darf nur betreten, wer eingeladen ist. Er bietet eine einzigartige Sammlung von Textilien, Porzellan, Peranakan-Möbeln und Gewürzen. Der Shop ist auch eine Art „lebendes Museum" lokaler Kultur. Unter dem Blick der Porträts aus vier Generationen von Straits-Peranakan sprach Peter über die Renaissance von Joo Chiat, die Peranakan-Kultur und ihre Identität.

MARINE COVE RECREATION CENTRE
Karte S. 84

East Coast Park Service Rd.; 🚌 401 ab Ⓜ Bedok (nur an Wochenenden), Taxi ab Ⓜ Bedok (4–5 $) oder City (8 $) an Wochentagen

Auf halber Strecke des Parks, nicht weit vom Ende der Still Road South, steht dieser Freizeitkomplex unter freiem Himmel. Hier gibt's Bowling, Squash, Minigolf und zahlreiche Restaurants, Imbissstände und Bars plus eine McDonald's-Filiale (Singapurs einzige mit einem Drive-in für Skater). Auf der zum Strand gelegenen Seite gibt es Verleihstationen für Fahrräder und Rollschuhe sowie einen Kajak- und Segelbootverleih direkt am Strand.

CHANGI & PASIR RIS

Diese „abgelegenen" Stadtviertel im tiefen Osten der Insel waren einst beherrscht von malaiischen Kampongs (Dörfern). Die Pfahlhäuser sind längst verschwunden und ersetzt durch modernere Bebauung und Landgewinnungsprojekte. Doch der Bezirk hat immer noch eine angenehme Atmosphäre, vor allem Pasir Ris mit seinen ordentlich gestutzten Rasenflächen, Tante-Emma-Läden und attraktiven Küstenparks. Hier befinden sich das bewegende Changi Prison Museum & Chapel, ein paar Urlaubsorte und Freizeitparks für Kinder, einige Malls und das gigantische Expocenter.

In Changi Village ist auch das Fährterminal für die sogenannten Bumboats (kleine Ausflugsboote für Touristen) nach Pulau Ubin (S. 188) und Johor in Malaysia.

CHANGI PRISON MUSEUM & CHAPEL
Karte S. 48–49

☎ 6214 2451; www.changimuseum.com; 1000 Upper Changi Rd. North; Eintritt frei; ☾ 9.30–17 Uhr; 🚌 2

Ein stetiger Touristenstrom fließt zu dem ruhigen, bewegenden Museum, das an die Kriegsgefangenen aus den Reihen der Alliierten im Zweiten Weltkrieg erinnert, die gefangen genommen und inhaftiert wurden und in den Händen der japanischen Streitkräfte ein grausames Schicksal erlitten. Es musste 2001 vom Originalstandort des Changi-Gefängnisses weichen, als die singapurischen Gefängnisse das Land für Expansionszwecke zurückforderten.

Ehemalige Kriegsgefangene, Veteranen und Historiker werden das Fehlen des Originalschauplatzes deutlich spüren. Zur

ÖFFENTLICHE VERKEHRSMITTEL: CHANGI & PASIR RIS

Pasir Ris ist mit der MRT leicht zu erreichen – es liegt am Ende der Ost-West-Linie. Von der Station aus sind alle Sehenswürdigkeiten zu Fuß gut zu erreichen. Wer nach Changi möchte, steigt an der Metrostation Tanah Merah aus und nimmt den Bus 2, der sowohl Changi Chapel als auch Changi Village ansteuert, wo sich die Endstation der Linie befindet.

Ein Taxi von der Stadt aus in die jeweiligen Bezirke kostet etwa 15 $.

Ehrenrettung des Architekten sei gesagt, dass das bescheidene Design des neuen Gebäudes sehr gut zu der Doppelrolle als Schrein und Geschichtsmuseum passt. Die weiße Fassade erinnert an einen Betonbunker, das Grün deutet jedoch Heilung und Erneuerung an. Der klaffende Eingang und der offene Grundriss suggerieren Zugänglichkeit. Herzstück des Museums ist eine Replik der originalen Changi Chapel, die von Häftlingen als Andachtsort und vermutlich auch als Zeichen der Solidarität erbaut wurde. In die Wände neben dem Altar mit dem Kreuz aus Munitionshülsen haben Besucher kleine Erinnerungen gesteckt – weiße Kreuze, roten Mohn, frische Blumen und handgeschriebene Briefchen. Gottesdienste finden an Sonntagen statt (um 9.30 und 17.30 Uhr), aber der schattenlose Innenhof heizt sich auf wie ein Ofen.

Der Bus 2 ab Victoria Street oder Tanah Merah MRT fährt direkt am Eingang vorbei. Ausstieg an der Bushaltestelle B09, hinter der Changi-Heights-Wohnanlage. Der Bus endet in Changi Village.

LOYANG TUA PEK KONG TEMPLE
Karte S. 48–49

20 Loyang Way; Eintritt frei; 🚌 9 ab Ⓜ Bedok

Dieser Tempel ist die Verkörperung von singapurischer Spiritualität, er bietet gleich drei Religionen unter seinem großen Dach ein Heim: Hinduismus, Buddhismus und Taoismus. Ein Schrein ist sogar Datuk Kung gewidmet, einem Heiligen des malaiischen Mystizismus und chinesischen Taoismus. Der Tempel ist neu und großzügig und mit großen handgearbeiteten Holzschnitzereien, wirbelnden Drachen auf hohen Granitsäulen und Hunderten farbenprächtiger Bildnisse von göttlichen Wesen, Göttern und Heiligen bestückt. Er liegt ein wenig

top picks

UNGEWÖHNLICHE STADTFÜHRUNGEN

- Auf der Suche nach einem Führer für alles Sehens- und Hörenswerte in der Löwenstadt ist wohl kein eigenwilligerer zu finden als Jeffery Tan (☎ 9784 6848; http://jefflimo.tripod.com/jefflimo.htm). Bekannt als „Singapurs singender Taxifahrer" trällert Tan in neun Sprachen und wird jedem Lauscher ein Ständchen in der Wunschsprache bringen, während er die Sehenswürdigkeiten der Stadt vorführt. Als geborener Singapurer hat Tan bei seinen Touren alles in petto, was Touristen wünschen; er macht sogar eine Essenstour, die wirklich jede Geschmackspapille kitzelt. Wer mitsingen will, kommt auch zu seinem Recht: In der Limousine ist das neueste Karaokesystem installiert.

- Tony Tan, Besitzer des Betel Box Hostels und Experte für alles Singapurische, bietet eine Real Singapore Tour (☎ 6247 7340; www.betelbox. com) an, die man nicht so leicht vergisst. Seine Essenstouren sind ein Muss. Sie starten jeden Freitag um etwa 18 Uhr. Tony nimmt seine Gäste mit auf eine gastronomische Odyssee durch das historische Stadtviertel Joo Chiat, wo sie über 20 authentische Gerichte aus ganz Südostasiens verkosten. Er bietet auch Ausflüge zu Fuß oder mit dem Rad an, dann mit Schwerpunkt auf Geschichte, Natur und Kultur. Tony hat auch eine Kneipentour im Programm. Preislich geht's los bei 50 $, darin enthalten sind Essen, Ausrüstung und der Service von einem der kenntnisreichsten Führer Singapurs.

- Geraldine Lowe-Ahmad (☎ 6737 5250; geraldenestours@hotmail.com) und Diane Chua (☎ 9489 1999; dianachua1999@yahoo.com. sg) sind das ehrwürdige dynamische Duo der Reiseführerszene Singapurs, mit einem breiten Tourangebot für alle Interessenslagen. Geraldines Wissen über Singapurs Geschichte, Küche, Architektur, Botanik, ethnische Vielfalt, Religionen und Feste ist unschlagbar. Sie bietet auch bei Veteranen sehr beliebte Touren zum Thema Zweiter Weltkrieg an. Diane hat sich neben Kultur und Historie auf esoterische Themen spezialisiert, wie etwa Feng-Shui oder Friedhöfe in Singapur und andere etwas weniger bekannte Facetten der Löwenstadt. Beide bieten auch zeitabhängige Touren an, angelehnt an religiöse und kulturelle Festivitäten. Wahlweise gibt es die Touren auf Englisch, Malaiisch, Chinesisch, Italienisch oder Französisch.

abseits ausgetretener Pfade, ist den Ausflug aber wert. Mit dem Bus 9 zur Loyang-Valley-Wohnanlage fahren.

CHANGI VILLAGE Karte S. 48–49
🚌 2

An der fernen Nordostküste ist Changi Village eine Zuflucht vor dem Tumult Zentralsingapurs. Die Gebäude sind modern (obwohl es ein paar interessante alte Black-and-White-Bungalows aus der Kolonialzeit an der Loyang Ave gibt), aber es herrscht noch immer eine dörfliche Atmosphäre. Das lebhafte und ziemlich renommierte Hawker Center in der Nähe des Busterminals ist ein zentraler Anlaufpunkt. Es gibt einen attraktiven Strandcampingplatz, der vom Busterminal aus gesehen hinter dem Changi Creek liegt. Von dort aus hat man einen tollen Blick auf die in den Flughafen von Changi hineingleitenden Flugzeuge, während man auf dem importierten Sand entspannen kann. An Wochenenden überaus beliebt, ist es hier in der Woche nahezu menschenleer. Schwimmen ist hier weniger attraktiv, denn an diesem Strand wurden während des Zweiten Weltkriegs Tausende singapurischer Zivilisten von den Japanern exekutiert. Ein Denkmal markiert das betreffende Gelände.

In der Nähe des Busterminals ist das Changi Point Ferry Terminal, von hier fahren Bumboats nach Pulau Ubin (S. 188) oder Johor (S. 192).

PASIR RIS PARK Karte S. 48–49
Pasir Ris Dr. 3; Ⓜ Pasir Ris

Dieser friedliche Park ist der drittgrößte in Singapur und gehört ganz sicher zu den besten. Er erstreckt sich ein paar Kilometer entlang der Nordostküste und ist nur einen kurzen Fußweg von der MRT-Station Pasir Ris entfernt. Erstaunlich viele Attraktionen warten hier auf die Besucher: darunter ein Irrgarten, ein Abenteuerspielplatz, Seefischerei für Kinder, Fischteiche, Fahrrad-, Rollschuh- und Kajakverleih, ein 5 ha großer Mangrovensumpf mit Fußwegen und Schildern zur Ökologie des Gebiets sowie ein großer Beobachtungsturm für Vogelfans.

JOO-CHIAT-SPAZIERGANG

Stadtspaziergang

1 Geylang Serai Ab der Metrostation Paya Lebar geht es Richtung Südsüdwest zum betriebsamen Geylang Serai Wet Market (S. 83): ein exzellentes Hawker Center und ein ebenso guter Markt mit Akzent auf malaiischem Essen. Im hinteren Bereich verkaufen einige Stände Kleidung und erstaunliche Kunstgegenstände. Weiter geht's zur Joo Chiat Road. Wer noch nicht satt ist, bekommt hier Snacks in den kleinen Restaurants entlang der Straße.

2 Kuan Im Ting Temple Links in die Joo Chiat Lane und weiter zur Ecke Tembeling Road, dort steht der schöne Kuan Im Ting Temple (S. 85). Das Herzstück der Buddhistengemeinde Joo Chiats verfügt über eine verzierte Fassade mit traditionellen Rundfenstern, umgeben von den Symbolen der acht Unsterblichen. Sehenswert ist auch die Hauptgebetshalle, die Kuan Yin, der Göttin der Barmherzigkeit, gewidmet ist.

3 Koon Seng Road Shophouses Nun einen Block weiter nach Süden zur Koon Seng Road, hier stehen herrliche Shophouses im Peranakan-Stil (S. 85), die prächtigsten befinden sich auf dem Abschnitt zwischen Tembeling und Joo Chiat Road. Es fällt auf, dass die Häuserfassaden auf der einen Straßenseite eine deutliche Anlehnung an die Art

déco aufweisen. Einheimische behaupten, dies sei dem modischen Trend während der Renovierungsphase zuzuschreiben.

4 East Coast Road Weiter geht es Richtung Süden die Joo Chiat Road hinunter und an der East Coast Road rechts. Dieser Abschnitt ist berühmt für seine großartigen Restaurants, vor allem die Nonya-Laksa-Stände an der Ecke East Coast Road und Ceylon Road. Auch ein paar hübsche Shophouses sind hier zu sehen.

5 Sri Senpaga Vinayagar Temple In der Ceylon Road steht linker Hand ein fantastisch verzierter Hindutempel, der Sri Senpaga Vinayagar Temple (S. 85). Bunte Szenen aus der Hindu-

ROUTENINFOS

Start MRT-Station Paya Lebar
Ziel East Coast Park
Länge 4 km
Dauer drei Stunden
Anspruch mittel
Pause Nonya-Laksa-Stände

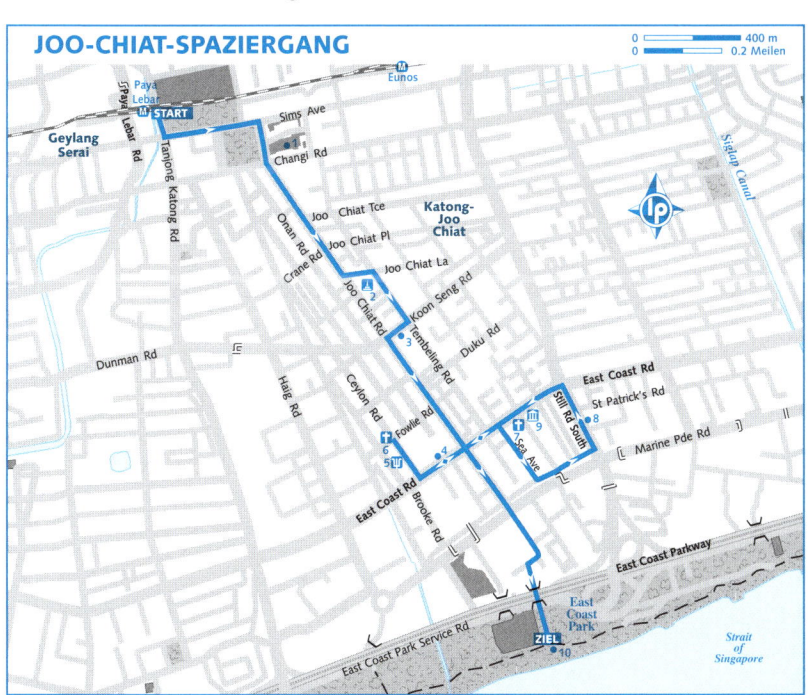

JOO-CHIAT-SPAZIERGANG

mythologie, die in die Decken geschnitzt sind, lassen das Tempelinnere noch schöner erscheinen. Der Tempel sirrt nur so vor Betriebsamkeit, vor allem unter der Woche. Freiwillige erklären gern die Bedeutung der hier versammelten Devotionalien.

6 St. Hilda's Anglican Church Vom Tempel aus über die Fowlie Road hinweg steht die anglikanische Kirche St. Hilda's; mit dem schrägen roten Ziegeldach und den weißen Wänden ist die Kirche so altmodisch wie alle anderen, die auf den Britischen Inseln zu finden sind. Der ruhige Garten lädt zum Verschnaufen ein.

7 Church of the Holy Family Zurück Richtung Süden zur East Coast Road und dort links, noch mal über die Joo Chiat Road hinüber. Das nächste Sträßchen rechts ist eine hübsche Sackgasse mit traditionellen Reihenhäusern in verschiedenen Renovierungszuständen. Einen Block weiter, zwischen Sea Avenue und Chapel Road, liegt die Church of the Holy Family (S. 83). Diese katholische Kirche ist ein einzigartiger Mix aus Ost und West, sie hat ein grazil geschwungenes Dach und einen Bau, der so weiß ist, dass einem die Augen wehtun. Bemerkenswert ist das Buntglasfenster über dem Altar mit einem 16-strahligen Stern.

8 Former Grand Hotel Von der Kirche aus geht's weiter nach Süden in einen kleinen Park voll mit Bäumen, Kindern und Leuten, die ihre Hunde ausführen. Am Nordende des Parks sind Bungalows zu sehen, einst alle mit Seeblick (vor der Landgewinnung, die das Meer etwa eine halbe Meile weiter nach Süden verlegt hat). Den Park nach links durchqueren, dann gelangt man zu den beiden Gebäudeflügeln des Former Grand Hotel. Errichtet 1917 wurde es durch den Bau der Still Road zweigeteilt. Es gibt zwar Pläne, wenigstens einen Flügel zu renovieren, derzeit stehen aber beide leer.

9 Katong Antique House Weiter auf der Still Road nach Norden und links in die East Coast Road. Auf der Südseite der Straße steht das Katong Antique House (S. 83). Der Besitzer Peter Wee heißt jeden willkommen, der sich für die lokale Kultur interessiert. Ein Interview mit Peter steht auf S. 86.

10 East Coast Park Von Peters Laden aus kann man auch gut an der Joo Chiat Road entlang Richtung Norden zurücklaufen, um Joo Chiat noch einmal richtig wirken zu lassen. Die beiden östlich von Geylang Serai liegenden Metrostationen Paya Lebar und Eunos bieten sich dann für die Rückfahrt an. Auf der Joo Chiat Road Richtung Süden geht es über die Marine Parade Road. Südlich davon liegt der herrliche East Coast Park (S. 85), ein exzellenter Ort, um den Sonnenuntergang zu genießen.

NORD- & ZENTRALSINGAPUR

Eine kurze Fahrt durch die zentralen und nördlichen Gebiete der Insel reichen aus, um den Eindruck von Singapur als einer rein urbanen Stadt zu zerstreuen. Ja, es gibt zahllose Bau- und Landgewinnungsprojekte, aber mindestens genauso viele Grünflächen, angefangen bei den reizvollen Stadtparks bis hin zu den großen Naturreservaten und Wäldern. Mal abgesehen von Rio de Janeiro ist Singapur die einzige Stadt mit einem Gebiet ursprünglichen Regenwalds: Bukit Timah Nature Reserve. Nur 15 Minuten von der Orchard Road entfernt kann man schon neben einem jahrhundertealten Baum stehen, umgeben von Makaken und Waranen, und weder eine Mall noch hohe Apartmenthäuser sind in Sicht.

CENTRAL CATCHMENT NATURE RESERVE Karte S. 48–49

🚌 162

Die 2000 ha große Fläche umschließt den MacRitchie sowie den Lower und Upper Peirce Reservoir Park und ist damit Singapurs größtes Naturreservat. Das Gebiet ist von einem kreuz und quer verlaufenden Wegenetz durchzogen, darunter kürzere holzbeplankte Wege um die Stauseen herum und längere Wanderwege durch den Wald. Beliebtester Einstieg in diese Wildnis ist das MacRitchie Reservoir, ein wunderbarer Park, der sich an das Ufer des Sees schmiegt, wo es auch einen Kajakverleih (S. 168) gibt. Etwas zu essen finden Hungrige in dem kleinen Food Center auf dem Hügel mit Blick auf das Wasser und eine bizarre Zickzack-Pontonbrücke. Hier starten auch ein paar recht anstrengende Waldwanderungen (S. 94). Interessierte gelangen hierher mit dem Bus 162 ab Orchard Boulevard oder Scotts Road oder mit dem Bus 157 ab Toa Payoh MRT. Ausstieg am Reservoireingang am Anfang der Thomson Road.

KONG MENG SAN PHOR KARK SEE MONASTERY Karte S. 48–49

☎ 6453 4046; http://kmspks.org; 88 Bright Hill Dr.; 🕙 7–18 Uhr; 🚌 410

Fantastische Stunden verspricht Singapurs größter Kloster- und Tempelkomplex. Das 1921 gegründete Kloster fungiert heute hauptsächlich als riesiges Krematorium. In imposanten Hallen stehen verschiedene Buddhagestalten. Ein Highlight ist die Pagode der 10 000 Buddhas mit einem goldenen kegelförmigen Stupa, der innen mit 9999 Buddhabildern verziert ist. Der 10 000ste Buddha ist der gigantischste in der Pagode.

Jedes Jahr im April zum Qing Ming Festival (S. 17) überfluten chinesische Familien für einige Wochen das Kloster, um ihrer Ahnen zu gedenken und deren Gräber zu pflegen.

Wer eine geführt Tour wünscht, sollte vorher anrufen.

Im Refektorium gibt es kostenlose vegetarische Gerichte, sie sind aber Bedürftigen zugedacht und nicht für Touristen. Am 27. jedes Monats findet ein Flohmarkt auf dem Klostergelände statt.

Gegenüber dem Kloster ist Singapurs größter Park, Bishan Park. Dessen nördlicher Teil ist wunderschön und friedlich – mit untereinander verbundenen Teichen, über die kleine hölzerne Brücken in japanischem Stil führen, makellos gepflegten Gärten und einem überaus dekorativen Seerosenteich. Das Freiluftcafé Explorer Zone befindet sich gleich neben dem Parkeingang nördlich des Tempels und eignet sich sehr gut für ein Mittag- oder Abendessen am Teich.

Der Bus 410 fährt hierher, Abfahrt ist hinter dem Einkaufszentrum Junction 8 über der MRT-Station Bishan.

KRANJI WAR MEMORIAL Karte S. 48–49

☎ 6269 6158; 9 Woodlands Rd.; Eintritt frei; 🕙 24 Std.; Ⓜ Kranji oder 🚌 170

Im Kranji War Memorial befinden sich die Gräber von Tausenden alliierter Truppen, die im Zweiten Weltkrieg in der Region starben. In die Wände sind die Namen von 24 346 Männern und Frauen eingraviert. Außerdem gibt es ein Register, in dem man nach bestimmten Namen und Gräbern

ÖFFENTLICHE VERKEHRSMITTEL: NORD- & ZENTRALSINGAPUR

Zentralsingapur ist umschlossen von der Nord-Süd-Linie des MRT-Netzwerks. Auch wenn keine der Haltestellen richtig nah an den Naturreservaten liegt, sind sie doch dicht genug dran, um die Taxikosten angenehm niedrig zu halten. Der Bezirk ist außerdem von Schnellstraßen durchzogen, sodass man von der Stadt aus mit dem Taxi in Minutenschnelle dort ist.

suchen kann. Die Gedenkstätte ist mit dem Bus 170 ab Rochor Road oder mit einem zehnminütigen Fußmarsch von der MRT-Station Kranji aus zu erreichen.

top picks

FÜR KINDER

Wenige Metropolen Asiens sind so kinderfreundlich. Es gibt so viel für Kinder, dass die Kleinen am Ende der Reise vielleicht sogar kreischend ins Flugzeug getragen werden müssen – außer die Kinder müssen ihre Eltern von der Orchard Road wegzerren. Die Stadt bietet viele familienfreundliche Aktivitäten mit einer Bandbreite, die alle kindlichen Temperamente erfasst, sofern die Kinder die Hitze ertragen.

- Singapore Zoological Gardens & Night Safari (rechts) Zweifellos der beste Zoo Asiens. Frühstücken mit einem Orang-Utan, und abends geht's dann durch den Night-Safari-Park.
- Haw Par Villa (S. 102) Vielleicht erschrecken die bildlichen Darstellungen der buddhistischen Hölle die Kleinen ja, aber dieser bunte und herrlich schräge Freizeitpark zur chinesischen Kultur rangiert ganz oben auf der Bildungs- und Schockskala.
- Singapore Science Centre (S. 104) Ein beeindruckend spielerisches Wissenschaftsmuseum: Hier werden Wasserstoffballons durch Blitze aus einer Teslaspule zum Platzen gebracht.
- Singapore Flyer (S. 166) Wie könnte wohl das gigantische Riesenrad Alt und Jung nicht begeistern?
- East Coast Park (S. 85) Rollschuhlaufen oder Fahrradfahren entlang des schönen Küstenstreifens, der sich um die südöstliche Flanke der Insel schmiegt. Für Hungrige hält der Park Restaurants, Bars oder Imbissstände mit Meerblick parat.
- Orchard Road Malls (S. 119) Sehenswert sind die fabelhaften Weihnachtsbeleuchtungen von November bis Ende Dezember.
- Singapore DUCK Tour (S. 208) Einsteigen in das Amphibienfahrzeug, das zuerst in der Stadt herumfährt, bevor es im Hafen abtaucht. Na los, das will doch jeder!
- Bukit Timah (S. 96), MacRitchie Reservoir (S. 94) oder Sungei Buloh (S. 93) Den Kindern schadet ein bisschen Kontakt mit der tropischen Natur in einem von Singapurs Reservaten nicht. Dort bekommen sie herumtollende Affen zu sehen und mit ein bisschen Glück auch große Warane, die ihnen wahrscheinlich etwas Angst einjagen werden.
- Dolphin Lagoon (S. 108) Toll sind die süßen Buckeldelphine – so nah wie möglich rangehen!

MANDAI ORCHID GARDENS
Karte S. 48–49

☎ 6269 1036; www.mandai.com.sg; 200 Mandai Lake Rd.; Erw./Kind 2/0,50 $; ⏱ 8.30–17.30 Uhr; 🚌 138 ab Ⓜ Ang Mo Kio

Singapur macht gute Geschäfte mit der Orchideenzucht. Mandai Orchid Gardens umfasst vier Hektar voll mit Orchideen und eignet sich bestens, sich das Ganze mal anzuschauen. Weniger Enthusiastische sind vielleicht der Auffassung, dass das nicht ganz so spektakulär ist. Wer möchte, kann eine Geschenkbox frischer Orchideen per Luftpost in jeden beliebigen Winkel der Erde schicken. Der Garten liegt am Singapore Zoo (unten). Von hier aus kommt man schnell zu Fuß hin (oder man fährt eine Station mit dem Bus 138).

SINGAPORE ZOOLOGICAL GARDENS & NIGHT SAFARI Karte S. 48–49

☎ 6269 3411; www.zoo.com.sg; 80 Mandai Lake Rd.; Erw./Kind 16,50/8,50 $; ⏱ 8.30–18 Uhr; 🚌 138 ab Ⓜ Ang Mo Kio

Weit im Norden liegt Singapurs Weltklassezoo mit 3600 Tieren. 410 Tierarten sind hier vertreten, darunter das bedrohte Breitmaulnashorn, weiße bengalische Tiger und sogar Eisbären. Wo immer es möglich ist, ersetzen Gräben Gitter. Der Zoo liegt hingegossen auf 28 ha üppigem Grün neben dem Upper Seletar Reservoir. Was Zoos angeht, ist das hier einer der besten. Ein paar Tiershows sind vielleicht zu zirkusartig, etwa die Elefantenritte oder Seelöwenkunststückchen, aber das meiste ist toll – besonders das Gehege der weißen Tiger, Elefanten, Krokodile und – am besten – das der Paviane. Die Fütterungszeiten sind so eingerichtet, dass man die meisten Tiere beim Herumlaufen miterleben kann. Für Fußmüde gibt es sogar Straßenbahnen (Erw./Kind 5/3 $).

Nebenan, aber getrennt vom Zoo, befindet sich die gefeierte Night Safari (☎ 7269 3412; www.nightsafari.com.sg; Erw./Kind 22/11 $; ⏱ 19.30 Uhr bis Mitternacht), die für viele der Höhepunkt des Singapurbesuchs ist. Der 40 ha große bewaldete Park erlaubt den Besuchern, 120 verschiedene Tierarten zu beobachten, darunter Tiger, Löwen und Leoparden. Im Dunkeln verschwinden die Gräben und andere Barrieren und es wirkt so, als könnten die Tiere herkommen und einmal herzhaft abbeißen. Die Atmosphäre wird noch dichter durch Antilopenherden, die oft ganz nah an den elektrischen Bahnen vorüberziehen, mit denen die Besucher herumgefahren werden. Noch unheimlicher wird es bei einem Spaziergang auf dem umzäunten Mangrove Walk, wo Fledermäuse um einen herumflattern und von Bäumen herunterhängen, unmittelbar über dem eigenen Kopf.

Fotoblitze sind nicht erlaubt, da sie die Tiere aufschrecken und andere Besucher stören.

So gut wie eine Erkundung zu Fuß ist die Nachtsafaritour mit der Bahn (Erw./Kind 6/3 $), die etwa 45 Minuten dauert und von einem Führer begleitet wird. Die große Beliebtheit sorgt für lange Warteschlangen.

Ein Kombiticket für Zoo und Nachtsafari spart etwas Geld (Erw./Kind 30/15 $), man muss aber dazusagen, ob man beide Parks am selben Tag oder an verschiedenen Tagen besuchen will. In beiden Parks gibt es gutes Essen (plus den üblichen Mist) und der Zoo hat preisgekrönte, saubere und kreativ designte „Freiluft"-Toiletten!

Nach Rückkehr von der Nachtsafari sollte man einen Bus um 22.45 Uhr nehmen, um den letzten Zug zu erwischen, der Ang Mo Kio um 23.28 Uhr verlässt. Ein Taxi ins oder vom Stadtzentrum kostet etwa 15 $. Es gibt zwar einen Taxistand am Zoo, aber die Warteschlangen sind oft lang und die Taxis kommen teils nervig unregelmäßig.

SIONG LIM TEMPLE & GARDENS
Karte S. 50–51

☎ 6259 6924; 184E Jalan Toa Payoh; ⏱ 7–17 Uhr; Ⓜ Toa Payoh oder 🚌 238

Siong Lim Temple, auch bekannt als Lian Shan Shuang Lin Monastery (Twin Groves of the Lotus Mountain), kuschelt sich in eine Ecke des Grundstücks vom Toa Payoh HDB. Die Originalgebäude stammen aus dem Jahr 1912 und die Haupthalle ist voller Atmosphäre – ein riesiger Ort, gezeichnet von vielen Jahrzehnten schmurgelnden Weihrauchs und dauernd voll von Besuchern. Der angrenzende Komplex neuerer Tempel ist ebenso schön dekoriert und umgeben von kunstvoll beschnittenen Bonsais. Schade, dass das Ambiente vom vorbeidonnernden Verkehr auf der Schnellstraße gestört wird.

Zum Tempel kommt man gut zu Fuß – etwa 1 km östlich von der Metrostation Toa Payoh – oder man fährt drei Stationen mit einem der vielen Busse ab dem Busknotenpunkt Toa Payoh.

SUN YAT SEN NANYANG MEMORIAL HALL
Karte S. 50–51

☎ 6256 7377; www.wanqingyuan.com.sg/english; 12 Tai Gin Rd.; Eintritt 3 $; ⏱ Di–So 9–17, Sa bis 18 Uhr; Ⓜ Toa Payoh oder 🚌 145

Dieses Nationaldenkmal, erbaut in den 1880er-Jahren, war das Hauptquartier von Dr. Sun Yat Sens Chinese Revolutionary Alliance in Südostasien, die den Sturz der Qing-Dynastie herbeiführte und die erste chinesische Republik hervorbrachte. Aufgrund einer Spende eines reichen chinesischen Geschäftsmannes wohnte Dr. Sun Yat Sen für kurze Zeit in diesem Haus, während er durch Asien reiste, um Unterstützung für seine Sache zu finden. Bei dem Gebäude handelt es sich um eine schöne viktorianische Villa aus der Kolonialzeit, in der ein Museum untergebracht ist. Hier sind Gegenstände aus Dr. Suns Leben und Werk ausgestellt. Ein 60 m langes Bronzerelief mit Darstellungen wichtiger Momente der Geschichte Singapurs ist auf einer Wand im Garten angebracht.

Nebenan ist der Sasanaramsi Burmese Buddhist Temple (14 Tai Gin Rd.; ⏱ 6.30–21 Uhr), ein hoch aufragendes Gebäude, bewacht von zwei chinthes (löwenähnliche Figuren).

Der Bus 145 vom Busknotenpunkt Toa Payoh hält an der Balestier Road nahe der Villa und dem Tempel.

SUNGEI BULOH WETLAND RESERVE
Karte S. 48–49

☎ 6794 1401; www.sbwr.org.sg; 301 Neo Tiew Cres.; Erw./Kind 1/0,50 $; ⏱ Mo–Fr 7.30–19, Sa & So 7–19 Uhr; 🚌 925 TIBS ab Ⓜ Kranji

Das 87 ha große Feuchtbiotop liegt direkt an der Meerenge von Johor im fernen Nordwesten der Insel. 140 verschiedene Vogelarten sind hier beheimatet, die meisten davon Zugvögel. Es wurde von der Regierung zum Naturreservat erklärt und ist als Zugvogelschutzgebiet von internationaler Bedeutung. Von der Touristeninformation, in der es gut präsentierte Schautafeln gibt, führen Wege um Teiche und Mangrovensümpfe zu kleinen Hochsitzen, von denen aus Vögel beobachten werden können – manchmal auch enorme Warane. Das Vogelleben ist deutlich attraktiver als die Spazierwege (vor 10 Uhr morgens ist die beste Beobachtungszeit).

Kostenlose geführte Touren starten samstags um 9, 10, 15 und 16 Uhr. An anderen Tagen müssen die Touren gebucht werden (angeblich einen Monat im Voraus)

und kosten 50 $ pro Gruppe. Audiovisuelle Shows zu Flora und Fauna des Parks gibt es um 9, 11, 13, 15 und 17 Uhr (sonntags stündlich von 9 bis 17 Uhr). Drei Stunden sollte man für den Park einplanen.

Unter der Woche hält der Bus am Parkplatz, der einen 15-minütigen Spaziergang vom Park entfernt liegt. An Wochenenden fährt der Bus direkt zum Parkeingang.

NATURWANDERUNG MACRITCHIE RESERVOIR
Wanderung
1 Lornie Road Bushaltestelle Ab Scotts Road in den Bus 162 oder an der Metrostation Toa Payoh in den Bus 157 einsteigen. An der Bushaltestelle Lornie Road geht's los, erst mal bis zum Stauseeufer. Dann rechts (gegen den Uhrzeigersinn) um den See herum, vorbei am Kajakverleih bis man einen nach links abzweigenden Holzbohlenweg und einen geradeaus führenden Wanderweg erreicht. Dem Wanderweg folgen, er führt zum MacRitchie Nature Trail. Wer dem Holzbohlenweg entlang des Ufers folgt, sieht vielleicht Sumpfschildkröten oder mit viel Glück riesige Warane, die

blitzartig durchs Wasser zischen. Am Uferweg aufgestellte Schilder verweisen immer wieder auf den Naturwanderweg; einem der Schilder folgen. Wer noch keinem begegnet ist, wird auf diesem 3 km langen Streifen entlang der Nordostseite des Stausees viele der langschwänzigen Makaken sehen. (Wer Essen dabeihat, sollte aufpassen: Makaken können angriffslustig werden, wenn sie die Nahrung bemerken, normalerweise ignorieren sie die Menschen. Keinen Blickkontakt suchen!)

2 Singapore Island Country Club Nach 3 km Dschungel ist der Singapore Island Country Club erreicht. Links halten und den Schildern zum Treetop Walk folgen, vorbei an den riesigen, gut gesicherten Tanks des Kallang Service Reservoir.

ROUTENINFOS
Start MacRitchie Reservoir Park
Ziel MacRitchie Reservoir Park
Länge 12 km
Dauer vier Stunden
Anspruch schwierig
Pause Le P'tit Breton

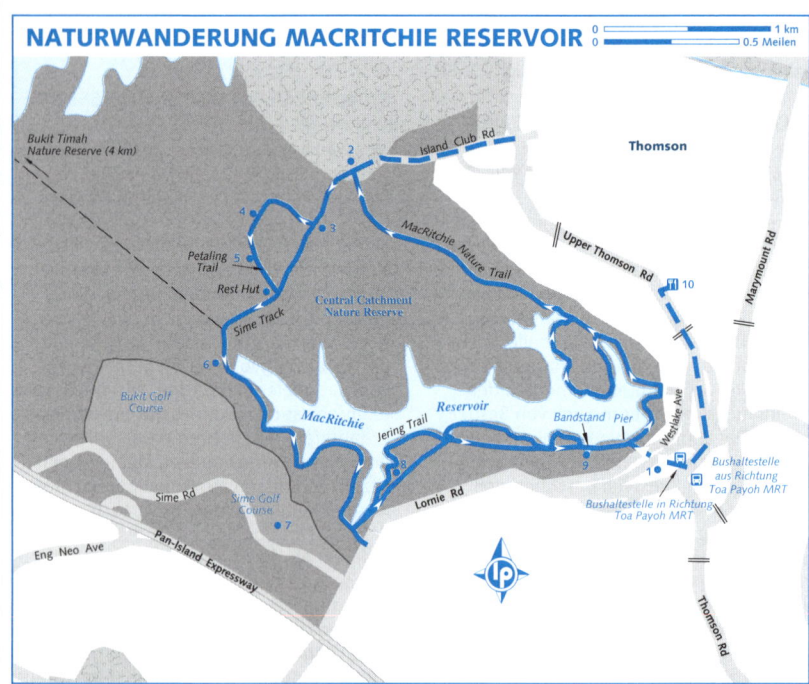

NATURWANDERUNG MACRITCHIE RESERVOIR

0 — 1 km
0 — 0.5 Meilen

3 Ranger Station Nach ein paar Kurven erscheint schließlich die Ranger Station samt Informationszentrum.

4 Treetop Walk Von hier ist es nur ein kurzer Weg bis zu den Holztreppen, die hinunter zum Treetop Walk führen: eine schmale 250 m lange Hängebrücke durch das Dschungeldach mit herrlichem Ausblick (und gelegentlichen Schlangenbegegnungen). Montags geschlossen.

5 Petaling Trail Auf der anderen Seite führen ein Holzbohlenweg und eine Reihe von Treppen durch dichten Wald zu einer Rasthütte; dieser Weg ist der Petaling Trail. (Um den Spaziergang auf etwa 7 km zu verkürzen: Wer ab hier nach links geht, gelangt zurück zum Country Club. Von dort aus geht man 25 Minuten die Island Club Road entlang zur Upper Thompson Road.)

6 Jelutong Tower Rechtsherum geht es weiter, erst dem Sime Track folgen, dann Richtung Golfplatz bis zum Jelutong Tower. Eine Aussichtsplattform bietet eine tolle Aussicht über die Bäume hinweg bis zum Stausee.

7 Sime Golf Course Danach führt ein Holzbohlenweg hügelabwärts durch den Dschungel und entlang des Sime Golf Course bis zu einem leicht an den Nerven zerrenden surrealen Schild, das den Unterschied zwischen Krokodilen und Waranen erklärt. (Fall es zu einem Zusammentreffen mit einem Krokodil kommen sollte, glauben wir, dass es da nicht viel Raum für Zweifel gäbe. Jedenfalls lohnt es sich, auf jegliche Wassergeräusche unter den Holzbohlen zu achten!)

8 Tombstone Jetzt vom Golfplatz abzweigen und etwa 1 km am Seeufer entlanggehen. Dann stößt man wieder auf die Spielbahnen des Golfplatzes und folgt ihnen für etwa 1 km bis an eine Kreuzung. Nun geht es links auf den Jering Trail am Ufer entlang, dabei Ausschau halten nach einem einsamen chinesischen Grabstein, der nah am Wasser liegt. Er ist von 1876, aber keiner weiß, wer dort begraben liegt. Klar, dass es Gerüchte über einen „Wassergeist" gibt, der in dieser Gegend umgeht und arglose Wanderer in ihr Verderben stürzt.

9 Zickzackbrücke Wer sich den Holzbohlenweg entlangwindet, erreicht schließlich wieder die Zivilisation. Es geht über die bizarre Zickzackbrücke, die auf den Konzertpavillon stößt, wo an Wochenenden manchmal Konzerte stattfinden. Nun ist es Zeit für ein Getränk und etwas Essbares. Beides gibt's oben auf dem Hügel.

10 Le P'tit Breton Wer noch genug Energie hat, fährt mit dem Bus 162 eine Station zur Upper Thompson Road und stürmt das Le P'tit Breton für eine Crêpe-Orgie.

HOLLAND ROAD & BUKIT TIMAH

Ausgehen & Nachtleben S. 157; Essen S. 144; Shoppen S. 123

Die beiden Bezirke im unmittelbaren Westen des Stadtzentrums sind vornehmlich Wohnviertel – übrigens überwältigend wohlhabende – und münden in zwei der beliebtesten Grünflächen Singapurs: die umwerfenden Singapore Botanic Gardens und das Bukit Timah Nature Reserve. Letzteres ist ein kleiner Flecken Dschungel, in dem tropische Vögel, Affen und andere exotische Wildtiere zu sehen sind (schauen, nicht anfassen; wer sein Konto schonen möchte, darf auf keinen Fall die Affen füttern – die empfindlichen Geldstrafen erreichen die Höhe des jährlichen BSPs einiger Schwellenländer). Beide Orte sind ein unbedingtes Muss! Hier lässt es sich einen ausgedehnten Nachmittag lang herrlich lustwandeln: entweder durch gepflegte Gärten oder ursprünglichen Regenwald. Danach bietet sich ein Besuch in einem schicken Restaurant an, Topadressen hierfür sind Holland Village, Greenwood Avenue und Dempsey Road. Letztere ist auch bekannt als Tanglin Village, wo es tolle Möglichkeiten zum Shoppen, Essen und Ausgehen gibt – insgesamt ziemlich protzig, dafür, dass es sich hier um umgemodelte ehemalige Kasernen handelt. In Holland Village ging Singapurs Auswanderergemeinde gerne abends aus: Hier gibt es exzellente Restaurants, Bars und Clubs. Nicht viele Touristen verirren sich in diese Ecke, darum bekommt jeder, der hier einen Abend verbringt, einen ziemlich unverfälschten Eindruck von Singapur.

SINGAPORE BOTANIC GARDENS
Karte S. 98–99

☎ 6471 7361; www.sbg.org.sg; 1 Cluny Park Rd.; Eintritt frei; ☽ 5 Uhr bis Mitternacht; Ⓜ Orchard, dann ⊞ 7, 77, 123 oder 174 ab Orchard Blvd.
Für all diejenigen, die sich vom Jetlag erholen wollen, Picknicken oder einfach nur herumliegen und vergessen wollen, dass sie sich in einer Metropole befinden, gibt es nichts Besseres als den botanischen Garten. Die 1860 gegründeten und 52 ha großen Gärten fungierten ursprünglich als Testgelände für botanische Forschungen und für Pflanzen, die sich gut in Bares verwandeln ließen, zum Beispiel Kautschuk. Heute gibt's hier noch ein Herbarium mit über 600 000 Pflanzenarten und eine Bibliothek mit einem Archiv, das bis ins 16. Jh. zurückreicht.

Besucher können sich an den gepflegten Beeten erfreuen oder ein 4 ha großes Stück „original Singapurdschungel" erkunden: ein Stück Wald, wie er einst die gesamte Insel bedeckte – Bukit Timah Nature Reserve (rechts) und MacRitchie Reservoir (S. 94) sind allerdings eher gezähmte Beispiele dafür. Geführte Touren durch den Regenwald lohnen sich trotzdem, sie kosten für Gruppen bis 15 Personen meist um die 15 $. Vorher anrufen kann aber nicht schaden, manchmal gibt's nämlich auch kostenlose Führungen.

Ein Muss ist auch der National Orchid Garden (Erw./Kind 5 $/kostenlos; ☽ 8.30–19 Uhr), eine der weltgrößten Orchideenausstellungen mit mehr als 60 000 dieser zart wirkenden, aber erstaunlich widerstandsfähigen Pflanzen, darunter die Vanda Miss Joaquim. Diese Hybridorchidee ist Singapurs Nationalblume und wurde 1893 von Agnes Joaquim in ihrem Garten entdeckt.

BUKIT TIMAH NATURE RESERVE
Karte S. 48–49

☎ 1800 468 5736; www.nparks.gov.sg; ☽ 8.30–18 Uhr; ⊞ 65, 75, 170 oder 171
Das 164 ha große Naturreservat, das einzige in Singapur verbliebene Gebiet mit ursprünglichem Wald, bietet Naturspazierwege, anspruchsvolle Dschungelwanderwege und sogar Mountainbikestrecken. Es ist eine Oase für Pflanzen (ein Naturforscher hat mal geschätzt, dass es hier mehr Pflanzenarten gibt als in ganz Nordamerika) und 160 Tierarten. Hier befindet sich der höchste Punkt der Insel, Bukit Timah (163 m), das dichte Blattwerk erlaubt allerdings nicht viel Aussicht.

ÖFFENTLICHE VERKEHRSMITTEL: HOLLAND ROAD & BUKIT TIMAH

Der Bezirk ist ein Stiefkind der MRT, die zu Holland Village nächstgelegene Station ist Buona Vista. Der Bus 174 fährt ab Eu Tong Sen Street in Chinatown, entlang der Orchard Road und vorbei an den Botanic Gardens und der Dempsey Road, biegt von der Holland Road ab und fährt die ganze Bukit Timah Road ab. Der Bus 170 fährt ab Little India ganz durch bis zum Bukit Timah Nature Reserve.

Zur Holland Road geht's mit dem Bus 7, Abfahrt ist hinter der MRT-Station Orchard.

CHINESISCHE TEMPELFESTE IN SINGAPUR

Alle Singapurbesucher sollten unbedingt einen der betriebsamen chinesischen Tempel besuchen. Fällt die Aufenthalts-
zeit mit einem Tempelfest zusammen, ist das ein Glücksfall: Das Spektakel ist atemberaubend – und vielleicht lässt sich
sogar ein kostenloses vegetarisches Gericht ergattern.

Die Feste richten sich nach dem chinesischen Mondkalender, wer hingehen will, muss das Datum auf einen westlichen Kalender übertragen. Dafür gibt's online sogar Umrechnungskalender. Einen guten bietet diese Internetadresse:
www.chinesetools.eu/tools/chinesecalendar.

- **Vorabend des chinesischen Neujahrsfestes** Jahresabhängig wird dieses Fest am 29. oder 30. Tag des 12. Monats
  gefeiert und ist wohl der wichtigste chinesische Feiertag (ähnlich wie Weihnachten im Westen). An diesem Fest ist
  die Tempelluft zur Begrüßung des neuen Mondjahrs weihrauchgeschwängert. Um diesen Lustbarkeiten beizuwoh-
  nen, eignen sich folgende Orte sehr gut: Thian Hock Keng (S. 67) in der Telok Ayer Street, Wak Hai Cheng Bio
  (S. 68) in der Philip Street und der Kuan Im Thong Hood Cho (Tempel der Göttin der Barmherzigkeit; S. 73) in
  der Waterloo Street.
- **Birthday of the Monkey God** wird am 15. oder 16. des ersten Monats gefeiert. Bei vielen Singapurern beliebt,
  ehrt dieses religiöse Fest den Geburtstag von T'se Tien Tai Seng Yeh, dem Affengott, der die Kranken heilt und die
  Verzweifelten befreit. Während der Zeremonie vollbringen Tan Kees genannte Medien wundersame Dinge: Sie
  versetzen sich in Trance, durchstechen ihre Wangen und Zungen mit Spießen und schreiben Zaubersprüche mit
  ihrem Blut. Viele Tempel der Stadt feiern dieses Fest, darunter Qi Tian Gong (Affengotttempel; Karte S. 64–65) in
  Tiong Bahru und Poh An Keng (Karte S. 48–49) in der Tampines Road.
- **Birthday of Matsu** wird am 23. des dritten Monats gefeiert. Der Geburtstag der Göttin der See, Matsu (manchmal
  auch „Mazu" geschrieben), ist für Taoisten ein großer Feieranlass, vor allem für die, die am Meer leben. Prozessionen, Weihrauch und Feierlichkeiten gibt es dann zuhauf. Thian Hock Keng (S. 67) in der Telok Ayer Street und
  Wak Hai Cheng Bio (S. 68) in der Philip Street empfangen die Gläubigen am Geburtstag der Göttin.
- **Vesak Day** wird am ersten Vollmond des vierten Mondmonats gefeiert. Bei dieser Gelegenheit werden drei wichtige Ereignisse in Buddhas Leben gefeiert: seine Geburt, seine Erleuchtung und seine Erlangung des Nirvanas. Wie
  dieser Feiertag begangen wird, hängt von der jeweiligen Gemeinde ab. Das Amitabha Buddhist Centre (S. 82) in
  Geylang sponsert ein riesiges Zeltfestival im Park; die Luft ist erfüllt von Weihrauch und tibetischen Gesängen. Es
  gibt kostenlose vegetarische Gerichte.
- **Hungry Ghost Festival** findet im siebten Mondmonat statt und ist ein wichtiges Fest mit diversen Gebeten und
  Aktivitäten auf der ganzen Insel. Die Chinesen glauben, dass in diesem Monat die Pforten der Hölle offen stehen,
  um hungrige Geister herauszulassen, die dann auf der Erde umherziehen und Nahrung suchen. Wem es zu un-
  heimlich wird, kann sich damit beruhigen, dass Opfergaben in Form von Nahrung die Verblichenen milde stimmen
  und Unglück fernhalten.
- **Nine Emperor Gods Festivals** werden vom ersten bis zum neunten Tag des neunten Monats abgehalten.
  Zahlreiche Taoistentempel, die den neun herrschenden Göttern gewidmet sind, begehen dieses Fest. Von vielen
  Tempeln bricht man dann zum Fluss oder Meer auf, um die Götter am Vorabend des ersten Tages willkommen zu
  heißen und sie am Abend des neunten Tages groß zu verabschieden. In der Zwischenzeit werden Prozessionen zu
  Partnertempeln veranstaltet.

*Besonderen Dank an den Autor und Fachmann für chinesische Kultur und Religion, Victor Yue, der so freundlich war, sein
Wissen über chinesische Tempelfeste in Singapur mit uns zu teilen. Victor empfiehlt allen, die sich näher mit der gängigen
chinesischen Religion vor Ort auseinandersetzen wollen, Margaret Chans Buch Ritual Is Theatre, Theatre Is Ritual. Victors
Blog findet sich unter dieser Internetadresse: http://chinesetemples.blogspot.com.*

Der beliebteste und leichteste Weg im
Park führt entlang einer befestigten Straße
zum Gipfel von Bukit Timah. Auch unter
der Woche zieht er viele Spaziergänger
an, aber nur wenige wagen sich auf die
viel interessanteren Wege abseits der
ausgetretenen Pfade. Für eine Fernab-von-
Singapur-Erfahrung eignen sich der North-
View-, South-View- oder Fern-Valley-Pfad.
Sie erfordern einige Kraxelei über Felsen
und Baumwurzeln und sind teilweise recht
anspruchsvoll.

Im Besucherzentrum gibt es außer einer
Ausstellung zur Flora und Fauna des Re-
servats auch eine Karte, die alle Parkwege
verzeichnet. Ein kleiner Laden verkauft
Getränke, Snacks, Reiseführer und das
unverzichtbare Moskitoschutzmittel.

Zwei schwierige Mountainbikestrecken
von insgesamt 6 km Länge verlaufen am

HOLLAND ROAD & BUKIT TIMAH

A   **B**   **C**   **D**

Ulu Pandan Rd

• 35

North Buona Vista Rd

Ulu Pandan Rd

Jalan Merah Saga

Taman Warna

Dover

Lorong
Mambong

Holland Ave

Jalan Kuning Puteh
Jalan Puteh Jerneh

Jalan Hitam
Manis

Commonwealth Ave

Buona Vista

Rochester
Park

Dover Rd

Commonwealth

Portsdown Rd

Ayer Rajah Expressway

98

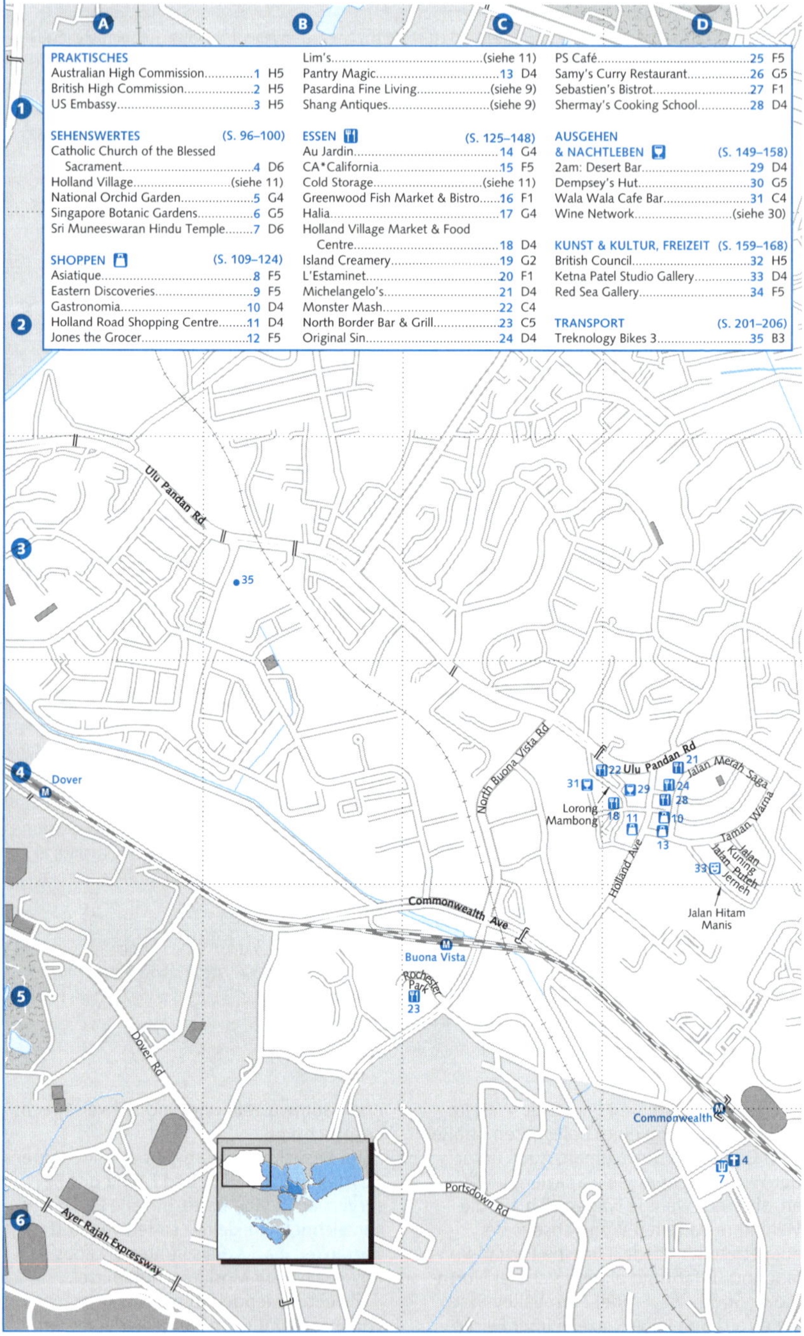

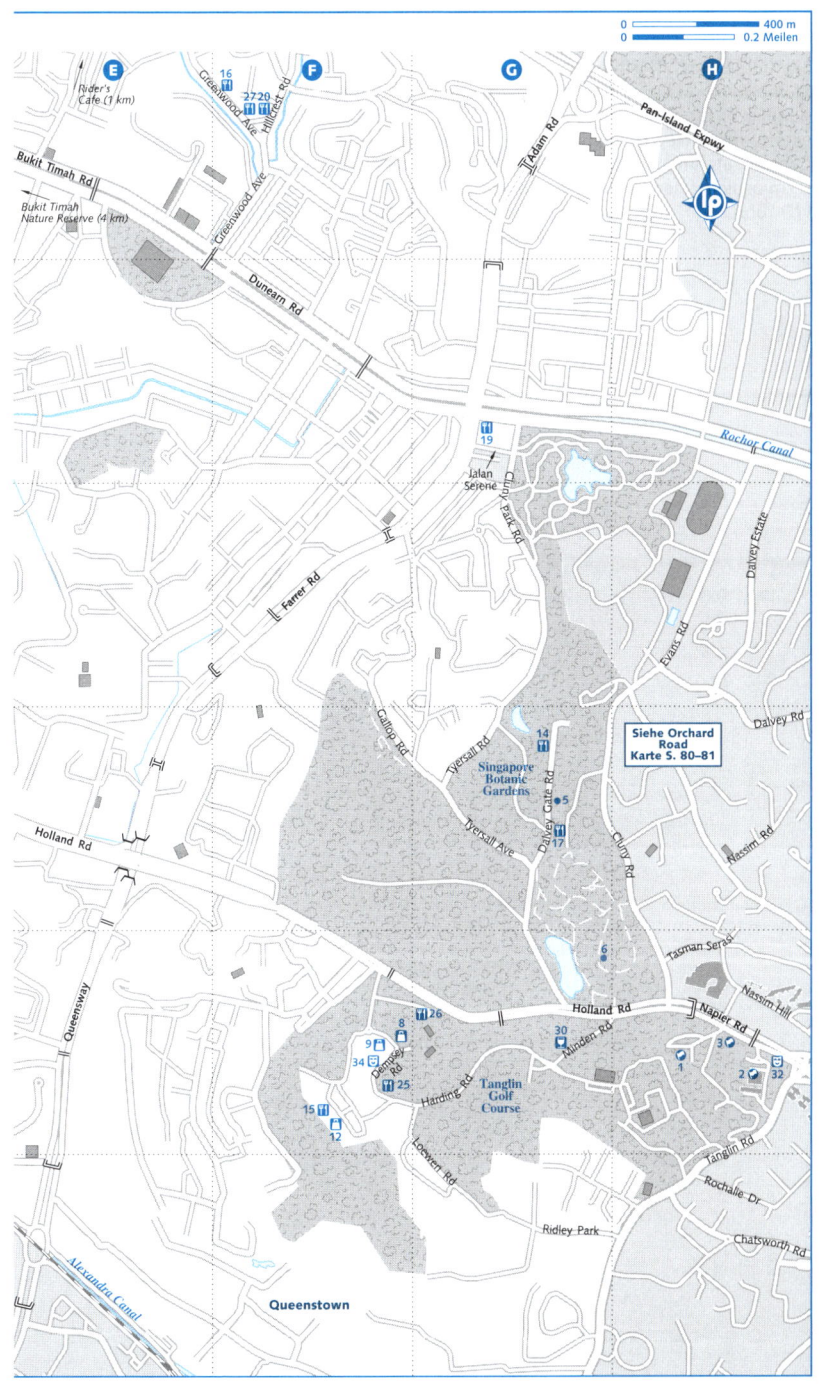

0 _____ 400 m
0 _____ 0.2 Meilen

Rider's
Cafe (1 km)

16
2720
Greenwood Ave
Hillcrest Rd

Bukit Timah Rd

Bukit Timah
Nature Reserve (4 km)

Dunearn Rd

Adam Rd

Pan-Island Expwy

Rochor Canal

19

Jalan
Serene

Dalvey Park Rd

Dalvey Estate

Evans Rd

Farrer Rd

Dalvey Rd

Cluny Rd

Siehe Orchard
Road
Karte S. 80–81

Gallop Rd

Tyersall Rd

14

Singapore
Botanic
Gardens

5

Tyersall Ave

Dalvey Gate Rd

17

Nassim Rd

Holland Rd

Cluny Rd

6

Tasman Serai

Nassim Hill

Queensway

Holland Rd

Napier Rd

8 26

30

Minden Rd

3

9

34

Dempsey Rd

1

2 32

25

Harding Rd

15

12

Loewen Rd

Tanglin
Golf
Course

Tanglin Rd

Rochalie Dr

Ridley Park

Chatsworth Rd

Alexandra Canal

Queenstown

Rande des Naturreservats zwischen der Chestnut Avenue und der Rifle Range Road. Sie führen durch Dschungel, verlassene Steinbrüche und sind zum Teil ganz schön hügelig. Es gibt abgesehen davon auch einen Fahrradweg durch das angrenzende Central Catchment Nature Reserve, der zum 6 km östlich gelegenen MacRitchie Reservoir führt.

Diverse Busse verkehren in der Nähe des Parks, darunter die Busse 65 und 170 ab Newton MRT, der Bus 75 ab CBD und Chinatown sowie der Bus 171 ab dem YMCA in der Orchard Road oder ab Scotts Road. Ausstieg ist am Bukit-Timah-Einkaufszentrum; der Parkeingang befindet sich 1 km in nördlicher Richtung den Hindhede Drive entlang.

Essen S. 146

Durchschnitten von der lauten Ayer-Rajah-Schnellstraße und flankiert von Singapurs großen Häfen hat die südwestlich des Stadtzentrums gelegene Ecke Touristen auf den ersten Blick nicht viel zu bieten. Bei näherer Betrachtung gibt es jedoch einige ruhige, historisch interessante Parks und ungewöhnliche Museen zu entdecken, z. B. die herrlich geschmacklose Haw Par Villa – außerdem die stadtweit größte Mall VivoCity sowie das neueste Entertainmentcenter Golden Village Cinema.

MT. FABER PARK Karte S. 50–51

Seilbahn ab Ⓜ HarbourFront

Abseits der Kampong Bahru Road bildet der 116 m hohe Mt. Faber das Herzstück des Mt. Faber Park, einem der ältesten Parks in Singapur. Der Hügelabhang, bedeckt mit sekundärem Regenwald, hält ein paar schöne Aussichten auf den Hafen und Zentralsingapur bereit. Beim Weg hinauf sind einige Black-and-White-Bungalows aus der Kolonialzeit und die unglaublich gestreifte Danish Seaman's Mission aus dem Jahr 1909 zu sehen. Der Aufstieg ist schweißtreibend, die Seilbahn (☎ 6270 8855; Erw./Kind 8,90/3,90 $; ⊗ 8.30–21 Uhr) ist eventuell eine elegantere Lösung. Sie verbindet das World Trade Centre, nahe der HarbourFront-MRT-Station, mit dem Gipfel und Sentosa Island.

Am und um den Gipfel verbinden Pfade aus rotem Backstein gepflegte Gärten, Pavillons, Aussichtspunkte und eine neben dem ziemlich kitschigen Souvenirladen gelegene Cafeteria, die mit einem fantastischen Blick über die Straße von Singapur bis hin zu den indonesischen Riau Islands aufwartet. Die noble Jewel Box ist ein mit Glasfronten versehenes Entertainmentcenter mit Speisemöglichkeiten, einem Festsaal, Aussichtspunkten und Sesselliften; sogar die Toiletten sind mit Blick auf den Hafen.

NUS MUSEUMS Karte S. 50–51

☎ 6874 4616; www.nus.edu.sg/museum/; 50 Kent Ridge Cres.; Eintritt frei; ⊗ Mo–Sa 9–17 Uhr; 🚌 95 ab Ⓜ Buona Vista

Auf dem Campus der National University of Singapore (NUS) liegen diese drei kleinen feinen Kunstmuseen mit exquisiten Sammlungen. Im Erdgeschoss befindet sich das Lee Kong Chian Art Museum, dessen Sammlung 7000 Jahre chinesischer Kultur umfasst, von uralter Keramik bis zu neuzeitlichen Gemälden im traditionellen Stil.

Im Eingangsbereich befindet sich die South & Southeast Asian Gallery mit einem Kunstmix aus der ganzen Region, darunter

> ## ÖFFENTLICHE VERKEHRSMITTEL: SÜDWESTSINGAPUR
>
> Der Bus 408 ab HarbourFront MRT fährt entlang der Hauptverkehrsstraße des Bezirks.

Textilien und Skulpturen. Oben ist die Ng Eng Teng Gallery mit Gemälden, Zeichnungen und Skulpturen von Ng Eng Teng (1934–2001), einem führenden singapurischen Künstler, der sich mit fantasievollen bis surrealistischen Körperdarstellungen befasste.

Wer schon mal hier ist, sollte das nahe gelegene Raffles Museum of Biodiversity Research (☎ 6516 5082; http://rmbr.nus.edu.sg; Eintritt frei; ⊗ Mo–Fr 9–17 Uhr) besuchen, ein kleines Campusmuseum mit exquisiten Ausstellungsstücken zur Flora und Fauna. Es gibt ausgestopfte Exemplare seltener und teilweise ausgestorbener Tiere, darunter ein Tiger, ein Leopard, ein riesiger Elefantenbeinknochen, ein etwas unheimlich präparierter Bindenlangur, eine riesige Königskobra – die vor Jahren den Fehler beging, im Singapore Country Club vorbeizuschauen –, ein Krokodilschädel und eine enorme, geradezu beängstigende, japanische Spinnenkrabbe.

REFLECTIONS AT BUKIT CHANDU
Karte S. 50–51

☎ 6375 2510; www.s1942.org.sg; 31K Pepys Rd.; Eintritt 2 $; ⊗ Di–So 9–17 Uhr; 🚌 10, 30, 51 oder 143

Auf dem Bukit Chandu (Opiumhügel) im Kent Ridge Park liegt dieses Informationszentrum zum Zweiten Weltkrieg. Es befindet sich in einer alten renovierten Villa und ist so sehenswert wie bewegend. Schwerpunktmäßig befasst es sich mit dem mutigen Opfer des ersten und zweiten Bataillons des malaiischen Regiments, das den Hügel in der Schlacht von Pasir Panjang verteidigte, als die Japaner 1942 einmar-

schierten. Beide Bataillone wurden ausradiert, als sie sich angesichts von 13 000
japanischen Soldaten zum Widerstand ent-
schlossen. Hightechdisplays mit Filmen aus
jener Zeit und Geräuscheffekte versetzen
die Besucher in die Schlachtszene und sind
sehr bewegend. Es ist sogar möglich, einen
der schweren Eisenhelme aufzusetzen und
eine der Waffen in Händen zu halten, die
einst die Soldaten trugen.

Die nächsten Bushaltestellen sind in der
Pasir Panjang Road, von wo es steil hügel-
aufwärts geht. Ein Taxi von der nächsten
Metrostation bei Queenstown sollte nicht
mehr als 6 $ kosten.

LABRADOR SECRET TUNNELS
Karte S. 50–51

☎ 6339 6833; Labrador Villa Rd., Labrador Nature
Reserve; Erw./Kind 8/5 $; ⏰ 10–19 Uhr; Ⓜ Har-
bourFront, dann 🚌 408 Sa & So, an anderen Tagen
Taxi

Die in den 1880er-Jahren von den Briten
erbauten Lager- und Ausrüstungsbunker
blieben nach dem Zweiten Weltkrieg für
50 Jahre unentdeckt. Erst als der Labrador
Park in ein Naturreservat verwandelt wurde,
kamen sie zutage. Zu sehen sind hier kleine
faszinierende Schaukästen mit Artefakten,
die von den Briten zurückgelassen wurden,
als sie die Tunnel 1942 verließen, sowie
zerstörte und eingestürzte Wände – ein
direkter Bombentreffer der Japaner.

HAW PAR VILLA Karte S. 50–51

☎ 6872 2780; 262 Pasir Panjang Rd.; Eintritt frei;
⏰ 9–19 Uhr; 🚌 200 ab Ⓜ Buona Vista, 🚌 10,
30 oder 188 ab Ⓜ HarbourFront

Ursprünglich bekannt als Tiger Balm Gardens wurde dieser herrlich schräge (manche sagen kitschige) Freizeitpark von Aw
Boon Par und Aw Boon Haw erbaut (die
Erfinder des medizinischen Tigerbalsams).
Er war dazu gedacht, Besuchern etwas über
chinesische Mythologie beizubringen. Aber
wie stopft man Tausende von Jahren voller
Mythologie in einen einfachen Freizeitpark?
Mit über tausend Statuen, die liebevoll
(manchmal auch chaotisch) auf dem gesamten Gelände verteilt wurden.

Das Ergebnis ist ein visuelles Trommel-
feuer aus Folklore und Mythen: Dioramen
mit Szenen aus dem Märchen *Romance of
the Three Kingdoms,* Konfuzianismus und
– bei allen beliebt – eine begehbare Ausstellung, welche die Myriaden grausamer
Foltern darstellt, die in der Unterwelt auf
Sünder warten. Sie heißt „Die zehn Höfe
der Hölle" und zeigt detailreich, welche
jenseitige Strafe (Aufspießen, Erfrieren, in
ein Flammenmeer geworfen werden) zu
welchem Verbrechen gehört. Für Kinder ist
diese Ausstellung nicht geeignet, sie sollten
besser unter Aufsicht draußen warten.

Auf einem Hügel im Park steht das Hua
Song Museum (☎ 6872 2780; Erw./Kind 8,50/5,40 $;
⏰ 9–18 Uhr). Hier können sich Besucher über
Leben, Geschäfte und Abenteuer chinesischer Migranten weltweit informieren. Das
Museum zeigt wunderschön präsentierte
historische und kulturelle Ausstellungsstücke, übrigens etwas gewissenhafter
als die Haw Par Villa (was vielleicht den
Eintrittspreis erklärt). Sehenswert für diejenigen, die sich für chinesische Geschichte
interessieren.

JURONG & WESTSINGAPUR

Westsingapur ist eine Anhäufung von Widersprüchen. Es ist der wirtschaftliche Motor des Landes und beheimatet eine große, wenn auch langsam schrumpfende Fertigungsindustrie. Gleichzeitig gibt es überall so viel Grün. Eine ganze Insel steht allein der Schwerindustrie zur Verfügung, eine weitere Insel in der Nähe, Sentosa, ist Singapurs Touristenattraktion schlechthin. Obwohl der Distrikt vor Housing-Board-Hochhäusern und Industriegebieten nur so knistert, verfügt er singapurweit über die meisten Freizeitangebote für Kinder.

Unweit der qualmenden Schlote der Chemiewerke und Ölraffinerien Jurong Islands gibt es den großartigen Jurong BirdPark, Snow City (S. 165) und das Singapore Science Centre.

CHINESE & JAPANESE GARDENS
Karte S. 48–49

☎ 6261 3632; 1 Chinese Garden Rd.; Eintritt frei; ☻ Mo–Fr 6–22, Sa & So 6–23 Uhr; Ⓜ Chinese Garden

Die ausladenden, 13,5 ha großen Gärten in der Umgebung des Jurong Lake eignen sich hervorragend für einen Nachmittagsspaziergang. Für sich genommen sind sie den Weg aus der Stadt jedoch nicht unbedingt wert.

Im Grunde handelt es sich um eine Insel mit Pavillons im chinesischen Stil und einer siebenstöckigen Pagode mit herrlichem Ausblick. Abgesehen davon gibt es eine Menge *penjing* (chinesische Bonsais) zu sehen und noch ein paar dieser spektakulär sauberen öffentlichen „Außentoiletten", die sich in Singapur auszubreiten scheinen.

In der Nähe der Bonsais steht ein ungewöhnliches Live Turtle & Tortoise Museum (Erw./Kind 5/3 $; ☻ 10–19 Uhr). Hier gibt es unter anderem eine lebende zweiköpfige Schildkröte mit sechs Beinen – eine der wenigen weltweit, die überhaupt überlebt hat – und einen großen Teich, der buchstäblich vor kleinen, einköpfigen Schildkröten wimmelt.

Die Gärten sind von der Metrostation Chinese Garden mit einem fünfminütigen Fußmarsch über einen Fußgängerweg zu erreichen.

ÖFFENTLICHE VERKEHRSMITTEL: JURONG & WESTSINGAPUR

Viele der Attraktionen in Westsingapur sind von der Metrostation Jurong East leicht zu erreichen, die sich in der Nähe des westlichen Endes der Ost-West-Linie befindet. Eine Taxifahrt aus der Stadt hierher kostet etwa 12 $. Alternativ geht auch der Bus 502 ab Orchard Boulevard (hinter der Orchard-MRT-Station). Sentosa ist von der Metrostation HarbourFront aus leicht zu erreichen. Ab hier fährt der Sentosabus oder die Seilbahn.

JURONG BIRDPARK Karte S. 48–49

☎ 6265 0022; www.birdpark.com.sg; 2 Jurong Hill; Erw./Kind 18/9 $; ☻ 8–18 Uhr; 🚌 194 oder 251 ab Ⓜ Boon Lay

Dieser 20 ha große, wunderschön gestaltete Park beherbergt über 8000 Vögel aus etwa 600 Arten. Zu den Highlights gehören die neue Show *Birds 'n' Buddies,* eine begehbare Wasserfallvoliere (mit einem 30 m hohen speziell angefertigten Wasserfall, dem höchsten in Südöstasien), die *Penguin Parade,* die ein Stück Antarktika nachstellt, ein See mit Flamingos, die faszinierende Pelikanbucht mit ein paar beeindruckend großen Exemplaren und eine Unterwassergalerie, in der Besucher die Vögel bei der Fischjagd beobachten können. Außerdem gibt es die World of Darkness, wo die Nacht zum Tag gemacht wird. So sehen Besucher nachtaktive Vögel mal bei etwas anderem als beim Schlafen. Eine Einschienenbahn (Erw./Kind 4/2 $) bedient den gesamten Park.

Wie im Zoo (geführt vom selben Management) gibt es Vogelshows zu verschiedenen Tageszeiten. Los geht's mit *Breakfast with the Birds* (Erw./Kind 18/12 $, von 9 bis 10.30 Uhr) und *Birds of Prey,* die um 10 Uhr beginnt.

Wer auch den Singapore Zoo und die Night Safari besuchen will (und das ist zu hoffen), kann ein Kombiticket für alle drei kaufen (Erw./Kind 40/20 $). Nur keine Hektik, keiner verlangt, alle drei Orte an einem Tag zu besuchen.

MING VILLAGE & PEWTER MUSEUM
Karte S. 48–49

☎ 6265 7711; 32 Pandan Rd.; Eintritt frei; ☻ 9–17.30 Uhr; kostenloser Shuttleservice ab Ⓜ Clementi

In dieser Werkstatt lassen sich Kunsthandwerker dabei auf die Finger schauen, wie sie Keramikreproduktionen aus der Ming- und Qingdynastie anfertigen. Der kom-

AUF DEM BAUERNHOF

Wer Singapur zum ersten Mal besucht, ist oft erstaunt darüber, dass der kleine Inselstaat kein endloser urbaner Abgrund ist, sondern über einen ansehnlichen Anteil an Dschungel, Parks und sogar Bauernhöfen verfügt. Hier ein paar der interessantesten:

- **Avifauna Bird Farm** (Karte S. 48–49; ☎ 6793 7461; avifauna@singnet.com.sg; 2 Lim Chu Kang Lane; Eintritt 3,50 $; ☉ So 10–16.30 Uhr) Eine der größten südostasiatischen Forschungs- und Brutstationen für exotische Vögel; wurde kürzlich nach der erzwungenen Schließung aufgrund der Vogelgrippe wieder geöffnet. Der Bus 175 ab Choa Chu Kang MRT fährt hierher.
- **Farmart Centre** (Karte S. 48–49; ☎ 6767 0070; www.farmart.com.sg; 67 Sungei Tangah Road; ☉ 10–19 Uhr) Gegründet von Uncle William, „dem Wachtelmann von Lim Chu Kang", handelt es sich hier um eine Darbietung kleiner Bauernhöfe mit Bienen, Ziegen, Wachteln, Zierfischen, Kräutern und Fröschen. Der kostenlose Shuttlebus fährt ab Choa Chu Kang MRT bis hierher. Angebote für verschiedene geführte Touren liegen zwischen 5 und 10 $.
- **Hay Dairies Goat Farm** (Karte S. 48–49; ☎ 6792 0931; www.haydairies.com.sg; 3 Lim Chu Kang Lane 4; ☉ 9–16 Uhr) Milchziegen. Vorführungen und geführte Touren finden morgens statt und kosten 3 $ inklusive einer kostenlosen Flasche Ziegenmilch. Mit dem Bus 175 ab Choa Chu Kang MRT bis zur Lim Chu Kang Lane 4 fahren. Von da aus sind es drei Minuten zu Fuß.
- **Jurong Frog Farm** (Karte S. 48–49; ☎ 6791 7229; www.jurongfrogfarm.com.sg; 56 Lim Chu Kang Lane 6; ☉ 7–18 Uhr) Brutstation für Ochsenfrösche, die wegen ihres Fleisches und medizinischen Werts verkauft werden; spannender als man denkt. Ein Taxi ab Choa Chu Kang MRT sollte etwa 4 $ kosten.
- **Orchidville** (Karte S. 48–49; ☎ 6552 5246; www.orchidville.com; Lot MD1A Lorong Lada Hitam; ☉ 8–18 Uhr) Die riesige Orchideenfarm bietet über 2 Mio. Arten zum Verkauf an. Außerdem gibt's verschiedene Workshops. Mit dem Bus 138 ab Ang Mo Kio MRT bis zur Haltestelle B13 in der Mandai Road fahren.
- **Qian Hu Fish Farm** (Karte S. 48–49; ☎ 6766 7087; 71 Jalan Lekar; Eintritt frei; ☉ Mo–Do 9–18, Fr–So 9–19 Uhr) Moderne Brutstation, die über 200 Arten exotischer Zierfische für den Verkauf züchtet, mit angebundenem Café. Ab Choa Chu Kang geht es mit dem Bus 172 oder 175 bis zur Kreuzung Old Choa Chu Kang Road und Jalan Lekar. Von dort aus geht es zu Fuß hierher.

plette Produktionsprozess läuft auf dem Gelände ab und es gibt geführte Touren.

Ming Village gehört Royal Selangor Pewter, dessen Produkte von Centrepoint an der Orchard Road und von den Takashimaya-Einkaufszentren vertrieben werden. Außerdem wartet ein kleines Zinnmuseum mit ein paar interessanten Stücken auf. Der Zinn kommt aus Malaysia, die Bearbeitung aber ist hier im Village zu sehen. Im Verkaufsraum wird eine große Zinn- und Porzellanauswahl angeboten.

Die Firma hat einen kostenlosen Shuttleservice von folgenden Hotels (ab 9.20 Uhr): Orchard, Mandarin, Raffles und Pan Pacific. Einfach den Portier fragen.

OMNI-THEATRE Karte S. 48–49
☎ 6425 2500; Erw./Kind 10/5 $; Ⓜ Jurong East
Jeder Besuch des Science Centre führt auch in dieses riesige Kuppelkino, eine unvergessliche Erfahrung: 15- bis 20-minütige Filme zeigen auf einer überwältigenden Leinwand alles von afrikanischen Wildtieren über Weltraumforschung bis zu simulierten waghalsigen Autofahrten. Die Besucher werden in ihren Liegestühlen praktisch

vom Filmerlebnis eingehüllt, die Soundqualität ist spitzenmäßig. Ein Blick auf den sputnikartigen Filmprojektor lohnt!

SINGAPORE SCIENCE CENTRE
Karte S. 48–49
☎ 6425 2500; www.sci-ctr.edu.sg; 15 Science Centre Rd.; Erw./Kind 6/3 $; ☉ Di–So 10–18 Uhr; Ⓜ Jurong East
Das Museum ist lehrreich und einnehmend: Hier gibt's interaktive Displays (etwa 900) zu Themen wie dem menschlichen Körper, Flugwesen, optische Täuschungen, Ökosysteme, das Universum und Robotik. Wir finden die gigantische Funken sprühende Teslaspule im ersten Stock am besten. Der kinetische Garten draußen mit beweglichen interaktiven Skulpturen ist auch ein Knüller.

Das Science Centre ist für Schulausflüge sehr beliebt, Besucher finden sich oft umringt von einem Haufen wild gewordener Schüler.

Eltern mit Kindern sollten einen ganzen Tag für das Science Centre und das Omni-Theatre (links) nebenan einplanen, eventuell verbunden mit einem Besuch der nahe gelegenen Snow City (S. 165) – zum Abrunden.

SENTOSA ISLAND

Ausgehen & Nachtleben S.158; Essen S. 147; Schlafen S. 185

500 m vor der Küste Singapurs liegt Sentosa Island (☎ 1800 736 8672; www.sentosa.com.sg; Eintritt 2 $), das beliebteste Naherholungsgebiet der Stadt. Sentosa ist ein tropisches Disneyland – fast durch und durch künstlich. Hier tummeln sich die Singapurer an künstlich aufgeschütteten Stränden, während die halbe Welt ihre Containerschiffe in Rufweite des Strandes vorbeilotst. Sentosa befindet sich mitten in einer 3,6 Mrd. US$ schweren Sanierungsphase. Verläuft alles nach Plan, gibt es hier ab 2010 einen Universal-Studios-Freizeitpark, ein Casino, das Macau Konkurrenz machen wird, eine neue Promenade und noch mehr Spas und Resorts.

Selbst ohne diese Ergänzungen hat Sentosa Einheimischen wie Touristen einiges zu bieten: Museen, ein Aquarium und jede Menge Außenaktivitäten, darunter Radfahren und Golf. Es gibt außerdem hübsche Hotels und Badeorte auf der Insel, und sogar für Massagen und Schlammbäder ist gesorgt.

An Sentosas Südküste gibt es drei Strände: Siloso im Westen, Palawan in der Mitte und Tanjong Beach im Osten. Um als Strandparadies durchzugehen, muss Sentosa noch einiges tun, wenn es etwa mit Malaysia oder Indonesien mithalten möchte. Aber der künstliche Strand und die angepflanzten Kokospalmen schaffen ein tropisches Ambiente, auch wenn die schlammige Singapurstraße und die aufragenden Industrieschlote von Jurong Island dem einen oder anderen Urlauber vielleicht ein Bad im Meer verleiden.

BUTTERFLY PARK & INSECT KINGDOM Karte S. 106

☎ 6275 0013; www.butterflypark.com.sg; Erw./Kind 10/6 $; ⏰ 9–18.30 Uhr
Neben der Seilbahnstation liegt der Butterfly Park, ein tropischer Miniregenwald. Die Parkverwalter haben einen sehr schönen Lebensraum für über 50 Schmetterlingsarten kreiert. Viele davon sind bedroht und fast alle wurden im Park gezüchtet. Im Museum Insect Kingdom gibt es Tausende aufgespießter Schmetterlinge, Nashorn-

käfer, Herkuleskäfer (die weltweit größten Käfer) und Skorpione – und andere mehr. Vor allem Kinder dürften stundenlang gebannt sein.

FORT SILOSO Karte S. 106

Erw./Kind 8/5 $; ⏰ 10–18 Uhr
Dieser faszinierende Ausschnitt aus der Vergangenheit verfolgt die Geschichte der Insel bis zu einer Zeit zurück, in der sie noch Pulau Blakang Mati hieß (malaiisch für „Insel, hinter der der Tod liegt"; der

ÖFFENTLICHE VERKEHRSMITTEL: SENTOSA ISLAND

Die beängstigende (riesige, irrgartenähnliche und nahezu unentrinnbare) VivoCity Mall ist das Eingangstor nach Sentosa. Von hier geht's entweder mit einem Shuttlebus vor der Mall (3 $, inklusive der 2 $ Eintritt), mit der Einspurbahn in der Mall (gleicher Preis wie der Shuttlebus) oder auch über eine Fußgängerbrücke hinter der Mall (kostenlos, aber zur Zeit der Recherchen war die Brücke geschlossen) nach Sentosa. Die Mall befindet sich oberhalb der MRT-Station HarbourFront.

Eine etwas aufregendere Anreise mit spektakulären Aussichten bietet die Seilbahn. Sie startet auf dem Gipfel des Mt. Faber oder von den Cable Car Towers, die an das World Trade Centre angrenzen (Hin- und Rückfahrt in einer Standardkabine 13,90/8,50 $ Erw./Kind). Für 20/13 $ stehen Abenteuerwilligen Kabinen mit Glasboden zur Verfügung, die einen entspannten Blick auf das 60 m weiter unten liegende Meer ermöglichen. Betriebszeiten sind zwischen 8.30 und 21 Uhr. Die Seilbahnfahrt gehört zu den Glanzlichtern eines Sentosabesuchs. Wenn das Wetter es hergibt, sollte man sich wenigstens auf einem Weg dafür entscheiden.

Die Verkehrsmittel auf der Insel sind im Eintrittspreis enthalten. Die Einspurbahn, die die Besucher früher zu den Sehenswürdigkeiten der Insel kutschierte, gibt es nicht mehr. Man kommt aber sehr gut herum mit den in vier Farben ausgewiesenen Busrouten, die alle Attraktionen der Insel verbinden.

Der Sentosa Island Guide, eine kostenlose, überall auf der Insel erhältliche Broschüre, hat gute Karten und Fahrpläne.

Gäste können am Siloso und Palawan Beach oder am Fährterminal auch Fahrräder und Rollschuhe für 5 bis 10 $ pro Stunde leihen. Vor allem an Wochenenden eine gute Möglichkeit, den langen Schlangen an manchen Bushaltestellen zu entgehen.

SENTOSA ISLAND

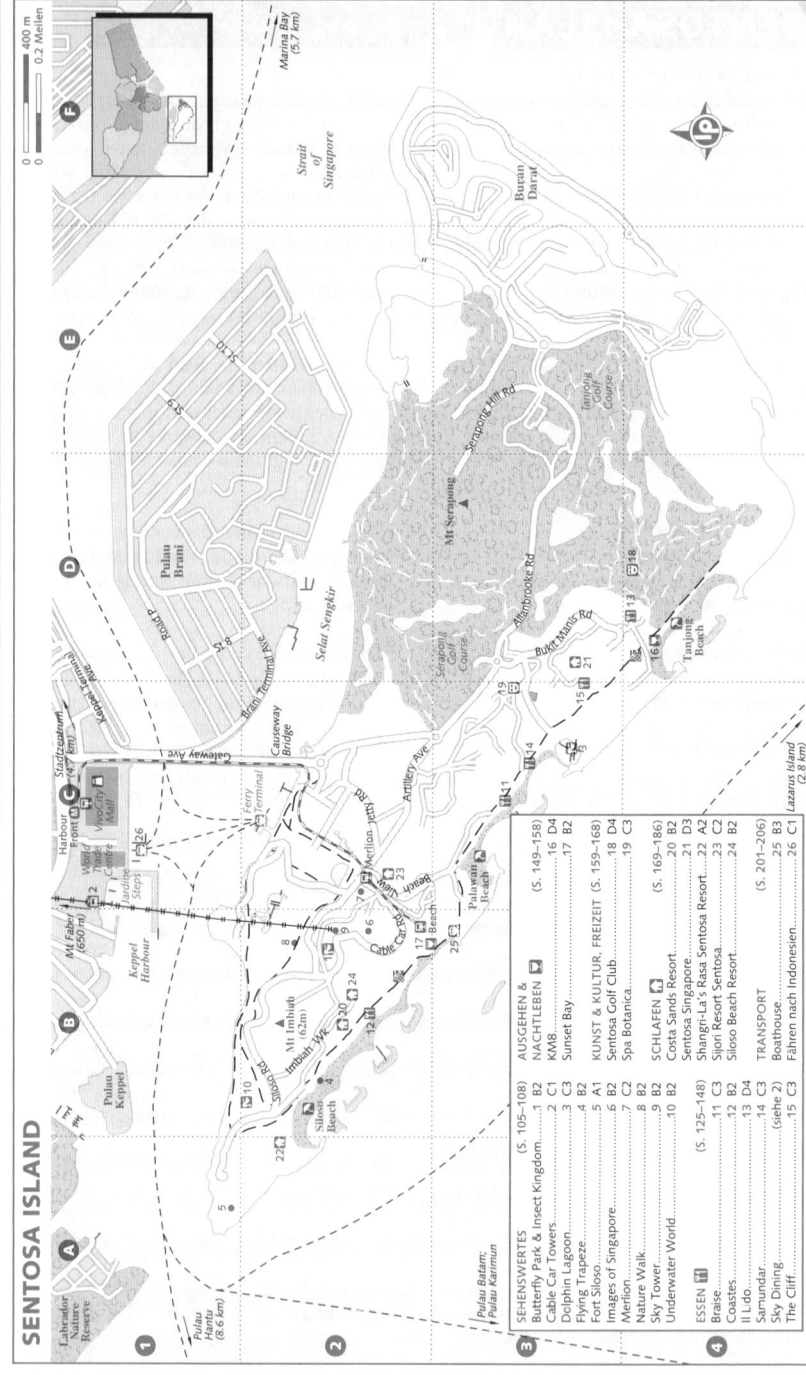

SEHENSWERTES	(S. 105–108)
Butterfly Park & Insect Kingdom....1	B2
Cable Car Towers....................2	C1
Dolphin Lagoon....................3	C3
Flying Trapeze....................4	B2
Fort Siloso....................5	A1
Images of Singapore....................6	B2
Merlion....................7	C2
Nature Walk....................8	B2
Sky Tower....................9	B2
Underwater World....................10	B2

ESSEN 🍴	(S. 125–148)
Braise....................11	C3
Coastes....................12	B2
Il Ido....................13	D4
Samundar....................14	C3
Sky Dining....................(siehe 2)
The Cliff....................15	C3

AUSGEHEN &	
NACHTLEBEN 🍸	(S. 149–158)
KM8....................16	D4
Sunset Bay....................17	B2

KUNST & KULTUR, FREIZEIT	(S. 159–168)
Sentosa Golf Club....................18	D4
Spa Botanica....................19	C3

SCHLAFEN 🛏	(S. 169–186)
Costa Sands Resort....................20	B2
Sentosa Singapore....................21	D3
Shangri-La's Rasa Sentosa Resort....22	A2
Sijori Resort Sentosa....................23	C2
Siloso Beach Resort....................24	B2

TRANSPORT	(S. 201–206)
Boathouse....................25	B3
Fähren nach Indonesien....................26	C1

Name wird mit einem Malariaausbruch, der Hunderte Menschen tötete, in Verbindung gebracht).

Fort Siloso wurde 1880 als Militärbasis erbaut und sollte Großbritanniens wertvollen kolonialen Hafen schützen. Die Anlage verfügt über eine Reihe von Waffenstellungen, die durch unterirdische Tunnel miteinander verbunden sind. Gestaltet, um einen Angriff vom Meer her abzuwehren, mussten die Waffen umgedreht werden, als die Japaner im Zweiten Weltkrieg von Malaya her einmarschierten. Das Fort nutzten die Japaner später als Kriegsgefangenenlager.

Der Weg um das Fort herum führt zu den Waffenstellungen, Tunneln und Gebäuden und ist mit Wachsmodellen und Begleitkommentaren zum Leben in kolonialen Kasernen versehen. Auf einem Hindernisparcours können Besucher ihre Armeetauglichkeit erproben.

Das Tunnelnetzwerk wurde ergänzt mit trendigen Informationspostern und einem kurzen historischen Dokumentarfilm über die Verteidigung Singapurs.

IMAGES OF SINGAPORE Karte S. 106
Erw./Kind 10/7 $; 🕙 9–19 Uhr

Dieses kurzweilige historische und kulturelle Museum beginnt mit Singapur als malaiischem Sultanat und führt die Besucher munter weiter durch die Geschichte mit seiner Etablierung als geschäftiges Hafen- und Handelszentrum, seinen Prüfungen im Zweiten Weltkrieg und der anschließenden Kapitulation Japans. Die Szenen sind mit lebensgroßen Wachsfiguren nachgestellt und mit Filmmaterial und dramatischen Licht- und Toneffekten gespickt.

MERLION Karte S. 106
Erw./Kind 8/5 $; 🕙 10–20 Uhr

Halb Löwe, halb Fisch – und damit ganz „Symbol Singapurs". Fraglos ist dies eine von Sentosas eher kitschigen Attraktionen, aber die 37 m große Statue ist nett anzuschauen. Wer schon im Raffles war und einen Singapur Sling genossen hat, nunja, der sollte jetzt den Merlion besteigen.

AUF ABWEGEN

Die Löwenstadt ist mit einem der größten Nahverkehrssysteme der Welt gesegnet. Dem echten Singapur kommen Besucher am nächsten, wenn sie per MRT die Stadtviertel erkunden, indem sie die Stationen der entlegeneren Distrikte ansteuern. Ein Ausflug in Gegenden, die von durchschnittlichen Touristen links liegen gelassen werden, hat unerschrockenen Trekkern mehr zu bieten, als nur die Möglichkeit einen der scheinbar endlosen Wohnblocks zu erkunden, in denen über 85 % der Singapurer leben. Vorschläge für Miniabenteuer abseits der ausgelatschten Touristenpfade:

- **Seltsame Nachbarn an der Commonwealth-Station** (Green Line) Den südlich der Station gelegenen Food Court durchqueren und 250 m in östlicher Richtung der ersten Straße folgen, die man sieht. Der Weg führt zu einem Schauplatz spiritueller Architektur, den es so nur in Singapur geben kann: Das fast kubistische Design der **Catholic Church of the Blessed Sacrament** (Karte S. 98–99) wirkt wie ein riesiges kristallines Gebilde und steht damit in starkem Kontrast zum nahe gelegenen, traditionell gestalteten **Sri Muneeswaran Hindu Temple** (Karte S. 98–99).

- **Klassische chinesische Pracht in den Chinese Gardens** (Green Line) Raus aus dem Zug und nach Süden in die **Chinese Gardens** (Karte S. 48–49). Der Park ist vollgestopft mit Pagoden, Torbögen und traditionellen chinesischen Bauten, die den Eindruck erwecken, direkt in einem klassischen chinesischen Gemälde gelandet zu sein.

- **Vorstadtmoschee an der Yishun-Station** (Red Line) Bei Yishun aus dem Zug aussteigen und Richtung Westen zur **Darul Makmur Mosque** (Karte S. 48–49). Die große modern wirkende Moschee in Schwarz-Weiß hat einen reizenden Zwiebelturm und unterscheidet sich deutlich von den traditionelleren Moscheen der Innenstadt. Im Stadtviertel verteilt befinden sich auch noch ein paar sehenswerte kleinere Tempel.

- **Das Wesen der Landschaftsgestaltung im Ang Mo Kio** (Red Line) Ein super Beispiel des singapurischen Fetischs für perfekte Landschaftsgestaltung ist **Ang Mo Kio Park** (Karte S. 48–49) gegenüber der Station. Er ist einer der bestgepflegten Parks im Stadtviertel, in dem jeder Baum im exakt gleichen Abstand zum nächsten zu stehen scheint. Eine Station weiter ist Yio Chu Kang, Standort von Nanyang Polytechnic, ein guter Ort, um die nächste Generation von Singapurs Intelligenzia zu treffen.

- **Schreine und Tempel von Eunos** (Green Line) Obwohl nicht so vollgestopft mit Tempeln, Schreinen und anderen zufällig hingewürfelten spirituellen Stätten wie Geylang, haben die Blocks südlich der MRT-Station Eunos einige interessante Überraschungen zu bieten. Besonders schön sind in diesem Bereich die Moscheen im malaiischen Stil sowie der farbenfrohe **Mangara Vihara** (Schrein des Segens; Karte S. 84) an der Jalan Eunos, einen Block südlich der Station.

SKY TOWER Karte S. 106

Erw./Kind 12/8 $; ⏱ 9–21 Uhr; Shuttlebus ab Ⓜ HarbourFront

Eine rotierende Kabine mit Klimaanlage schraubt sich an einem 110 m hohen Turm empor – oben angekommen erwartet die Besucher ein Panoramablick über die Stadt und die südlichen Inseln: Wer sagt, dass man in Singapur keinen Höhenrausch bekommen kann?

FLYING TRAPEZE Karte S. 106

Siloso Beach; pro Durchgang 10 $, 3 Durchgänge 20 $; ⏱ Di–Fr 16–18, Sa, So & Feiertage 16–19 Uhr

Mit dem am Strand aufgestellten fliegenden Trapez können Kinder (die älter als vier sind) ganz sanft durch die Luft fliegen. Kuriert oder verursacht garantiert lebenslang Höhenangst.

UNDERWATER WORLD Karte S. 100

☎ 6275 0030; www.underwaterworld.com.sg; Erw./Kind 19,90/12,70 $; ⏱ 9–21 Uhr

Dieses spektakuläre Aquarium ist verdientermaßen eine von Sentosas beliebtesten Attraktionen. Hauptattraktion ist der „Travellator", ein Acryltunnel, durch den die Besucher spazieren und dabei die Hauptbecken anschauen können. Nichts ist vergleichbar mit dem Anblick von 60 kg schweren Zackenbarschen, Stachelrochen und Haien, die über einen hinwegschwimmen. Mutige können sogar mit Haien tauchen, auf der Website gibt es die Details dazu.

Mit der Eintrittskarte kommt man auch in die speziell konstruierte Dolphin Lagoon (⏱ 10.30–17.30 Uhr) am Palawan Beach. Hier sind indopazifische Buckeldelphine zu sehen. Täglich um 13.30, 15.30 und 17.30 Uhr gibt es Vorführungen, an Wochenenden noch eine Zusatzvorführung um 11Uhr. Kampfgeist, um einen Sitzplatz zu ergattern, ist durchaus angesagt. Wer möchte, darf ins Wasser und die Delphine füttern und berühren.

Für 120 $ können Kinder eine Stunde lang mit den Delphinen schwimmen, Start ist täglich um 9.45 Uhr.

SHOPPEN

top picks

SHOPPEN

Wenn es etwas gibt, was die Singapurer fast noch lieber tun als Essen, dann ist es Shoppen. Es vergeht kein Jahr, in dem nicht irgendein neues riesiges Einkaufszentrum seine Pforten öffnet, um seine einkaufswütige Kundschaft zu empfangen.

Singapur genießt noch immer den Ruf, ein Paradies für Schnäppchenjäger zu sein, im Großen und Ganzen haben die Preise mittlerweile aber annähernd europäisches Niveau. Dafür ist das Einkaufen hier wesentlich angenehmer und unkomplizierter als in günstigeren Nachbarländern wie Malaysia oder Thailand. Es ist leicht, sich in der Stadt zurechtzufinden, feilschen ist nicht nötig (aber möglich), man muss kaum Sorge haben, über den Tisch gezogen zu werden und die Qualität ist meistens hervorragend.

Elektronik und Computer sind nicht mehr so spottbillig zu haben wie früher, wer sich aber auskennt und sich ein wenig umsieht, kann immer noch das eine oder andere Schnäppchen machen. Kleidung und CDs sind billiger als in den meisten westlichen Ländern und auch asiatische Antiquitäten sind für Kenner relativ günstig zu bekommen.

Einmal im Jahr, sechs Wochen lang zwischen Ende März und Anfang Juli, findet in der Stadt der Great Singapore Sale (www.greatsingaporesale.com.sg) statt, eine Art gigantische Verkaufsveranstaltung, mit der Touristen angelockt und das Image der Stadt als Einkaufsparadies erhalten werden soll. Nicht unbedingt jedermanns Sache, aber insbesondere während der ersten beiden Wochen kommen Sparfüchse voll auf ihre Kosten.

SHOPPINGMEILEN

Wohl jeder kennt Singapurs Einkaufsmekka schlechthin, die Orchard Rd. Wo früher Orchideen blühten, entsteht heute alle paar Jahre eine neue Einkaufspassage.

Wer sich für Kunst und Antiquitäten interessiert, tut gut daran, echte Stücke von billigen Kopien unterscheiden zu können. Es gibt zahlreiche hervorragende Galerien und Antiquitätenhändler in ganz Singapur. Liebhaber asiatischer Antiquitäten werden am ehesten in Chinatown (S. 114), der Dempsey Rd. (S. 123) oder im Tanglin Shopping Centre (S. 120) fündig. Einige brauchbare Galerien für zeitgenössische Kunst befinden sich im Gebäude des Ministeriums für Information, Kunst und Kultur (MICA; S. 112) am Clarke Quay.

Stoffe und Textilien bekommt man in Little India und im arabischen Viertel.

Elektronik und Computerzubehör gibt's, zumeist zu günstigen Preisen, in ganz Singapur. Es lohnt sich, sich vor der Anreise über die verschiedenen Marken und Modelle zu informieren. Wer etwas kauft, sollte sich vergewissern, dass die Garantie weltweit gilt, die Quittungen richtig datiert und abgestempelt sind und dass die Waren mit den heimischen Anschlüssen und Systemen kompatibel sind.

Gute Adressen, um nach Elektronik und Computerzubehör zu stöbern, sind Lucky Plaza (S. 121), Sim Lim Square (S. 117) und Mustafa Centre (S. 117). Man sollte aber Preise vergleichen und bereit sein zu feilschen. Wer es weniger umständlich und dafür seriös haben möchte, hält sich an die Funan The IT Mall (Funan DigitalLife Mall; S. 113).

Darüber hinaus sind Ketten wie Best Denki (Karte S. 80–81) und Harvey Norman (Karte S. 54–55) in jeder größeren Einkaufspassage in der ganzen Stadt vertreten.

Modegeschäfte gibt es wie Sand am Meer, und wenngleich Klamotten und Schuhe etwas teurer sind als in anderen Ländern der Region, suchen Auswahl und Qualität ihresgleichen. Beim jährlichen Singapore Fashion Festival (www.fashion-festival.com) im März präsentieren einheimische und internationale Designer ihre Kreationen.

Fundgruben für Clubwear sind Heeren Mall (S. 121), Far East Plaza (S. 121) und Parco Bugis Junction (S. 118), wo es einige tolle Boutiquen und Verkaufsstände gibt, für einheimische Designermode Haji Lane (S. 118) oder Stamford House (S. 114).

Wer Bücher und CDs sucht, ist in der Orchard Rd. richtig, wo Läden wie Borders (S. 120) und Kinokuniya (S. 120) oder HMV (Karte S. 80–81) ihre Filialen haben, außerdem gibt's kleinere, aber ebenso gute Plattenläden wie That CD Shop und Gramophone.

Große Einkaufspassagen gibt es inzwischen auch in den Randbezirken von Singapur. Weil die Mieten niedriger sind, sind die gleichen

Waren dort oft sogar billiger zu haben als in der Innenstadt. Interessant sind Causeway Point (Karte S. 48–49) nahe der Metrostation Woodlands, Junction 8 nahe der Metrostation Bishan, Novena Square (Karte S. 80–81) und der Sportfachhandel Velocity@Novena nahe der Metrostation Novena.

AUGEN AUF BEIM EINKAUF

In Singapur gelten strikte Verbraucherrichtlinien und die Stadt preist sich als sicheren Ort zum Shoppen. Trotzdem ist beim Einkauf Vorsicht geboten. Das gilt vor allem in kleineren Läden, wo es die gewünschte Ware vielleicht zum Schnäppchenpreis gibt, dafür aber eine internationale Garantie oder das übliche Zubehör fehlt. Gerade beim Kauf von Elektronik, Uhren oder Kameras ist es ratsam, darauf zu achten, dass der Garantieschein international gilt und korrekt ausgefüllt ist, inklusive Namen des Ladens und der Seriennummer des Artikels.

Singapur verwendet übrigens ebenso wie Deutschland, Österreich und die Schweiz eine Netzspannung und -frequenz von 230 V bzw. 50 Hz und das Videosystem PAL. Beim Kauf von Elektrogeräten wird in den meisten Geschäften der passende Stecker für das jeweilige Land beigefügt.

Wer Antiquitäten kauft, sollte sich eine entsprechende Bescheinigung ausstellen lassen, die in vielen Ländern erforderlich ist, um keinen Zoll zahlen zu müssen.

In Singapur gelten internationale Urheberrechtsgesetze, es ist also unwahrscheinlich, an Raubkopien zu geraten. Wer sich dennoch etwas Verdächtiges hat andrehen lassen, sollte die Ware zurück zum Geschäft bringen oder sich, falls das nicht hilft, an das Small Claims Tribunal (Karte S. 64–65; ☎ 6241 3575; www.smallclaims.gov.sg/SCT-General_Info.html; 2 Havelock Rd.; ☺ Mo–Sa 8.30–13,

STEUERN & ERSTATTUNGEN

Besucher, die die Stadt mit dem Flugzeug (nicht über den Land- oder Seeweg) verlassen, können sich die 7 % Mehrwertsteuer auf ihre Einkäufe unter den folgenden Bedingungen erstatten lassen.

- Berechtigt ist, wer in einem Geschäft für nicht mehr als drei Teile und am selben Tag mindestens 100 $ ausgegeben hat.
- Kunden erhalten im Geschäft auf Anfrage ein Formular über die Erstattung der Mehrwertsteuer *(GST Refund Form)*. Dieses ist beim Zoll nicht erhältlich.
- Das Formular wird mit den gekauften Artikeln und den Quittungen am Zoll vorgelegt und abgestempelt, wo dann auch die Erstattungsforderung bearbeitet wird.

Mo–Fr 14–17 Uhr) oder eine der Touristeninformationen (S. 213) wenden. Reklamationen von Touristen werden normalerweise innerhalb von zwei oder drei Tagen bearbeitet.

SERVICE

Egal ob Restaurant, Bar, Hotel oder Geschäft: Singapur ist eine echte Servicewüste. Das Personal ist häufig unfreundlich und nicht besonders hilfsbereit, außerdem ist es meistens schlecht informiert und kaum interessiert an dem, was verkauft wird. Ein kleiner Trost: In Hongkong ist alles noch viel schlimmer.

Obwohl sich die Regierung redlich müht, den Dienstleistern der Stadt etwas mehr Höflichkeit zu vermitteln und das Singapore Tourism Board großzügige Prämien für guten Service vergibt, stellen viele Geschäfte nach wie vor gleichgültige Jugendliche als billige Arbeitskräfte ein (besonders übel geht es in Restaurants, Bars und den großen Coffee-

TEUFLISCHE TANTEN

Fremder, kommst du nach Singapur, hüte dich vor einer durch und durch ruchlosen Spezies, die dort ihr infames Unwesen treibt.

Die Rede ist von Satan's Aunties, den Tanten des Teufels: harmlos wirkende Damen im fortgeschrittenen Alter, die jede sich bietende Gelegenheit nutzen, um sich vorzudrängeln und sich einen Vorteil zu verschaffen, egal ob an der Bushaltestelle, in Geschäften oder an Marktständen.

Touristen mögen dies zunächst für eine kulturelle Eigenheit halten und es hinnehmen, in Wahrheit aber gehen diese dreisten Drachen auch den meisten Einheimischen gehörig auf die Nerven. Bei Konfrontationen ist beherzter Angriff die beste Verteidigung: Ein paar deutliche Worte in entsprechendem Tonfall genügen, schon ziehen sich die Damen kleinlaut zurück, wobei sie meistens noch etwas über unverschämte Ausländer murmeln. Aber keine Sorge: Außer den teuflischen Tanten selbst fühlt sich niemand gekränkt, die meisten Zuschauer werden sogar insgeheim Beifall klatschen.

ALLERLEI KOSTBARKEITEN

Es gibt zahlreiche Geschäfte in ganz Singapur, die Gold anbieten. Besonders viele befinden sich in Little India entlang der Serangoon Rd. (Karte S. 72), wo es vor Indern in der Diaspora nur so wimmelt, die sich hier mit Schmuck für Hochzeiten und andere besondere Anlässe eindecken, und im People's Park Complex (S. 116) in Chinatown. Dort wird 22- und 24-karätiges Gold nach Gewicht verkauft.

Die große Zahl solcher Geschäfte in diesen Gegenden unterstreicht die Bedeutung des Goldes in der chinesischen und indischen Kultur. In beiden symbolisiert das Edelmetall nicht nur Wohlstand, sondern es dient auch als Glücksbringer (insbesondere bei den Chinesen), der bei Geburten, Hochzeiten und beim Neujahrfest verschenkt wird.

Für Kenner der Materie ist Singapur außerdem ein gutes Pflaster, um Perlen und Schmucksteine zu bekommen. Besonders beliebt ist Jade, wer allerdings keine Ahnung hat, kann leicht an Imitate geraten. Dass die chinesische Bezeichnung für das Wort Jade – *yu* – zahlreiche Nebenbedeutungen hat, macht die Sache nicht einfacher: Das Schriftzeichen *yu* findet in den Bezeichnungen für eine ganze Reihe verschiedener Schmucksteine Verwendung. Ein Händler, der einen fast wertlosen grünen Stein zu einem horrenden Preis verkauft hat, kann also ganz legitim behaupten, nicht gelogen zu haben, als er ihn als Jade anpries!

Jade gibt es in vielen verschiedenen Farben, wobei Grün die bekannteste und beliebteste ist. Generell empfiehlt es sich, die Händler in den etwas vornehmeren und teureren Gegenden aufzusuchen und nach halb durchsichtigen, fein polierten Stücken von einheitlicher Farbe Ausschau zu halten. Nephrit ist billiger als Jadeit und weicher, daher lässt es sich nicht so stark polieren. Sind Risse oder sonstige Makel zu erkennen, heißt es Finger weg!

shops zu). Ganz anders ist es in den größeren Kaufhäusern wie Robinsons und Tangs, wo eher ältere Personal beschäftigt wird und der Service hervorragend ist oder zumindest sein kann.

ÖFFNUNGSZEITEN

Der frühe Vogel fängt den Wurm – das gilt in Singapur allerdings nur für die Märkte. In den meisten Einkaufszentren ist es bis etwa 11 Uhr so mucksmäuschenstill wie in einer Kirche. Wer eine Einkaufstour plant, kann sich also Zeit lassen und erst einmal ganz gemütlich frühstücken. Die meisten Geschäfte haben ab 10 oder 11 Uhr und bis 21 oder 22 Uhr geöffnet. Die vielleicht angenehmste Zeit zum Shoppen ist zwischen 10 und 11 Uhr, wenn in der Ruhe vor dem Sturm manchmal sogar das Zwitschern der Vögel in der Orchard Rd. zu vernehmen ist.

FEILSCHEN

Außer auf den Märkten und in einigen Krempelshops in den überlaufenen Touri-Gegenden sind die Preise in den meisten Geschäften festgelegt. Wer in die Verlegenheit kommt, feilschen zu müssen, sollte auf jeden Fall freundlich bleiben und nicht kleinlich werden – das kommt nicht gut an. Wichtig ist, einen realistischen Preis zu nennen und sehr viel zu lächeln. Bei sturen Verkäufern wirkt es bisweilen Wunder, sich einfach höflich zu verabschieden und sich zur Tür zu wenden.

COLONIAL DISTRICT & DIE QUAYS

Anders als Orchard, wo sich ein Konsumtempel an den nächsten reiht, ist der Colonial District mit seinen zahlreichen historischen Gebäuden der totalen Kommerzialisierung entgangen. Dennoch gibt es auch hier einige schicke Einkaufszentren, darunter Suntec City, Raffles City und die City Link Mall sowie das historische Stamford House. Die richtige Adresse für Computer und Elektronik ist Funan. Entlang der Uferpromenaden steht eher Entertainment als Einzelhandel im Mittelpunkt.

MICA BUILDING Karte S. 54–55 Kunst
140 Hill St.; Ⓜ **Clarke Quay**
Zu den etlichen Galerien im farbenfrohen, aus der Kolonialzeit stammenden MITA Building gehören die Art-2 Gallery (www.art2.com.sg) und die Gajah Gallery (www.gajahgallery.com), die beide auf zeitgenössische südostasiatische Kunst spezialisiert sind. Die Soobin Art Gallery (www.soobinart.com.sg) zeigt zahlreiche Arbeiten aus der Region und Avantgardekunst aus China. Artmosaic (www.artmosiac.com.sg) ist auf indische Kunst spezialisiert.

CHIJMES Karte S. 54–55 Kunst & Antiquitäten
30 Victoria St.; Ⓜ **City Hall**
Im nördlichen Bereich der Chijmes-Anlage befindet sich eine Reihe kleiner, häufig wechselnder Geschäfte, die südostasia-

tische Kunst & Kuriositäten, Accessoires, Stoffe und Kleidung anbieten. Besonders reizvoll sind Olathe und das charmant-chaotische Empress Myanmar.

FUNAN – THE IT MALL
Karte S. 54–55   Computer & Elektronik
☎ 6337 4235; 109 North Bridge Rd.; Ⓜ City Hall
Wer sich für Computer und Elektronik interessiert, aber kein ausgewiesener Experte ist, ist bei Funan weitaus besser aufgehoben als am Sim Lim Square. In den oberen Etagen finden sich Dutzende von Geschäften sowie der große Challenger Superstore (☎ 6336 8327), wo es so ziemlich alles gibt.

ROYAL SELANGOR
Karte S. 54–55   Geschenkartikel
☎ 6268 9600; 01–01 Clarke Quay; Ⓜ Clarke Quay
Malaysia hat sich in der Vergangenheit nicht unbedingt als Hochburg geschmackvoller Zinnarbeiten hervorgetan (ein personalisierter Bierkrug gefällig?), mittlerweile ist es aber durchaus möglich, zwischen einer Menge Plunder auch das eine oder andere Schmuckstück zu entdecken, das selbst schrecklich modebewussten Teenagern nicht peinlich wäre.

SPELLBOUND Karte S. 54–55   Geschenkartikel
☎ 6337 8005; www.getzspellbound.com; 211 Peninsula Plaza, 11 North Bridge Rd.; Ⓜ City Hall
Der wahrscheinlich einzige Zaubershop Singapurs in westlichem Stil. Hohepriester Adrian bietet Kartenlegen, Beratungen, Zaubersprüche und dergleichen mehr, außerdem eine enorme Auswahl an geheimnisvollem Schnickschnack wie Talismanen, Räucherstäbchen und magischen Pülverchen.

CITYLINK MALL Karte S. 54–55   Einkaufspassage
☎ 6238 1121; 1 Raffles Link; Ⓜ City Hall
Singapurs erste unterirdische Einkaufspassage wurde vom New Yorker Architekturbüro Kohn Pederson Fox entworfen und verbindet die Metrostation City Hall mit Suntec City und dem Esplanade. Eine gute Möglichkeit, sengender Sonne oder strömendem Regen zu entgehen, und eine bequeme Art, von den Hotels in Marina Bay in die Stadt zu gelangen. Etwas unübersichtlich, aber eine große Auswahl an Mode, Büchern, Musik und Lebensmitteln.

ESPLANADE MALL
Karte S. 54–55   Einkaufspassage
☎ 6828 8399; 8 Raffles Ave.; Ⓜ City Hall
Es ist kein Problem, in dieser über 8000 m² großen Passage mehrere Stunden zu verbringen. Es gibt Fachgeschäfte für Violinen und Gitarren, einen tollen Laden, in dem Kinder ihren eigenen Teddybär machen können, einen Haufen Geschenkartikelshops und ein überwältigendes Angebot an Imbissbuden und Restaurants.

MARINA SQUARE
Karte S. 54–55   Einkaufspassage
☎ 6339 8787; www.marinasquare.com.sg; 6 Raffles Blvd.; 🚌 36, 111, 502
Er sieht zwar nicht gerade einladend aus, aber in diesem riesigen Einkaufstempel drängen sich 225 Geschäfte, darunter Marken wie Calvin Klein, Levis und Esprit. Dank seiner zentralen Lage in Marina Centre sind von hier aus auch die CityLink Mall, Suntec City, Millenia Walk und das Esplanade leicht zu erreichen.

PENINSULA EXCELSIOR
Karte S. 54–55   Einkaufspassage
5 Coleman St.; Ⓜ City Hall
Das Einkaufszentrum, über dem sich das Peninsula Excelsior Hotel erhebt, hat sicher schon bessere Tage gesehen, ist aber die beste Adresse für Sportartikel. Neben Tennisschlägern, Bowlingkugeln und Fußballtrikots gibt's auch ein paar kleine Kuriositäten, wie etwa einen Gitarren-Reparaturdienst und einen Plattenladen, der offenbar auf Death Metal spezialisiert ist.

SUNTEC CITY Karte S. 54–55   Einkaufspassage
☎ 6821 3668; www.suntec city.com.sg; 3 Temasek Blvd.; 🚌 36, 111, 502
Im ebenso riesigen wie unübersichtlichen Suntec City gibt es so ziemlich alles, was das Konsumentenherz begehrt, dazu 60 Restaurants, Cafés und einen Food Court. Eine der Hauptattraktionen ist der Fountain of Wealth, der im Guinnessbuch der Rekorde früher als größter Brunnen der Welt geführt wurde (seine Chancen auf den Titel „Schönster Brunnen der Welt" sind hingegen denkbar gering). Lohnenswert sind die regelmäßig stattfindenden Märkte, auf denen erheblich preisreduzierte Artikel wie Kameras, Elektrogeräte und Computerzubehör zu haben sind.

RAFFLES CITY Karte S. 54–55 Einkaufspassage

☎ 6338 7766; www.rafflescity.com; 252 North
Bridge Rd.; Ⓜ City Hall
Der Name und der gewaltige Innenhof
vermitteln den Eindruck kostspieliger Exklusivität, doch Raffles City ist eine der besten
Einkaufspassagen Singapurs. Sie beherbergt unter anderem auf drei Ebenen eine
Filiale der hervorragenden Kaufhauskette
Robinsons, einen Marks & Spencer, renommierte
Modemarken, in der obersten Etage Fachhändler für Kindermoden und Spielzeug,
die Galerie Ode to Art, einen Souvenirshop
des New Yorker Metropolitan Museum of Art,
in der untersten Etage eine Reihe von
Handtaschen-Boutiquen, wiederum ganz
oben einen Food Court und einige Restaurants im Untergeschoss. Dort gibt's auch
köstliche Snacks in der Feinkostabteilung
des Marketplace.

RAFFLES HOTEL ARCADE

Karte S. 54–55 Einkaufspassage
328 North Bridge Rd.; Ⓜ City Hall
Die elegante Raffles Hotel Arcade richtet
sich in erster Linie an eine gut situierte
Klientel, die ihre Kreditkarten hier nach Herzenslust für Designerklamotten und Accessoires, kostspielige Weine und Kunst sowie
die kulinarischen Köstlichkeiten im Thos SB
Raffles zum Qualmen bringen kann.

STAMFORD HOUSE

Karte S. 54–55 Einkaufspassage
Ecke Stamford Rd. & Hill St.; Ⓜ City Hall
Das älteste, eleganteste und unverwech-
selbarste Einkaufszentrum der Stadt wurde
1904 erbaut und ist zum Glück erhalten
geblieben (direkt gegenüber wurde ein
ähnlich altes Gebäude abgerissen, um
Stamford Court Platz zu machen). Holzbö-
den, schmiedeeiserne Verzierungen und
Stuckarbeiten verleihen Stamford House
eine Aura zurückhaltender Raffinesse. Die
Pächter – Kunstgalerien, Haar- und Beau-
tysalons, Boutiquen einheimischer Designer und Wellnesscenter – behandeln das
Gebäude für gewöhnlich mit dem Respekt,
den es verdient.

CHINATOWN & DER CBD

Wer schöne asiatische Antiquitäten, Statuetten oder prächtige Garderobe, angesagte
Haushaltswaren oder auch nur ein günstiges Souvenir sucht, ist in Chinatown genau

richtig. Die Pagoda St. und ihre unmittelbare Umgebung ist zu einer ausgemachten
Touristenfalle verkommen, aber jenseits der
Buden, in denen allerlei Krempel verscherbelt
wird, gibt es einige kleine Läden, in denen
alles Mögliche angeboten wird, von modernen asiatischen Haushaltswaren bis zu alten
Möbeln. Es ist allerdings ratsam, eine Khmer-
Antiquität von einer billigen indonesischen
Kopie unterscheiden zu können. Die Gegend
ist außerdem für ihre chinesischen Heilzen-
tren berühmt und damit ein heißer Tipp für
alle, die sich etwas unwohl fühlen.

In der Club St. haben sich inzwischen zu
den angesagten Restaurants und Bars einige
ebenso hippe Geschäfte für Haushaltswaren,
Design und Klamotten gesellt.

FAR EAST LEGEND Karte S. 64–65 Antiquitäten

☎ 6323 5365; 233 South Bridge Rd.; Ⓜ Chinatown
Eines dieser kaninchenbauartigen Ge-
schäfte, in denen man aus Angst etwas um-
zustoßen auf Zehenspitzen gehen möchte.
Hier gibt's eine tolle Auswahl an Möbeln,
Lampen, Kunsthandwerk, Figuren und
Wandschirmen aus Korea, Thailand, Birma
und China. Der Inhaber ist einer freundli-
chen, höflichen Feilscherei nicht abgeneigt.
Immer schön lächeln!

SHANG'S ANTIQUE GALLERY

Karte S. 64–65 Antiquitäten
☎ 6224 4332; 24A–26 Pagoda St.; Ⓜ Chinatown
Es ist bedauerlich, dass Shang's die Pagoda
St. mit all den Krempelbuden teilen muss.
Mit seiner großen Auswahl an authenti-
schen südostasiatischen Antiquitäten und
Möbeln ist der Laden eine echte Perle
inmitten eines Haufen Schrotts.

YONG GALLERY Karte S. 64–65 Antiquitäten

☎ 6226 1718; 260 South Bridge Rd.; Ⓜ Chinatown
Spezialisiert auf chinesische Antiquitäten,
Jade, Kalligrafien und Holzschnitte. Wer auf
der Suche nach Jade ist, was in Asien oft
einer Lotterie gleichkommt, ist hier an der
richtigen Adresse.

UTTERLY ART Karte S. 64–65 Kunst

☎ 6226 2605; 229A South Bridge Rd.; Ⓜ Chinatown
Eine der interessantesten reinen Kunstgalerien, wo einheimische und internationale
Künstler ihre Werke ausstellen. Kunstfreunde erhalten hier einen guten Einblick
in die einheimische Szene.

WHATEVER Karte S. 64–65 Bücher

☎ 6224 0300; www.whatever.com.sg;
Indochine Bldg., 49B Club St.; ⌚ 9 Uhr–open end;
Ⓜ Chinatown

Mit einem seligen Lächeln werden die
Wohlhabenden und Gestressten in einer
der angesagtesten Wellnessoasen Singapurs begrüßt. Neben Büchern, CDs und
DVDs werden Yogakurse, Meditationen
und esoterische Heilverfahren angeboten.
Außerdem gibt´s ein exzellentes vegetarisches Café.

EU YAN SANG MEDICAL HALL

Karte S. 64–65 Chinesische Medizin

☎ 6223 6333; 269A South Bridge Rd;
Ⓜ Chinatown

Der ehrwürdige Eu Yan Sang ist seit Langem ein bekannter Name der chinesischen
Heilindustrie, die dank der Unterstützung
der Regierung in den letzten Jahren einen
Aufschwung erlebt hat. In dem Geschäft
sieht es zwar aus wie in einer ganz normalen Apotheke, was in den Regalen steht,
ist für Besucher aus der westlichen Welt
aber eher gewöhnungsbedürftig. Wie wäre
es mit Monkey-Bezoar-Pulver als Schleim-
löser oder Liu-Jun-Zi-Pillen, die die krank
machende Feuchtigkeit aus dem Körper
vertreiben sollen? Zu Risiken und Neben-
wirkungen fragen Sie Ihren Arzt oder den
örtlichen Kräuterexperten.

SIN BEE TRADING COFFEE POWDER

Karte S. 64–65 Kaffee

☎ 6223 0832; 42 Amoy St.; Ⓜ Tanjong Pagar

Einer der wenigen verbliebenen traditionellen Kaffeeröster in Singapur. Der Duft,
die Kaffeedosen und die uralte Mühle
vermitteln einen Eindruck davon, wie es in
Chinatowns fast vergessener Vergangenheit
gewesen sein muss. Der Sohn des Inhabers
ist freundlich und erläutert die verschiedenen Sorten und Mischungen (inklusive
der beliebten kopitiam-Mischung, die mit
Margarine geröstet wird!). Bleibt zu hoffen,
dass steigende Mieten und Gentrifizierung
dem Geschäft nicht den Garaus machen.

EM GALLERY Karte S. 64–65 Kunsthandwerk

☎ 6475 6941; www.emtradedesign.com;
5 Blair Rd.; Ⓜ Outram Park

Ein ausgezeichnetes Angebot an Seide,
Keramik, Kunst und Accessoires aus ganz
Südostasien. Wer in der Region herum-
reist, kann die Waren allerdings in ihren
Ursprungsländern wesentlich günstiger
bekommen.

RED PEACH GALLERY

Karte S. 64–65 Kunsthandwerk

☎ 6222 2215; 68 Pagoda St.; Ⓜ Chinatown

Dieses vornehme Geschäft für dekorative
Haushaltswaren bietet große, kostspielige
Sofas, Seidenkissen und Schmuck, außer-
dem einen Wellnessbereich im Stile der
Ming-Dynastie inklusive Laternen, Holzbö-
den und schicken Möbeln.

YUE HWA CHINESE PRODUCTS

Karte S. 64–65 Kaufhaus

☎ 6538 4222; 70 Eu Tong Sen St.; Ⓜ Chinatown

Dieses Kaufhaus, das in einem sechsstöcki-
gen Gebäude untergebracht ist, führt vorwiegend Produkte aus dem chinesischen
Mutterland, von Heilmitteln und Kräutern,
Kleidern und Stoffen bis hin zu Lebensmitteln und Tee, Kunsthandwerk, Haushaltswaren und Möbeln.

PATISSIER Karte S. 64–65 Lebensmittel

☎ 6220 5565; 18 Ann Siang Rd.; Ⓜ Chinatown

In diesem recht unscheinbar wirkenden
Laden entstehen wahre Meisterwerke der
Konfiseriekunst. Für die raffinierten Köstlichkeiten in der Auslage stehen Naschkatzen
und Leckermäuler gerne Schlange. Samstags
und sonntags ist das Geschäft geschlossen,
wer auch am Wochenende nicht auf
die Erzeugnisse des Patissier verzichten
möchte, kann die Filiale in der Mohamed
Sultan Rd. (Karte S. 54–55) aufsuchen.

TONG HENG PASTRIES

Karte S. 64–65 Lebensmittel

☎ 6223 3649; 285 South Bridge Rd.; Ⓜ Chinatown

Tong Heng ist bereits seit mehr als 70 Jahren im Geschäft und vermutlich Singapurs
beliebteste Adresse für Eiertörtchen und
andere feine Backwaren.

WANG SAN YANG

Karte S. 64–65 Lebensmittel

☎ 6532 2707; www.wsytm.com; 01–61,
Block 531 Hong Lim Complex, 535 Upper Cross St.;
⌚ 10–21 Uhr; Ⓜ Chinatown

Dieser elegante Teehändler wirkt im hektischen Trubel des Hong Lim Complex zwar
ein bisschen fehl am Platze, verströmt aber
eine authentische Atmosphäre, die anderen
auf den Tourismus ausgerichteten Teehäu-
sern in Chinatown abgeht. Auf Wunsch

VIVOCITY

Das am Ufer gegenüber von Sentosa Island gelegene VivoCity wurde als das neue Aushängeschild unter Singapurs Konsumtempeln eröffnet. Das Einkaufszentrum mit der charakteristischen Wellenform sollte die kaufwütigen Massen aus der völlig überlaufenen Orchard Rd. herlocken. Um ein wenig nachzuhelfen, haben sich die Planer einen cleveren Trick einfallen lassen: Der neue Sentosa Express hält direkt im Gebäude.

VivoCity hat es nicht ganz geschafft, den erhofften Status als neues Einkaufsmekka zu erreichen. Ohne Zweifel ist es aber ein angenehmer Ort zum Shoppen, mit vielen Freiflächen, einem Kinderspielplatz auf Ebene 2, einem „Skypark" auf dem Dach, wo die Kleinen sich im Planschbecken vergnügen können, und einem großen Golden-Village-Kinocenter.

Auf mehr als 90 000 m² gibt es außerdem so ziemlich alles zu kaufen, was es auf dieser Welt zu kaufen gibt. Nach dem Shoppen bieten sich zahlreiche Restaurants und Bars mit Außengastronomie an, um unter freiem Himmel zu entspannen und sich die Brise vom Meer um die Nase wehen zu lassen.

Wer das alles einmal erleben möchte, nimmt die Metro bis zur Station HarbourFront.

können sich Teefreunde zeigen lassen, wie eine richtige chinesische Teezeremonie vonstatten geht (S. 135).

WILD CHILD Karte S. 64–65 Geschenkartikel

☎ 9617 8248; 94 Club St.; Ⓜ Chinatown

Eine willkommene Alternative zur gleichförmigen Massenware, die werdenden und frischgebackenen Eltern ansonsten angeboten wird. Schönes Angebot an eher traditionell gehaltenen Kinderbetten, Spielzeug und anderen Artikeln rund ums Baby.

DAHLIA HOME Karte S. 64–65 Haushaltswaren

☎ 6327 9685; 47 Amoy St.; Mo–Fr 11–19, Sa 11–18, So 12–17 Uhr; Ⓜ Chinatown

Große Auswahl an schönen Betten, Sofas, Lampen und anderen aus Thailand eingeführten Haushaltswaren und Möbeln. Wer's mag, kann sich hier seine ganze Wohnung einrichten.

STYLE:NORDIC Karte S. 64–65 Haushaltswaren

☎ 6423 9114; 39 Ann Siang Rd.; Mo–Sa 12–20, So 12–17 Uhr; Ⓜ Chinatown

Wie der Name schon andeutet, ist dieses in einem alten (aber nicht mehr als solches erkennbaren) Clan-Haus untergebrachte Geschäft die Heimat skandinavischen Designs. Von Küchengeräten und Esszimmereinrichtungen bis hin zu Mobiliar und Kleidung finden hippe Großstädter hier alles, was sie zum Wohnen im nordischen Stil brauchen.

KITCHEN HABITS Karte S. 64–65 Küchengeräte

☎ 6227 2012; 102 Amoy St.; Ⓜ Tanjong Pagar

Dieser Küchenausstatter für gehobene Ansprüche führt renommierte und erlesene Marken wie Alussi, Brandt und De Dietrich. Pfannen, Gläser, Saftpressen, Mörser, Mixer, Mühlen … ein Paradies aus rostfreiem Stahl, Gusseisen und Glas.

SIA HUAT Karte S. 64–65 Küchengeräte

☎ 6223 1732; 9–11 Temple St.; Ⓜ Chinatown

Sowohl namhafte Kochprofis als auch ambitionierte Amateure am Herd decken sich bei Sia Huat mit hochwertigen und mehr oder weniger kostspieligen Töpfen, Pfannen und sonstigen Küchenutensilien ein.

CHINATOWN POINT
Karte S. 64–65 Einkaufspassage

133 New Bridge Rd.; Ⓜ Chinatown

Eine gute Möglichkeit, um nach Kunsthandwerk, Souvenirs, Klamotten und chinesischen Produkte zu fahnden. Allerdings ist das Gebäude schon ein wenig in die Jahre gekommen und etwas unbehaglich. Wer ein bisschen stöbert, kann ein paar echte Schnäppchen machen. Eine bessere Adresse für chinesische Erzeugnisse ist Yue Hwa (S. 115) auf der anderen Straßenseite.

PEOPLE'S PARK COMPLEX
Karte S. 64–65 Einkaufspassage

1 Park Rd.; Ⓜ Chinatown

Eine interessante Passage für alle, die ein gescheites chinesisches Souvenir von ordentlicher Qualität suchen und nicht groß feilschen wollen. Außerdem gibt's allerlei Kräuterheilmittel und sogar Fische, die einem die abgestorbene Haut von den Füßen knabbern.

CHINATOWN COMPLEX
Karte S. 64–65 Markt

11 New Bridge Rd.; Ⓜ Chinatown

Das zuletzt ziemlich heruntergekommene Einkaufszentrum war bei Redaktionsschluss wegen dringend erforderlicher Renovierungsarbeiten geschlossen. Hoffentlich bleibt der einzigartige Charme des Chinatown Complex auch nach der Wiedereröffnung erhalten – wir haben da allerdings unsere Zweifel.

LITTLE INDIA & KAMPONG GLAM

Wer gerne stöbert und sich mit den glitzernden Konsumtempeln in Orchard und den Ramschläden in Chinatown nicht anfreunden kann, wird an Little India seine helle Freude haben. Die teils schon etwas maroden Straßen sind eine wahre Fundgrube für Kunst, Antiquitäten, Textilien, Lebensmittel und Musik, während das rund um die Uhr geöffnete Kaufhaus Mustafa Centre ein Erlebnis für sich ist. Mit etwas Verhandlungsgeschick ist hier Elektronik zum günstigen Preis zu haben, Computerfreaks finden ihr Glück am Sim Lim Square, wer Klamotten und Kunsthandwerk sucht, ist in Kampong Glam richtig. An der Grenze zwischen den beiden Vierteln tummeln sich Schatzsucher auf dem so gar nicht „singapurisch" anmutenden „Thieves' Market", dem ältesten Flohmarkt der Stadt. Einen kurzen Spaziergang entfernt liegt das alte Viertel Bugis, das weder so ganz zu Little India noch zu Kampong Glam gehört und ein wenig von der Atmosphäre beider in sich vereint.

ANSA STORE Karte S. 72   Kunst
☎ 6295 6605; 29 Kerbau Rd.; Ⓜ Little India
Wer einen maßgeschneiderten Rahmen für sein in Vietnam erstandenes Gemälde

BUSSORAH STREET

Die Pläne der Regierung, diese Gegend in ein „Zentrum für alternativen Lebensstil" zu verwandeln, sind leider nicht aufgegangen. Trotzdem ist die von Bäumen gesäumte Fußgängerzone der Bussorah St., an deren Ende die prachtvolle Sultan Mosque thront, einer der angenehmsten Orte der Stadt, um ein wenig herumzubummeln. Einige der interessantesten Geschäfte sind inzwischen von billigen Souvenirshops verdrängt worden, daher hat sich das Straßenbild in letzter Zeit ziemlich verändert. Die eine oder andere Perle ist aber erhalten geblieben, wie etwa Grandfather's Collections (rechts), Little Shophouse (S. 118) und Melor's Curios (Karte S. 72).

sucht, ist in diesem abgefahrenen Laden genau richtig. Im Angebot sind außerdem grelle Poster und extravagante Bilder mit religiösen Themen.

SIM LIM SQUARE Karte S. 72   Computer
☎ 6332 5839; 1 Rochor Canal Rd.; Ⓜ Bugis
Das Mekka für Computerfreaks. Wer mit Begriffen wie SIM, RAM, Motherboard und Soundcard nicht viel anfangen kann, macht um Sim Lim besser einen großen Bogen, bevor er über den Tisch gezogen wird. Experten können hier hingegen ein paar echte Schnäppchen machen, sofern sie über das entsprechende Verhandlungsgeschick verfügen.

INDIAN HANDICRAFT CENTRE
Karte S. 72   Kunsthandwerk
☎ 6392 0769; 2 Dalhousie Lane; Ⓜ Little India
Kissen, Stoffe, Wandschirme, Statuetten, Vitrinen, Möbel – hier gibt's alles, was indisch ist und in den Haushalt passt. Der Laden ist zu klein für all das, was angeboten wird. Wer etwas Bestimmtes sucht, sollte sich vertrauensvoll an die Inhaber wenden.

GRANDFATHER'S COLLECTIONS
Karte S. 72   Kurioses
☎ 6299 4530; 42 Bussorah St., Arab Quarter; Ⓜ Bugis
Ein zauberhafter kleiner Laden, in dem es wie auf einem Dachboden aussieht. Hier gibt's allerlei Schnickschnack wie uralte Radios, Uhren und Schreibmaschinen, Colaflaschen, Schallplatten, Ovaltine- und Horlicks-Dosen und dergleichen mehr. Ein Kuriosum, das sich zu erhalten und unterstützen lohnt – selbst wenn es bedeutet, eine alte John-Denver-LP zu kaufen.

MUSTAFA CENTRE Karte S. 72   Kaufhaus
☎ 6295 5855; 145 Syed Alwi Rd.; ⊙ rund um die Uhr; Ⓜ Farrer Park
Das rund um die Uhr geöffnete, betriebsame Mustafa Centre in Little India zieht Schnäppchenjäger magisch an, vor allem die vom indischen Subkontinent. Hier gibt es fast alles, und das zu günstigen Preisen: Elektronik, Schmuck, Haushaltswaren, Schuhe, Taschen, CDs usw. Da ist es eher zweitrangig, dass Aufmachung und Service dabei zu kurz kommen. Außerdem gibt's einen großen Supermarkt mit einem hervorragenden Sortiment indischer Le-

HAJI LANE

Auf den ersten Blick ist Haji Lane nur eine kleine, leicht zu übersehende schmale Gasse, doch die Modefreaks und Hipster der Stadt pilgern in Scharen hierher, um sich in Läden, die auf Großbuchstaben im Namen verzichten, stilgerecht einzukleiden. dulcetfig z. B. führt Retrokleider, dion de cruz und Victoria JoMo elegante Freizeitklamotten, bei salad gibt's coole Wohnaccessoires und im House of Japan japanische Secondhandmode. Es gibt sogar einen Laden namens secondhand kimono, der auch genau das im Sortiment hat. Mal sehen, wie lange der sich hält, denn die Geschäfte wechseln hier generell recht häufig den Besitzer. Mehr zur Haji Lane auf S. 71.

bensmittel. Vorsicht: Am Wochenende ist das Mustafa Centre in den Abendstunden hoffnungslos überlaufen.

SIM LIM TOWER Karte S. 72 — Elektronik

☎ 6295 4361; 10 Jalan Besar; Ⓜ Bugis
Nicht weit vom Sim Lim Square befindet sich dieses große Elektronikcenter, das vom Kondensator bis hin zu Audio- und Videozubehör alles zu bieten hat. Auch hier gilt: Verhandlungsgeschick und Fachkenntnis zahlen sich aus.

EDGE Karte S. 72 — Mode

☎ 6557 6557; 03 Parco Bugis Junction, 200 Victoria St.; Ⓜ Bugis
Diese Ecke der ansonsten eher auf Massenware ausgerichteten Einkaufspassage Bugis Junction ist eine der besten Möglichkeiten, die aktuellen Kreationen kleinerer einheimischer Designer zu begutachten. Die Läden kommen und gehen in atemberaubendem Tempo, wer also etwas entdeckt hat, was ihm gefällt, sollte schnell zugreifen, bevor es zu spät ist.

HOUSE OF JAPAN Karte S. 72 — Mode

6396 6657; 55 Haji Lane; Ⓜ Bugis
In diesem recht feuchten Laden gibt's günstige, trendige Secondhandkleidung direkt aus Japan. Hoffentlich hilft er der Singapurer Jugend in Sachen Hipness ein wenig auf die Sprünge.

TEKKA CENTRE Karte S. 72 — Mode

Ecke Serangoon & Buffalo Rds.; Ⓜ Little India
Wer sich durch das Hawker Center (S. 140) und den eher abschreckenden Markt (den man besser meidet, sofern man keine abgetrennten Schafsköpfe mag) hindurchkämpft,

kann in den zahlreichen Geschäften in der ersten Etage günstig indische Kleider und Textilien erstehen. Die Preise sind festgelegt, es lässt sich aber auch handeln.

GOLDEN MILE COMPLEX
Karte S. 72 — Lebensmittel

Beach Rd.; Ⓜ Lavender
Die ganze Palette der thailändischen Küche ist hier zu haben, von Gewürzen und Kräutern über Saucen und Pasten bis hin zu teils höllisch scharfen Metzgereierzeugnissen. Dazu gibt's allerlei Snacks, mit denen thailändische Gastarbeiter ihr Heimweh vertreiben. Es ist fast wie in Bangkok, außer dass man sich frei bewegen kann und nicht befürchten muss, von einem Motorrad-Taxi über den Haufen gefahren zu werden. Nach dem Einkauf lohnt es sich, hier noch eine Kleinigkeit zu essen (S. 139).

KHAN MOHAMED BHOY & SONS
Karte S. 72 — Lebensmittel

☎ 6293 6191; 20 Cuff Rd.; Ⓜ Little India
Der vielleicht letzte traditionelle Gewürzhändler in Singapur. Egal ob Kurkuma, Kumin, Fenchel usw. – jedes erdenkliche Gewürz ist zu haben und wird auf Wunsch frisch gemahlen. Nur herumstehen und glotzen wird allerdings nicht allzu gerne gesehen.

LITTLE SHOPHOUSE
Karte S. 72 — Geschenkartikel

☎ 6295 2328; 43 Bussorah St.; Ⓜ Bugis
Die traditionelle Perlenstickerei der Peranakan ist eine aussterbende Kunst, aber in diesem kleinen Laden ist sie noch sehr lebendig. Die grellen Farben und aufwendigen Muster der Kleider mögen nicht jedermanns Sache sein, die Kunstfertigkeit der Arbeiten ist aber allemal beeindruckend.

PARCO BUGIS JUNCTION
Karte S. 72 — Einkaufspassage

200 Victoria St.; Ⓜ Bugis
Eine der markantesten Einkaufspassagen Singapurs beherbergt unter einem Glasdach zwei Straßenzüge nachgebildeter Shophouses und ist voll klimatisiert. Auf Ebene 1 und 2 reiht sich ein Klamottengeschäft an das nächste und von einheimischen Designern bis hin zu großen internationalen Marken ist dort alles zu finden. In der obersten Etage befindet sich der Kinokomplex Shaw Bugis.

BUGIS STREET MARKET
Karte S. 72   Markt

Victoria St.; M Bugis
Wo sich früher das wohl zwielichtigste und schäbigste Rotlichtviertel Singapurs befand, haben heute auf drei Ebenen Klamotten- und Schuhhändler ihre Zelte aufgeschlagen. Dazu gibt's ein paar Nagel- und Fußpflegestudios, Imbissbuden und, als Reminiszenz an alte Zeiten, einen Sexshop.

SUNGEI ROAD THIEVES MARKET
Karte S. 72   Markt

Sungei Rd., Weld Rd., Pasar Lane & Pitt St.; ☻ täglich; M Little India oder Bugis
Warum die Behörden diesem wilden Treiben keinen Riegel vorschieben, ist zwar ein Rätsel. Aber es ist schön, dass es den Thieves Market, der sich an vier Straßen rund um eine Freifläche ausbreitet, noch gibt. Ein interessantes Plätzchen, um inmitten der komischen Käuze und Eigenbrötler herumzuschlendern, die allen möglichen gebrauchten Schnickschnack verkaufen, sich unter die verarmten Außenseiter Singapurs zu mischen und ihnen ein paar Dollar für ihre Waren zu geben.

INDIAN CLASSICAL MUSIC CENTRE
Karte S. 72   Musik

☎ 6291 0187; 26 Clive St.; M Little India
Trotz des förmlichen Namens wirkt dieses Geschäft von außen wenig vielversprechend und eher marode. Dafür verfügt es aber über ein hochwertiges, umfangreiches Sortiment aller erdenklichen indischen Instrumente. Ganz Ambitionierte können sich auch zu Unterrichtsstunden anmelden.

STRAITS RECORDS Karte S. 72   Musik

☎ 9341 1572; 22 Bali Lane; ☻ Mo–Fr 15–23, Sa & So bis 24 Uhr; M Bugis
Der wahrscheinlich einzige Plattenladen für Alternative Music führt ein großes Sortiment an Independent-, Hip-Hop-, Hardcore- und Reggae-CDs sowie einige alte Vinyl-LPs, T-Shirts und Bücher. Mit den Öffnungszeiten nehmen es die Inhaber allerdings nicht so genau. Es kann also durchaus vorkommen, dass man vor verschlossenen Türen steht, auch wenn das Schild an der Tür behauptet, es sei geöffnet.

ORCHARD ROAD
Für die einen ist die Orchard Rd. das Einkaufsparadies schlechthin, für andere Konsumterror in Reinkultur. Das bloße Ausmaß dieses Großangriffs des Einzelhandels auf gut gefüllte Geldbörsen ist überwältigend, und es wird immer noch mehr. Als gäbe es nicht schon genug davon, werden derzeit noch zwei weitere riesige Einkaufspassagen hochgezogen – Ion am Orchard Turn und Orchard Central in der Somerset Rd. – womit zwei weitere der wenigen noch unbebauten Flächen ausradiert werden. Es gibt eigentlich nur zwei Möglichkeiten: hinein ins Vergnügen oder panikartige Flucht.

ANTIQUES OF THE ORIENT
Karte S. 80–81   Antiquitäten

☎ 6734 9351; www.aoto.com.sg; 02/40 Tanglin Shopping Centre, 19 Tanglin Rd.; M Orchard
Liebhaber alter Kartenwerke können in diesem hübschen Laden ohne Weiteres mehrere Stunden verbringen und im tollen Sortiment antiker und nachgedruckter Bücher, Drucke und Fotos stöbern. Ein Geheimtipp.

KLEIDERGRÖSSEN

Damenbekleidung

UK	8	10	12	14	16	18
Europa	36	38	40	42	44	46
Japan	5	7	9	11	13	15
USA	6	8	10	12	14	16

Damenschuhe

USA	5	6	7	8	9	10
Europa	35	36	37	38	39	40
Japan	22	23	24	25	26	27
UK	3½	4½	5½	6½	7½	8½

Herrenbekleidung

Europa	46	48	50	52	54	56
Japan	S		M	M		L
UK/USA	35	36	37	38	39	40

Herrenhemden (Kragengröße)

Japan	38	39	40	41	42	43
Europa	38	39	40	41	42	43
UK/USA	15	15½	16	16½	17	17½

Herrenschuhe

UK	7	8	9	10	11	12
Europa	41	42	43	44½	46	47
Japan	26	27	27½	28	29	30
USA	7½	8½	9½	10½	11½	12½

Ungefähre Angaben, am besten immer anprobieren

THE LOFT
Karte S. 80–81   Antiquitäten & Haushaltswaren

☎ 6738 7687; 04–05 Centrepoint, 176 Orchard Rd.; Ⓜ Somerset

Schönes, großes Angebot an alten Uhren und antiken (oder zumindest in antikem Stil gehaltenen) Möbelstücken, Kunstobjekten, Lampen und dergleichen.

TANGLIN SHOPPING CENTRE
Karte S. 80–81   Kunst & Antiquitäten

☎ 6732 8751; 19 Tanglin Rd.; Ⓜ Orchard

Dieses schon etwas in die Jahre gekommene Einkaufszentrum wirkt nicht gerade einladend, beherbergt aber einige der besten Antiquitätenläden und Kunstgalerien der Stadt, darunter Antiques of the Orient (S. 119), mehrere Teppichhändler aus dem Orient und Südostasien sowie das hervorragende Select Books (unten).

BORDERS Karte S. 80–81   Bücher
☎ 6235 7146; 01–00 Wheelock Pl.; Ⓜ Orchard

Singapur ist wahrscheinlich einer der wenigen Orte, wo es in einer Buchhandlung an einem Samstagabend so voll wie in einem Pub sein kann. Nicht so groß und exquisit wie Kinokuniya, aber trotzdem ein toller Laden.

KINOKUNIYA Karte S. 80–81   Bücher
03–10/15 Ngee Ann City; 391 Orchard Rd.; Ⓜ Orchard

Nach eigener Aussage der größte Buchladen Südostasiens, und wer wollte das bestreiten? Ein Paradies für Bücherfreunde, die hier stundenlang stöbern oder an der elektronischen Suchmaschine neben dem Eingang nach einem bestimmten Buch suchen können. Das Gerät druckt sogar eine Wegbeschreibung mit aus, und in einem Laden dieser Größe ist das wahrscheinlich auch nötig.

SELECT BOOKS Karte S. 80–81   Bücher
☎ 6732 1515; www.selectbooks.com.sg; 03–15 Tanglin Shopping Centre; 19 Tanglin Rd.; Ⓜ Orchard

Seit bereits 30 Jahren ist Select Singapurs Fachhändler für asiatische Bücher. Das Sortiment umfasst eine Riesenauswahl an Fachliteratur der unterschiedlichsten Interessengebiete, von tibetischen Möbeln über japanische Geschichte bis hin zu Belletristik aus Singapur.

SUNNY BOOKS Karte S. 80–81   Bücher
☎ 6733 1583; 03–58/59 Far East Plaza, 14 Scotts Rd.; Ⓜ Orchard

Eine der wenigen Secondhand-Buchhandlungen und Bücherbörsen in Singapur. Hier gibt's alles von den neuesten Bestsellern über Reiseführer bis hin zu alten Comics. Der Inhaber ist ein ziemlich bemerkenswerter Zeitgenosse.

APPLE CENTRE Karte S. 80–81   Computer
☎ 6238 9378; www.apple.com.sg; 02–07/08 Wheelock Pl., 501 Orchard Rd.; Ⓜ Orchard

Singapurs größter Apple-Store ist bis unters Dach mit allem vollgepackt, was die willfährigen Jünger des Apfels begeistert ihre Kreditkarten zücken lässt. Die Preise sind erheblich günstiger als in Europa, insbesondere nach Abzug der Mehrwertsteuer.

TANGS Karte S. 80–81   Kaufhaus
☎ 6737 5500; 320 Orchard Rd.; Ⓜ Orchard

Seit es vor mehr als 70 Jahren seine Pforten öffnete, hat sich Tangs zu einer Institution entwickelt. Das fünfstöckige Kaufhaus ist beliebt bei Jung und Alt und bietet Anzüge, Abend- und Freizeitkleidung sowie Elektronik, Schuhe und eine der besten Haushaltswarenabteilungen der Stadt.

PAGODA HOUSE Karte S. 80–81   Möbel
☎ 6732 2177; www.pagodahouse.com; Tudor Court, 143/145 Tanglin Rd.; Ⓜ Orchard

Ein elegantes Geschäft, das restaurierte Antiquitäten und hochwertiges modernes Mobiliar führt. Die Palette reicht von Stücken aus der Kolonialzeit bis hin zum topaktuellen Designermöbel, und jedes einzelne Teil strahlt Klasse und Raffinesse aus. Eines der besten Möbelhäuser der Stadt.

CENTREPOINT Karte S. 80–81   Einkaufspassage
☎ 6737 9000; 176 Orchard Rd.; Ⓜ Somerset

Dieses geräumige, schnörkellose Einkaufszentrum erfreut sich bei den Singapurern seit Langem großer Beliebtheit. Hauptanziehungspunkt ist das Kaufhaus Robinsons, das 1858 gegründet wurde und ausgezeichneten Service bietet. Außerdem gibt's einen Harvey Norman, Klamottengeschäfte wie Mango und Lacoste sowie einen Kuriositätenladen, das Loft (oben).

DFS GALLERIA Karte S. 80–81   Einkaufspassage
☎ 6229 8100; 25 Scotts Rd.; Ⓜ Orchard

Das DFS hat es mit seiner leuchtend roten

Fassade und den als Souvenirshops fungierenden Shophouse-Nachbauten im Erdgeschoss ohne Zweifel vornehmlich auf Touristen abgesehen. Sind die erst einmal drin, geht es mit der Rolltreppe hinauf auf drei Etagen exklusiver Markenware.

FAR EAST PLAZA

Karte S. 80–81   Einkaufspassage

☎ 6732 6266; 14 Scotts Rd.; Ⓜ Orchard
Dank des reichhaltigen Angebots an günstigen Boutiquen, Schuhläden und Salons hängen hier besonders gerne Teenager ab. Aber auch Schneider, Sunny Books (links), Wasabi Tei (S. 140) und einige Tattoo-Studios (S. 164) sind hier zu Hause. Handeln ist in den meisten Geschäften grundsätzlich möglich.

FORUM – THE SHOPPING MALL

Karte S. 80–81   Einkaufspassage

☎ 6732 2479; 583 Orchard Rd.; Ⓜ Orchard
Forum steht ganz im Zeichen der Kinder. Es gibt zahlreiche Geschäfte für Kleidung und Spielzeug, darunter eine Filiale von Toys'R'Us, die fast die gesamte oberste Etage einnimmt. Komischerweise ist es hier oft recht ruhig.

HEEREN Karte S. 80–81   Einkaufspassage

☎ 6733 4725; www.heeren.com.sg; 260 Orchard Rd.; Ⓜ Somerset
Ähnlich wie Far East Plaza ein beliebtes Ziel für modebewusste Jugendliche, die hier allerdings ein paar Dollar mehr lockermachen müssen. Die Palette reicht von großen Namen wie Converse, Adidas und Levis bis hin zu einer Reihe von Boutiquen einheimischer Designer, außerdem hat HMV hier eine große Filiale.

LUCKY PLAZA Karte S. 80–81   Einkaufspassage

☎ 6235 3294; 304 Orchard Rd.; Ⓜ Orchard
Lucky Plaza ist eine der wenigen verbliebenen alten, vergleichsweise schäbigen Passagen im schicken Westen von Orchard und bietet von allem ein bisschen: von Klamotten- und Scherzartikelgeschäften bis hin zu Schneidern, Massagesalons und einem Sexshop. Bekannt ist es vor allem für die vielen Elektronik- und Handygeschäfte im Untergeschoss, in denen Feilschen Pflicht ist. Sehr beliebt bei philippinischen Zimmermädchen, die hier ihren freien Sonntag genießen.

BAG BOYS

Wer durch Orchard flaniert, mag sich bisweilen über die vielen jungen Männer mit Handtaschen wundern, die dort herumlaufen. Dabei handelt es sich nicht um einen krassen neuen Trend aus Japan. Die berüchtigt anspruchsvolle Singapurer Damenwelt erachtet es als Zeichen der Hingabe, wenn ihre Männer sich erbieten, den Packesel für sie zu spielen. Und die meisten scheinen den Damen diesen Gefallen gerne zu tun.

NGEE ANN CITY

Karte S. 80–81   Einkaufspassage

☎ 6739 9323; 391 Orchard Rd.; Ⓜ Orchard
In diesem monumentalen, schokoladenfarbenen Marmorungetüm, das das Straßenbild wie eine Festung dominiert, lässt sich locker ein ganzer Tag verbringen. Eine Filiale von Takashimaya beherrscht den Westflügel, ansonsten tummeln sich im labyrinthartigen Inneren des Gebäudes viele exklusive Namen wie Louis Vuitton, Chanel und Burberry, aber auch weniger kostspielige Geschäfte wie z. B. die spanische Kette Zara. Ein weiteres beliebtes Ziel ist außerdem die unglaublich große Buchhandlung Kinokuniya (links).

PACIFIC PLAZA Karte S. 80–81   Einkaufspassage

☎ 6733 5655; 9 Scotts Rd.; Ⓜ Orchard
Noch eine bei Teenagern sehr beliebte Passage. Pacific zielt auf die wohlhabende, eher mainstreamorientierte Jugend ab und beherbergt Geschäfte wie Adidas (das eher wie eine Galerie aussieht) und Nike Originals, außerdem eine Filiale des hervorragenden That CD Shop.

PALAIS RENAISSANCE

Karte S. 80–81   Einkaufspassage

☎ 6737 6933; 390 Orchard Rd.; Ⓜ Orchard
Wer eher exklusive Marken bevorzugt, ist in dieser bei den Reichen und Schönen beliebten Passage genau richtig. Nach der aufreibenden Shoppingtour in Geschäften wie DKNY, Valentino und Jim Thompson lohnt sich ein Besuch im Marmalade Pantry im Untergeschoss 1.

PARAGON Karte S. 80–81   Einkaufspassage

☎ 6738 5535; 290 Orchard Rd.; Ⓜ Orchard
Gediegene Passagen gibt es in Singapur wahrlich genug, aber das Paragon trieft förmlich vor Exklusivität. Prada, Gucci und Salvatore Ferragamo versuchen sich gegen-

seitig in den Schatten zu stellen, während ProjectShop mit seinem Angebot an hipper Freizeitkleidung die Teenager magisch anzieht und außerdem für das leibliche Wohl sorgt (S. 141). In den oberen Etagen gibt's außerdem eine große Filiale von Toys'R'Us und ein Wellnesscenter, im Untergeschoss Lebensmittel und Wein im Überfluss.

PLAZA SINGAPURA
Karte S. 80–81   Einkaufspassage

☎ 6332 9298; 68 Orchard Rd.; Ⓜ Dhoby Ghaut
Plaza Singapura an der Metrostation Dhoby Ghaut war die erste mehrstöckige Einkaufspassage Singapurs und ist ebenso beliebt wie riesengroß. Neben zahllosen Geschäften, Restaurants und Imbissständen aller Art gibt es den Kinokomplex Golden Village mit zehn Sälen, einen Carrefour, das Haushaltswarengeschäft Spotlight, Bose und eine Filiale der asiatischen Möbelkette Barang Barang.

SHOPPING GALLERY AT HILTON
Karte S. 80–81   Einkaufspassage

☎ 6737 2233; 581 Orchard Rd.; Ⓜ Orchard
Eines der exklusivsten Einkaufszentren in Singapur mit Boutiquen wie Gucci, Donna Karan, Missoni, Giorgio Armani, Paul Smith und Louis Vuitton, um nur einige zu nennen. Für Kunstfreunde lohnt sich ein Abstecher ins Four Seasons Hotel, das mit der Hilton Gallery verbunden ist.

TANGLIN MALL Karte S. 80–81   Einkaufspassage

☎ 6736 4922; 163 Tanglin Rd.; 🚌 7, 123, 174 ab Ⓜ Orchard
Ein bei den Ehefrauen von Zuwanderern sehr beliebtes Ziel. Sie treffen sich zu Dutzenden im Caffé Beviamo im Herzen der Passage, um sich gegenseitig ihr Leid zu klagen. Abgesehen von dem ausgezeichneten Feinkostsupermarkt Marketplace, der Filiale von That CD Shop und dem Modegeschäft British India ist das Angebot aber überraschend bescheiden. Allerdings gibt es eine bemerkenswerte Anzahl an Geschäften, die auf den Bedarf von Müttern ausgerichtet sind (Kinderbekleidung, Partybedarf usw.).

WISMA ATRIA Karte S. 80–81   Einkaufspassage

☎ 6235 2103; 435 Orchard Rd.; Ⓜ Orchard
Wisma ist dank seiner auffälligen, mit einem protzigen Namenszug versehenen gläsernen Fassade nicht zu verfehlen. Das runde

Aquarium im Inneren ist ein beliebter Treffpunkt. Neben einer großen Filiale der japanischen Kaufhauskette Isetan sind hier bekannte Modehäuser wie Gap, Levis und French Connection zu finden, außerdem einheimische Namen wie Daniel Yam und ProjectShop.

OSTSINGAPUR

Die engen Gassen der Shophouses und die wohlhabenden Wohngebiete im Osten Singapurs sind zu Recht eher für kulinarische Genüsse als fürs Shoppen bekannt. Tatsächlich haben einige der besten Einkaufsmöglichkeiten der Gegend vor allem mit Essen zu tun. Es gibt aber auch ein paar nette Einkaufspassagen und verschiedene kleine Läden, die zumindest eine Weile die Gedanken an die nächste Mahlzeit vertreiben.

CHANGI VILLAGE Karte S. 48–49   Markt

☎ 6788 8370; 4 Tampines Central 5; 🚌 2
Wer durch Changi Village spaziert, lernt Singapur von einer ungewohnt entspannten Seite kennen. Hier trägt die Bevölkerung vor allem Westen, Bermudas und Flip-Flops und ist es nicht so sehr gewohnt, *ang moh* (Europäern) zu begegnen. Es herrscht eine beinahe dörfliche Atmosphäre und wer stöbert, findet günstige Klamotten, Batikstoffe, indische Textilien und Elektronik. Um mal ein ganz anderes Singapur zu erleben, lohnt es sich, ein paar Stunden in Changi Village mit einem Ausflug nach Pulau Ubin (S. 176) zu verbinden. Eine Mahlzeit im berühmten Hawker Center und ein anschließendes Bier in Charlie's Corner (S. 142) runden den Tag ab.

HOME'S FAVOURITE COOKIES & DURIAN Karte S. 84   Lebensmittel

☎ 6272 2028; www.homesfavourite.com; 266 Joo Chiat Rd.; 🚌 10 & 14
Für alle, die von dem Geschmack und dem Duft der Durianfrucht nicht genug bekommen können (was zugegebenermaßen eher unwahrscheinlich ist), ist diese kleine Bäckerei der Himmel auf Erden. Duriankekse, Durianpastete, Duriankuchen, kurz: alles, was Durianfans glücklich macht, wird hier feilgeboten.

KIM CHOO KUEH CHANG
Karte S. 84   Lebensmittel

☎ 6486 0375; 109 East Coast Rd.; 🚌 10 & 14
In Joo Chiat gibt es einen ganzen Haufen

ANTIKES ALLER ART

Die Dempsey Rd. (Karte S. 98–99), die südwestlich der Singapore Botanic Gardens von der Holland Rd. abzweigt, hat in den letzten Jahren einen Aufschwung erlebt, seitdem die früheren Kasernen der britischen Armee nach und nach in edle Restaurants und Bars umgewandelt wurden.

Glücklicherweise haben die Kunst- und Antiquitätengeschäfte, die hier seit Langem ansässig sind, den Boom überlebt. Tagsüber ist es eine fast dörflich anmutende, friedliche Gegend, in der man herumschlendern und nach Kaschmirteppichen, Teakmöbeln, Antiquitäten und dergleichen stöbern kann.

Shang Antiques (☎ 6388 8838; Nr. 16) ist z. B. auf südostasiatische Stücke spezialisiert. Manche davon sind rund 2000 Jahre alt und haben dementsprechend ihren Preis. Red House Antiques (☎ 6474 6980; Nr. 26) ist eine der besten Adressen der Stadt für chinesische Antiquitäten.

Pasardina Fine Living (☎ 6472 0228; Nr. 13) führt alle erdenklichen dekorativen Stücke fürs Heim, Asiatique (☎ 6471 3146; Nr. 14) wiederum bietet aus recyceltem Holz gefertigte indonesische Möbel. Eastern Discoveries (☎ 6475 1814; Block 26, 01–04) hat ein tolles Antiquitätenangebot aus der Region auf Lager.

Bäckereien und Konditoreien, die wenigsten aber verströmen den angenehm altertümlichen Charme von Kim Choo. An einem Holztresen, der eher an eine Apotheke erinnert, erhält man traditionelle Ananastorten und andere typische Süßspeisen der Peranakan.

SCANTEAK Karte S. 84   Möbel
☎ 6342 5718; 341 Joo Chiat Rd.; Ⓜ Eunos, dann 🚌 155

Dieses Geschäft fällt in der Joo Chiat Rd. allein schon durch sein modernes Äußeres ins Auge und führt elegante, funktionelle Teakmöbel nach skandinavischem Vorbild zum entsprechenden Preis. Einige der Stücke mögen für bestimmte Geschmäcker etwas konservativ sein, aber die Qualität ist erstklassig.

THE GALLERY HOUSE Karte S. 84   Möbel
☎ 6440 5123; 181 East Coast Rd.; 🚌 10 & 14

Ein winziges, aber überaus reizendes Shophouse, in dem hübsche Gartenmöbel und ausgefallene geschnitzte Tierfiguren verkauft werden. Wer einen Liegestuhl und ein hölzernes Huhn sucht, ist hier genau richtig.

KATONG SHOPPING CENTRE
Karte S. 84   Einkaufspassage
865 Mountbatten Rd.; 🚌 10 & 14

Diese in die Jahre gekommene Passage bietet nicht viele interessante Geschäfte (es sei denn, man steht auf Modellautos und dergleichen), dafür aber einen Einblick in das tägliche Leben in Singapur. Auffällig sind die zahlreichen „Maid Agencies" – Agenturen, die indonesische, philippinische,

birmanische und indische Frauen anwerben und als Dienstmädchen unterbringen und sich dabei ein hübsches Sümmchen in die eigene Tasche stecken. Außerdem gibt's einige „Förderangebote" für Eltern, die sich sorgen, dass ihre Kinder den Anschluss verpassen. Ein interessanter, aber auch recht deprimierender Ort.

PARKWAY PARADE
Karte S. 84   Einkaufspassage
☎ 6344 1242; www.parkwayparade.com.sg; Marine Parade; 🚌 15, 31, 36, 76

Die älteste Passage im östlichen Singapur beherbergt Läden wie die Buchhandlung Borders, das Kaufhaus Isetan, die Elektronikfachgeschäfte Best Denki und Harvey Norman sowie jede Menge Modeoutlets, Snackbars und Imbissbuden.

TAMPINES MALL
Karte S. 48–49   Einkaufspassage
☎ 6788 8370; 4 Tampines Central 5; Ⓜ Tampines

Eines der größten Einkaufszentren in Singapurs Außenbezirken, praktischerweise direkt an der Metrostation Tampines gelegen. Im Inneren dieses grünen Monsters befinden sich unter anderem eine Filiale von Isetan, das Kino Golden Village und einige Buchhandlungen.

HOLLAND ROAD & BUKIT TIMAH

In den Vorstädten gibt es das eine oder andere Geschäft, das vor allem bei wohlhabenden Bewohnern Anklang findet: Antiquitäten,

Feinkost, edle Haushaltswaren, Möbel und Dekor, Wellnesscenter, ethnische Kuriositäten und dergleichen. Hauptanziehungspunkt ist das Holland Road Shopping Centre, eine schon etwas in die Jahre gekommene Passage, in der es alles gibt, was die Liebhaber alles Asiatischen sich wünschen.

GASTRONOMIE

Karte S. 98–99   Lebensmittel

☎ 6475 1323; 43 Jalan Merah Saga; 🚌 7
Es gibt keinen besseren Ort, um sich bei einem Spaziergang durch Holland Village zu stärken. Salate, Brote, Dips, Pizza, Kuchen – alles, was zu einem leckeren Mittagessen dazugehört. Wer Glück hat, erwischt einen der Tische an der Straße und kann ein Picknick mitten in der Stadt genießen.

JONES THE GROCER

Karte S. 98–99   Lebensmittel

☎ 6476 1512; www.jonesthegrocer.com; Block 9, Dempsey Rd.; 🚌 7, von dort zu Fuß
Die Preise, die in diesem australischen Edelgeschäft für Lebensmittel erhoben werden, die es in jedem Supermarkt zu kaufen gibt, sind zwar an Dreistigkeit kaum zu überbieten, dafür ist das Käsesortiment vom Allerfeinsten.

HOLLAND ROAD SHOPPING CENTRE

Karte S. 98–99   Geschenkartikel

211 Holland Ave.; 🚌 7
Noch ist nicht abzusehen, ob dieses in Würden ergraute Einkaufszentrum den in Singapur grassierenden Modernisierungswahn überstehen wird. Es wäre wünschenswert, denn bislang ist es eine tolle Möglichkeit, Kunstobjekte, Geschenkartikel, Haushaltswaren und unkonventionelle Kleidung einzukaufen. Bei Lim's Arts & Living (Shop 01, Level 2) gibt's alles für die Inneneinrichtung, Island & Archipelago (Shop 05, Level 2) führt Retrostrandmode und EMF (Shop 24, Level 2) ein großes Sortiment an Secondhandbüchern. Framing Angie (Shop 02, Level 3) ist eine Galerie, in der auch Bilder gerahmt werden können. Nach dem Shoppen lässt es sich in einem der Massagesalons auf Ebene 3 herrlich entspannen.

PANTRY MAGIC

Karte S. 98–99   Küchengeräte

☎ 6471 0566; www.pantry-magic.com, 43 Jalan Merah Saga; 🚌 7
Hier gibt's alle möglichen gusseisernen und rostfreien Töpfe, Pfannen, Mühlen, Reiben, Mörser und Messer, die für jeden ambitionierten Hobbykoch absolut unverzichtbar sind. Und für den Fall der Fälle außerdem Kochbücher.

ESSEN

top picks

- Au Jardin (S. 144)
- Chef Chan's (S. 132)
- Din Tai Fung (S. 141)
- Hai Tien Lo (S. 132)
- Il Lido (S. 147)
- Saint Pierre (S. 136)
- The Cliff (S. 147)
- Wasabi Tei (S. 140)

ESSEN

Die Singapurer leben, um zu essen und Besucher sollten dabei einfach mitmachen.

In Singapur gilt: Was auf dem Teller ist, ist wichtiger als die Qualität des Porzellans (oder Plastiks), aus dem er gemacht wurde. Der eleganteste Geschäftsmann setzt sich genauso gern auf einen billigen Plastikstuhl und mampft für 3 $ von einem Plastikteller *char kway teow* (ein Hokkien-Gericht aus Bandnudeln, Muscheln und Eiern gebraten in Chili- und Schwarze-Bohnen-Sauce), wie er 50-$-Krebse in einem klimatisierten Restaurant isst. Die Kombination aus Unkompliziertheit, unendlicher Vielfalt, hohen Hygienestandards und weit verbreitetem Englisch ergibt eines der herrlichsten Schlaraffenparadiese Südostasiens.

In der Stadt findet sich jede nur erdenkliche Küche für jedes nur erdenkliche Budget. Chinesisches Essen in seinen vielen Varianten überwiegt zwar, aber es gibt auch ein paar Ecken für nord- und südindisches Essen, vor allem im Bereich der Serangoon Rd. Hier gibt es außerdem wie in Kampong Glam auch viele muslimische Esslokale.

Im Colonial District und im Bereich der Quays haben teure Restaurants das Sagen. Hier und in den wohlhabenden Stadtvierteln rund um die Holland Rd. und Bukit Timah gibt es das meiste westliche Essen. Ostsingapur ist bekannt für Meeresfrüchte und Peranakan–Restaurants, in denen es die deftige, sauer-scharfe Küche der malaiisch-chinesischen Mischethnie gibt.

Überall jedoch findet man zahllose Hawker Center und Food Courts, wo die Singapurer unglaublich viel Zeit verbringen.

GESCHICHTE

Beim Betreten irgendeines beliebigen Hawker Centers entfaltet sich die gesamte Geschichte Singapurs in essbarer Form: Fischkopfcurry aus Südindien, *nasi biryani* (Safranreis aromatisiert mit Gewürzen und garniert mit Cashewnüssen, Mandeln und Rosinen) oder *rendang* (Curryfleisch in Kokosmarinade) aus Malaysia, Geflügelreis aus Hainan, *char kway teow* nach Hokkien-Art, kantonesisches knusprig gegrilltes Schweinefleisch, Teochew-Reisbrei, *popiah* der Peranakan (ganz ähnlich wie Frühlingsrolle, aber nicht gebraten) oder westliche „gemischte Grillgerichte", welche die meisten westlichen Touristen aber nicht wiedererkennen würden.

Alle ethnischen Gruppen haben ihre heimische Küche mit nach Singapur gebracht. Zumeist sind diese bis heute auch unverfälscht geblieben, aber wenn Kulturen verpflanzt werden, kann es natürlich passieren, dass regionale Variationen und Gebräuche einfließen. So wie die Menschen Singapurs ihre eigene Mentalität entwickelt haben, je länger sie von ihren Ursprungsländern getrennt waren, so gilt dies auch für ihre Küche. Gerichte wie Fischkopfcurry, Chilikrabbe oder *yu sheng* (Rohfischsalat, der zum chinesischen Neujahrsfest gegessen wird) sind allesamt aus beliebten überlieferten Gerichten entstanden.

ETIKETTE

Viele Besucher sagen, dass die Hawker Center zu ihren bemerkenswertesten Reiseerinnerungen gehören. Die Food Courts in den Einkaufszentren sind locker zu nehmen, aber die älteren Hawker Center wirken auf Anfänger schon etwas einschüchternd. Da kann es nicht schaden, sich mit den Esssitten vertraut zu machen, bevor es ab ins Getümmel geht.

Besucher sollten sich als Erstes einen Platz sichern, besonders wenn viel los ist. Das geht entweder, indem einer aus der Gruppe sich schon mal an einen Tisch setzt, oder auf die singapurische Art: einen Packen Servietten auf einen Sitz legen. Falls es keine freien Tische gibt, ist das weiter kein Problem; es ist durchaus üblich, mit völlig Fremden an einem Tisch zu sitzen.

Dann kann es auch schon losgehen mit der Nahrungssuche. Tafeln zeigen die Spezialitäten des jeweiligen Standes an. Man kann eine beliebige Anzahl Gerichte von beliebig vielen Ständen kaufen. Manchmal weisen Schilder an den Ständen auf „self service" hin: Hier müssen die Kunden ihren Teller zwar selbst zum Tisch bringen, dürfen sich aber nicht das Essen selbst nehmen. Im anderen Fall kommt das Essen an den Tisch und daher müssen Gäste auch zuerst einen Tisch bekommen, sonst wissen die Leute am Stand nicht, wohin das Essen soll.

Normalerweise zahlt man bei Bestellung, einige Hawker jedoch kassieren beim Servieren.

In den meisten älteren Hawker Centern und *kopitiam* (Coffeeshops), kommt jemand an den Tisch und nimmt die Getränkebestellung auf. Die Getränke werden beim Servieren bezahlt. In den modernen Food Courts der Einkaufszentren bestellen sich Durstige die Getränke an Getränkeständen.

In einigen Hawker Centern, besonders im beliebten Newton Circus, versuchen umherlaufende Werber, sich Besucher zu schnappen, sie an einen Tisch zu pflanzen und ihnen die Speisekarten hinzuknallen. Bestellen ist aber nicht Pflicht, eigentlich ist es den Ständen sogar verboten, solche Werber zu schicken. Das kann man ruhig erwähnen, wenn diese allzu aufdringlich werden.

Singapurs kultureller Schmelztiegel hat strenge Tischsitten im Grunde überflüssig gemacht. Jede ethnische Gruppe richtet sich ohnehin nach den Gebräuchen, die das eigene Essen betreffen. Die Sitten anderer Küchen werden dagegen oft ignoriert. Chinesen essen das indische Fladenbrot *roti prata* mit Löffel und Gabel, Inder essen chinesische Gerichte mit dem Löffel und Malaien greifen eine Pizza mit Messer und Gabel an. Mit anderen Worten: Hier sollte sich keiner verpflichtet fühlen, irgendwelchen Regeln zu folgen.

SPEZIALITÄTEN
Chinesisch
Für chinesisches Essen ist es am besten, in einer möglichst großen Gruppe zu essen, denn die Gerichte werden traditionell untereinander geteilt. Ein chinesisches Essen sollte ausgewogen sein. Ein kühlendes Yin-Gericht (Gemüse, die meisten Obstsorten, klare Suppen) sollte mit einem wärmenden Yang-Gericht kombiniert werden, dazu gehören stärkehaltige Speisen und Fleisch.

Die bekannteste Variante chinesischer Küche ist die kantonesische, obwohl die meisten Chinesen in Singapur nicht kantonesischer Abstammung sind. Kantonesisches Essen wird meistens im Wok gebraten, mit einem Hauch Öl, damit es frisch und zugleich knusprig schmeckt. Typisch sind *won ton* (Teigtaschen gefüllt mit würzigem Schweinehack) und *mee* (Nudeln). Am teuren Ende des Spektrums stehen Haifischflossen- und Vogelnestsuppen.

Zu den berühmtesten kantonesischen Spezialitäten gehören Dim Sum (auch bekannt als *yum cha*) kleine Snacks, die zum Mittagessen oder Sonntagsbrunch in großen lauten Restaurants gegessen werden. Die Gerichte werden auf Wagen durch das Restaurant geschoben und die Kunden nehmen sich, was sie mögen.

Das beliebteste Hainan-Gericht ist Geflügelreis: gedämpftes Huhn, in Hühnerbrühe gekochter Reis, eine klare Suppe und Gurkenscheiben. Das ist praktisch das National- und Leibgericht Singapurs. Gegessen mit Dips, (Ingwer-, Chili- und Sojasauce) ist es leicht, aber dennoch überraschend sättigend. Ein weiteres populäres Hainan-Gericht ist „steamboat" (Feuertopf), ein auf dem Tisch stehender Metalltopf gefüllt mit kochender Brühe, in den Fleischstücke, Meeresfrüchte oder Gemüse getaucht werden.

Viele von Singapurs Chinesen sind Hokkien aus Südchina, ein Volk mit berüchtigt rauer Zunge, dessen kräftige Nudelgerichte wie *char kway teow, bak chor mee* (Nudeln mit Schweinefleisch, Fleischklopsen und gebratenem Muschelfleisch) und *hokkien mee* (gelbe Hokkien-Nudeln mit Garnelen) Fast-Food-Hits sind.

Diejenigen, die es etwas schärfer mögen, sollten Sichuan-Küche probieren. Knoblauch und Chilis spielen eine wichtige Rolle in Gerichten mit Huhn oder in der sauer-scharfen Suppe. Die Peking-Küche ist geschmacklich etwas kräftiger und wird für gewöhnlich mit Nudeln oder gedämpften Brötchen gegessen.

Aus der Gegend um Shantou in China kommt die Teochew-Küche. Dieser Kochstil ist bekannt für seine Feinheit und seine natürlichen Geschmacksnoten (viele behaupten, er sei fade). Meeresfrüchte sind die Spezialität, wobei *maw* (die Schwimmblase eines Fisches) beunruhigend oft auftaucht. Das Teochew-Leibgericht ist Reisbrei, serviert mit Fisch, Schwein oder Frosch (Letzterer ist ein Favorit in Geylang).

Indisch
Grundlegend lässt sich die indische Küche in zwei Kategorien aufteilen: südlich und nördlich. Südindisches Essen dominiert in Singapur, da die meisten singapurischen Inder und ebenso die Wanderarbeiter aus dem Süden des Subkontinents stammen. Nordindische Restaurants verbreiten sich jedoch mehr und mehr mit dem Zustrom von Geschäftsleuten und Touristen aus Nordindien nach Singapur.

DIE ERFINDUNG DER „CHILLI CRAB"

1956 eröffneten Herr und Frau Lim ein Meeresfrüchterestaurant mit dem Namen Palm Beach. Genau hier braute Frau Lim erstmals die heute berühmte Sauce aus Tomaten, Chilis und Eiern zusammen, ohne die die typisch singapurische *chilli crab* (Chilikrabbe) undenkbar wäre. So ist es zumindest nach der Erzählung ihres Sohnes Roland gelaufen, Eigentümer des nach ihm benannten Roland Restaurant (S. 143). Singapurs Gastronomieunternehmen lieben ihre Vom-Tellerwäscher-bis-zum-Millionär-Legenden.

Die Lims wanderten in den 1960er-Jahren nach Neuseeland aus, Roland kehrte jedoch nach Singapur zurück, wo er bemerkte, dass Mamas Gericht ein Riesenhit war. Er eröffnete 1985 sein eigenes Restaurant, und seit dem Umzug an die gegenwärtige Adresse am Marine Pde. im Jahr 2000 hat das mit 1300 Plätzen ausgestattete Restaurant einen soliden Ruf aufgebaut. Der ist so gut, dass Premierminister Goh Chok Tong hier am Nationalfeiertag speist.

Südindisches Essen ist üblicherweise scharf, vegetarische Gerichte überwiegen. Typisch südindisch ist ein *thali* (Reisgericht), es wird oft auf einem großen Bananenblatt serviert. Darauf platziert ist ein großer Berg Reis, ergänzt durch verschiedene Gemüsecurrys, *rasam* (eine scharf-saure Suppe) und ein Dessert. Südindisches Essen wird traditionell mit der rechten Hand gegessen, Besteck ist unüblich, Löffel sind jedoch immer erhältlich.

Das bei den einheimischen Chinesen beliebteste indische Gericht ist *roti prata* – ein schweres, in Öl gebratenes Fladenbrot, das mit einer Currysauce serviert wird. Die sogenannten Pratha-Restaurants führen gewöhnlich Dutzende von Variationen, sowohl süße als auch herzhafte.

Ein weiteres südindisches Gericht sind *masala dosa*, gerollte dünne Pfannkuchen. Mit würzigem Gemüse gefüllt und mit Chutneys und etwas *rasam* als Beilage ergeben sie ein preiswertes leichtes Essen. Der entsprechende Snack in indisch-muslimischen „Halal"-Restaurants heißt *murtabak* und wird aus hauchdünnem Teig, gefüllt mit Ei und Lammhack, hergestellt und in Öl leicht angebraten.

Ein anderes populäres Halal-Gericht ist *biryani*, das sich von der nordindischen Variante unterscheidet. Wer *chicken biryani* bestellt, bekommt einen Berg safrangelben Reis, ein Stück frittiertes Huhn, eine Schüssel Currysauce und einen kleinen Hügel Salat (oft mit einem Spritzer süßer Chilisauce obendrauf).

Die nordindische Küche ist der westlichen Zunge vertrauter, mit gehaltvolleren, aber weniger scharfen Gerichten, zu denen es Naan-Brote (blätterteigartiges Brot aus dem Lehmofen) oder Chapatis (in der Grillpfanne gebratene Vollweizenbrote) gibt.

Malaiisch & Indonesisch

Die Küchen Malaysias und Indonesiens sind recht ähnlich. Satéspieße *(Satay)* mit Huhn, Lamm oder Rind in scharfe Erdnusssauce getunkt gibt's überall. Weitere typische Gerichte sind *tahu goreng* (gebratener Tofu und Bohnenkeimlinge in Erdnusssauce), *ikan bilis* (gebratene ganze Anchovis), *ikan assam* (gebratener Fisch in saurem Tamarindencurry) und *sambal udang* (Garnelen mit scharfem Curry).

Sowohl *ayam goreng* (gebratenes Huhn) als auch *rendang* sind beliebte Hauptgerichte. *Nasi goreng* (gebratener Reis) ist weitverbreitet, aber auch in der chinesischen oder indischen Küche ebenso zu finden wie in der malaiischen, wobei jeder Stil seine charakteristische Würzung hat. *Nasi lemak* ist Kokosreis, oft serviert mit gebratenen *ikan bilis*, Erdnüssen und einem Currygericht.

Die Sumatra-Variante der indonesischen Küche geht mehr in Richtung Curry- und Chiligerichte. *Nasi padang* aus der Region Minangkabau im Westen Sumatras besteht aus einer Vielfalt von Currys serviert mit Reis. *Mee rebus* (Nudeln in herzhafter Sojasauce) ist ein Gericht aus Java und in Food Centern fast überall vertreten.

Peranakan

Als Nachkommen früher chinesischer Einwanderer, die malaiische Frauen heirateten, entwickelten die Peranakan eine einzigartige Küche. Sie verbindet chinesische Zutaten mit malaiischen Saucen und Gewürzen. Aromatisiert wird gewöhnlich mit Frühlingszwiebeln, Chilischoten und *belacan* (malaiische fermentierte Krabbenpaste), Erdnüssen, eingelegten Sojabohnen und Galangawurzel (auch Galgant; verwandt mit der Ingwerwurzel). Sämige Kokosmilch ist eine Saucengrundlage für die Hauptzutaten.

Im letzten Jahrzehnt erwachte ein neues Interesse an der Peranakan-Küche, die ursprünglich auf das Zuhause beschränkt war. Mittlerweile gibt es zahlreiche Peranakan-

Restaurants, wie das Chilli Padi (S. 142) oder das Guan Hoe Soon (S. 143).

Zu den typischen Gerichten gehört unter anderem *otak-otak* (eine köstliche Farce aus Fisch, Kokosmilch, Chilipaste, Galanga und Kräutern, eingewickelt und gegart in einem Bananenblatt), *ayam buah keluak* (Huhn gedämpft mit dunklen Nüssen aus Indonesien, die eine herzhafte Sauce ergeben – die schwarze, pastenartige Nussfüllung wird in kleinen Mengen zu jedem Bissen genommen und hat einen ungewöhnlichen, erdigen Geschmack).

Freunde des Genusses sollten unbedingt auch einmal *laksa* (Nudeln in würziger Kokossauce mit gebratenem Tofu und Bohnenkeimlingen) schlürfen.

Süßspeisen

Die knallbunten Minivulkane, die oft in den Food Centern zu sehen sind, heißen *ais kacang* (eis ka-*tschan*). Die Komposition besteht aus einem Berg aus geschabtem Eis, Sirup, Kondensmilch, Obst, Hülsenfrüchten und Wackelpudding. Ganz ähnlich ist *cendol*, besteht aber aus Kokosmilch mit Rohrzuckersirup und Streifen von grünem Wackelpudding und obendrauf kommt eine Schicht aus geschabtem Eis. Beides schmeckt ganz klasse oder zumindest besser als es aussieht. Einen Versuch wert sind auch *ah balling*, Klebreiskugeln gefüllt mit einer süßen Paste aus Erdnüssen, schwarzem Sesam oder roten Bohnen, serviert in einer Suppe mit Ingwergeschmack.

In Little India gibt es indische Süßspeisen zu entdecken: *burfi, ladoo, gulab jamun, gelabi, jangiri, kesari* und *halwa*, um nur einige zu nennen, werden oftmals unter Verwendung von Kondensmilch, Sesam und verschiedenen Sirups hergestellt.

Nonya-(bzw. Peranakan)Nachspeisen sind z. B. die *kueh* (bunte Reiskuchen, mit Kokos und Palmzucker aromatisiert) und süß-klebrige Leckereien wie die Minianananasküchlein, die überall in kleinen Plastikwannen mit roten Deckeln verkauft werden. Ein Muss ist die fantastische *kueh lapis,* eine aufwendig hergestellte Torte, deren Rezept irrsinnig viele Eier vorsieht.

Eine bemerkenswerte singapurische Seltsamkeit ist das bei Jung und Alt sehr beliebte Eiscremesandwich, das mobile Eisverkäufer anbieten. Es besteht aus einem dicken Stück Eiscreme, in eine Scheibe Brot eingeklappt. Manchmal gibt es statt Brot auch die traditionelleren Waffelscheiben.

WOHIN ZUM ESSEN?

Außer den Restaurants und Cafés nach westlichen Standards hat Singapur seine besonderen Arten von Speiselokalen: Hawker Center, *kopitiam*, Food Court, Food Center, Canteen … alles typischerweise im Freien und mit bis zu hundert einzelnen Ständen. Die feinen Unterschiede zwischen diesen Orten bleiben dem Fremden oft ein Mysterium, die Singapurer beharren jedoch darauf, dass es sie gibt.

Der Begriff *hawker* bezeichnete früher mobile Imbissstände, die überall da ihre Brenner anwarfen, wo Kunden waren. Dieses Umhergewandere war für das moderne Singapur natürlich inakzeptabel und so wurden nahezu alle in die Hawker Center eingepfercht. Zugegeben, das macht das Leben für alle einfacher.

Hawker Center sind normalerweise frei stehend, offen (oder zumindest mit offenen Seiten), groß – und alt. Die Auswahl an verschiedenen Regionalküchen ist meist groß und die Atmosphäre rupprig. Das Essen hingegen ist durchweg gut. Wenn das nicht der Fall ist, kann ein Stand ziemlich schnell dichtmachen.

ANSTELLEN? ABER GERNE!

Ein typischer Anblick in allen Hawker Centern und Food Courts: An einigen Ständen herrscht gähnende Leere, an einigen wartet eine Handvoll Kunden und nur an einem ganz bestimmten Stand warten 10, 20, manchmal auch mehr Kunden geduldig darauf, ihre Bestellung abzugeben.

Fremde mag das zutiefst verblüffen. Aber die Singapurer sind so besessene Schlemmer, dass sie gerne eine halbe Stunde oder länger anstehen, nur für ein Gericht, das neu, populär oder berühmt ist. Eine hiesige Weisheit besagt, dass es dort das beste Essen gibt, wo die Schlange am längsten ist.

Die Stände steigen und sinken schnell in der Gunst der Kunden. Wer sich das mal aus der Nähe ansehen oder gar mitmachen möchte, der findet mit Sicherheit Mammutschlangen für die *black-pepper crab* (Krabbe in einer Sauce mit schwarzem Pfeffer) im Eng Seng Coffeeshop (S. 143) oder bei Joo Chiat für *satay bee hoon* (Nudeln in Erdnusssauce) im East Coast Lagoon Food Village (S. 144).

top picks

VEGETARISCHE RESTAURANTS

Indisch

- **Ananda Bhavan** (S. 138) Hochklassiges, aber lockeres Restaurant mit drei Filialen.
- **Annalakshmi** (S. 137) Großartiges Mittagsbuffet, für das die Gäste den Preis bezahlen, der es ihnen wert ist.
- **Madras New Woodlands** (S. 140) Exzellente *thalis* und *dosai* (südindische pikante Pfannkuchen), abseits der Touristenhorden im Komala Vilas.
- **Bombay Woodlands** (S. 141) Sehr gute nordindische Küche zu fairen Preisen in einer Nebenstraße der Orchard Rd.

Chinesisch

- **Lingzhi Vegetarian** (S. 142) Hervorragendes traditionelles und modernes chinesisches Essen an der Orchard Rd. und am Novena Sq.
- **Ci Yan Organic Vegetarian Health Food** (S. 137) Zu 100 % Bio, zwiebel- und knoblauchfrei und von spirituellen Büchern eingerahmt.

Andere

- **Original Sin** (S. 145) Trendige Mittelmeerküche in der Westlerenklave Holland Village.
- **Whatever** (S. 115) New-Age-Buchladen vorne, super Veggie-Essen hinten.

Food Courts sind überdacht, oft in klimatisierten Einkaufszentren. Es wird zumeist eine größere Auswahl an Küchen angeboten, die Preise sind dafür geringfügig höher. Es sind einige sehr schicke Food Courts entstanden wie zum Beispiel Wisma Atria's Food Republic (S. 142), wo das Essen trendiger und die Preise noch ein wenig höher sind.

Coffeeshops, auch *kopitiam* (*tiam* ist Hokkien für „Laden") genannt, sind eine weitere Institution in Singapur. Diese Cafés mit offener Ladenfront mit einer Handvoll von Ständen im Innern werden normalerweise von einer „Auntie" oder einem „Uncle" patrouilliert, die die Getränkebestellung aufnehmen, sobald das Essen da ist.

Hawker Center und Food Courts unterliegen strengen Hygienerichtlinien. Die dort ausgehängten „ABC"-Zeichen sind jährlich verliehene Einstufungen in Sachen Sauberkeit und Lebensmittelhygiene (wobei die Höchstnote „A" für „absolut geschmacklos" steht, behaupten einheimische Spötter). Mancherorts informieren spezielle Aufkleber auch darüber, dass gesündere Speisen angeboten werden, welche weniger Öl, Salz, Schmalz und andere lebensbedrohliche Substanzen enthalten.

VEGETARIER & VEGANER

Da in Singapur die Religionen Buddhismus und Hinduismus vorherrschen, ist es nicht so schwer, ein Restaurant, einen Stand oder ein Café mit vegetarischem Angebot zu finden. Besonders in Little India wimmelt es vor vegetarischem Essen, aber auch Food Courts und Hawker Center haben immer einen vegetarischen Stand oder bieten vegetarische Varianten an.

Auf eines sollte man aber achten: Ob ein Gericht vegetarisch ist, legen Chinesen und Malaien etwas unterschiedlich aus. Wir fanden „Gemüsesuppen", die sowohl Huhn als auch Garnelen enthielten („Da ist Gemüse drin, also ist es eine Gemüsesuppe", ist dabei wahrscheinlich die Überlegung). Die Bestellung sollte darum sehr spezifisch sein, also nicht einfach „vegetarisch" sagen, sondern betonen, dass weder Fleisch noch Meeresfrüchte drin sein dürfen und sich vergewissern, dass dies auch verstanden wird.

Für Veganer kann das Leben ein bisschen schwieriger sein. Da Milchprodukte hier aber recht selten sind, müssen Veganer zumeist lediglich darauf achten, dass keine Eier verwendet werden.

Eine vollständige Liste vegetarischer Restaurants gibt es auf www.vegetarian-restaurants.net/Asia/Singapore.

KOCHKURSE

Wer immer schon mal lernen wollte, wie man seine eigenen *laksa* (nein, nicht die aus dem Glas) zaubert oder wissen will, was zum Teufel eigentlich *jus* ist, kann dafür jede Menge Kurse besuchen.

At-Sunrice (Karte S. 54–55; ☎ 6336 3307; www. at-sunrice.com; Fort Canning Centre) Im Fort Canning Park. Gäste zahlen 35 $ für einen Rundgang im Gewürzgarten und einen Tee-Empfang und dann noch einmal 100 $ extra für ein halbtägiges Seminar. Dort werden fünf Gerichte nach Wahl gelehrt (drei zum Mitmachen, zwei als Demonstration), gefolgt von einem Mittagessen. Ambitionierte Amateurköche können sich auch für einen Kurs anmelden, der findet an acht aufeinanderfolgenden Samstagen statt und kostet 2100 $.

Cookery Magic (☎ 6348 9667; www.cookerymagic. com) Die wohl besten Kurse werden von Cookery Magic angeboten. Die wunderbare Ruqxana zeigt eine Reihe von beliebten indischen, malaiischen, chinesischen und singapurischen Klassikern. Gekocht wird in kleinen Gruppen, entweder bei ihr zu Hause oder auf Exkursionen. Kurse kosten zwischen 50 $ und 75 $ pro Person.

Shermay's Cooking School (Karte S. 98–99; ☎ 6479 8442; www.shermay.com; 03–64 Block 43, Jalan Merah Saga, Chip Bee Gardens, Holland Village) Etwas formeller geht es zu bei diesen Kursen mit Theorie und Praxis; die Kosten liegen zwischen 69 $ und 139 $. Die Dessertkurse sind besonders gefragt (wie oft bekommt man schon die Gelegenheit, an einem Muffin-Workshop teilzunehmen?), außerdem sind Kurse zu europäischer und asiatischer Küche im Angebot.

Raffles Culinary Academy (Karte S. 54–55; ☎ 6412 1256; www.raffleshotel.com/culinaryclass.html) Auf der zweiten Ebene der Raffles Hotel Arcade bietet die Kochakademie diverse eintägige Kochkurse an; für Gruppen bis zu 20 Personen, die Kosten belaufen sich auf 65 $ bis 130 $ pro Person. Wenige Kurse mit Praxisanteil, dafür gibt's am Ende Mittag- oder Abendessen.

Coriander Leaf (Karte S. 54–55; ☎ 6732 3354; www.corianderleaf.com; 02-03, 3A Merchant Court, Clarke Quay) Dieses asiatische Fusionrestaurant bietet auch regelmäßig Kochkurse an, mit allem von italienischer und französischer Küche bis zu Thai und Vietnamesisch. Jeder Kurs dauert dreieinhalb Stunden, handelt etwa acht Rezepte ab (was ein bisschen gehetzt scheinen mag) und kostet zwischen 120 $ und 130 $.

PRAKTISCH & KONKRET
Öffnungszeiten
Im Allgemeinen gilt: je schicker das Restaurant, desto kürzer die Öffnungszeiten. Toprestaurants haben meist von 12 bis 14.30 Uhr geöffnet und dann noch einmal zwischen 18 und 23 Uhr (abweichende Öffnungszeiten sind angegeben). Food Courts, Coffeeshops und Hawker Center sind durchgehend geöffnet – einige sogar 24 Stunden – und schließen normalerweise irgendwann zwischen 22 und 1 Uhr. Mittelklasserestaurants sind tagsüber meist durchgehend geöffnet, während Caféketten wie Coffee Bean bis ca. 1 Uhr geöffnet haben.

Preise
Es ist egal, wie viel Geld man in Singapur für Essen ausgeben will: Ein gutes Mahl findet sich immer – ein prima Zeichen für eine tolle Schlaraffenstadt. In einem Hawker Center oder einem Coffeeshop müssen Gäste für eine Mahlzeit inklusive Kaffee, Tee oder Saft nur etwa 4,50 $ berappen. In Food Courts

PREISE

Die folgenden Preisangaben beziehen sich auf ein Essen mit zwei Getränken für zwei Personen.

$$$	über 75 $
$$	20–75 $
$	unter 20 $

sind es noch etwa 2 $ mehr. Ein ordentliches Essen in einem mittleren Restaurant mit ein, zwei Bier kostet zwischen 40 und 50 $. Feine Restaurants nehmen pro Kopf etwa 100 $, wenn's auch noch ein vernünftiges Fläschchen Wein sein soll, kostet das mindestens 40 $.

Besucher sollten daran denken, dass sich die meisten Preise auf der Karte zuzüglich saftiger 18 % verstehen. Diese setzen sich zusammen aus 10 % Servicepauschale, 7 % Mehrwertsteuer und 1 % Government Tax.

Tischreservierungen
Je teurer ein Restaurant ist, umso wahrscheinlicher ist auch eine Reservierung erforderlich. Als Faustregel gilt, dass für Toprestaurants ausnahmslos Tischbestellungen notwendig sind, während dies bei mittpreisigen Restaurants nur freitags, samstags und sonntags der Fall ist.

Trinkgeld
Trinkgeld wird in Singapur allgemein nicht erwartet, da die meisten Restaurants eine Servicepauschale von 10 % auf den Preis aufschlagen, und in Hawker Centern gibt sowieso niemand Trinkgeld. Es lohnt aber, die Rechnung trotzdem zu überprüfen, da viele Restaurants mittlerweile ihren Kunden die 10 % erlassen und es freistellen, Trinkgeld zu geben. Wahrscheinlich ist das eine Maßnahme, um den notorisch schlechten Service in Singapur zu verbessern.

Selbstversorger
Lebensmittelmärkte wie die am Tekka Market, dem Chinatown Complex und in Geylang Serai sind in Singapur dünn gesät, Supermärkte gibt es aber überall. Zwei annehmbare heimische Ketten dominieren den Markt: NTUC FairPrice und Cold Storage (Karte S. 98–99). Letzterer gilt als etwas exklusiver und ist sicher auch etwas zuverlässiger als FairPrice, aber eigentlich gibt es keine gravierenden Unterschiede.

Andere populäre Händler sind das französische *hypermarché*-Imperium Carrefour (Plaza Singapura und Suntec City), wo es eine viel breitere Auswahl und bessere Produktqualität gibt, und der Edelmarkt Jason's Market Place (Raffles City, Orchard Towers, Paragon und Tanglin Mall).

Singapurs relativer Wohlstand, seine große westliche Gemeinde und seine Leidenschaft fürs Essen haben auch ein florierendes Gourmet- und Weinhandelsgeschäft hervorgebracht. Läden wie Gastronomie (S. 124), Swiss Butchery und Jones the Grocer (S. 124), über die ganze Stadt verteilt oder in Nobelwohnvierteln wie Holland Village, haben einen reißenden Absatz.

Der Onlineshop auf www.greengrocer.com.sg bietet eine breite Auswahl an ziemlich hochpreisigen Importwaren für Feinschmecker an.

COLONIAL DISTRICT & DIE QUAYS

Im Bereich des Colonial District und der drei Quays essen zu gehen, ist eine recht exklusive Angelegenheit. Günstige Optionen sind hier eher spärlich gesät. Die Spannbreite internationaler Restaurants – von raffinierter französischer Küche wie dem Saint Pierre bis hin zum frivol-schlüpfrigen Hooters am Clarke Quay – ist so unglaublich, dass es sicher ein Jahr oder länger dauern würde, sich durch die Quays zu futtern. Ein paar Hawker Center sind noch hier, ideal für den schnellen Snack oder für ein günstiges Mittagessen; und natürlich gibt's in allen Malls die obligatorischen Food Courts.

BOBBY'S TAPROOM & GRILL

Karte S. 54–55   Amerikanisch $$$

☎ 6337 5477; www.bobbys.com.sg; B1–03 Chijmes, 30 Victoria St.; Hauptgerichte ab 20 $; ☺ So–Di 12–24 , Mi–Sa 12–2 Uhr; Ⓜ City Hall; ♿
Komplett renovierte amerikanische Barbecue- und Sports-Bar. Spezialität sind Steaks, Koteletts, Rippchen und überhaupt alles, was mit Fleisch zu tun hat. Besonders berühmt ist Bobby's für die „Baby Back Pork Ribs", aber die Steaks sind auch klasse. Alternativen für Vegetarier sind vorhanden.

CHEF CHAN'S RESTAURANT

Karte S. 54–55   Chinesisch $$$

☎ 6333 0073; 01–06 National Museum, 93 Stamford Rd.; Menü 88 $; Ⓜ Dhoby Ghaut

Chef Chan's beansprucht zu Recht den Ruf als bestes chinesisches Restaurant Singapurs, hier ist einfach alles herausragend. Angefangen bei der kuriosen Location in einer kaum auffindbaren Nische des Nationalmuseums über die echt antike chinesische Deko bis hin zum großartigen, klassischen Menü (unter anderem mit dem berühmten knusprig gegrillten Huhn, komplett mit Kopf serviert). Hier geht nur was mit Vorbestellung.

DOC CHENG'S

Karte S. 54–55   International $$$

☎ 6412 1264; Ebene 2, Raffles Hotel Arcade, 1 Beach Rd.; Hauptgerichte ab 20 $; Ⓜ City Hall
Nischen mit Vorhängen, hohe Decken, gedämpftes Licht und karierte Fliesen verleihen Doc Cheng's ein koloniales Flair, obwohl das Essen definitiv moderne Fusion-Küche ist. Als Vorspeise mit Ei ist „Son-in-law" (Schwiegersohn) überraschend erfolgreich, wie zum Beispiel auch die Tandoori-Forelle.

EQUINOX

Karte S. 54–55   International $$$

☎ 6431 5669; 70. Stockwerk, Swissôtel, 2 Stamford Rd.; Hauptgerichte ab 30 $
Siebzig Stockwerke über der wie hingegossenen Stadt fragen sich viele Gäste vielleicht, was sie hergeführt hat: die Aussicht oder das Essen? Erstere ist besser als Letzteres; in jedem Fall ist das Equinox aber ein unvergessliches Erlebnis. Geschmackvoll ausgestattet mit roten Plüschteppichen, hängenden chinesischen Raumteilern und dezenter Beleuchtung ist das Equinox ein Pflichtbesuch. Nach dem Essen kommt ein Drink in der New Asia Bar oder dem City Space besonders gut.

GARIBALDI

Karte S. 54–55   Italienisch $$$

☎ 6837 1468; 36 Purvis St.; Hauptgerichte 26–48 $; Ⓜ Bugis
Eines der perfektesten italienischen Restaurants in Singapur, und die Konkurrenz ist nicht klein! Das Garibaldi ist der ideale Ort für romantische Anlässe mit einem Angebot an herzhaft-rustikaler Küche. Gäste sollten damit rechnen, das Lokal um gut 150 $ erleichtert wieder zu verlassen, wenn's zum Essen auch Wein geben soll.

HAI TIEN LO

Karte S. 54–55   Chinesisch $$$

☎ 6826 8338; 37. Etage, Pan Pacific Hotel, 7 Raffles Blvd.; Hauptgerichte ab 20 $; 🚍 N1–N7
Die spektakuläre Aussicht bei der Fahrt

mit dem Außenlift zum 37. Stock ist die Ouvertüre zu einem fantastischen Essen. Eine große Auswahl an fast 30 Menüs für nahezu alle Geschmäcker und Wünsche erspart die Kopfschmerzen beim Bestellen, sodass der Blick sich vollkommen in der herrlichen Aussicht verlieren kann.

INDOCHINE WATERFRONT
Karte S. 54–55   Südostasiatisch $$$

☎ 6339 1720; 1 Empress Pl.; Hauptgerichte ab 20 $; Ⓜ Raffles Place; ♿

Eventgastronomie auf höchstem Niveau: umgeben von Buddhastatuen und mit grandiosem Blick über den Singapore River auf den CBD und Fullerton Hotel. Es ist oft sehr voll, aber das Essen im Allgemeinen sehr gut (mal außer Acht gelassen, dass man hier ordentlich Geld für Menüs bezahlt, die im Grunde laotische, Khmer- oder vietnamesische Garküchengerichte sind). Vor allem die kambodschanischen Tigergarnelen sind eine Wucht. Nebenan befindet sich die ebenso trendige Bar Opiume.

MY HUMBLE HOUSE
Karte S. 54–55   Chinesisch $$$

☎ 6423 1881; 02–27/29 Esplanade Mall; Hauptgerichte 15–20 $; Ⓜ City Hall

Das etwas exzentrische Interieur, entworfen von dem chinesischen Designer Zhang Jin Jie, lässt darauf schließen, dass der Name dieses Restaurants („mein bescheidenes Haus") nur ironisch gemeint sein kann. Die Speisekarte hält sich in dieser Hinsicht auch nicht zurück mit Mittagsmenüs, die Namen haben wie *The Wind Wafts Above the Shoulder* und dergleichen. Hier zu essen ist eine unvergessliche Erfahrung.

PEONY JADE Karte S. 54–55   Chinesisch $$$

☎ 6338 0305; 02–02 Clarke Quay; Hauptgerichte ab 15 $; Ⓜ Clarke Quay

Das pittoresk am Fluss gelegene Peony bietet Sichuan- und Kanton-Küche – mit raffinierten Abwandlungen. Alle, die schon mal hier waren, raunen von den Garnelen mit Curryblättern, nicht zu verachten sind aber auch die geräucherte Ente und die gebackene Scholle.

PIERSIDE KITCHEN & BAR
Karte S. 54–55   Fusion-Küche Meeresfrüchte $$$

☎ 6438 0400; 01–01 One Fullerton, 1 Fullerton Rd.; Ⓜ Raffles Place

top picks

HAWKER CENTER & FOOD COURTS

Hawker Center sind eine Singapurer Institution, die Besucher nicht auslassen sollten. Sie sind laut, voll, heiß (es sei denn, sie befinden sich in einem Einkaufszentrum) und wunderbar. Hier einige der besten Hawker Center und Food Center von Singapur:

- **Smith Street Hawker Centre** (Karte S. 64–65) Abends wird die Smith St. abgesperrt und die Straße füllt sich mit Tischen und mit Gästen, die Meeresfrüchte mampfen und Bier trinken. Einer unserer Favoriten.
- **East Coast Lagoon Food Village** (S. 144) Die Meeresbrise aufsaugen, während man Satéspieße und Meeresfrüchte verschlingt.
- **Tekka Centre** (S. 140) Das schmierige, pulsierende Herz Little Indias, wo es Dutzende indischer und muslimischer Stände gibt, eingehüllt in den Lärm und die Gerüche des Marktes.
- **Golden Mile Complex** (S. 139) Der bei thailändischen Gastarbeitern beliebte Ort ist genau richtig für eine *tom yum* (würzig-saure Suppe) und einen *som tam* (Salat aus grüner Papaya), so wie man ihn in Thailand macht.
- **Newton Circus Hawker Centre** (S. 142) Na gut, es ist eine Station auf ausgetretenen Touristenpfaden, aber das Essen und die Atmosphäre sind noch immer bemerkenswert.
- **Old Airport Road Food Centre** (Karte S. 84) Renoviert ohne steril zu sein, beherbergt dieses in Geylang sehr beliebte Food Center einige legendäre Hawker.
- **Kopitiam** (S. 135) Ein rund um die Uhr geöffneter Food Court, perfekt für die postalkoholische Heißhungerattacke, sofern man das gleißende Licht aushält.
- **Maxwell Road Hawker Centre** (S. 137) Ein Zeitsprung in die Vergangenheit im Herzen von Chinatown: laut und chaotisch.
- **Lau Pa Sat** (S. 137) Es stammt aus dem Jahr 1822 und wurde gründlich modernisiert, trotzdem zieht es noch die Massen an, sogar die Touribusse.
- **Food Republic** (S. 142) Gehört zur neuen Art schicker Food Center, mit tollem Ausblick auf die Orchard Rd.

Komplett erneuert und quasi wiedergeboren, profitiert das Pierside jetzt voll von seiner herrlichen Lage in der Bucht. Draußen essen mit fantastischer Aussicht, ideal für ein romantisches Dinner – wenn beide auf Meeresfrüchte stehen.

GOURMETFÜHRER

Unter den jährlich erscheinenden Restaurantführern, die im Zeitschriftenhandel erhältlich sind, konzentriert sich der vom *Singapore Tatler* herausgegebene *Best Restaurants* auf die besten Restaurants der oberen Preiskategorie. KF Seetoh wiederum, der Gründer des wundervollen *Makansutra* (die Bibel des Hawker-Center-Essens), gilt mittlerweile als Guru. Das Magazin *I-S* produziert einen kostenlosen jährlichen Führer für Essen und Trinken, der aber schwer zu bekommen ist, wenn man nicht zufällig gerade bei Veröffentlichung in der Stadt ist.

Die Rezensionen in *Time Out* und *I-S* sind eine gute Nachrichtenquelle für die schnelllebige Restaurantszene Singapurs.

Folgende Websites sind auch empfehlenswert:

www.makansutra.com Die Website der TV-Kochshow Makansutra ist lebendig gestaltet, aber abgesehen von den Top-10-Tipps muss man sich das Buch kaufen, um die Rezensionen zu lesen.

www.makantime.com Informationen über Hawker Center, preisgünstige Speiselokale und Restaurants, mit viel lokalem Feedback, leider ein bisschen veraltet.

www.sbestfood.com Eine hervorragende Website für die Suche nach Hawker Centern, mit einer Liste sortiert nach Art des Essens und Ort. Die Rezensionen taugen allerdings nicht.

www.singaporehalaldirectory.com Eine Verzeichnis von Firmen und Verkaufsstellen in Singapur mit Halal-Zertifikat (also gemäß islamischer Speisevorschriften).

ROYAL CHINA Karte S. 54–55   Chinesisch $$$
☎ 6338 3363; 03–09 Raffles Hotel, Beach Rd.; Ⓜ City Hall

Das Raffles macht alles, und das heißt wirklich alles, hervorragend, da ist das hauseigene chinesische Restaurant keine Ausnahme. Schnell in die schicken Sommerklamotten und Nachmittags-Dim-Sum genießen. Die Teigtaschen mit Muschelfleisch sind ganz großartig, die knusprige Ente aber auch. Da lohnt es sich, das Frühstück zu überspringen.

TIFFIN ROOM Karte S. 54–55   Indisch $$$
☎ 6431 6156; Lobby, Raffles Hotel, 1 Beach Rd.; Mittags-/Abendbuffet 48/52 $; Ⓜ City Hall

Dieser Wahnsinnsspeisesaal mit seinen trägen Deckenventilatoren, eine Institution im Raffles wie die Long Bar und der Bar & Billiard Room, bekommt von uns den Preis für das beste Buffet der Stadt. Die überwiegend nordindische Küche ist spitze und die Versuchung, sich zu überfressen, überaus groß. Einzig enttäuschend ist der touristenfreundliche, deutlich reduzierte Chiligehalt.

AH TENG'S BAKERY
Karte S. 54–55   Café $$
☎ 6337 1886; Raffles Hotel Arcade, 1 Beach Rd.; ⏲ 7.30–17.30 Uhr; Ⓜ City Hall; 🚴

Toll für Frühstücksgebäck oder Dim Sum und so ziemlich der einzige Bereich des Raffles, in dem die Brieftasche keinen Schwächeanfall bekommt. Die vornehmen Holzstühle und Marmortische haben dasselbe koloniale Flair, nur zu einem vernünftigeren Preis.

BOOK CAFÉ Karte S. 54–55   Café $$
☎ 6887 5430; 01–02 Seng Kee Bldg., 20 Martin Rd.; Hauptgerichte 10–15 $; ⏲ So–Do 8.30–10.30, Fr–Sa 8.30–24 Uhr; 🚌 33, 54, 139, 195; 🚴

Am flussseitigen Ende der Mohamed Sultan Rd. lädt das gesellige Book Café mit großen bequemen Sofas dazu ein, in einer guten Auswahl von alten Büchern, Zeitschriften und ausländischen Zeitungen zu stöbern. Einfach ein bisschen abhängen und das Frühstück oder einen Kaffee genießen geht aber auch.

CORIANDER LEAF
Karte S. 54–55   Asiatische Fusion-Küche $$
☎ 6732 3354; www.corianderleaf.com; 02–03, 3A Merchant Court, Clarke Quay; Hauptgerichte 15–25 $; Ⓜ Clarke Quay

Fusion-Küche aus europäischen, orientalischen und südostasiatischen Elementen bietet das Coriander Leaf in einer großartigen Auswahl von Gerichten an. Von ein paar schrillen Tönen einmal abgesehen, sind die meisten ganz ausgezeichnet. Es gibt noch einen kleinen Feinkostladen und eine Schauküche, die auch Kochkurse anbietet (S. 131).

SAGE Karte S. 54–55   Europäisch $$
☎ 6333 8726; 7 Mohamed Sultan Rd.; Hauptgerichte ab 28 $; 🚌 33, 54, 139, 195

In einem winzigen umgebauten Shophouse an der Barmeile der Mohamed Sultan Rd. ist das Sage untergebracht. Das Restaurant ist eines der besten im Bereich der Quays. Die Atmosphäre ist intim und entspannt, der Service tadellos und das Essen vom Feinsten: von Garnelen und Schneckenrisotto als Vorspeisen bis hin zur Pilzsuppe und der Rinderbacke als Hauptgang. Der einzige potenzielle Minuspunkt ist der Lärm, wenn am Nebentisch eine große Gruppe sitzt, da der Raum einfach sehr begrenzt ist. Unbedingt vorbestellen.

TAPAS TREE Karte S. 54–55 Spanisch $$

☎ 6837 2938; 01–08, Block 3D, Clarke Quay; Tapas ab 5 $; Ⓜ Clarke Quay

Zu den beliebtesten Neueröffnungen am Clarke Quay gehört dieses Lokal. Es punktet mit einer riesigen Auswahl klassischer Tapas, der Lage am Fluss (es gibt aber auch Sitzplätze drinnen) und toller Musik: Das philippinische Flamenco-Trio ist echt klasse! An Wochenenden unbedingt reservieren.

WAH LOK Karte S. 54–55 Chinesisch $$

☎ 6311 8188; 2. Etage, Carlton Hotel, 76 Bras Basah Rd.; Hauptgerichte über 20 $; Ⓜ City Hall

Die rotundenförmige Vorhalle mit der hohen Kuppeldecke, raumhohe Fenster, ein heller Innenraum und das warme Ambiente lassen nicht unbedingt auf den unterhaltsam-ruppigen Service dieses kantonesischen Restaurants schließen. Das Essen ist aber großartig, besonders der Tofu und die Schmorgerichte.

GLUTTONS BAY Karte S. 55–55 Hawker Center $

☎ 6336 7025; 01–15 Esplanade Mall; Hauptgerichte 10–20 $; Ⓨ 18–3 Uhr; Ⓜ City Hall; ♿

Vom Gastroführer Makansutra (S. 134) empfohlen, ist diese an der Bucht gelegene Kollektion der besten Hawker oder *streetfood masters*, wie sie dort genannt werden, ein idealer Startpunkt für die Erkundung der Esskultur der Insel. Jeder hat seine Favoriten – uns gefiel der Stand mit dem Meeresfrüchte-BBQ.

KOPITIAM Karte S. 54–55 Coffeeshop $

Ecke Bencoolen St. & Bras Basah Rd.; Ⓨ 24 Std.; Ⓜ City Hall

Diese Filiale der Kopitiam-Kette ist zwar einer der Topläden im Viertel für einen nächtlichen Snack, das Licht ist aber so blendend hell, dass man sich nach durchzechter Nacht lieber einen Platz draußen sucht, da ist das Licht freundlicher. Das Essen ist durchweg gut und kostet kaum mehr als 6 $ pro Gericht.

CHINATOWN & DER CBD

Die engen Gassen des alten Singapur vereint mit der verwirrenden Vielfalt einer wahrhaften Metropole des 21. Jahrhunderts: Das ist Chinatown, das wohl beste Stadtviertel für Gaumenfreuden. Hier gibt es für jeden etwas: hip-stylishe Esslokale an der Club St. oder der Ann Siang Rd., die winzigen Teehäuser von Tanjong Pagar, das fröhliche Gewimmel der Chinatown Food St. und das raubeinige Hawker Center an der Maxwell Rd. – und alles dazwischen.

DIE LIEBE ZUM TEE

Bei einer Pause im Teehaus können Gäste ganz entspannt etwas über die Feinheiten der vielen erhältlichen Teesorten lernen und wie man sie am besten genießt. Am besten starten künftige Tee-Jünger im Yixing Xuan Teahouse (Karte S. 64–65; ☎ 6224 6961; www.yixingxuan-teahouse.com; 30/32 Tanjong Pagar Rd; Ⓨ 11–23 Uhr), wo ihnen der ehemalige Banker Vincent Low alles Wissenswerte über die Teeverkostung verrät. Die Erläuterungen mit Verkostung dauern etwa eine Stunde (20 oder 30 $).

Sobald der Unterschied zwischen Grüntee und Oolong gesackt ist, geht es um die Ecke zu Tea Chapter (Karte S. 64–65; ☎ 6226 1175; www.tea-chapter.com.sg; 9-11 Neil Rd.; Ⓨ 10–23 Uhr), wo 1989 Königin Elizabeth nebst ihrem Gatten Prinz Philip mal auf ein Tässchen reinschaute. Es gibt verschiedene Sitzbereiche, aber Vorsicht bei der Platzwahl: Wer es vertraulicher bevorzugt, muss mit einem Aufschlag rechnen. Gäste, die den Ablauf nicht kennen, bekommen vom Ober eine kurze Demonstration zur Teezubereitung.

Das Wang San Yang (Karte S. 64–65; ☎ 6532 2707; www.wystm.com; 01–61, Block 531 Hong Lim Complex Ⓨ 10–21 Uhr) ist eine Oase der Eleganz inmitten der regen Betriebsamkeit des Hong Lim Complex. Das Teehaus bietet eine große Auswahl an Teegeschirr zum Verkauf und auf Anfrage gibt es auch Vorführungen.

L'ANGELUS Karte S. 64–65 Französisch $$$
☎ 6225 6897; 85 Club St.; Hauptgerichte ab 16 $; Ⓜ Chinatown

Ein gemütlich-freundliches, traditionelles französisches Restaurant unter der Leitung zweier Exilfranzosen, denen auch die exzellente Bar Le Carillon de L'Angelus (☎ 6423 0353; 24 Ann Siang Rd.; ⏱ Mo–Sa 17.00–2.00, So 17.00–1.00 Uhr) gehört. Die Schnecken sind eine Spezialität, aber wir mochten am liebsten das Cassoulet, ein unglaublich sättigender, herzhafter Bohnen- und Fleischeintopf.

OSO RISTORANTE
Karte S. 64–65 Italienisch $$$
☎ 6327 8378; 27 Tanjong Pagar Rd.; Hauptgerichte ab 22 $; Ⓜ Tanjong Pagar

Etwas deplatziert im leichten Schmuddelambiente der Tanjong Pagar Rd., hat sich das Oso auf herzhafte toskanische Küche spezialisiert, die mit Wildschwein und Kaninchen aufwartet, dazu noch mit exzellenten Wein- und Käsesorten. Bestens empfohlen.

SAINT PIERRE Karte S. 64–65 Französisch $$$
☎ 6438 0887; 01–01 Central Mall, 3 Magazine Rd.; Hauptgerichte ab 50 $; Ⓜ Clarke Quay

Mögen viele auch gegenüber selbsternannten Starköchen skeptisch sein, der wasserstoffblonde Mr. Stroobant hat sich seinen Ruhm erarbeitet. Die moderne französische Speisekarte ist fantasievoll und wenn auch die sechs Sorten Stopfleberpastete Tierliebhabern gegen den Strich gehen mögen, die Massen strömen hinein. Ganz einfach eines der Toprestaurants in der Stadt.

SENSO Karte S. 64–65 Italienisch $$$
☎ 6224 3534; 21 Club St.; Ⓜ Chinatown

Senso strotzt nur so vor Klasse, vom schicken Understatement der Bar bis zum gemütlichen Innenhof, einst Spielplatz der Schule, die das Gebäude früher beherbergte. Perfekter Ort für einen romantischen Abend unter dem Sternenhimmel, Essen und Service sind tadellos und die Weine superb (ein Sommelier macht gerne Vorschläge).

SPRING JUCHUNYUAN
Karte S. 64–65 Chinesisch $$$
☎ 6536 2655; www.juchunyuan.com.sg; 01–01 Far East Sq.; Gerichte ab 15 $; Ⓜ Raffles Place

Was die Atmosphäre angeht, muss dieses Chinarestaurant das unwiderstehlich-romantischste in ganz Singapur sein. Aufgemacht wie ein Haus aus dem 19. Jahrhundert, hat es sich auf Fuzhou-Klassiker wie Buddha Jumps Over The Wall spezialisiert. Für einen besonderen Anlass aufheben.

BROTH Karte S. 64–65 International $$
☎ 6323 3353; 21 Duxton Hill; Hauptgerichte 15–25 $; Ⓜ Tanjong Pagar

Das Broth hat eine tolle Location in einer Kopfsteinpflaster-Sackgasse, wenn es einem nichts ausmacht, auf dem Weg dorthin an den KTV-Bars (chinesische Karaoke-Bars) der Duxton Rd. entlanggehen zu müssen. Das kleine gemütliche, schön umgebaute Shophouse mit ansprechender Speisekarte im Bistrostil ist bei Büroleuten aus der Umgebung sehr beliebt.

CHUAN JIANG HAO ZI
Karte S. 64–65 Feuertopf $$
☎ 6225 1518; 12 Smith St.; Feuertopf ab 25 $; Ⓜ Chinatown

Leckerer, traditioneller, unfassbar scharfer Sichuan-Feuertopf erfordert eine strenge Speiseetikette (hilfreich beschrieben mit Zeichen an der Wand). Die speziellen achteckigen Töpfe aus China haben zwei Kammern, sodass zwei Brühen gleichzeitig bereitet werden werden können. Einige Zutaten des Sichuan-Feuertopfes sind sehr speziell, etwa Entenmuskelmagen, Süßkartoffel und Schweinshaxen. Nur für eingefleischte Chilifans.

CORK CELLAR KITCHEN
Karte S. 64–65 Westlich $$
☎ 6327 9169; 01–08 Capital Tower, 168 Robinson Rd.; Hauptgerichte ab 20 $; ⏱ Mo–Fr; Ⓜ Tanjong Pagar

Dieser Abschnitt des CBD ist eine Art kulinarisches Vakuum, sodass es nicht weiter überrascht, wenn sich dieses Holz- und-Glas-Bistro zur Mittagszeit mit Geschäftsleuten füllt. Dann kann das von den Wänden reflektierte Echo des Stimmengewirrs ohrenbetäubend sein. Am Abend ist es besser, da kann man die exzellenten Speisen und Weine in Ruhe genießen.

SEVEN ON CLUB
Karte S. 64–65 Mediterran $$
☎ 6327 9663; 7 Club St.; Hauptgerichte ab 18 $; Ⓜ Chinatown

Das Seven, eines der neueren Restaurants in der Club St., strahlt Klasse aus und zieht die zahlungskräftigen Professionals in Scharen an. Der Außenbereich liegt ein bisschen zu nah an der Hauptstraße, während der frühabendlichen Rushhour also lieber drinnen einen Platz suchen und warten, bis sich der Verkehr beruhigt. Die mediterranen Gerichte, wie beispielsweise Schwertfischbauch, sind herausragend und die Mittags- und Abendmenüs preislich angemessen.

SPIZZA Karte S. 64–65   Italienisch $$

☎ 6224 2525; 29 Club St.; Pizzen ab 15 $;
Ⓜ Chinatown

Freundliche Pizzeria mit lockerer Atmosphäre, eines der behaglichsten Lokale an der Club St. Die Pizzen mit dünner Kruste aus dem holzbefeuerten Ofen sind perfekt, mit nicht zu viel Belag. Und, ganz im Gegensatz zu vielen Pizzerias in Singapur: wenn man nett fragt, legen sie gerne noch Anchovis nach. Verdientermaßen beliebt.

ANNALAKSHMI
Karte S. 64–65   Indisch-Vegetarisch $

☎ 6223 0809; www.annalakshmi.com.sg; 104 Amoy St.; ⏰ Mo–Sa, 1–15 Uhr; Ⓜ Tanjong Pagar

Dieses indische Restaurant ist aus mehreren Gründen zu einer Institution geworden: erstens, weil es vegetarisches Essen in hervorragender Qualität anbietet, und zweitens, weil es eine Wohltätigkeitsorganisation ist, die von Freiwilligen betrieben wird. Hier kann man sich satt essen und an der Kasse das bezahlen, was es einem wert ist. 5 bis 10 $ sind allerdings angemessen, da das Geld wohltätigen Zwecken zufließt. Es gibt weitere Filialen in Lau Pa Sat (rechts), Chinatown Point (S. 116) und eine in Johor Bahru (S. 192) jenseits des Causeway.

CI YAN ORGANIC VEGETARIAN HEALTH FOOD Karte S. 64–65   Chinesisch $

☎ 6225 9026; 2 Smith St.; Hauptgerichte 10 $; ⏰ 12–22 Uhr; Ⓜ Chinatown

Entgiftung bei vegetarischer Gesundheitskost von Ci Yan Organic Vegetarian Health Food: Hier ist das Essen biologisch-dynamisch, 100 % vegetarisch und zudem noch knoblauch- und zwiebelfrei. Winzige Holztische und –stühle und eine Auswahl an spirituellen Büchern verleihen diesem Ort eine Schulhausatmosphäre, die es gratis zur Erleuchtung der Gäste obendrein gibt.

HONG HU EXPRESS
Karte S. 64–65   Coffeeshop $

Ecke Telok Ayer & McCallum St.; ⏰ durchgehend geöffnet; Ⓜ Tanjong Pagar

In diesem Teil Chinatowns herrscht nachts fast komplett tote Hose (von den Aktivitäten der schwulen Cruising-Szene mal abgesehen), aber für Partygänger, die um 4 Uhr morgens aus einem Club auf der anderen Seite des Ann Siang Hill stolpern und ganz schlimmen Heißhunger haben, ist dieser 24-Stunden-Laden die Rettung.

LAU PA SAT Karte S. 64–65   Hawker Center $

18 Raffles Quay; ⏰ 11–3 Uhr; Ⓜ Raffles Place

Lau pa sat bedeutet auf Hokkien „alter Markt", und das passt ziemlich gut, da die schöne Eisenkonstruktion, die 1894 aus Glasgow verschifft wurde, noch immer intakt ist. Die letzte Renovierung hat zwar etwas von der Atmosphäre des „alten Asien" genommen, aber Besucher sollten zumindest einmal herkommen, um sich hinzusetzen und ein paar Tiger-Biere im Biergarten am Eck zu kippen.

MAXWELL ROAD HAWKER CENTRE
Karte S. 64–65   Hawker Center $

Ecke South Bridge & Maxwell Rds.; Ⓜ Chinatown

Das Maxwell Road Hawker Center, eines der klassischen Hawker Center von Chinatown, ist mittags am spektakulärsten, wenn es vor Besuchern überschwappt. Für Fremde allerdings nicht unbedingt die beste Zeit, um verwirrt zwischen Hunderten von Ständen umherzulaufen. Der berühmteste Stand ist Tian Tian mit seinem Chicken Rice (Stand Nr. 10).

YA KUN KAYA TOAST
Karte S. 64–65   Coffeeshop $

☎ 6438 3638; 01–01 Far East Sq., 18 China St.; ⏰ Mo–Fr 7.30–19, Sa & So 9–17 Uhr; Ⓜ Raffles Place

Obwohl eine große Kette von Ya-Kun-Filialen sich über die Insel verbreitet hat, ist diese am atmosphärischsten und dem Original am nächsten. An Werktagen drängen sich Büroleute wie die Ölsardinen im Ya Kun. Wer die ruppigen Servicekräfte mal in Aktion sehen möchte, braucht nur zu versuchen, einen Innentisch zu ergattern. Höflich sind sie nicht hier, dafür wünscht der Service aber auch keinen ach so guten Tag oder fragt, ob Pommes dazu gewünscht sind.

LITTLE INDIA & KAMPONG GLAM

Feinschmecker suchen hier nicht unbedingt nach Weinbergschnecken (mit einer Ausnahme). Dies ist das Curryparadies, wo es preiswertes Essen aus fast allen Ecken Indiens gibt. Und die meisten Restaurants bedienen eine überwiegend indische Kundschaft, sodass das Essen nicht fremden Gaumen angepasst wurde.

Entlang der Race Course Rd. befinden sich die etwas teureren Restaurants, die sich mehr an ein ausländisches Publikum wenden. Daher sind die Gassen abseits der Rangoon Rd. eine Erkundung wert.

Im Osten liegt Kampong Glam, wo eine Handvoll orientalischer Restaurants eine dezent trendige Nachtszene beherbergen. Auf der anderen Seite der Beach Rd. befindet sich der Golden Mile Complex, geistige Heimat für Tausende thailändischer Arbeitsmigranten. Dort gibt es das authentischste Thai-Essen der Stadt.

AL-TAZZAG Karte S. 72   Ägyptisch $$
☎ 6295 5024; 24 Haji Lane, Kampong Glam; Hauptgerichte ab 8 $; ⏱ Mo–Sa 11.30–4, So 16–4 Uhr; Ⓜ Bugis

Ein kleines, bunt gestrichenes ägyptisches Café in der ruhigen Haji Lane, mit Lederkissen auf den Sitzbänken und einer Vitrine mit Shisha-Pfeifen. Nachts dehnt es sich aus, da werden die Tische unter die *five-foot ways* gestellt. Es ist viel entspannter, ruhiger und stimmungsvoller als das Café Le Caire an der Arab St., wenngleich das Essen nicht ganz so gut ist. Die Dips, Kebabs und Shishas sind jedoch von allererster Qualität.

FRENCH STALL Karte S. 72   Französisch $$
☎ 6299 3544; 544 Serangoon Rd., Little India; Hauptgerichte 10–20 $; ⏱ Di–So 18–22 Uhr; Ⓜ Farrer Park

Essen gibt es nur gegen Cash im French Stall. Das charmante gallische Café wird von einem Zwei-Sterne-Koch aus der Bretagne betrieben, dessen Mission es ist, zu zeigen, dass tolles französisches Essen nicht teuer sein muss. Bisher war diese Mission sehr erfolgreich.

GAYATRI Karte S. 72   Indisch $$
☎ 6291 1011; www.gayatrirestaurant.com; 122 Race Course Rd.; Gerichte ab 6 $; Ⓜ Little India

Mit dem Ruhm verhält es sich etwas mysteriös. Das Banana Leaf Apolo in hundert Metern Entfernung ist ewig brechend voll, obwohl das Gayatri einen viel besseren Service, besseres Essen (na gut, das Fischkopfcurry ist beinah gleich gut) und ein bei Weitem angenehmeres Ambiente hat. Zudem ist es viel ruhiger und fast touristenfrei. Es verdient deutlich mehr Begeisterung.

KASHMIR Karte S. 72   Indisch $$
☎ 6293 6003; 52 Race Course Rd.; Gerichte ab 8 $; Ⓜ Little India

Der Kellner bringt eine Schüssel mit warmem Wasser und ein Handtuch zum Händewaschen, das lässt doch ein gutes Mahl und hervorragenden Service erwarten – und das bestätigt sich auch! Die Spezialitäten aus Kaschmir (gekennzeichnet durch ein Ahornblatt) machen einfach glücklich und zufrieden.

KOREAN HOT STONE BBQ
Karte S. 72   Koreanisch $$
☎ 6299 3866; 249 Beach Rd.; Gerichte ab 12 $; 🚌 48

Dieser schnickschnackfreie Shophouse-Laden ist eine beliebte Alternative zum allgegenwärtigen orientalischen Essen in der Gegend. Abends bevölkern singapuranische Gäste die Tische und schlemmen *bibimbap* (Reis mit eingelegtem Gemüse und Chilisauce), Feuertopf und andere koreanische Klassiker.

TEPAK SIREH Karte S. 72   Malaiisch $$
☎ 6396 4373; 73 Sultan Gate, Kampong Glam; Buffet 16 $; Ⓜ Bugis

Gegenüber dem früheren Sultanspalast (jetzt das Malay Heritage Center, S. 71) und im ehemaligen Haus des Premierministers befindet sich eines der stimmungsvollsten malaiischen Restaurants der Stadt. Das Buffet ist quasi eine Enzyklopädie malaiischer Spezialitäten, wobei die Präsentation in Warmhalteschalen nicht so attraktiv ist. Das Tepak Sireh wird oft für Veranstaltungen gebucht, daher sollten Gäste vorab anrufen, wenn sie sich nicht mitten in einem Hochzeitsempfang wiederfinden wollen.

ANANDA BHAVAN
Karte S. 72   Indisch-Vegetarisch $
☎ 6297 9522; 58 Serangoon Rd.; ⏱ 7.30–22.30 Uhr; Ⓜ Little India

Viel besser als sein Rivale, die Komala-Vilas-Kette. Hier laben sich die Hungrigen an hervorragenden *idli* (gedämpfte Reiskuchen mit Chutney) und *masala thosai* (würzige Pfannkuchen gefüllt mit scharfem Currygemüse) oder am enormen „Mini"-Tagesgericht. Feinster Ingwertee hält die Kehle geschmeidig. Es gibt auch Snacks zum Mitnehmen und eine verlockende Auswahl indischer Süßigkeiten. Weitere Filialen gibt es außerhalb des Tekka Centre (221 Selegie Rd.) und gegenüber dem Mustafa Centre (☎ 6297 9522; 95 Syed Alwi Rd.).

ANDHRA CURRY Karte S. 72   Indisch $
☎ 6296 3935; 41 Kerbau Rd.; Gerichte ab 7 $; Ⓜ Little India
Keine schicke Deko, kein Pomp, aber das Essen hier, aus dem südindischen Bundesstaat Andhra Pradesh, ist mehr als vorzüglich. Der Service ist schnell und effizient. Besonders gut ist das *Hyderabadi biryani* (traditionell zubereitet in einem mit Teig versiegelten Topf) und die großen vegetarischen *thalis*.

ANJAPPAR Karte S. 72   Indisch $
☎ 6392 5545; www.anjappar.com.sg; 102 Syed Alwi Rd.; Gerichte ab 8 $; Ⓜ Farrer Park
Diese ursprünglich aus Chennai (vormals Madras) stammende Restaurantdynastie ist bis nach Singapur vorgedrungen und ist mit exzellenter Chettinad-Küche aus dem Tiefen Süden Indiens sehr erfolgreich. Unsere Favoriten sind das würzige, trockene Lammcurry *uppu kari* und das *nattu koli masala* (Huhn in Würzsoße). Letzteres taucht einen garantiert in schweißgebadete Chili-Seligkeit. Die Hauptfiliale ist in der Race Course Rd.

BANANA LEAF APOLO
Karte S. 72   Indisch $
☎ 6293 8682; www.bananaleafapolo.com; 54–58 Race Course Rd.; Gerichte ab 6 $, Fischkopfcurry ab 18 $; Ⓜ Little India
Das Apolo ist ganz klar eine beliebte Station auf der Touristenroute. Dennoch zieht es eine bunte Kundschaft an und hat nie Abstriche bei der Qualität gemacht. Auch nicht bei der Schärfe des berühmten Fischkopfcurrys oder anderer Gerichte, die traditionell auf Bananenblättern serviert werden. Wie in vielen von Touristen frequentierten Lokalen ist der Service zuweilen etwas mürrisch und langsam.

CAFÉ LE CAIRE (AL MAJLIS)
Karte S. 72   Orientalisch $
☎ 6292 0979; 39 Arab St., Kampong Glam; Gerichte unter 10 $; Ⓨ 10–2 Uhr; Ⓜ Bugis
Ein total lockeres ägyptisches Einraumcafé, das eine multinationale Kundschaft anlockt. Betreiber ist ein ehemaliger Buchhalter, der seine Aufgabe darin sieht, die arabische Kultur in Singapur zu erhalten. Tagsüber fällt es kaum auf, aber abends liegen auf beiden Seiten der Straße ausgebreitete Teppiche und Tische werden aufgestellt. Im Angebot sind tolle Dips, Brot, Kebab und außerdem Shishas. Das beste orientalische Essen der Gegend.

COUNTRYSIDE CAFE
Karte S. 72   Westlich/Indisch $
☎ 6297 6964; 71 Dunlop St.; Ⓨ Di–So 10–24, Mo 17–24 Uhr; Hauptgerichte 6–12 $; Ⓜ Little India
Dieses entspannt-freundliche, kleine Shophouse-Restaurant hat sich sehr demonstrativ auf die Backpacker eingestellt, zieht aber mit seinem preiswerten Mix aus westlichem und indischem Essen ganz unterschiedliche Gäste an. Exzellent sind die Veggie-Burger, der Service ist emsig und das Bier billig (6,50 $ für ein großes Tiger, das ist etwa die Hälfte dessen, was man in der Bar bezahlt!). Das smarte Interieur mit Buchregalen und der kleinen Weinsammlung geben dem Ganzen zusätzliches Flair, das man in normalen Touristenläden oft vergeblich sucht.

GOLDEN MILE COMPLEX
Karte S. 72   Thailändisch $
5001 Beach Rd.; 🚌 48
Das ist das Minithailand von Singapur, voll mit Thai-Läden, Gemüsehändlern, Metzgern und Restaurants. Die Zeichen sind in Thai, die Kundschaft mehrheitlich auch und das Essen, im Erdgeschoss konzentriert, ist natürlich rundum Thai, einfach großartig und ganz wie bei Muttern. Die Atmosphäre ist oft laut und alkoholisiert und für zarte Gemüter vielleicht etwas anstrengend. Das Isan-Essen (aus Nordost-Thailand) ist am besten; empfehlenswert ist das Nong Khai Food & Beer Garden im Erdgeschoss (das mit dem orangefarbenen Schild in Thai und winziger englischer Schrift). Nach Speis und Trank geht's dann vielleicht noch in die Thai-Disco 1 oder 2, um den Abend abzurunden.

NICHTS FÜR DILETTANTEN

Die Schlange am Wasabi Tei (Karte S. 80–81; 05–70 Far East Plaza, 14 Scotts Rd.; Gerichte 5–15 $; ☺ Mo–Fr 12–15 &
17.30–21.30, Sa 12–16.30 & 17.30–21.30 Uhr; Ⓜ Orchard) beginnt an der Eingangstür und erstreckt sich oft über ein
Dutzend oder mehr Wartende den Flur entlang. Sitzreservierung ist nicht (es gibt kein Telefon), also heißt es warten.

Einmal drinnen angekommen, wird prompt bestellt, und auch nur einmal. Die Gastgeberin – die Frau des Kochs –
ignoriert alle Bestellungsergänzungen. Das sind die Regeln, vom Koch selbst festgelegt. Erinnert das nicht ein bisschen
an den „Suppen-Nazi" aus Seinfeld? Nun, das ist wohl sein singapurisches Pendant.

Er arbeitet lautlos, flüssig, jede Bewegung effizient und erhaben. Die finale Geste in der Zubereitung jedes Gerichts
verschmilzt nahtlos mit der nächsten: dem Servieren. Weder heischt er Anerkennung, noch gewährt er sie. Er hat schon
mit dem nächsten Teller begonnen, bevor vom letzten überhaupt gekostet wurde.

Die Gäste speisen still, andächtig geradezu. Die meisten von ihnen sind sich wohl bewusst, dass der Koch in einer
anderen Welt eher Sushi (und was für eins!) für Majestäten zubereiten würde, als dass er ein dankbares Klientel in Mamas
und Papas Sushi-Bar mit 20 Plätzen in einer Mall abseits der Orchard Rd. bedienen würde.

Lange bevor das Mahl beendet ist, wird klar, warum diese etwas strenge Sushibar die feinste in ganz Singapur ist.
Aber wenn der Teller leer ist, heißt es, der Gastgeberin zu danken und die Rechnung zu bezahlen. Trödeln nach dem
Essen wird nicht geduldet.

MADRAS NEW WOODLANDS
Karte S. 72   Indisch-Vegetarisch $
☎ 6297 1594; 12–14 Upper Dickson Rd.; ☺ 7.30–
23.30 Uhr; Hauptgerichte 5–10 $; Ⓜ Little India
Wieder so ein toller vegetarischer Laden,
der auf Bananenblättern ganz schöne
Riesenportionen auftischt (wer sich jemals
gefragt hat, ob Vegetarier dick werden
können, bekommt hier die Antwort). Die
thalis sind üppig und wahrlich großartig;
eine halbe Stunde zum Verputzen ist das
absolute Minimum, wenn es überhaupt
möglich ist. Die Bedienung ist freundlicher
und verwirrten Ausländern gegenüber
zuvorkommender als in vielen anderen
indischen Restaurants.

TEKKA CENTRE Karte S. 72   Hawker Center $
Ecke Serangoon & Buffalo Rds. Gerichte 3–5 $;
Ⓜ Little India
Wie Little India im Allgemeinen ist dies das
perfekte Gegenstück zum manchmal allzu
sterilen Singapur. Das Tekka Centre wickelt
sich um die zerhackten Knochen, zerfetzten
Innereien und stechenden Gerüche des
Wochenmarktes und bringt exzellentes
indisches und muslimisches Essen für 3 bis
5 $ auf den Tisch.

ORCHARD ROAD
Wie im Colonial District, so herrschen auch
in Orchard Rd. die schickeren Speiselokale
vor. Die Malls sind bestückt mit Restaurants
zwischen Mittelklasse und Gourmet-Tempel;
viele davon sind an den meisten Abenden und
Wochenenden geöffnet. Die meisten Malls

haben aber auch eigene Food Courts, wo es
schon für ein paar Dollar ein gutes Mittag-
oder Abendessen gibt.

BLU Karte S. 80–81   Westlich $$$
☎ 6213 4598; 24. Etage, Shangri-La Hotel,
22 Orange Grove Rd.; Hauptgericht ab 30 $;
☺ Mo–Sa 19–22.30 Uhr; Ⓜ Orchard
Hochklassige westliche Küche vor einer
Kulisse edler Eigentumswohnungen, alles
in verführerisch-gedämpftes blaues Licht
getaucht und beschallt durch dezenten
Lounge-Jazz, machen das Blu zu einer guten
Wahl für die Modebewussten. Die Tische
sind mit ausreichend Abstand für die
Intimsphäre aufgestellt und die Bedienung
ist bemerkenswert gut.

NOGAWA Karte S. 80–81   Japanisch $$$
☎ 6732 2911; 03-25 Le Meridien Singapore, 100
Orchard Rd.; Hauptgerichte ab 30 $; Ⓜ Somerset
Das hier ist nicht der Ort für das kleine
leichte Mittagessen auf dem Einkaufstrip,
denn wer erst mit den Sushis angefangen
hat, kann nicht mehr aufhören zu bestellen.
Am Tresen hat man den besten Überblick.
35 $ sind eine faire Sache, bei der Qualität
des Essens.

GORDON GRILL Karte S. 80–81 International $$$
☎ 6730 1744; Goodwood Park Hotel, 22 Scotts Rd.;
Hauptgerichte ab 30 $; Ⓜ Orchard
Die gediegene Militärclubatmosphäre,
komplett mit Familienfotos, und die berühmten Steaks machen das Gordon Grill
zu einer Oase der Alten Welt inmitten der
ultramodernen Orchard Road. Das Ganze ist

Erlebnis und Essen zugleich. Es lohnt sich also, sich am Kobe-Rind zu ergötzen, das übrigens nach Gewicht bestellt wird.

SHANG PALACE Karte S. 80–81   Chinesisch $$$
☎ 6213 4473; Erdgeschoss, Shangri-La Hotel, 22 Orange Grove Rd.; Hauptgerichte ab 20 $; Ⓜ Orchard, dann mit dem Taxi
Das Shang Palace spielt definitiv in der ersten Liga der chinesischen Restaurants von Singapur. Meeresfrüchte nach Kantonart und Klassiker wie Pekingente sind wohlbekannt – und das Innere zieht mit dem Essen gleich. Um das Ambiente zu testen, ohne Ärger mit der Bank zu bekommen, sollten Neugierige von der Dim-Sum-Karte bestellen. Reservierung unbedingt erforderlich.

PROJECTSHOP CAFÉ
Karte S. 80–81   Café $$
☎ 6735 6765; 02–20/21 the Paragon, 290 Orchard Rd.; Gerichte ab 12 $; ⌚ 10–20.30 Uhr; Ⓜ Orchard; ♿
Das Nachtischparadies. Ein Tisch in der Mitte erlaubt die Aussicht auf gut betuchte Einkaufswütige. Drinnen genießen Gäste ein zärtliches Stelldichein mit Bananen-Sahne-Törtchen. Die Hauptgerichte sind auch ganz gut, aber eigentlich kommt man her für Süßes und Kaffee.

BOMBAY WOODLANDS RESTAURANT
Karte S. 80–81   Indisch-Vegetarisch $$
☎ 6235 2712; B1–01/02 Tanglin Shopping Centre, 19 Tanglin Rd.; Hauptgerichte 5–7 $; Ⓜ Orchard; ♿
Etwas versteckt unterhalb der Straßenhöhe im Tanglin Shopping Centre ist das Bombay Woodlands – einer dieser Orte, die im Vorbeigehen keiner eines Blickes würdigt. Falsch! Das Essen ist lecker und billig; es locken das Mittagsbuffet, das Tagesmenü oder *idli* mit fantastischem Minzchutney. Es gibt auch sehr gute *dosai* (zum Beispiel mit Mysore Masala) oder *bhindi* (Okra), dazu ein *lassi* (Erfrischungsgetränk aus Joghurt). Die aufmerksamen, weißbehemdeten Kellner verleihen dem Restaurant einen Charme, der ansonsten in der Umgebung der Orchard Rd. selten ist.

CRYSTAL JADE STEAMBOAT KITCHEN
Karte S. 80–81   Chinesisch $$
☎ 6336 2833; 02–32 Plaza Singapura, Orchard Rd.; Hauptgerichte ab 6 $; Ⓜ Dhoby Ghaut; ♿

Crystal Jade ist der König unter den leckeren, zuverlässigen und preiswerten Chinarestaurants in Singapur – und darum auch fast immer proppenvoll. Im Angebot sind ganz exzellente Dim-Sum-Gerichte und verschiedene Sorten Reisporridge. Wie immer, wenn man chinesisch essen geht, ist die beste Strategie auch hier, sich zusammenzutun und eine Großbestellung abzugeben.

DIN TAI FUNG Karte S. 80–81   Chinesisch $$
☎ 6836 8336; B1–03 Paragon, 290 Orchard Rd.; Gerichte ab 7 $; Ⓜ Orchard; ♿
Eines der besten Restaurants des Landes und Singapurs erste Filiale der ältesten taiwanesischen Dumpling- und Nudelrestaurant-Kette. Das Essen wird sorgfältig zubereitet von einer großen Kochmannschaft, die durch die vollverglaste Wand der Küche zu besichtigen ist. Das Resultat ist himmlisch: Zu den Highlights gehören Schweinefleisch-Krabben-Dumplings in delikater Brühe und der Bratreis mit Frühlingszwiebeln ist einfach lecker. Ein absolutes Muss.

IMPERIAL TREASURE NAN BEI KITCHEN Karte S. 80–81   Chinesisch $$
☎ 6738 1238; 05–12 Ngee Ann City, 391 Orchard Rd.; Gerichte ab 8 $; Ⓜ Orchard
Ausgezeichnete Kanton- und Shanghai-Küche der mittleren Preiskategorie. Die *xiao long bao* (Suppen-Dumplings) hier konkurrieren mit denen von Din Tai Fung (oben) um den ersten Platz in der Stadt. Aber auch die Bratengerichte (Gans und Schwein) und die täglich wechselnden Suppen sind extrem lecker.

IZAKAYA NIJUMARU
Karte S. 80–81   Japanisch $$
☎ 6235 4857; 02–10 Cuppage Plaza, 5 Koek Rd.; Hauptgerichte ab 12 $; Ⓜ Somerset; ♿
Aufgemacht wie die japanischen *izakaya* (Mischung aus Bar und Restaurant) liegt der Schwerpunkt hier genauso auf dem Alkoholgenuss wie auf dem Essen – und die japanischen Geschäftsleute, die hierherkommen, heben ganz gerne einen. Man setzt sich hin, bestellt Sake und endlose Runden von Fleischspießen – und der Abend ist gelaufen. Cuppage Plaza ist sehr beliebt bei ausgewanderten Japanern, da fühlen sich Besucher anderer Herkunft zuweilen als Minderheit.

LINGZHI VEGETARIAN

Karte S. 80–81   Chinesisch $$

☎ 6734 3788; 05–01/02 Liat Towers,
541 Orchard Rd.; Hauptgerichte 12–20 $;
Ⓜ Orchard

Die Servicequalität hier ist unterschiedlich
(besser am Abend, da scheint die Mann-
schaft weniger muffelig zu sein), das Essen
aber durchgehend gut. Eine kreative Karte
bietet Ingredienzien, die einem so vielleicht
zuvor noch nicht begegnet sind. Eine
weitere Filiale am Novena Square (Karte S. 80–81;
☎ 6538 2992; 03–09, Velocity@Novena Square) ist nur
mittags geöffnet.

FOOD REPUBLIC Karte S. 80–81   Food Court $

Ebene 4, Wisma Atria, 435 Orchard Rd.;
🕙 11–22.30 Uhr; Ⓜ Orchard; ♿
Das Food Republic gehört zur neuen
Generation von teureren Food Courts,
die überall in Singapur aufmachen. Hier
werden Hawker-Klassiker angeboten sowie
Thaigerichte, indische, japanische und
andere Küchen. Bei der Platzsuche gilt: Wer
zuerst kommt, mahlt zuerst. Das gilt vor
allem am Wochenende oder an Werktagen
zur Mittagszeit. Einige der Stände haben
jedoch eigene Sitzbereiche, dort ist es ein
bisschen teurer.

LUCKY PRATA Karte S. 80–81   Indisch $

☎ 6235 5223; 01–42 Lucky Plaza, 304 Orchard Rd.;
Gerichte ab 4 $; Ⓜ Orchard
Das im heruntergekommenen Lucky Plaza
untergebrachte Restaurant sieht von außen
nicht sehr einladend aus. Die Schwierigkeit
dort mittags einen Tisch zu bekommen, ist
jedoch ein Indiz für gutes Essen. Die Gäste
wählen, was sie vorn am Tresen sehen oder
bestellen à la carte. Das Fischkopfcurry ist
sehr beliebt.

NEWTON CIRCUS HAWKER CENTRE

Karte S. 80–81   Hawker Center $

Scotts Rd.; Ⓜ Newton
Nahe der Metrostation Newton liegt eines
der typischsten Hawker Center Singapurs.
Das bei Touristen beliebte Newton Circus
eignet sich für einen Besuch am Abend,
da ist die Stimmung am lebendigsten. Die
Popularität verleitet aber manche Stand-
betreiber zu einigen „unsingapurischen"
Praktiken, wie etwa Kunden beim Betreten
anzusprechen oder zu bestimmten Ständen
zu lotsen. Sind sie erst einmal abgeschüt-
telt, ist das Hawker Center eines der besten

der Stadt. Berühmt sind die gegrillten
Meeresfrüchte bei Boon Tat, das Austernome-
lett bei Hup Kee (Stand 65) und nebenan die
in ganz Singapur beliebtesten Nudeln mit
Fischbällchen.

OSTSINGAPUR

Nur wenige Besucher bleiben lange in Ostsin-
gapur, aber wir hoffen, dass sich das ändert,
denn das Gebiet ist nicht nur reich bestückt mit
Geschichte, Kultur und Architektur, sondern
auch die Heimat ausgezeichneten Essens. Von
den Peranakan-Genüssen Katongs und Joo
Chiats bis zu den überragenden Meeresfrüch-
ten entlang der Ostküste. Mutigere wagen sich
in die nächtliche Halbwelt von Geylang, denn
auch hier lauert gutes Essen inmitten einer
Szenerie aus Prostituierten und Freiern.

SIN HUAT EATING HOUSE

Karte S. 84   Meeresfrüchte $$$

☎ 6744 9755; Lorong 35, Geylang Rd.; 🕙 11 Uhr–
open end; Ⓜ Paya Lebar, von dort zu Fuß; ♿
Die besten Meeresfrüchte in Singapur oder
Opfer des eigenen Ruhmes? Berühmte
Restaurantkritiker kamen in Legionen und
haben Koch Dannys *bee hoon* mit Krabben
zu einem der weltbesten Gerichte erklärt.
Klar, es ist natürlich sehr teuer, normalerweise voll und die Bedienung ist notorisch
unhöflich, aber bei aller Kritikfreude: Das
Essen ist fantastisch.

CHARLIE'S CORNER Karte S. 48–49 Westlich $$

☎ 6542 0867; 01–08 Changi Village Hawker Centre; Gerichte 10 $; Ⓜ Tanah Merah, von dort 🚌 2
Charlie's Corner ist eine Art Institution,
betrieben von einem alten Knaben, der
schon zum Inventar gehört. Eine endlose
Bierauswahl und die Fish-and-Chips sind
die Hauptattraktionen, die Leute kommen
dafür von überall her. Für ein Hawker Center sind die Preise etwas hoch, aber nach
ein paar Bier ist das egal. Auf dem Weg
zum oder vom Fährterminal nach Pulau
Ubin (S. 188) oder Sungai Rengit (S. 196) ist
wenigstens ein kurzer Besuch Pflicht.

CHILLI PADI Karte S. 84   Peranakan $$

☎ 6275 1002; 11 Joo Chiat Pl.; Gerichte ab 6 $;
Ⓜ Eunos, von dort 🚌 155
Hervorragendes Peranakan-Essen in seiner
geistigen Heimat Joo Chiat – so beliebt,
dass ein Sortiment von Pasten für die Heim-
küche produziert wird. Empfehlenswert

sind vor allem das saure *assam*-Fischkopf-curry oder Sambal-*sotong* (Tintenfisch) und die *kueh pie ti* (Teigtaschen mit Garnele und Weißrübe).

ENG SENG COFFEESHOP

Karte S. 84   Hawker Center $$

247/249 Joo Chiat Pl.; 🕙 17–21 Uhr; Ⓜ Eunos, von dort 🚌 155

An diesem Hawker Center stehen die Leute schon Schlange, bevor es öffnet, denn hier gibt es die weithin bekannte *black-pepper crab* (Krabbe in Soße mit schwarzem Pfeffer). Ein bisschen Wartezeit sollte also drin sein. Wer noch nicht vertraut ist mit der unerschöpflichen singapurischen Geduld in Sachen Essen, fängt vielleicht erst mal beim Meeresfrüchte-Barbecue-Stand an, der ist auch ganz toll.

GUAN HOE SOON Karte S. 84   Peranakan $$

☎ 6344 2761; 214 Joo Chiat Rd.; Hauptgerichte unter 20 $; 🕙 Di geschlossen; Ⓜ Eunos

Berühmt geworden ist es als Lee Kuan Yews Peranakan-Lieblingsrestaurant, aber selbst das gilt nicht lange bei den sehr wählerischen Singapurern, wenn das Essen nicht mithalten kann. Glücklicherweise hat der Ruhm nicht zu Behäbigkeit geführt und das Baba-Nonya-Essen hier ist einfach Oberklasse.

JIA WEI Karte S. 84   Chinesisch $$

☎ 6340 5678; 2. Etage, Grand Mercure Roxy Hotel, 50 East Coast Rd.; Hauptgerichte ab 15 $; 🚌 10, 14

Die Topadresse an der Ostküste für Dim Sum, beliebt bei Geschäftsleuten. Von der bemerkenswerten Hässlichkeit des Hotelgebäudes sollten sich Besucher nicht schrecken lassen: Essen und Service sind exzellent und ein toller Meerblick entschädigt. Wer die Durianfrucht schätzen gelernt hat, sollte die frittierte Eiscreme zum Nachtisch probieren.

JUST GREENS VEGETARIAN

Karte S. 84   Vegetarisch $$

☎ 6345 0069; 49/51 Joo Chiat Pl.; Gerichte ab 4 $; 🕙 8–22 Uhr; Ⓜ Eunos

Ein gutes Veggie-Restaurant zählt Fleischesser wie Mönche gleichermaßen zu seinen zufriedenen Kunden. Das Mittagsbuffet ist einen Versuch wert, es gibt auch Tagesgerichte. Die Gerichte sind mit Liebe gemacht und der Service ist im Allgemeinen freundlich.

MANGO TREE Karte S. 84   Indisch $$

☎ 6442 8655; 1000 East Coast Parkway; Hauptgerichte 10–25 $; Ⓜ Bedok, dann Taxi, oder 🚌 401 ab Ⓜ Bedok, nur an Wochenenden

Eine Oase der Kultiviertheit in der allgemeinen Schnodderigkeit von Marine Cove in East Coast Park. Das Mango Tree ist ein kleines, stylisches Strandrestaurant, das sich auf Essen von der indischen Küste spezialisiert hat, überwiegend von Goa und aus Kerala. Die Tische draußen sind schön, wenn eine Brise weht, aber die Bars in der Nähe stören das Ambiente ein wenig, da sind die Plätze drinnen besser.

NO SIGNBOARD SEAFOOD

Karte S. 84   Meeresfrüchte $$

☎ 6842 3415; 414 Geylang Rd.; Gerichte ab 15 $; 🕙 12–2 Uhr; Ⓜ Aljunied

Madam Ong Kim Hoi fing der Legende nach mit einem namenlosen Hawker-Stand an (daher der Name), aber der Ruhm ihrer Meeresfrüchte machte sie zu einer reichen Frau mit bislang fünf Restaurants, und bald sind's bestimmt noch mehr. Anfangs gelobt wegen seiner Krabbe in Soße mit weißem Pfeffer, tischt das No Signboard mittlerweile auch herrlichen Hummer, Abalone-Muscheln und an weniger bekannte Gerichte wie Ochsenfrosch und Hirsch auf. Weitere Filialen gibt es im East Coast Seafood Centre (Karte S. 84; ☎ 6448 9959), Kallang (Karte S. 84; ☎ 6344 9959; Stadium Blvd.), Esplanade (Karte S. 54–55; ☎ 6336 9959) und VivoCity (Karte S. 106; ☎ 6376 9959).

ROLAND RESTAURANT

Karte S. 84   Meeresfrüchte $$

☎ 6440 8205; Block 89, 06–750 Marine Parade Central; Krabben ab 14 $; 🚌 10, 14; ♿

Dass das Restaurant auf der Spitze eines Parkhauses gelegen ist, könnte zunächst abschrecken. Wenn die Chilikrabbe und die „USA Duck" (S. 128) in diesem Riesenrestaurant für den Premierminister gut genug sind, dann sind sie das auch für Normalsterbliche, selbst wenn die Atmosphäre in den großen Speisesälen ein wenig unpersönlich sein mag.

WERNER'S OVEN BAKERY & RESTAURANT Karte S. 84   Deutsch $$

☎ 6442 3897; 6 Upper East Coast Rd.; Hauptgerichte 18 $; 🚌 10, 14; ♿

Ohne den demonstrativ teutonischen Look vieler deutscher Restaurants hier, eigentlich sogar sehr schlicht gehalten. Aber das Essen ist rustikal und schmackhaft. Spaghetti und Hamburger beiseite – die Gäste sollten lieber die herzhafte Ochsenschwanzsuppe, eine Bratwurst oder Bärlauchwurst (alles mit feinem Sauerkraut und Stampfkartoffeln serviert), knusprige Schweinshaxe oder deutsches Brot probieren, dazu ein Paulaner. In der Bäckerei gibt es leckere Brotsorten und das Frühstück zum fairen Preis.

328 KATONG LAKSA Karte S. 84 Peranakan $

216 East Coast Rd.; Laksa 5 $; 🚌 10, 14

Wie es mit Kontroversen zum Thema Essen nunmal ist, so wird auch die Frage, woher das ursprüngliche, echte Katong Laksa stammt, sehr emotional diskutiert. Mehrere Laksa-Stände waren an den berüchtigten „Laksa-Kriegen" vor einigen Jahren beteiligt, als es darum ging, wer zuerst da war. Eigentlich kann man bei keinem der Stände etwas falsch machen, aber dieses ist zumindest der kommerziell erfolgreichste.

SERANGOON SALT-BAKED CHICKEN

Karte S. 84 Peranakan $

☎ 6348 2282; 97 East Coast Rd.; 🚌 10, 14

Typisch Singapur: Das *Serangoon Salt-Baked Chicken* gibt es nirgends nur in der Nähe von Serangoon. Ebenso typisch ist, dass die Leute lange Wege durch die Stadt in Kauf nehmen, wenn sich ein Verlangen nach auf der Zunge zergehendem Geflügel breitmacht. Mit den Fingern zerpflücken und verschlingen.

CHIN MEE CHIN CONFECTIONERY

Karte S. 84 Süßspeisen $

☎ 6345 0419; 204 East Coast Rd.; Gerichte ab 4 $; 🚌 10, 14

Kaya-Toast (*kaya* ist Konfitüre aus Kokosnuss und Ei) wie Oma ihn machte – altmodische Bäckereien wie Chin Mee Chin sterben allmählich aus. Mit ihren Bodenmosaiken, Holzstühlen und dampfendem starkem Kaffee sind sie ein Nostalgietrip für viele ältere Singapurer. Anscheinend eines der wenigen Frühstückslokale Singapurs, das seine *kaya* noch selbst herstellt.

EAST COAST LAGOON FOOD VILLAGE Karte S. 84 Hawker Center $

East Coast Park Service Rd.; 🕐 10.30–23 Uhr; Ⓜ Bedok, dann Taxi; 🚌 401 ab Ⓜ Bedok, nur an Wochenenden

Dieses Hawker Center ist perfekt für ein billiges Mittagessen außer Haus mit ein, zwei Bier nach einem Spaziergang oder einer Rad- oder Inlinetour durch den East Coast Park. Am Wochenende ist es hier sehr voll, aber meist lässt sich noch ein Tisch ergattern, am besten nah am Meer – für eine leichte Brise. Dieses Hawker Center ist besonders bekannt für seine Satéspieße, gegrillte Meeresfrüchte und für den Stand mit *satay bee hoon* (da, wo die lange Schlange ist!).

HOLLAND ROAD & BUKIT TIMAH

Die zwei Hauptverkehrsadern Holland Rd. und Bukit Timah Rd., vom Stadtzentrum in ostwestlicher Richtung verlaufend, bilden die Grenzen eines der wohlhabendsten Wohnviertel und sind auch Heimat vorzüglichen Essens. Von Exilwestlern überlaufen ist Holland Village einer der wenigen Orte außerhalb der Quays, wo Einheimische in der Minderheit sind. Bei näherem Hinschauen finden sich aber Bar- und Restaurantmeilen wie die Greenwood Avenue und das hervorragende Rider's Café (S. 146).

AU JARDIN Karte S. 98–99 Französisch $$$

☎ 6466 8812; EHJ Corner House, Singapore Botanic Gardens, Cluny Rd.; Hauptgerichte ab 70 $; Taxi

Das in einer renovierten Kolonialvilla gelegene und vom üppigen Grün der botanischen Gärten umgebene Restaurant ist wohl das bezauberndste von ganz Singapur. Das hat natürlich seinen Preis, ist aber hinsichtlich Erlebnisfaktor und Essen unschlagbar. Sich in Schale werfen, die Rechnung ignorieren und hinterher durch die Gärten promenieren.

SEBASTIEN'S BISTROT

Karte S. 98–99 Französisch $$$

☎ 6465 1980; 12 Greenwood Ave.; Hauptgerichte ab 27 $; 🚌 66, 67, 174

Das Sebastien's ist Teil der Les-Amis-Gruppe, die auch das Au Jardin betreibt. Hier gibt es Klassiker der französischen Küche (Soufflés, Terrinen, Zwiebelsuppe, Schnecken, Boeuf Bourguignon, Coq au Vin usw.) in kultivierter, aber entspannter Landhausatmosphäre unter den Augen des genialen und stattlichen namengebenden Geschäftsführers. Ein bisschen Platz sollte

ESSEN IN DER HÖHE

Besucher, die den Tag im Jurong Birdpark verbringen, können auch noch einen Abend daraus machen und den Hügel erklimmen. Dort geht es zum **Hilltop Japanese Restaurant** (Karte S. 48–49; ☎ 6266 3522; 2 Jurong Hill; Gerichte ab 10 $; Ⓜ Jurong East, dann 🚌 194 oder 251), ein ungewöhnliches Restaurant. Sein Plus ist zum einen die einzigartige japanisch-indonesische Speisekarte, zum anderen sicher auch seine Lage in einem Beobachtungsturm. Nach dem Essen gibt's dann auf Wunsch noch eine tolle Aussicht auf den industriellen Ballungsraum.

immer für die herausragende Käseplatte und die exorbitanten Desserts (Windbeutel, Rhabarberkuchen, Zitronentarte) bleiben.

HALIA Karte S. 98–99 Modern-Asiatisch $$$
☎ 6476 6711; Singapore Botanic Gardens, 1 Cluny Rd.; Hauptgerichte ab 20 $; Taxi; ♿
Das Außendeck des Halia ist ein magischer Fleck. Umgeben von den Ingwerpflanzen und zwitschernden Vögeln der botanischen Gärten ist es perfekt geeignet für ein gemütliches Frühstück, ein leichtes Mittagessen oder ein romantisches Abendessen. Von 15 bis 17 Uhr (außer sonntags) ist englische Tea Time mit Scones, Jam und Sandwiches.

MICHELANGELO'S Karte S. 98–99 Italienisch $$
☎ 6475 9069; 44 Jalan Merah Saga 01–60; Gerichte ab 25 $; 🕐 Sa mittags geschlossen; 🚌 7
An der friedlichen, teuren Jalan Merah Saga gelegen, ist das Michelangelo's definitiv ein Ort für die Hungrigen. Die Gäste sollten die kitschigen Kunstreproduktionen ignorieren und sich auf's Wesentliche konzentrieren: Muscheln, Lammkeulen und Pasta satt. Auch die Weinkarte beeindruckt.

NORTH BORDER BAR & GRILL
Karte S. 98–99 Amerikanisch $$
☎ 6777 6618; 2 Rochester Park; Hauptgerichte 25–69; Ⓜ Buona Vista
Das North Border ist ein Teil der hippen Szene von Rochester Park und macht das Beste aus seinem kolonialen Ambiente. Geboten wird die Küche des amerikanischen Südwestens mit modernen Einflüssen in entspannter Outdooratmosphäre. Die Geschmacksrichtung ist kräftig-herzhaft mit Betonung auf Fleisch: Steaks, gegrillte Garnelen, Baby Back Ribs, Koteletts.

ORIGINAL SIN Karte S. 98–99 Vegetarisch $$
☎ 6475 5605; 43 Jalan Merah Saga 01–62; Hauptgerichte 20–30 $; 🚌 7
Das Essen ist sehr gut in diesem freundlich-entspannten Lokal und wird von einer der besten Weinkarten der Stadt begleitet. Die gefüllten Champignons (15 $), Ricottakuchen (20 $) oder Aubergine marokkanische Art (22 $) sind echte Tipps. Ein Gläschen Port dazu lässt vergessen, dass es hier so aussieht wie in einem schicken australischen Vorort. Fantastisch.

PS CAFÉ Karte S. 98–99 International $$
☎ 6479 3343; 28B Harding Rd.; Hauptgerichte ab 20 $; 🚌 7, 123, 174
Das PS Café ist eines der besseren Ergebnisse des Restaurantbooms an der Dempsey Rd. und verschwistert mit dem **ProjectShop Café** (S. 141) an der Orchard Rd. Es ist berühmt für seine Desserts, aber bei den Hauptgerichten sind die Klassiker die beste Wahl. Einige der Fusion-Gerichte wie Ente *rendang* funktionieren nicht so richtig und das Personal ist irgendwie ein bisschen zu versnobt.

GREENWOOD FISH MARKET & BISTRO Karte S. 98–99 Meeresfrüchte $$
☎ 6467 4950; 34 Greenwood Ave.; Hauptgerichte ab 15 $; 🚌 170
Wenn das Essen auf Eis gebettet ist oder in einem Aquarium schwimmt, können sich Gäste ziemlich sicher sein, dass es frisch ist. Eine Empfehlung sind die wohlbekannten Fish-and-Chips. Mutige probieren vielleicht raffiniertere Angebote oder gehen gar am Dienstag hin, da kosten die Austern nur 1 $. Es gibt auch Fisch zum Mitnehmen.

MONSTER MASH Karte S. 98–99 Britisch $$
☎ 8161 0967; www.monstermashcafe.co.uk; 26A Lorong Mambong; Vorspeisen ab 12 $; 🚌 7
Was lässt sich über ein Restaurant sagen, das vegetarischen Haggis verkauft? Kommt drauf an, und zwar auf die Qualität des besagten Haggis, der im Falle des Monster Mash einfach exzellent ist: herzhaft, warm, mit dem Besten aus Vollkorn gefüllt. Das Monster Mash serviert auch traditionelle britische Spezialitäten inklusive Puddings, *Sausage and Mash* (Würstchen mit Kartoffelpüree und Soße) und natürlich Fish-and-Chips. Es wartet ebenso mit einer guten Auswahl an Weinen, Bieren und Ales auf.

RIDER'S CAFÉ Karte S. 98–99 Westlich $$

☎ 6466 9819; www.riderscafe.sg;
51 Fairways Drive; Hauptgerichte ab 15 $; Taxi
Unser Frühstückstipp für Singapur. Das
Rider's ist Teil des Bukit Timah Saddle Club
ansässig in einem Bungalow aus Kolonial-
zeiten, wo die Gäste mit Kaffee und Pfannkuchen auf der Veranda sitzen können.
Umgeben von Grün (kein Hochhaus in
Sicht) kann man den Pferden zusehen, wie
sie gestriegelt, gewaschen oder trainiert
werden. Kaum zu glauben, dass es bis in
die Stadt nur etwa 10 Minuten sind.

L'ESTAMINET Karte S. 98–99 Europäisch $$

☎ 6465 1911; 4 Greenwood Ave.;
Hauptgerichte ab 15 $; 🚌 66, 67, 174; 🚼
Aufgemacht wie eine belgische Dorfkneipe,
verfügt das L'Estaminet über eine breite
Auswahl belgischer Biere, darunter diese
heftigen Klosterbiere. Es gibt außerdem
ausgezeichnete Pizza aus dem Holzofen,
was schon einen Besuch zum Abendessen
rechtfertigt und eine Auswahl leckerer
Drinks. Die Sitzbereiche im hinteren Teil
und zur Linken sind kinderfreundlich. Für's
Dessert hinterher ist Sebastien's Bistrot (S. 144)
eine Option.

SAMY'S CURRY RESTAURANT

Karte S. 98–99 Indisch $$

☎ 6472 2080; Civil Service Club, Block 25,
Dempsey Rd.; Hauptgerichte ab 5 $; 🚌 7, 123, 174
Wie sich die Dinge doch ändern. Das hier
war mal eine charmante, ganz gewöhnliche
alte Militärkantine mit hervorragenden
Currys und billigem Bier. Die Currygerichte
sind immer noch hervorragend, aber das
Gebäude wird jetzt von zwei großen Res-
taurants umsäumt und hat viel von seiner
Atmosphäre verloren.

CA*CALIFORNIA

Karte S. 98–99 Amerikanisch $$

☎ 6473 3231; 8B Dempsey Rd.; Gerichte ab 6 $;
🚌 7, 123, 174; 🚼
Mit kühlem rauem Backstein, Holzmöbeln,
Deckenventilatoren, Ledersofas und einer
klimpernden Akustikgitarre macht dieses
familienfreundliche Restaurant (mit einem
Ben-&-Jerry's-Eiscreme-Verkaufsstand)
eigentlich alles richtig. Es gibt leckere Sandwiches, Salate, Burger und anderes ameri-
kanisches Essen. Mit dem Kinderbereich ist
es ideal für Familien, kann aber schon mal
etwas laut werden.

HOLLAND VILLAGE MARKET & FOOD CENTRE Karte S. 98–99 Hawker Center $

Lorong Mambong; 🕙 10 Uhr–open end; 🚌 7
Wohl das einzige Hawker Center Singapurs, das auf einer Hinweistafel die regionalen Spezialitäten und die Bestelletikette
erläutert. Aber dies ist nun mal das Herz
der „Expat"-Gemeinde. Komischerweise
scheinen viele Ausländer diesen Ort trotz
der niedrigen Preise zu meiden. Das ist
ein großer Fehler, denn hier gibt es alle
Klassiker: von gegrillten Meeresfrüchten
über Katong Laksa bis zum gebratenen
kway teow.

ISLAND CREAMERY

Karte S. 98–99 Süßspeisen $

☎ 6468 8859; 01–03 Serene Centre,
10 Jalan Serene; 🕙 11–22 Uhr; 🚌 174; 🚼
Klein und unscheinbar, nur eine Handvoll
Tische, aber im Island Creamery gibt es
Eiscreme und Sorbets, die in die Geschichte
eingehen werden. Regionale Geschmacks-
richtungen sind die Spezialität des Hauses,
darunter *teh tarik* (indischer Gewürztee),
cendol und das erfrischende Biersorbet aus
Tiger-Bier. Dann gibt es noch so fantastische Aromen wie gebrannter Karamell,
Schwarzwälder Kirsch, Horlicks (nach dem
gleichnamigen Malzmilch-Getränkepulver)
oder Beerenfrüchte. Naschkatzen sollten
sich auf Genuss im Stehen einstellen.

SÜDWESTSINGAPUR

Industriell geprägt und oft übersehen hat
dieses Gebiet doch einige Genüsse zu bieten
– manchmal etwas versteckt in kleinen Parks
auf den Hügeln und im Innern des monumentalen VivoCity-Einkaufszentrums, das gleichzeitig das Tor nach Sentosa ist. Hierher zu
gelangen erfordert wegen des eingeschränkten
öffentlichen Nahverkehrs ein wenig Aufwand
und Extraausgaben, aber es lohnt sich, den
Massen zu entkommen.

THE OLIVE Karte S. 50–51 Italienisch $$$

☎ 6479 2989; Labrador Villa Rd., Labrador Park;
Sa & So Ⓜ HarbourFront, dann 🚌 408 oder an
Werktagen mit dem Taxi
Versteckt auf einem Hügel inmitten des
dicht bewaldeten Labrador Park, wo die
Stadtlichter durch die Bäume blinken,
schreit das Olive geradezu nach einem ro-
mantischen Candle-Light-Dinner. Essen und
Location sind sensationell – da lohnt sich
das bisschen Extraaufwand für den Weg,

um einen friedvollen Abend abseits des
städtischen Getriebes zu verbringen.

BROTZEIT GERMAN BIER BAR
Karte S. 50–51   Deutsch $$

☎ 6272 8815; 01–149 VivoCity, 1 Harbourfront
Walk; Gerichte ab 15 $; Ⓜ HarbourFront
Würstchen, Schweinshaxe und reich-
lich deutsches Bier mit entspannendem
Ausblick auf Sentosa und die Bucht. Die
Würstchen sind super (die Knoblauchwurst
war ein Favorit) und das Paulaner vom
Fass rinnt angenehm die Kehle runter.
Die Bedienung ist mal hervorragend, mal
hoffnungslos, Glückssache.

FABER HILL BISTRO Karte S. 50–51 Westlich $$
☎ 6377 9688; 101 Mt. Faber Rd.; Hauptgerichte
ab 12 $; ⏲ So–Di 9–1, Mi–Sa 9–2 Uhr; Sa/So
Ⓜ HarbourFront, dann 🚌 409, oder Cable Car
Bei der tollen Aussicht auf's Meer und den
CBD könnte man astronomische Preise erwarten, aber die Steaks, Pasta-Gerichte und
andere Bistro-Happen sind recht günstig,
wenn auch nicht gerade überragend gut.
Ein Tipp: kurz vor Sonnenuntergang einen
Tisch am Rand sichern und dann nach dem
Essen zu Altivo, ein paar Meter den Hügel
hinauf und dort einen noch spektakulären Drink genießen.

SENTOSA ISLAND
Als die Geschäftsführung erkannt hatte, dass
es nicht illegal ist, an einem Touristenort
etwas anderes als Junkfood anzubieten (eine
Lektion, die viele noch lernen müssen), erfuhr die Gastronomie auf Sentosa eine Art
Renaissance. Mit einer Kombination aus an-
ständigen Strandlokalen, feinen Hotelrestau-
rants und etwas Edelgastronomie hat Sentosa
seine Flagge auf der kulinarischen Landkarte
Singapurs platziert. Einige Lokale sind abends
auch Bars, die überwiegend ein Publikum in
Badeklamotten bedienen (S. 158).

BRAISE Karte S. 106   Französisch $$$
☎ 6271 1929; Palawan Beach; Hauptgerichte
ab 38 $; Ⓜ HarbourFront, dann Monorail oder
Shuttlebus
Braise ist typisch für das neue Sentosa mit
seiner verfeinerten Nouvelle Cuisine in min-
malistischem Interieur: weiße Wände, nackte
Ziegel, hohe, gewölbte Decken und eine
durchgehende Glasfront, die maximale Sicht
auf den Strand garantiert. Meeresfrüchte dominieren die Vorspeisenkarte, während bei

FARMFRISCH
Auf der wunderbar friedlichen Biofarm Bollywood
Veggies liegt das Poison Ivy Bistro (Karte S. 48–49;
☎ 6898 5001; 100 Neo Tiew Cres.; Gerichte ab 4 $;
⏲ Mi–So 9–18 Uhr; Taxi), der perfekte Ort, um
nach einem Besuch anderer Bauernhöfe der Gegend
oder nach einer Exkursion zum Naturreservat Sungei
Buloh Wetland Reserve (S. 93) einzukehren. Das
Essen, für das farmeigenes Gemüse verwendet wird,
ist nicht sonderlich erwähnenswert, aber die ländliche Idylle macht das Ganze zu etwas Besonderem.

den Hauptgängen Fleisch vorherrscht. Auf
keinen Fall in Strandklamotten ankommen.

IL LIDO Karte S. 106   Italienisch $$$
☎ 6866 1977; www.il-lido.com; Sentosa Golf
Club, Bukit Manis Rd.; Menü à la carte 90–180 $,
Hauptgerichte ab 40 $; Ⓜ HarbourFront, dann
Monorail oder Shuttlebus
Der atemberaubenden Aussicht auf die
Straße von Singapur und die Lichter
Indonesiens dahinter wird das Il Lido
mit seinem Essen voll gerecht. Die Gäste
können zwischen modernen, klassischen
oder vegetarischen Gerichten auswählen,
und wer 3000 $ übrig hat, kann die Yacht
auch für einen Abend mit privatem Dinner
buchen.

SKY DINING Karte S. 106   Europäisch $$$
☎ 6377 9633; www.mountfaber.com.sg;
Menüs 98–168 $; ⏲ Di–So 18.30–20.30 Uhr;
Ⓜ HarbourFront
Wir können uns nicht richtig entscheiden,
ob wir das fantasievoll oder einfach nur
albern finden, aber die Idee, sein Menü in
einer Seilbahn 70 m über der Erde einzu-
nehmen, hat was. Bis zum Nachtisch mag
sich der Reiz des Neuen etwas abgenutzt
haben, aber vom Mount Faber hinunter
nach Sentosa zu gleiten und dabei die
Silhouette der Stadt im Sonnenuntergang
zu bewundern ist schon sehr romantisch.
Allerdings sind die Kabinen zu klein, um
irgendetwas Unanständiges in Erwägung
zu ziehen. Mindestens zwei Tage vorher
reservieren.

THE CLIFF Karte S. 106   Meeresfrüchte $$$
☎ 6275 0331; www.thesentosa.com; 2 Bukit
Manis Rd. ⏲ 18.30–23 Uhr (letzte Bestellung
21.30 Uhr); Ⓜ HarbourFront, dann Monorail oder
Shuttlebus; ♿

Auf einer Klippe gelegen ist The Cliff zu einem Synonym für „besonderer Anlass" geworden, teils wegen seiner Lage, teils wegen des großartigen Service, hauptsächlich aber wegen der Meeresfrüchte. Das Tagesgericht erspart die Qual der Wahl und Teller um Teller mit maritimen Meisterwerken defilieren vorbei. Die Reservierung einer Junior Suite macht den Abend perfekt.

COASTES Karte S. 106 — International $$
☎ 6338 8832; Siloso Beach; Snacks & Hauptgerichte 7–25 $; Ⓜ HarbourFront, dann Monorail oder Shuttlebus; Ⓚ

Der Tipp unter den Strandrestaurants von Sentosa: Die Atmosphäre im Coastes ist entspannt und freundlich. Offensichtlich von Ibiza inspiriert gehört es zu den Lokalen, in die Eltern ihre Kinder mitnehmen können, ohne das Gefühl haben zu müssen, die Stimmung zu ruinieren. Die Gäste nehmen auf Holzbänken oder Loungesesseln Platz und bestellen Pizza aus dem Holzofen, während der Körper in der Sonne vor sich hin brutzelt.

SAMUNDAR Karte S. 106 — Indisch $$
☎ 6276 8891; 85 Palawan Beach Walk; Hauptgerichte ab 12 $; Ⓜ HarbourFront, dann Monorail oder Shuttlebus

Eines dieser Restaurants mit so umfangreicher Speisekarte, die Gäste bei der Auswahl in quälende Verzweiflung treibt. Mit der Tandoori-Karte liegt jeder richtig (abgesehen von Vegetariern, aber die haben dann immer noch 15 Optionen). Die Spezialität *sikandari raan* (marinierte Lammkeule) muss drei Tage im Voraus bestellt werden – im Grunde ein Schnäppchen für 84 $.

AUSGEHEN & NACHTLEBEN

top picks

New York muss sich warm anziehen. Das einst so langweilige Singapur schickt sich an, dem Big Apple den Titel der „Stadt, die niemals schläft" zu entreißen. Von kleinen, schummrigen Spelunken, in denen Figuren abhängen, die einer Ballade von Tom Waits entsprungen sein könnten, bis hin zum wummernden Danceclub, in dem die hippe Jugend der Stadt bis in die frühen Morgenstunden abtanzt, ist in Singapur für jeden Geschmack etwas dabei, und das an sieben Tagen in der Woche.

WOHIN AUSGEHEN?

Was angesagt ist und was nicht, ändert sich in Singapur so regelmäßig wie die Jahreszeiten (wenn Singapur denn welche hätte), und was heute noch der letzte Schrei ist, kann morgen schon wieder kalter Kaffee sein. Das und die rapide steigenden Mietpreise für Gewerbeflächen können bedeuten, dass ein Club in einer Zeitspanne, die in etwa der Karrieredauer einer Boyband entspricht, eröffnet, Kultstatus erreicht und – ehe man sich's versieht – wieder weg vom Fenster ist. Die einzelnen Viertel bewahren ihren Charakter im Allgemeinen etwas länger, daher enthalten die folgenden Ausgehtipps einige zusätzliche Infos zu den Straßen und Gassen, die die vorgestellten (und hoffentlich immer noch angesagten bzw. existierenden) Bars und Clubs umgeben.

PRAKTISCH & KONKRET
Was kostet wie viel?

Abgesehen von Brunei ist Singapur das wahrscheinlich teuerste Pflaster in Südostasien zum Ausgehen. Die Kombination aus liberalen Ausschankgesetzen und freier Marktwirtschaft ziehen hohe Preise nach sich, insbesondere in den angesagteren Läden der Stadt, wo ein gepflegter Umtrunk ziemlich kostspielig werden kann. Wer günstig einen trinken gehen möchte und nichts gegen Plastiktische und grelle Beleuchtung einzuwenden hat, kann in den Hawker Centern und Coffeeshops abhängen und Tiger-Bier zu etwa 6 $ die Flasche trinken. In den meisten Bars der Stadt kostet ein Bier zwischen 10 und 15 $, ebenso Longdrinks. In den gehobenen Clubs wird vor dem Trinken erst einmal der Eintritt fällig, der bei 20 $ oder mehr liegt (aber meistens immerhin ein Freigetränk beinhaltet).

Sparsame Trinker suchen frühzeitig die Bars auf, um die Happy Hour auszunutzen, die meist zwischen 17 und 20 Uhr, bisweilen aber auch später eingeläutet wird. Im Allgemeinen gibt's dann zwei Drinks zum Preis von einem oder eine Auswahl verbilligter Getränke. Mittwochs und donnerstags können Frauen in manchen Kneipen abends günstiger (oder sogar umsonst) trinken, mutmaßlich weil betrunkene Frauen zahlungskräftige und -willige Männer anlocken. Wer wirklich knapp bei Kasse ist, kann sich natürlich auch einfach mit ein paar 5-$-Bieren im Hostel begnügen.

Öffnungszeiten

Während die Regierung viele Bereiche des öffentlichen Lebens in der Löwenstadt streng reglementiert, lässt sie hinsichtlich der Ausschankgesetze eine ausgesprochene Laissez-faire-Politik walten. Viele Bars und Clubs haben bis in die frühen Morgenstunden geöffnet, manche sogar bis zur Frühstückszeit. Die meisten Clubs öffnen gegen 17 Uhr ihre Pforten und schließen sonntags bis donnerstags gegen 1 oder 2 Uhr, Freitag und Samstag erst gegen 2 oder 3 Uhr. Öffnungszeiten, die deutlich davon abweichen, werden im Folgenden angegeben.

COLONIAL DISTRICT & DIE QUAYS

In einer Stadt, die praktisch am Äquator liegt, ist es nur folgerichtig, dass sich die angesagteste Club- und Kneipenszene direkt am Fluss, wo zumeist eine kühle Brise weht, ausbreitet. Obwohl die Gegend ein wenig von Touristen überlaufen ist und nach Ansicht mancher zu einer Spielwiese für Yuppies verkommen ist, befinden sich an den drei Quays (Clark, Boat und Robertson) und weiter westlich entlang des Singapore River einige der interessantesten (und kostspieligsten) Clubs und Kneipen der Stadt.

DURCH DIE STADT MIT DAWN *Dawn Mok*

Abgesehen vom Wetter ist der Wandel die einzige Konstante in Singapur. Wir Einheimischen sind ständig damit beschäftigt, mit der Hitze klarzukommen, über die neuesten Trends auf dem Laufenden zu sein und unseren Freunden als Ersten davon zu berichten: „Sorry, dass ich auf deine SMS nicht geantwortet habe, ich war im (hier den schrägen Namen eines abgefahrenen neuen Ladens einfügen) – was für ein Spaß! Du warst noch nicht da? Musst du hin!"

Um all das zu erreichen, muss man sich in den Wald, auf die Dächer oder an den Fluss begeben. Natürlich gibt es auch im Betondschungel der Innenstadt nach wie vor einiges zu erleben und zu bestaunen, anspruchsvolle Geister suchen aber lieber die Nähe zu Mutter Natur und bewundern ihre mannigfachen Reize, ohne dabei auf die Vorzüge und den Kitzel urbanen Lebens verzichten zu müssen.

Das grüne **Wessex Village Square** (5B Portsdown Rd.) mit seinen schwarz-weißen Bungalows ist tagsüber ein friedliches, kreatives Viertel, das sich abends in einen beliebten Treffpunkt für Künstler und Studenten verwandelt. Das familiengeführte italienische Restaurant Pietrasanta vermittelt seinen Gästen eine Kostprobe des Lebensgefühls und der Aromen der Toskana. Später geht es ins rustikale, saloonartige Klee, wo eine beeindruckende Auswahl frisch gemixter Cocktails serviert wird – alle hergestellt aus den besten Zutaten der Erde: echter Fruchtsaft und allerfeinster Alkohol!

Wer auf gediegene Atmosphäre in kolonialem Ambiente steht, sollte sich Rochester Park nicht entgehen lassen. In den schönen Bungalows aus der Vorkriegszeit haben sich eine Reihe erstklassiger Restaurants, eine Feinkostbäckerei, eine moderne Gastrobar sowie eine russische Wodka- und Kaviar-Bar eingerichtet. Nicht weit entfernt befindet sich **HortPark** (33 Hyderabad Rd.), das als „Südostasiens erstes Garten- und Lifestyle-Zentrum" gepriesen wird. Ein überraschender und doch passender Standort für das Kha, ein modernes thailändisches Restaurant mit schicker Terrasse, von der aus die Gäste einen herrlichen Blick auf Bäume und ein Wasserspiel haben.

Tolle Aussichten und frische Luft gibt's außerdem über den Dächern der Stadt, z. B. im beliebten **Loof** (S. 152) auf den Odeon Towers oder im neuen Helipad des Central, in dem auf 6000 m² Party gemacht werden kann. Wer es lieber etwas intimer mag, sollte die Dachterrasse des Screening Room mit Blick auf Chinatown oder die Moon Ladder Bar im Labrador Nature Reserve austesten.

Das Herz der Stadt ist immer noch der Singapore River. Besonders schnell schlägt es am Clarke Quay, etwas ruhiger geht es den Fluss weiter den Fluss entlang am Robertson Quay zu, wo es einige authentische japanische Lokale und Bars gibt. Im eM im **Gallery Hotel** (1 Nanson Rd.) kann man es sich mit einem kühlen Bier direkt am Fluss unter Bäumen gemütlich machen. Eine Etage höher verblüfft der Bartender und Magier der Bar 84 seine Gäste mit 300 Whiskysorten und einigen Zaubertricks. Auf der anderen Seite des Flusses, zwischen Clarke Quay und Boat Quay, ist der ungekünstelte Home Club und eine lebendige Alternative-Musikszene zu Hause. Wer keine Berührungsängste hat, ist im Vorteil, denn wie überall sonst gilt auch in Singapur: Die besten Tipps haben immer noch die Einheimischen auf Lager.

Dawn Mok ist Mitbegründerin des (halbwegs) jährlich erscheinenden Stadtführers Singapore CityScoops (www.cityscoops. com), der über die angesagtesten Läden und coolsten Geheimtipps der Stadt informiert.

BAR OPIUME Karte S. 54–55 — Bar

☎ 6339 1720; www.indochine-group.com; 1 Empress Pl.; Mo–Do 17–2, Fr & Sa 17–3, So 17–1 Uhr; M Raffles Place

Diese recht protzige Bar, zu deren aufwendigem Interieur u. a. Kronleuchter und Buddhastatuen gehören, befindet sich direkt neben dem Schwester-Restaurant Indochine Waterfront (S. 133) gegenüber dem Boat Quay. Angesichts der Getränkepreise empfiehlt es sich, nicht allzu hastig zu schlürfen, dafür ist die ruhige Lage direkt am Fluss unbezahlbar. Überhaupt sind sämtliche Betriebe der Indochine Group (siehe Website) allein wegen ihres Ambientes einen Besuch wert.

BREWERKZ Karte S. 54–55 — Bar

☎ 6438 7438; 01–05 Riverside Point Centre, 30 Merchant Rd.; So–Do 12–24, Fr & Sa 12–1 Uhr; M Clarke Quay

Eine echte Perle: Dieses Brauhaus und Restaurant bietet eine Reihe vorzüglicher hausgemachter Biere. Das beliebteste ist wohl das India Pale Ale, aber auch das Dunkelbier und das Golden Ale sind ausgezeichnet. Abenteuerlustige sollten die Fruchtbiere probieren, die aus Früchten der Saison hergestellt werden.

ESKI Karte S. 54–55 — Bar

☎ 6327 3662; 46 Circular Rd.; So–Do 14–1, Fr & Sa 14–3 Uhr; M Clarke Quay

Der Name leitet sich nicht umsonst von „Eskimo" ab, denn im Eski herrschen Temperaturen unter dem Gefrierpunkt. Und was gibt es Schöneres, als an einer Theke aus massivem Eis bei behaglichen –10 °C einen Wodka zu stürzen? Singapurreisende, die dumm genug waren, ihre Winterklamotten zu Hause zu lassen, müssen aber nicht draußen bleiben – es gibt einen Verleih für warme Kleidung.

HARRY'S Karte S. 54–55 — Bar

☎ 6538 3029; www.harrys-bar.com.sg; 28 Boat Quay; ☾ So–Do 11–1, Fr & Sa 11–2 Uhr; Ⓜ Raffles Place

Ein geschichtsträchtiger und gerade angesichts der aktuellen Finanzkrise interessanter Ort: Nick Leeson, der die einst mächtige Barings Bank auf dem Gewissen hat, hing früher regelmäßig im Harry's ab, wohl um die neueste gelungene Investition zu begießen (oder den jüngsten Fehlschlag zu vergessen). Bis 20 Uhr hocken hier vor allem Anzugträger und nutzen die Happy Hour, später verwandelt sich das Harry's (Donnerstag bis Samstag von 21.30 bis 00.30 Uhr) in einen guten Jazzclub. In der gemütliche Lounge eine Etage höher kann man umsonst Poolbillard spielen und in aller Ruhe darüber nachdenken, wie man eine Bank ruiniert.

HIDEOUT Karte S. 54–55 — Bar

☎ 6536 9445; 31B Circular Rd.; ☾ Mi & Do 19–24, Fr & Sa 19–3 Uhr; Ⓜ Clarke Quay oder Raffles Place

Es lohnt sich, die drei Etagen zu dieser winzigen, enorm trendigen Bar hinaufzustiefeln. Die tiefroten Wände und das zusammengewürfelte Mobiliar haben ihren ganz eigenen Charme, dazu läuft Indie und Hip-Hop. Coole Klamotten sind Pflicht.

LOOF Karte S. 54–55 — Bar

☎ 6338 8035; 331 North Bridge Rd.; ☾ 17.30–2 Uhr; Ⓜ City Hall

Das ultracoole, auf einem Dach hoch über der Stadt gelegene Loof hat eine tolle Aussicht und intime Nischen für die besonderen Momente zu zweit zu bieten. Happy Hour ist an jedem Wochentag von 17.30 bis 20.30 Uhr.

RAFFLES HOTEL Karte S. 54–55 — Bar

1 Beach Rd.; Ⓜ City Hall

Klar ist es etwas abgedroschen, aber wer Singapur besucht, sollte wenigstens einmal in eine der Bars des berühmten Raffles Hotel für einen Drink einkehren. Im Bar & Billiard Room gibt es Livejazz und eine hübsche Veranda, um einmal nach der Art der Kolonialherren zu chillen. Unterhalb dieser Bar wurde übrigens 1902 der letzte wilde Tiger Singapurs erlegt. Im Innenhof befindet sich die Gazebo Bar, wo abends ebenfalls

Livemusik geboten wird. Besonderer Beliebtheit bei Touristen erfreut sich die Long Bar, wo man Erdnussschalen auf den Boden werfen und für 16 $ einen Singapore Sling genießen kann (mit Souvenirglas 25 $).

CHIHULY LOUNGE Karte S. 54–55 — Bar/Club

☎ 6434 5288; 3. Etage, Ritz-Carlton Millenia Singapore, 7 Raffles Ave.; ☾ 8–1 Uhr; Ⓜ City Hall

Allein wegen seines charakteristischen blauen Deckengewölbes und der großartigen Glasskulptur von Daly Chihuly (dessen Arbeiten auch im Singapore Art Museum bewundert werden können, S. 59) ist diese Bar einen Besuch wert. Ideal zum Vorglühen am frühen Abend oder für einen nächtlichen Absacker.

CRAZY ELEPHANT
Karte S. 54–55 — Bar/Livemusik

☎ 6537 7859; www.crazyelephant.com; 3E River Valley Rd., 01–03/04 Clarke Quay; ☾ So–Do 17–1, Fr & Sa 15–2 Uhr; Ⓜ Clarke Quay

Schon lange, bevor sich die Gegend in das trendige Viertel verwandelte, das es heute ist, öffnete der Crazy Elephant am Clarke Quay seine Pforten. Und viel hat sich seitdem nicht geändert: Der Laden ist immer noch verdammt cool, die Wände sind immer noch mit Graffiti übersät und die Musik, vornehmlich Blues und Rock, ist immer noch laut. Dementsprechend ist der Crazy Elephant nach wie vor bei Touristen ebenso wie bei den Einheimischen sehr beliebt. Sollte die Musik zu laut sein, steht ein relativ ruhiger Außenbereich zur Verfügung.

ATTICA Karte S. 54–55 — Club

☎ 6333 9973; www.attica.com.sg; 3A River Valley Rd., 01–03 Clarke Quay; ☾ Mo–Do 17–3, Fr & Sa 23 Uhr–open end; Ⓜ Clarke Quay

Ein extrem pompöser Schuppen, in dem sich die Reichen, die Schönen und die Wagemutigen treffen und zeigen, was sie haben. Wem es drinnen zu heiß wird, kann sich im schicken Innenhof abkühlen. Wie angesagt der Laden ist, lässt sich an der Schlange erkennen, die sich meistens vorm Eingang bildet.

BUTTER FACTORY Karte S. 54–55 — Club

☎ 6333 8243; www.thebutterfactory.com; 01–03 Robertson Quay 48; Ⓜ Clarke Quay

Dank der vom Singapurer Phunk Studio gestalteten Cartoon-Grafiken im Inneren fühlen sich die Gäste in der Butter Factory ein wenig wie in einem abgefahrenen Underground-Comic. Im vorderen Bereich befinden sich eine Bar und bequeme Sofas – alles in Milchweiß, im dunkleren hinteren Teil eine Tanzfläche und eine weitere Bar. Am Wochenende ist im Eintrittspreis (für Frauen günstiger) sogar ein Freigetränk inbegriffen.

MINISTRY OF SOUND
Karte S. 54–55   Club/Livemusik

☎ 6333 9368; www.ministryofsound.com.sg; 01–07 Block C Clarke Quay; Männer 15–25 $, Frauen nix–20 $; ☽ Mi–Sa 21–3 Uhr; Ⓜ Clarke Quay; ♿
Mit seinen sieben Räumen, überragendem Sound, der schachbrettartigen Tanzfläche und dem 6 Meter hohen Wasservorhang lockt das Ministry of Sound die Jugend der Stadt in Scharen an. Zumindest beim jungen Publikum hat es damit dem Zouk (S. 156) den Rang abgelaufen, das von der etwas älteren Klientel aber immer noch bevorzugt wird. Frauen haben mittwochs freien Eintritt.

PAULANER BRAUHAUS
Karte S. 54–55   Deutsches Brauhaus

☎ 6883 2572; 01–01 Times Square@Millenia Walk, 9 Raffles Blvd.; ☽ So–Do 11.30–1, Fr & Sa 11.30–2 Uhr; Ⓜ City Hall
Ein Stück München in Singapur: Wer auch im Ausland nicht auf deutsche Gemütlichkeit verzichten kann, kehrt auf ein leckeres bayerisches Dunkles oder Helles ins Paulaner Brauhaus ein. Darüber hinaus gibt's aber auch andere saisonale Spezialitäten wie das im März erhältliche Salvator Beer, Maibock oder Oktoberfest-Bier. Die Köstlichkeiten werden in 300-ml-, 500-ml- oder 1-l-Krügen serviert. Außerdem werden für 40 $ Touren durch die Brauerei angeboten, die aber frühzeitig gebucht werden müssen.

MOLLY MALONE'S
Karte S. 54–55   Irish Pub

☎ 6536 2029; 53–56 Circular Rd.; Ⓜ Raffles Place
Erst vor Kurzem ist das Molly Malone's, gleich hinterm Boat Quay in der Circular Rd. gelegen, in größere Räumlichkeiten umgezogen. Für erfahrene Trinker ist das immer gleiche Ambiente, das unvermeidliche Irish Stew und das Guinness natürlich längst nichts Neues mehr, der Gemütlichkeit tut das aber keinen Abbruch.

ROSA SINGAPUR

Zwar gibt es keine bunten, überbordenden Paraden und auch kein ausgewiesenes Szeneviertel in der Löwenstadt, aber auch in Singapur gibt es eine Vielzahl von Clubs und Bars, die Schwule und Lesben mit offenen Armen empfangen. Eine hervorragende Übersicht bietet der *PLUguide-Singapore*, den man in vielen schwulen- und lesbenfreundlichen Lokalen und Einrichtungen erhält oder von www.pluguide.com herunterladen kann.

PENNY BLACK Karte S. 54–55   Pub

☎ 6538 2300; 26/27 Boat Quay; ☽ Mo–Do 11–1, Fr & Sa 11–2, So 11–24 Uhr; Ⓜ Raffles Place
Das Interieur des Penny Black wurde in London gefertigt und nach Singapur verschifft; das an einen Londoner Pub im viktorianischen Zeitalter erinnernde Ambiente ist also durchaus authentisch. Spezialität des Hauses sind englische Ales, mit denen britische Einwanderer ihr Heimweh vertreiben. Die Bar im oberen Stockwerk ist besonders gemütlich.

RED LANTERN BEER GARDEN
Karte S. 54–55   Bar/Livemusik

50 Collyer Quay; Ⓜ Raffles Place
Den etwas abgewrackten, an der Bucht gelegenen Red Lantern Beer Garden umweht ein Hauch des alten Singapur. Oftmals spielen hier Livebands, es gibt günstige Mahlzeiten und auch das Bier ist zu einem vernünftigen Preis zu haben. Spätabends kann es ziemlich wild zugehen. In dieser Gegend gibt es zahlreiche Bars, viele mit Außenbereich, sodass eigentlich für jeden etwas dabei ist.

CHINATOWN & DER CBD

Wenn die Sonne untergeht, erwachen die Straßen südlich von Chinatown und des Central Business District (CBD) wie aus einem Dornröschenschlaf und verwandeln die Gegend in ein Zentrum der schönsten Ausschweifungen. Südlich der Maxwell Rd. verzweigt sich die Hauptverkehrsader, die South Bridge Rd., zur Neil Rd. und Tanjong Pagar Rd. Hier befindet sich das unter Eingeweihten sogenannte „Pink Triangle" (Rosa Dreieck); wenn es in Singapur so etwas wie ein Schwulenviertel gibt, dann ist es dieses.

BAR SÁ VANH Karte S. 64–65　　Bar

☎ 6323 0145; 49 Club St.; ☻ Mo–Do 17–1, Fr & Sa 17–3 Uhr; Ⓜ Chinatown

Ein ziemlich spezieller und eigenwilliger Laden. Die Hauptattraktion ist ein großer Wasserfall, der sich in einen friedvollen, von Buddhastatuen umgebenen Teich ergießt, in dem sich Kois tummeln. Der betörende Duft von Räucherstäbchen liegt in der Luft und aus den Boxen kommt meistens Alternative in recht angenehmer Lautstärke. Die Getränke sind zwar teuer, aber es lohnt sich allemal, für wenigstens eines hier einzukehren.

BARRIO CHINO Karte S. 64–65　　Bar

☎ 6324 3245; 60 Club St; ☻ Mo–Do 16–24, Fr 16–2, Sa 16–1 Uhr; Ⓜ Chinatown

In dieser gemütlichen spanischen Bar gibt's gute lateinamerikanische Musik, tolle Frozen Margaritas, eine große Weinauswahl und eine Reihe leckerer Tapas. Das alles lässt sich entweder auf dem Bürgersteig oder auch im heimeligen Innenraum genießen.

COWS & COOLIES KARAOKE PUB

Karte S. 64–65　　Bar

☎ 6221 1239; 30 Mosque St.; Ⓜ Chinatown

Das trotz des in der ganzen Stadt geltenden Rauchverbots stets verqualmte C&C ist ein Überbleibsel aus der guten alten Zeit, als eine Kneipe ein Ort war, an dem man seine Sorgen mit Zigaretten, Alkohol und lauter Musik zu vergessen suchte. Eine auch in der Schwulen- und Lesbenszene sehr beliebte Bar.

POST BAR Karte S. 64–65　　Bar

☎ 6733 8388; Fullerton Hotel; ☻ 12–2 Uhr; Ⓜ Raffles Place

Diese stilvolle Bar, die so heißt, weil sie die Decke des früheren General Post Office beibehalten hat, ist ziemlich vornehm, ohne dabei schnöselig zu sein. Außerdem werden hier die besten Mojitos östlich von Havanna serviert.

THE ROOFTOP Karte S. 64–65　　Bar

6536 0456; rooftopbar@lycos.com; Level 4, 114C Neil Rd.; Ⓜ Outram Park

Wer sich für eine Weile vom Lärm und den Menschenmassen der Gegend erholen möchte, ist in dieser reizenden kleinen, auf einem Dach gelegenen Bar im „Pink Triangle" bestens aufgehoben. Zwar bieten die winzigen Räumlichkeiten kaum sechs Personen Platz, aber es gibt gute und noch dazu günstige Weine, Biere und Cocktails. Von der Terrasse aus, auf die noch einmal ein ganzes Dutzend Gäste passt, bietet sich ein herrlicher Blick auf das nächtliche Singapur.

TANTRIC BAR Karte S. 64–65　　Bar

☎ 6423 9232; 78 Neil Rd.; ☻ 20–3 Uhr; Ⓜ Outram Park

Diese Schwulenbar ist ein friedlicher Hort der Ruhe, wo sich Gestresste in arabischem Ambiente und zwischen Brunnen und Palmen vom Trubel, der andernorts herrscht, erholen oder aber auf eine lange Partynacht einstimmen können.

VINCENT'S Karte S. 64–65　　Bar

☎ 6736 1360; 15 Duxton Rd.; ☻ schließt um 2 Uhr; Ⓜ Outram Park

Singapurs erste Schwulenbar befand sich lange Zeit am Lucky Plaza in der Orchard Rd., bevor sie in größere und bessere Räumlichkeiten umzog, um sich im damals entstehenden Schwulenviertel rund um Tanjong Pagar niederzulassen. Hier kann man sich gut auf eine lange Nacht einstimmen. Ein Stadtführer speziell für Schwule und Lesben ist in diesem Laden ebenfalls erhältlich.

XPOSÉ Karte S. 64–65　　Bar

☎ 6323 2466; 208 South Bridge Rd.; ☻ Mo–Mi 18–24, Do & So 18–1, Fr & Sa 18–2 Uhr; Ⓜ Chinatown

Eine weitere entspannte Schwulenbar, in der außerdem hervorragende thailändische und vietnamesische Küche angeboten wird. Wer nicht auf Karaoke steht, sollte allerdings erst nach Mitternacht hier auflaufen, wenn die Musik ausgestellt wird.

PLAY Karte S. 64–65　　Club

☎ 6227 7400; www.playclub.com.sg; 21 Tanjong Pagar Rd.; Ⓜ Tanjong Pagar

Grelles Licht, laute Musik und jede Menge knackige Jungs sind die Markenzeichen des Play – einer der angesagtesten und ausgeflipptesten Schwulentreffpunkte der Stadt (alle anderen sind aber auch willkommen). Wummernder Techno, eine große Tanzfläche und die sympathisch-durchgeknallte Atmosphäre machen das Play, in dem internationale DJs auflegen, zu einem der aufregendsten Clubs in ganz Südostasien.

LITTLE INDIA & KAMPONG GLAM

In Little India, das ein beliebtes Ziel für Rucksacktouristen ist, gibt es eine Reihe günstiger Pubs und Bars, in denen Reisende mit schmalem Budget zünftig einen über den Durst trinken können, ohne sich zu ruinieren. Einige der Hostels in der Gegend dienen gleichzeitig als Pubs. Mehr dazu im Kapitel „Schlafen" ab S. 177.

PRINCE OF WALES Karte S. 72 Bar

☎ 6299 0310; 101 Dunlop St.; ⏱ 9–1 Uhr; Ⓜ Little India

Ein ausgefallener, temperamentvoller australischer Pub, der gleichzeitig als Hostel für Rucksacktouristen fungiert (S. 179). Eine der wenigen Bars in Little India: mit freundlichem, wenn auch lakonischem Personal, Livemusik an den meisten Abenden und einem kleinen Biergarten. Sonntags kann es manchmal ein wenig surreal werden, wenn die indischen Arbeitnehmer ihren freien Tag genießen und im Viertel um die Häuser ziehen.

BLUJAZ CAFÉ Karte S. 72 Bar/Livemusik

☎ 6292 3800; 11 Bali Lane; ⏱ Mo–Do 12–24, Fr 12–2, Sa 16–2 Uhr; Ⓜ Bugis; ♿ nur draußen

Wenn es in Singapur so etwas wie einen Treffpunkt der Boheme gibt, dann ist das auf jeden Fall das bewusst exzentrisch eingerichtete Blujaz Café, das aber dennoch eine sehr gemischte Klientel anlockt. Montags, freitags und samstags gibt's Livejazz und die Treppe rauf wartet eine funky Lounge.

NIGHT & DAY Karte S. 72 Bar/Livemusik

☎ 6884 5523; www.nightandday.sg; 139 Selegie Rd.; Ⓜ Little India oder Farrer Park

Das ultracoole Night & Day ist in einem Art-déco-Bau aus den 1950er-Jahren untergebracht und liegt mittendrin im aufkeimenden Künstlerviertel der Stadt. In der zweiten Etage befindet sich, neben dem Architekturbüro von Mitinhaber Randy Chan, eine Bar, in der es günstige Getränke und häufig Livemusik (von Grunge über Heavy Metal bis hin zu eher esoterischem Zeug) gibt. Noch eine weitere Etage darüber ist eine Galerie, in der einheimische Kunststudenten ihre neuesten Arbeiten ausstellen.

CAFÉ DOMUS Karte S. 72 Bar/Lounge

☎ 6392 5652; 124 Owen Rd.; Ⓜ Farrer Park

Dieser fantastische Chill-out-Laden liegt unweit von Little Indias „Curry-Gürtel" in einer Straße, in die sich nur selten Touristen verirren. In der ebenso eigenwillig wie gemütlich eingerichteten Cafébar hängen vor allem Künstler, Architekten und andere junge kreative Köpfe ab. Der Bambusgarten im Hinterhof ist besonders hübsch und lauschig.

ORCHARD ROAD

Tagsüber ist sie Singapurs Mekka der Shopping-Junkies, nach Sonnenuntergang aber verwandelt sich die Orchard Road in einen einzigen riesigen Entertainment-Park mit zahllosen Kinos, Bars, Pubs und Clubs. Hier befinden sind auch die berüchtigten Orchard Towers, vom Volksmund „Four Floors of Whores" (vier Etagen voller Huren) genannt, ein mehrstöckiges Geschäftsgebäude, dessen Bars, Clubs und Massagesalons vor allem auf männliche Kundschaft abzielen, die vielleicht ein bisschen mehr im Sinn haben, als nur einen zu trinken.

3-MONKEYS Karte S. 80–81 Bar/Nachtclub

☎ 6735 3707; Orchard Tower 1, Rückseite; ⏱ 11–5 Uhr; Ⓜ Orchard

Im 3-Monkeys gibt's Tiger-Bier vom Fass, Cocktails und, jawohl: Kumar. Singapurs berühmtester Transvestit zieht hier jeden Freitag- und Samstagabend von 23 bis 1 Uhr seine urkomische Show ab. Bei der Einrichtung vermischen sich asiatische mit amerikanischen Elementen, und wer sich die Zeit bis zu Kumars Auftritt vertreiben möchte, kann die „Four Floors of Whores" erkunden, wo es noch mehr (wenn auch nicht ganz so witzige) Transvestiten zu sehen gibt.

ALLEY BAR Karte S. 80–81 Bar

☎ 6732 6966; 2 Emerald Hill, 180 Orchard Rd.; ⏱ So–Do 17–2, Fr & Sa 17–3 Uhr; Ⓜ Somerset

Die runderneuerten Häuserzeilen der Emerald Hill Rd., in denen früher viele Peranakan-Familien wohnten, sind heute die Heimat einiger Bars. Der auffälligste Blickfang der Alley Bar ist der große vergoldete Spiegel, aber auch sonst ist die Einrichtung recht ungewöhnlich: Darin sieht es nämlich wie in einer Straße aus, inklusive falscher Schaufenster, Parkuhren und Verkehrsschilder.

BRAUHAUS RESTAURANT & PUB

Karte S. 80–81   Deutsches Brauhaus

☎ 6250 3116; brauhaus@signet.com; Untergeschoss, United Square, 101 Thompson Rd.; Ⓜ Novena

Die geziegelten Wände und das dunkle Holzmobiliar verleihen dieser seit über 20 Jahren beliebten Kellerkneipe eine urbaye-rische Atmosphäre. Das Beste am Brauhaus, ohne Zweifel die bestsortierte Bierstube in der Gegend, ist aber die riesige Auswahl an mehr als 150 Bieren aus aller Welt, darun-ter exotische und ungewöhnliche Sorten wie Old Peculiar Stout, König Ludwig und Strong Suffolk Vintage Ale. Auch die Speise-karte und der Outdoorbillardtisch können sich sehen lassen. Montags bis samstags gibt es von 20 bis 2 Uhr außerdem Live-musik.

DOWNUNDER BAR Karte S. 80–81   Pub/Bar

☎ 6238 8492; downunder_connection@yahoo.com.sg; 400 Orchard Rd., 04–24 Orchard Towers; Ⓜ Orchard

In den berühmt-berüchtigten Orchard Towers untergebracht, ist dieser australi-sche Pub wohl einer der wenigen Läden im Gebäude, in dem es nicht in erster Linie um billigen Sex und die Akquise desselben geht. Dementsprechend herrscht hier eine wesentlich angenehmere Atmosphäre und Klientel vor. Eine echte Oase mit Bier vom Fass, Billardtisch und Dartboard.

DUBLINERS Karte S. 80–81   Irish Pub

☎ 6735 2220; 165 Penang Rd.; ⊙ So–Do 11.30–1, Fr & Sa 11.30–2 Uhr; Ⓜ Somerset

Das in einem ruhigeren Teil der Orchard Rd. gelegene Dubliners zählt zu den ange-nehmsten Irish Pubs in Singapur und ist für die einschlägige Auswahl irischer Biere zu annehmbaren Preisen bekannt. Ebenso top wie der Service ist das Essen, das in gewal-tigen Portionen serviert wird. Die Veranda ist ideal für milde Abende.

ICE COLD BEER Karte S. 80–81   Bar

☎ 6735 9929; 9 Emerald Hill Rd.; ⊙ So–Do 18–2, Fr & Sa 18–3 Uhr; Ⓜ Somerset

In dieser lauten, lebhaften Kneipe am Anfang der Emerald Hill Rd. ist der Name Programm: Eisgekühltes Bier fließt in Strömen, dazu gibt's Rockmusik. Wie die meisten Bars der Gegend ist das Ice Cold Beer in einem alten Peranakan-Shophouse untergebracht, wovon allerdings fast nur noch die Fassade erhalten geblieben ist.

MUDDY MURPHY'S Karte S. 80–81 Bar/Irish Pub

☎ 6735 0400; Orchard Hotel Shopping Arcade, 442 Orchard Rd.; ⊙ Mo–Do 11.30–1, Fr & Sa 11.30–2, So 11.30–24 Uhr; Ⓜ Orchard

Das Muddy Murphy's ist reizvoller als viele andere sogenannte Irish Pubs. Darüber befindet sich die kleine, verrauchte Bally-moon-Bar, die erst abends öffnet.

QUE PASA Karte S. 80–81   Weinbar

☎ 6235 6626; 7 Emerald Hill Rd.; ⊙ So–Do 18–2, Fr & Sa 18–3 Uhr; Ⓜ Somerset

Eine extrem angenehme Wein- und Tapas-bar, deren behaglich-heruntergekommene Einrichtung an eine echte spanische Bodega erinnert – abgesehen von der eiskalten Klimaanlage. Die Weinkarte ist beeindruckend und, wie fast überall in Emerald Hill, ausgesprochen kostspielig. Die Tapas sind durch die Bank hervorra-gend, besonders empfehlenswert sind die Pilze und die pikante Wurst.

THUMPER BAR Karte S. 80–81   Bar/Livemusik

☎ 6737 3845; reservations@thumper.com.sg; 22 Scotts Rd.; Ⓜ Orchard

Wer in das vornehme Thumper, das einen Großteil der ersten Etage des eleganten Goodwood Hotel einnimmt, hineinmöchte, sollte sich ein wenig in Schale werfen, denn mit kurzen Hosen und Schlappen braucht man sich gar nicht erst blicken zu lassen. An fünf Tagen in der Woche gibt es Livemu-sik (mittwochs wird auf Beschallung ver-zichtet, sonntags ist geschlossen), auf der schönen Tanzfläche schwofen vornehmlich hippe Mittzwanziger.

ZOUK Karte S. 80–81   Club

☎ 6738 2988; www.zoukclub.com; 17 Jiak Kim St.; Ⓜ Somerset

Der Name dieses Clubs, den viele für den besten in Singapur halten (tatsächlich wurde er vor gar nicht langer Zeit zum besten Club in ganz Asien gewählt) steht für „Ziggurats of Unbelievable Kolours". Das macht zwar nicht viel Sinn, klingt aber zugegebener-maßen irgendwie gut. Im Zouk, das sich in einem umgebauten alten Lagerhaus direkt am Wasser befindet, geht es jeden Abend richtig ab. Auf den Tanzflächen zappeln die Schönen der Stadt zu House und Techno, für die Beschallung sorgen regelmäßig einige der angesagtesten DJs und Musiker Asiens. Selbst die Website ist bombastisch (und laut). Wer richtig einen draufmachen will, ist hier bestens aufgehoben.

HOLLAND ROAD & BUKIT TIMAH

Das schicke, von den Touristen noch weitgehend unentdeckte Holland Village liegt in einem friedlichen Wohngebiet versteckt. Ein paar Meilen westlich der hektischen Orchard Road gelegen hat es einige Ausgehmöglichkeiten für Leute zu bieten, die es etwas ruhiger angehen lassen. Die Lorong Mambong ist abends und an den Wochenenden für den Verkehr geschlossen, sodass Trinkfreudige hier auch angeheitert gefahrlos um die Häuser ziehen können. Es gibt eine Reihe guter Restaurants und Bars in der Gegend sowie ein Hawker Center, das zur Freude der Nachtschwärmer bis spätabends geöffnet hat.

DEMPSEY'S HUT Karte S. 98–99   Weinbar
☎ 6473 9609; 130E Minden Rd.; 🚌 7 ab Orchard Blvd.

Diese gemütliche Freiluftbar liegt inmitten des heute dicht bewaldeten früheren britischen Kasernengeländes rund um die Dempsey Rd. So wie die anderen Weinbars in der Umgebung ist Dempsey's Hut einer der wenigen Orte der Stadt, wo man so etwas wie unberührte Natur genießen kann – das hat allerdings auch seinen Preis. Die Tische stehen unter Bäumen (Insektenspray nicht vergessen!) und das Bier gibt es für 5 $ den Becher bzw. 20 $ den Krug. Das Essen ist ebenfalls okay.

WINE NETWORK Karte S. 98–99   Weinbar
☎ 6479 2280; Block 13, Dempsey Rd.; ⏲ So–Do 11–24, Fr & Sa 11–1 Uhr; 🚌 7 ab Orchard Blvd.

Diese kleine, intime Bar, die inmitten der Möbel- und Antiquitätengeschäfte der Dempsey Rd. versteckt liegt, ist eine echte Entdeckung. Für Weinliebhaber gibt's eine große Auswahl an guten Tropfen unterschiedlichster Preiskategorien (ab 18 $ die Flasche oder 7 $ das Glas). Die Gäste können es sich entweder drinnen gemütlich machen oder aber auf der Terrasse das Zwitschern der Vögel und den Blick auf die langsam verfallenden Armeegebäude aus der Kolonialzeit genießen. Um den Hunger zu stillen, gibt es Pizza, deutsche Wurst und Käseplatten. Ab der Bushaltestelle Holland Rd. (Linie B03) ist es ein zehnminütiger Fußmarsch hierher.

WALA WALA CAFÉ BAR
Karte S. 98–99   Bar/Livemusik
☎ 6462 4288; www.imaginings.com.sg; 31 Lorong Mambong; Taxi

Dieser zweistöckige Restaurant- und Barbetrieb erfreut sich bei den Bewohnern des vornehmen Holland Village zunehmender Beliebtheit. Kein Wunder, denn er bietet eine hervorragende Bar in der ersten Etage (in der auf riesigen Bildschirmen alle möglichen Sportereignisse gezeigt werden) und eine großartige Rockband in der zweiten.

2AM: DESSERT BAR
Karte S. 98–99   Weinbar
☎ 9173 4340; 21a Lorong Mambong; Taxi

Diese Bar lässt sich am besten mit den Worten stilvoll, chic und süß beschreiben, denn neben exzellenten Weinen gibt's hier auch einige köstliche Süß- und Nachspeisen. Die Speisekarte ist fantastisch und verrät, welche Kombinationen am besten zueinanderpassen, sei es Tiramisu und Shiraz oder Karamell-Mousse und Pinot Noir. Die gemütlichen Sofas sorgen dafür, dass sich die Gäste gerne etwas länger aufhalten.

ST. JAMES POWER STATION

Das neue Aushängeschild des Singapurer Nachtlebens, die St. James Power Station (☎ 6270 7676; www.stjamespowerstation.com; 3 Sentosa Gateway; Ⓜ HarbourFront), ist ein kohlebefeuertes Kraftwerk aus den 1920er-Jahren, das raffiniert in einen riesigen Entertainment-Komplex umgewandelt wurde. Alle Bars und Clubs sind miteinander verbunden, sodass der Eintritt (Männer 12, Frauen 10 $) für alles gilt. In einigen Bars – Bellini Room, Gallery Bar, Lobby Bar und Peppermint Park – ist der Eintritt frei. Wer hinein möchte, muss mindestens 18 (Frauen) bzw. 23 (Männer) Jahre alt sein, im Powerhouse ist das Mindestalter für alle 18 Jahre.

Zu den Bars gehören der Bellini Room (⏲ Mo–Do 20–3, Fr & Sa 20–4 Uhr), ein eleganter Jazz- und Swingclub, das Dragonfly (⏲ 18–6 Uhr) für Freunde des Mandopop und Cantopop, das Movida (⏲ 18–3 Uhr), wo zu live gespielten, lateinamerikanischen Rhythmen getanzt wird, das Powerhouse (⏲ Mi, Fr & Sa 20–4 Uhr), wo vor allem junge Leute abtanzen, und der Boiler Room (⏲ Mo–Do 20.45–3, Fr & Sa 20.45–4 Uhr), in dem Mainstream-Rock und Livebands zu hören sind.

OSTSINGAPUR

Die Bezeichnung „Ostsingapur" umfasst ein riesiges Gebiet – von Geylang und Joo Chiat über East Coast Park bis hin zu Changi Village am östlichsten Ende der Insel, wo es einige interessante Kneipen gibt. (Zwar gibt es in Geylang zahllose Bars, allerdings taugen die wenigsten für eine Empfehlung in einem familiengerechten Reiseführer. Mehr dazu im Abschnitt über Geylang auf S. 82).

CALIFORNIA JAM Karte S. 48–49 Bar

☎ 6542 2139; Block 1 Changi Village Rd.; 🚌 2

Eine coole kleine Rock-'n'-Roll-Bar in Changi Village. Jimi-Hendrix-Poster, Bier vom Fass und die eine oder andere käufliche Transe verleihen dem Laden eine leicht anrüchige Atmosphäre. Das California Jam ist Teil einer Reihe von Kneipen in der Changi Village Rd., die sich unter Einheimischen, die dem Gewühl in den angesagten Bars im Zentrum von Singapur entgehen wollen, einer gewissen Beliebtheit erfreuen.

ARTOHOLIC Karte S. 84 Bar/Club

☎ 6348 7793; www.artoholic.sg; 422 Joo Chiat Rd.; Taxi

Den Betreibern des Artoholic war es wohl zu einfach, ihren Laden in einer der angesagten Gegenden der Stadt zu eröffnen. Stattdessen suchten sie die Herausforderung und leisteten Pionierarbeit. In den Räumlichkeiten des Artoholic in der Joo Chiat Rd. stellen einheimische Künstler ihre Werke aus, außerdem gibt es Livekonzerte, Open-Mic-Nights und gelegentliche Auftritte unseres Freundes Jonathan Atherton (S. 164). Bier, Wein und Cocktails fließen den ganzen Abend und die ganze Nacht in Strömen.

SUNSET BAY GARDEN BEACH BAR
Karte S. 84 Bar/Restaurant

☎ 6448 9060; sunbay@pacific.net.sg; 1300 East Coast Park (Parkplatz F2); Taxi

Was könnte schöner sein, als in einem autofreien Park mit einem Cocktail in der Hand am Strand zu entspannen, während in der Ferne die Containerschiffe vorbeituckern? Genau das und eine hervorragende Speisekarte hat das Sunset Bay zu bieten. Ein echter Geheimtipp!

SENTOSA ISLAND

Es ist nicht gerade die Copacabana, aber wer auch in Singapur nicht auf echtes Strandfeeling verzichten möchte, wird auf Sentosa Island am ehesten fündig. Gut, die Strände wurden künstlich aufgeschüttet und bisweilen hinterlässt ein vorbeischippernder Tanker einen Hauch von Dieselöl in der Luft, aber der Sand ist echt und die Sonne und das Meer gibt's gratis dazu. Dank der vor Kurzem fertiggestellten Einschienenbahn ist es außerdem ein Klacks, die Insel zu erreichen.

SUNSET BAY Karte S. 106 Bar/Club

☎ 6275 0668; www.sunsetbay.com.sg; 60 Siloso Beach Walk; Shuttlebus ab Ⓜ HarbourFront

Eine waschechte Strandbar, in der es vollkommen okay ist, leicht bekleidet herumzuhängen, was die meisten der jungen Gäste auch tun. Für Gruppen ab 20 Personen werden sogar kleine Strandspiel-Turniere veranstaltet und für 750 $ kann man wochentags seine eigene Dance-Party samt DJ schmeißen.

KM8 Karte S. 106 Club

☎ 6274 2288; Tanjong Beach; 🕒 So–Do 11–24, Fr & Sa 11–1 Uhr; Shuttlebus ab Ⓜ HarbourFront

Wem der Sinn nach Sonne, Strand, wummernder Musik und glänzenden, braun gebrannten Körpern steht, ist im schamlos auf Ibiza getrimmten KM8, das sich erfolgreich als angesagteste Partyzone in Sentosa etabliert hat, genau richtig. Gefeiert wird bis spät in die Nacht, und wem es zu heiß wird, schnappt sich einen (teuren) Drink und kühlt sich im großen Whirlpool ab.

KUNST & KULTUR, FREIZEIT

top picks

Wie kommt es, dass Singapur Jahr für Jahr auf den Listen der „beliebtesten Ziele für Städtereisen" ganz oben steht? Liegt es an der erstaunlichen Auswahl hervorragender Restaurants und Bars? Den zahllosen Einkaufsmöglichkeiten? Dem schier endlosen Angebot an Kunst, Entertainment und Nightlife?

Das alles spielt sicherlich eine Rolle. Doch dies sind nur ein paar der Faktoren, die den Charme der Löwenstadt ausmachen. Singapur hat noch viel mehr zu bieten – viel mehr, als die Worte und Bilder in den an Flughafenkiosken und Hotellobbys ausliegenden Prospekten vermitteln können. Der Reiz der Stadt liegt nicht in einem bestimmten Bauwerk oder Viertel oder einer besonderen Attraktion begründet, sondern in der unendlichen Vielfalt der Möglichkeiten, die sich Besuchern auf einer relativ überschaubaren Fläche bietet. Zahlreiche kleine Galerien gewähren einen Einblick in Singapurs aufblühende Kunstszene. Cineasten kommen in einer Reihe hervorragender Filmhäuser ebenso auf ihre Kosten wie Theaterfreunde, die überrascht sein werden, wie ungeschminkt und direkt es auf den Bühnen der Stadt bisweilen zugeht.

Auch wer eher auf körperliche als auf geistige Ertüchtigung aus ist, hat in Singapur die Qual der Wahl: Radfahren, Inlineskating und Joggen im Park, Schwimmen und Segeln, ja sogar Skifahren (auf einer Hallenpiste) ist möglich. Golfer werden überrascht sein, wie viele Plätze und Driving Ranges über das kleine Stadtgebiet verteilt liegen. Entspannung versprechen die vielen ausgezeichneten Wellnesszentren, Massagesalons und Yogaschulen.

KUNST & KULTUR

Connaisseure der schönen Künste müssen in Singapur nicht darben; im Gegenteil, das eigentliche Problem ist, in der begrenzten Zeit, die einem zur Verfügung steht, all das unterzubringen, was sich anzusehen lohnt. Die einst als kulturelle Wüste geltende Löwenstadt (die wenig schmeichelhafte Bezeichnung „New York ohne Künstler" machte in den 1990er-Jahren die Runde) erlebt derzeit eine kulturelle Renaissance. Von Galerien und Museen bis hin zu Theater, Comedy und Konzerten hat Singapur für fast jeden etwas zu bieten (solange es nicht politisch, religiös oder sexuell kontrovers ist!).

GALERIEN

Neben hervorragenden Museen – von denen einige in den entsprechenden Abschnitten über die Stadtviertel aufgelistet sind – gibt es in Singapur unzählige kleinere Galerien. Die meisten haben in etwa von 11 bis 19 Uhr geöffnet, aber einige für besondere Veranstaltungen auch länger. In den meisten Buchhandlungen ist für 3,90 $ der ausgezeichnete, monatlich erscheinende *Singapore Art Gallery Guide* (www.sagg.com.sg) erhältlich, der über aktuelle Happenings in der lokalen Kunstszene informiert. Die folgenden Tipps sind nur einige wenige Beispiele dessen, was Singapur Kunstfreunden zu bieten hat.

ART SEASONS Karte S. 64–65

☎ 6221 1800; www.artseasons.com.sg; 5 Gemmill Lane; Ⓜ Chinatown
Diese Galerie ist eigentlich nicht zu verfehlen, denn sie ist in einem unverwechselbaren, preisgekrönten Bau aus Glas und Stahl untergebracht, der unter den Einheimischen als „The Box" bekannt ist. Im Art Seasons stellen vor allem Künstler aus Singapur, China und Birma ihre Skulpturen und Bilder aus.

ART-2 GALLERY Karte S. 54–55

☎ 6338 8713; www.art2.com.sg; 140 Hill St.; Ⓜ Clarke Quay oder City Hall
Eine kleine Galerie, die sich im selben Gebäude wie das Gajah befindet. Art-2 stellt Skulpturen, Keramiken und Malereien südostasiatischer Künstler aus.

ARTOHOLIC Karte S. 84

☎ 6348 7793; www.artoholic.sg; 422 Joo Chiat Rd.; Ⓜ Paya Lebar, zu Fuß zur Joo Chiat Rd., dann 6 Blocks Richtung Süden
Diese neue Galerie im Stadtviertel Joo Chiat befindet sich in der ersten Etage eines wunderschön instand gesetzten und umgebauten Shophouse. Das Artoholic, das außerdem als Bar und Performance Centre fungiert, zeigt die Arbeiten einiger der talentiertesten jungen Künstler Südostasiens.

GAJAH GALLERY Karte S. 54–55

☎ 6737 4202; www.gajahgallery.com; 140 Hill St.; Ⓜ Clarke Quay oder City Hall

Seitdem es Mitte der 1990er-Jahre eröffnete, zählt das Gajah zu den angesehensten Galerien Singapurs und ist auf zeitgenössische süd- und südostasiatische Kunst spezialisiert. Gajah veranstaltet regelmäßig Ausstellungen und Foren und war 2008 Gastgeber des International Buddhist Film Festival.

ISAN GALLERY Karte S. 84

☎ 6442 4278; www.isangallery.com.sg; 42 Jalan Kambangan; Ⓜ Kambangan

Die Galerie des Architekten Percy Vatsaloo, die Besucher nur nach Voranmeldung empfängt, zeigt aufwendig gearbeitete und außerordentlich schöne Kleider und Textilien der Isaan, eines Volksstamms aus dem Nordosten Thailands. Die meisten Stücke können auch gekauft werden. Percy arbeitet eng zusammen mit den Isaan, die die Hälfte der Erlöse erhalten.

KETNA PATEL STUDIO GALLERY
Karte S. 98–99

☎ 6479 3736; www.ketnapatel.com; 35 Jalan Puteh Jerneh, Chip Bee Gardens, Holland Village; Taxi

Ketna Patel und ihr Ehemann Jonathan führen in ihrem Haus eine Galerie, die sich am besten als eine Art „Versuchsraum für Gleichgesinnte" beschreiben lässt. Erklärtes Ziel der beiden ist es, mithilfe der Kunst als Kommunikationsmittel den Dialog zwischen Industrie- und Entwicklungsländern zu fördern. Zwar ist die Galerie nur nach Voranmeldung geöffnet, gleich gesinnte Künstler können sich direkt an Ketna wenden (ketna@ketnapatel.com), um sich über laufende Projekte und Happenings zu informieren.

LUKISAN ART GALLERY Karte S. 64–65

☎ 6410 9663; www.lukisan-art.com; 26 Smith St.; Ⓜ Chinatown

Lukisan stellt sowohl etablierte als auch noch nicht so bekannte asiatische Künstler aus. Zuletzt wurden die Arbeiten des philippinischen abstrakten Künstlers Carlo Magno gezeigt; eine Übersicht kommender Ausstellungen gibt's auf der Website.

XUANHUA ART GALLERY Karte S. 54–55

☎ 6339 3836; www.xuanhuaart.com; 231 Bain St. 02–71; Ⓜ City Hall

Diese Galerie ist den besten Arbeiten zeitge-nössischer chinesischer und singapurischer Tuschemaler gewidmet. Liebhaber der charakteristischen Landschaftsmalereien und anderer prachtvoller Darstellungen aus dem Reich der Mitte werden an den ausgestellten Werken ihre helle Freude haben.

MUSIK

Sicherlich kann die Löwenstadt nicht mit London oder New York mithalten, aber auch in Singapur gibt es einige interessante Veranstaltungsorte für Konzerte und andere musikalische Happenings.

ESPLANADE – THEATRES ON THE BAY
Karte S. 54–55

☎ 6828 8222; www.esplanade.com; 1 Esplanade Dr.; Ⓜ City Hall

Der ultramoderne Konzertsaal des Esplanade bietet 1800 Musikfreunden Platz und ist die Heimat des hoch angesehenen Singapore Symphony Orchestra (SSO). Neben klassischer Musik finden hier außerdem Theater- und Tanzaufführungen statt. Informationen zu allen kommenden Veranstaltungen gibt's auf der regelmäßig aktualisierten Homepage.

SINGAPORE CHINESE ORCHESTRA

☎ 6557 4034; www.sco.com.sg; Singapore Conference Hall, 7 Shenton Way; Ⓜ Tanjong Pagar

Freunde asiatischer Musik sollten sich eine der Aufführungen des SCO, Singapurs einzigem chinesischen Klassikorchester, nicht entgehen lassen. Wie es sich für Orchester im multiethnischen Singapur gehört, wird auch indische und malaiische Musik gespielt.

SINGAPORE INDIAN ORCHESTRA & CHOIR

☎ 6340 549; 9 Stadium Link; Ⓜ Kallang

Unter Anleitung der Dirigentin Lalitha Vaidyanathan führt das SIOC klassische Werke aus Indien auf. Dabei kommen selbstverständlich auch traditionelle Instrumente vom Subkontinet wie die Sitar und die Tabla zum Einsatz.

FILM

Singapurer sind leidenschaftliche Kinogänger, kein Wunder also, dass sich eine ganze Menge großer Multiplex-Kinos über das Stadtgebiet verteilt. In der Innenstadt befinden sich solche Filmpaläste, alle in oder nahe der Orchard Road, u. a. im Parco Bugis Junction (Karte S. 54–55), in den Shaw Towers (Karte S. 54–55) an der Beach Road, in Suntec City (Karte S. 54–55), im Marina Square Complex (Karte S. 54–55), im Cathay Cineleisure Orchard (Karte S. 80–81), am Plaza Singapura (Karte S. 80–81) und im Shaw House (Karte S. 80–81). Das aktuelle Programm gibt's in der *Straits Times*. Übrigens sind Singapurs Kinos recht kühle Orte, warme Kleidung ist also angezeigt. Dafür kostet der Eintritt nur um die 8,50 $.

Mehr zur einheimischen Filmszene auf S. 34.

ALLIANCE FRANÇAISE Karte S. 80–81

☎ 6737 8422; www.alliancefrancaise.org.sg; 1 Sarkies Rd.; Ⓜ Newton

Das Allaince Française zeigt dienstags um 20 Uhr klassische und aktuelle Werke des französischen Kinos. Der Eintritt beträgt 8 $ für Nichtmitglieder. Die Website informiert über das aktuelle Programm. Im British Council (Karte S. 98–99; ☎ 6473 1111; 30 Napier Rd.; Ⓜ Orchard) sind gelegentlich britische Filme zu sehen.

GOLDEN VILLAGE Karte S. 80–81

☎ 6735 8484; www.gv.com.sg; 1 Kim Seng Promenade; Ⓜ Somerset

In diesem Edelkino in der dritten Etage der Great World City Mall können es sich Cineasten so richtig gut gehen lassen. Für 25 $ gibt's verstellbare Sitze und kleine Tischchen für die Speisen und Getränke, die einem von Kellnern an den Platz gebracht werden. Es gibt auch normale Säle (einige mit gigantischen Leinwänden) zum normalen Preis.

PICTUREHOUSE Karte S. 80–81

☎ 6235 1155; www.thepicturehouse.com.sg; Ebenen 5 & 6, 2 Handy Rd.; Ⓜ Dhoby Ghaut

Singapurs erstes Programmkino für experimentelle und unabhängige Filmkunst zeigt Independent-Streifen aus aller Welt. Das aktuelle Programm gibt's auf der Website.

VORTRÄGE & LESUNGEN

Die Singapurer können zwar die ganze Nacht feiern, sie sind andererseits aber auch ein wissbegieriges und lernwilliges Völkchen. So kann es passieren, dass Vorträge und Lesungen zu allen erdenklichen Themen selbst an einem Samstagnachmittag restlos ausverkauft sind. Vor allem in Museen finden viele solcher Veranstaltungen statt.

BOOKS ACTUALLY Karte S. 64–65

☎ 6221 1170; www.booksactually.com; 5 Ann Siang Rd.; Ⓜ Tanjong Pagar

Drei Freunde mit einer gemeinsamen Leidenschaft für Bücher haben in der zweiten Etage eines sanierten Shophouse diesen hübschen kleinen Buchladen eröffnet, wo regelmäßig Lesungen und Open-Mic-Sessions stattfinden. Die Website informiert über bevorstehende Veranstaltungen.

OPER

CHINESE THEATRE CIRCLE
Karte S. 64–65

☎ 6323 4862; www.ctcopera.com.sg; 5 Smith St.; Ⓜ Chinatown

Wer sich für die chinesische Oper interessiert, sollte an einem der an jedem Freitag- und Samstagabend ab 20 Uhr veranstalteten *Teahouse Evenings* des Chinese Theatre Circle teilnehmen. Der Abend beginnt mit einem kleinen Vortrag über die chinesische Oper, gefolgt von einem kurzen, von professionellen und stilecht kostümierten Künstlern aufgeführten Auszug aus einem klassischen kantonesischen Werk. Leckerer Litschi-Tee und Gebäck sind im Preis von 20 $ inbegriffen. Das Ganze dauert etwa 45 Minuten, es dürfen auch Fotos gemacht werden. Die Gäste haben außerdem die Möglichkeit, vorab ein komplettes chinesisches Menü zu erhalten; Beginn ist dann ab 19 Uhr, der Preis beträgt 35 $. Es empfiehlt sich, im Voraus zu buchen.

THEATER

Wenn im Juni das Singapore Arts Festival (www.singaporeartsfest.com) und parallel das *Fringe Festival* stattfinden, steht ganz Singapur im Zeichen von Theater, Musik, Kunst und Tanz. Das Esplanade – Theatres on the Bay (S. 53) ist einer der Fixpunkte der lebendigen Theater- und Tanzszene der Stadt.

ACTION THEATRE Karte S. 54–55

☎ 6837 0842; www.action.org.sg; 42 Waterloo St.; Ⓜ Dhoby Ghaut

Das renommierte Ensemble des in einem zweistöckigen, renovierten Haus untergebrachten Action Theatre zeigt einheimische und internationale Stücke, die sich mit zeitgenössischen Themen beschäftigen. Neben einem kleinen Saal mit 100 Sitzplätzen gibt es außerdem zwei Freiluftbühnen.

NECESSARY STAGE Karte S. 84

☎ 6440 8115; www.necessary.org; B1–02 Marine Parade Community Bldg., 278 Marine Parade Rd.; 🚌 12, 14 oder 32

Seit der Gründung des Theaters im Jahr 1987 hat Intendant Alvin Tan (S. 35) gemeinsam mit dem Dramatiker Haresh Sharma mehr als 60 eigene Stücke auf die Bühne gebracht, darunter *Good People, Frozen Angels* und *Top or Bottom*. Das innovative und oft kontroverse einheimische Ensemble zählt zu den bekanntesten der Stadt.

SINGAPORE DANCE THEATRE
Karte S. 54–55

☎ 6338 0611; www.singaporedancetheatre.com; 2. Etage, Fort Canning Centre, Cox Tce.; Ⓜ Dhoby Ghaut

Dieses erstklassige Tanzensemble zeigt traditionelles Ballett und zeitgenössische Arbeiten. Zu den Höhepunkten der Saison zählen die Aufführungen, die das Singapore Dance Theatre im Rahmen der *Ballet under the Stars*-Reihe in Fort Canning Park veranstaltet. Darüber hinaus werden Ballett- und Pilates-Kurse angeboten.

SINGAPORE REPERTORY THEATRE
Karte S. 54–55

☎ 6221 5585; www.srt.com.sg; DBS Arts Centre, 20 Merbau Rd.; 🚌 54 ab Ⓜ Clarke Quay

Das Repertoire dieser im DBS Arts Centre ansässigen Theatergruppe umfasst Klassiker wie William Shakespeare, Tennessee Williams und Arthur Miller, aber auch moderne Stücke singapurischer Autoren.

THEATREWORKS Karte S. 54–55

☎ 6338 4007; www.theatreworks.org.sg; Black Box, Fort Canning Centre, Cox Tce.; Ⓜ Dhoby Ghaut

Eines der experimentierfreudigsten und interessantesten Ensembles in Singapur, das häufig im Black Box auftritt, aber auch regelmäßig in anderen Theatern gastiert.

TOY FACTORY THEATRE ENSEMBLE
Karte S. 64–65

☎ 6222 1526; www.toyfactory.com.sg; 15A Smith St.; Ⓜ Chinatown

Diese innovative, zweisprachige Theatergruppe (Englisch und Mandarin) ist dafür bekannt, kontroverse internationale Stücke darzubieten und außerdem aktuelle Arbeiten aus Singapur zu produzieren. Wo sonst könnte man ein Stück wie *Shopping and F***ing* erleben?

WILD RICE Karte S. 72

☎ 6223 2695; www.wildrice.com.sg; 3A Kerbau Rd.; Ⓜ Little India

Eines der renommiertesten Ensembles der Stadt, was nicht zuletzt dem Können des Intendanten Ivan Heng zu verdanken ist. Die Palette reicht von der absurden Farce bis hin zu ernsthaften politischen Stücken und behandelt auch Themen, um die in Singapur sonst lieber ein großer Bogen gemacht wird.

COMEDY

Obwohl es keinen ausgewiesenen Comedyclub in der Stadt gibt (das 1NightStand am Clarke Quay wurde kürzlich geschlossen), kommt auch in Singapur das komische Element nicht zu kurz. An verschiedenen Veranstaltungsorten treten regelmäßig Komiker auf, zudem ist Singapur eine beliebte Zwischenstation für englische Comedians auf dem Weg nach Australien und Neuseeland. Über aktuelle Veranstaltungen und Termine informieren die einheimischen Zeitungen.

FREIZEITAKTIVITÄTEN

Wer eine Urlaubsreise nicht als Vorwand betrachtet, sich auf die faule Haut zu legen, hat in Singapur reichlich Gelegenheit, seinen Körper bis zur Erschöpfung zu ertüchtigen. Fast ebenso groß ist das Angebot an Spas und Massagesalons, um sich nach einem ordentlichen Training ein wenig Entspannung zu gönnen.

RADFAHREN & INLINESKATING

So mancher flüchtet sich angesichts der drückenden Hitze und der hohen Luftfeuchtigkeit in das nächstgelegene kühle Shoppingcenter oder Kino. Wer sich vom Klima nicht einschüchtern lässt, hat in Singapur eine Vielzahl von Möglichkeiten, sich unter freiem Himmel auszutoben. Etwa ein Viertel der Insel besteht aus großzügigen Parkanlagen, von denen einige durch Unterführungen und Brücken miteinander verbunden sind. Somit kann man mit dem Fahrrad oder auf Inlinern einen Großteil der Stadt erkunden, ohne sich um den Verkehr scheren zu müssen. Die meisten Hostels verleihen Fahrräder, und auch Inliner sind an einigen Stellen zu haben.

BIKE BOUTIQUE Karte S. 64–65

☎ 6298 9528; www.thebikeboutique.com; 98 Amoy St.; Ⓜ Raffles Place

Zwar reisen wohl die wenigsten nach Singapur, um ein Fahrrad zu kaufen. Lei-

WORÜBER SINGAPUR LACHT *Jonathan Atherton*

Singapurer haben keinen Sinn für Humor, höre ich immer wieder. Kompletter Blödsinn. Kann schon sein, dass das politische System des Stadtstaats ein klein wenig autoritär daherkommt und die Regierungsbeamten vermutlich zum Lachen in den Keller gehen, aber mal im Ernst: Politik ist nirgendwo auf der Welt besonders komisch. Mag das herrschende System der Löwenstadt auch recht dröge sein – die Untertanen sind für einen Spaß eigentlich immer zu haben.

Lachen ist bekanntlich die beste Medizin für gestresste Seelen, und in einer Gesellschaft, die dermaßen von Arbeit, Materialismus und Leistungsdenken geprägt ist wie Singapur, können die Menschen ein solches Heilmittel weiß Gott gebrauchen. Es kann z. B. sehr witzig sein, sich über das System lustig zu machen. Sich über die bestehenden Verhältnisse richtiggehend zu beschweren, wird von der Obrigkeit natürlich nicht gerne gesehen. Aus diesem Grund haben die Singapurer das *Nörgeln* über das System zum Nationalsport erhoben.

Singapur ist ein Eintopf unterschiedlicher Kulturen. Zwar gibt es strenge Gesetze, die Rassismus unterbinden sollen, aber Freunde aus verschiedenen Bevölkerungsgruppen haben kein Problem damit, sich wegen ihrer Sprachen oder Gebräuche gegenseitig auf die Schippe zu nehmen. Natürlich nur im Scherz, und die Witze beruhen vielmehr auf gemeinsamen Erfahrungen als auf Ignoranz. Die Singapurer respektieren die Grundsätze des Multikulturalismus – das müssen sie auch in einer Stadt, in der so viele Kulturen nebeneinander existieren. Singapurer kennen den Unterschied zwischen einem Archetyp und einem Stereotyp, und das ist nur eine Sache, die ich an diesem Land so mag.

Darin liegt aber auch ein komödiantisches Dilemma: Gerade der Multikulturalismus, der der Stadt zu eigen ist, macht es so schwer, den wesentlichen Charakter ihres Humors zu bestimmen. In Singapur sind Dutzende Kulturen zu Hause. „Chinesen", „Malaien" und „Inder" werden oft als die wichtigsten ethnischen Gruppen genannt, aber selbst innerhalb dieser Gruppierungen gibt es noch gewaltige Unterschiede.

Ohne die Dinge allzu sehr verallgemeinern zu wollen – ist ja politisch nicht korrekt –, glaube ich nach 14 Jahren, die ich als Comedian in Südostasien unterwegs bin, sagen zu können, dass es einige erkennbare Muster darin gibt, was die einzelnen Subkulturen Singapurs lustig finden. Die Hokkien-Chinesen mögen derben, schlüpfrigen Humor, während ihre kantonesischen Cousins eher Slapstick bevorzugen. Die Punjabi haben einen ausgeprägten Sinn für Ironie, die Tamilen hingegen lieben Wortspiele und dergleichen. Die Gujurati stehen auf anekdotenhaftes Zeug, die Sindhi favorisieren Humor mit philosophischem Einschlag. Und die Malaien – nun, die sind der Traum jedes Komikers. Sie sind ein lustiges Völkchen und lachen an sich über alles (solange es lustig ist, natürlich!).

Die Behauptung, Singapurer hätten keinen Sinn für Humor, ist also Unsinn; bei den meisten Leuten, die sie treffen werden, ist eher das Gegenteil der Fall. Über andere herzuziehen, finden sie allerdings überhaupt nicht komisch. Gegenseitiger Respekt ist für Singapurer selbstverständlich und mit faulen Witzen auf Kosten anderer wird man bei ihnen keine Lacher ernten.

Der in Australien geborene Komiker Jonathan Atherton war Resident Master of Ceremonies des inzwischen geschlossenen 1NightStand. Er weiß also, was Singapurer zum Lachen bringt.

denschaftliche Radler sollten diesem Laden vielleicht dennoch einen Besuch abstatten, und sei es nur, um das beeindruckende Sortiment gediegener, hochwertiger Maschinen zu bestaunen. Das Geschäft bietet übrigens außerdem ein Fahrradlager und Duschräume für Pendler an, die täglich mit dem Rad aus den Außenbezirken zur Arbeit fahren.

SKATELINE Karte S. 54–55

☎ 6339 7707; www.skateline.com.sg; Peninsula Shopping Centre, 3 Coleman St. 04–37A; Ⓜ City Hall

Inlineskating ist äußerst beliebt bei den Singapurern, die ihre Blades in fünf Fachgeschäften in der Stadt kaufen können. Skateline betreibt außerdem einen Verleih am East Coast Park (nicht weit vom Burger King und Parkplatz C3).

KÖRPERKULT

Für Fans von Tattoos und anderer Körperkunst gibt es in Singapur einige gute Studios, in denen sie sich nach Herzenslust tätowieren, stechen, piercen oder auf andere schmerzhafte Art verschönern lassen können. Die Künstler selbst finden am Far East Plaza (S. 121) etwa ein halbes Dutzend Läden, die Instrumente, Zubehör und dergleichen anbieten.

Wer auf Nummer sicher gehen und sich in die Hände eines namhaften Künstlers begeben möchte, sollte das Exotic Tattoo (Karte S. 80–81; ☎ 6834 0558; 04–11 Far East Plaza 14 Scotts Rd.; Ⓜ Orchard) aufsuchen, wo Sumithra Debi ihre feine Nadel führt. Sie ist eine der wenigen weiblichen Tattoo-Künstler der Stadt und außerdem die Enkelin von Johnny Two-Thumbs, dem wohl legendärsten Tätowierer Singapurs. Zwar gibt es an der Far East Plaza einen weiteren Laden, der mit dem Namen Two-Thumbs wirbt, der rechtmäßige Erbe ist aber Exotic Tattoo, wo man sich übrigens auch piercen lassen kann.

BOWLING

Bowling ist ein in Singapur sehr beliebter Sport, allerdings haben in den letzten Jahren leider einige Bahnen dichtgemacht – wohl kein Wunder in einer Stadt, in der die Raummieten dermaßen teuer sind. Die Preise pro Spiel und Person bewegen sich zwischen 4 und 4,50 $, je nachdem, zu welcher Tageszeit man bowlt (am Wochenende ist es teurer). Schuhe sind leihweise für 1 $ zu haben, und wer mag, kann für 0,50 $ sogar reizende weiße Söckchen dazukaufen.

Orchid Bowl@E!hub (Karte S. 48–49; ☎ 6583 1622; Untergeschoss, Downtown East Mall; ⏰ schließt um 2 Uhr)

Victor Superbowl (Karte S. 50–51; ☎ 6223 7998; 7 Marina Grove, Marina South; ⏰ So–Do 9–3, Fr & Sa bis 24 Uhr; Ⓜ Marina Bay)

GOLF

In einem winzigen Stadtstaat mit begrenzten Ressourcen und denkbar wenig freien Flächen einen Golfplatz anzulegen, scheint ein wahnwitziges Unterfangen zu sein. Wäre eine Minigolfanlage nicht angemessener? Wer golfen möchte, macht besser einen Abstecher nach Malaysia auf die großzügig angelegten Plätze des Sebana Golf & Marina Resort (S. 197). Wer unbedingt in Singapur den Schläger schwingen muss, sollte sich darüber im Klaren sein, dass Nichtmitglieder in den meisten Clubs einen ordentlichen Batzen berappen müssen und an den Wochenenden normalerweise gar nicht erst zugelassen werden. Pro Runde sind etwa 100 $ fällig, am Wochenende durchaus doppelt so viel.

Jurong Country Club (Karte S. 48–49; ☎ 6560 5655; www.jcc.org.sg; 9 Science Centre Rd.; Ⓜ Jurong East)

Marina Bay Golf Course (Karte S. 50–51; ☎ 6345 7788; www.mbgc.com.sg; 80 Rhu Cross)

Laguna National Golf & Country Club (Karte S. 48–49; ☎ 6541 0289; www.lagunagolf.com.sg; 11 Laguna Golf Green; Ⓜ Tanah Merah)

Raffles Country Club (Karte S. 48–49; ☎ 6861 7655; www.rcc.org.sg; 450 Jalan Ahmad Ibrahim; 🚌 SBS 182 ab Ⓜ Boon Lay)

Sentosa Golf Club (Karte S. 106; ☎ 6275 0022; www.beaufort.com.sg/resort_golf.html; 27 Bukit Manis Rd., Sentosa Island; 🚌 Shuttlebus ab HarbourFront MRT)

PFERDERENNEN

SINGAPORE TURF CLUB Karte S. 48–49

☎ 6879 1000; www.turfclub.com.sg; 1 Turf Club Ave.; Ⓜ Kranji

Ein beliebtes Ziel für Pferdenarren und Zocker. Es geht zwar längst nicht so verrückt zu wie in Hong Kong, aber auch ein Tag im Singapore Turf Club verspricht ein unvergessliches Erlebnis. Auf der gewaltigen Haupttribüne ist Platz für 35 000 Zuschauer. Der Eintritt beträgt 3 $ für die nicht klimatisierten Plätze, für die klimatisierten 7 $; Ausländer müssen ihren Pass vorzeigen, um hineinzukommen. Für 15 $ können Touristen den ebenfalls klimatisierten Gold Card Room in Anspruch nehmen, die exklusive @Hibiscus-Lounge kostet 20 $. Der Dresscode wird strikt durchgesetzt: Freizeitkleidung auf die eine, Anzug und Krawatte auf die andere Seite.

Rennen werden während der Rennsaison freitags, samstags und sonntags ab 18.30, 14 bzw. 14.30 Uhr ausgetragen. Über das aktuelle Geschehen informiert die *New Paper*.

KLETTERN

DAIRY FARM QUARRY Karte S. 48–49

🚌 65, 170, 75, 171

Dairy Farm Quarry in der Nähe von Bukit Timah ist mit 20 Kursen die einzige legale Möglichkeit, in Singapur unter freiem Himmel zu klettern. Die meisten Wände sind mit Haken versehen und können mit einem 50-m-Seil bewältigt werden; man muss die eigene Ausrüstung mitbringen. Wer sich anderen Kletterern anschließen möchte, die sich hier regelmäßig an den Wochenende treffen, oder mehr über andere Klettermöglichkeiten in Singapur erfahren möchte, findet auf www.indoorclimbing.com/singapore.html eine Liste sämtlicher Kletterhallen der Stadt.

SKIFAHREN, SNOWBOARDING & RODELN

SNOW CITY Karte S. 48–49

☎ 6560 1511; www.snowcity.com.sg; 21 Jurong Town Hall Rd.; Erw./Kind pro Std. 15/13 $; ⏰ Di–So 9.45–17.15 Uhr; Ⓜ Jurong East

Wer schon immer von waghalsigen Schussfahrten und Schneeballschlachten in Äquatornähe geträumt hat, wird Snow City, eine Art Tiefkühltruhe von der Größe eines

Flugzeughangars, lieben. Auf drei 70 m langen Pisten können sich Wintersportfreunde per Ski, Snowboard oder schwarzem Reifenschlauch jeweils eine Stunde lang in die Tiefe stürzen. Für 55 $ bietet Snow Line (☎ 6425 0801), das sich ebenfalls im Gebäude befindet, abends zweistündige Ski- und Snowboardkurse an. Entsprechende Ausrüstung und Kleidung können hier ebenfalls gemietet werden.

SCHWIMMEN

Wie wäre es mit einer kleinen Erfrischung in der verkehrsreichsten Wasserstraße der Welt? Obwohl Singapurs Strände nicht besonders toll zum Schwimmen sind, gibt es genügend Wasserratten, die auf ein erfrischendes Bad im Meer nicht verzichten möchten. Wer sich ihnen anschließen möchte: Die beliebtesten Strände befinden sich auf Sentosa Island und im East Coast Park.

Eine bessere Alternative, sofern man nicht in einem Hotel mit eigenem Swimmingpool

wohnt, sind die exzellenten Schwimmbäder im Farrer Park (Karte S. 72; ☎ 6299 1002; 2 Rutland Ave.; ☺ 8–21.30 Uhr; Ⓜ Little India) und der River Valley Swimming Complex (Karte S. 54–55; ☎ 6337 6275; 1 River Valley Rd.; ☺ 8–21.30 Uhr; Ⓜ Clarke Quay) am Südende des Fort Canning Park. Der Eintritt kostet jeweils 1 $ für Erwachsene und 0,50 $ für Kinder (am Wochenende 1,30/0,60 $).

SPAS & MASSAGE

Wohlbefinden und Entspannung stehen in Singapur hoch im Kurs. Zu einer richtigen Wellnessmeile hat sich die Telok Ayer Street unweit des Thian Hok Keng Temple entwickelt, wo auf engstem Raum mindestens ein halbes Dutzend erschwingliche Massagesalons um verspannte Kundschaft buhlen.

Einen Besuch lohnt außerdem der People's Park Complex (S. 116) in Chinatown, in dem erholungsbedürftige Menschen an zahlreichen, auf mehrere Etagen verteilten Ständen haufenweise Möglichkeiten haben, sich etwas Gutes zu tun. Angeboten werden u. a. Reflex-

HOCH HINAUS

Obwohl sie in dem Ruf stehen, recht bodenständige Zeitgenossen zu sein, heben die Singapurer ab und an gerne mal ab. Für alle, die hoch hinauswollen, bietet die Stadt einige Möglichkeiten, in die Luft zu gehen. 40 Etagen über dem Erdboden schwebt z. B. der DHL Balloon (Karte S. 72; ☎ 6338 6877; Tan Quee Lan St.; Erw./Kind 23/13 $; ☺ 11–22 Uhr; Ⓜ Bugis) am Himmel über Bugis. Der leuchtend gelbe Ballon mit dem DHL-Logo auf beiden Seiten ist nun wirklich nicht zu verfehlen – sofern er noch da ist, denn Gerüchten zufolge könnte es sich für den Ballon bald ausgeschwebt haben.

Einen heißen Ritt für alle, die es gerne schnell, intensiv und ein wenig brutal mögen, verspricht G-max Bungy (Karte S. 54–55; ☎ 6338 1146; www.gmax.com.sg; 3E River Valley Rd.; 30 $ pro Fahrt; ☺ Mo–Fr 15–open end, Sa & So 12–open end; Ⓜ Clarke Quay). Auf gepolsterten Sitzen festgeschnallt rasen Wagemutige in einer Metallkapsel mit atemberaubendem Tempo von über 200 km/h bis auf eine Höhe von 60 m, bevor es dank der Schwerkraft gemächlich wieder Richtung Erdboden geht. Wer es schafft, die Augen offen zu behalten, genießt von ganz oben eine herrliche Aussicht. Wem bei hohen Geschwindigkeiten leicht blümerant zumute wird, sollte sich diesen Spaß aber lieber schenken.

Solchen empfindlichen Gemütern bietet gleich nebenan der GX-5 (Karte S. 54–55; ☎ 6338 1146; www.gmax.com.sg; 3E River Valley Rd.; 40 $ pro Fahrt; ☺ Mo–Fr 15–open end, Sa & So 12–open end; Ⓜ Clarke Quay) einen etwas sanfteren und längeren, aber nicht weniger aufregenden Ritt. Statt raketenartig in die Höhe geschossen zu werden, erleben die Passagiere hier einen freien Fall über dem Singapore River. Was den größeren Kick bringt, ist letztendlich wohl Geschmackssache.

Den berühmtesten und familienfreundlichsten Höhenflug in der Löwenstadt verspricht aber der kürzlich eröffnete Singapore Flyer (Karte S. 54–55; ☎ 6333 3311; www.singaporeflyer.com.sg; 30 Raffles Ave.; Erw./Kind/Sen. 29,50/20,65/23,60 $; ☺ 8.30–22.30 Uhr; Ⓜ City Hall). Angekündigt als „das größte Aussichtsriesenrad der Welt" bringt einen der Singapore Flyer gemütlich bis auf eine Höhe von 165 m und wieder hinunter. Gleich nebenan gibt's natürlich ein Einkaufszentrum, denn was gäbe es Schöneres nach all der Aufregung als eine gepflegte Shopping-Orgie. Wem der Rausch der Höhe nicht reicht, kann für 69 $ den „Cocktail Flight" buchen und sich zusätzlich ein paar Drinks servieren lassen.

In Singapur hoch hinauszukommen, ist alles andere als ein billiges Vergnügen. Es gibt allerdings noch eine weitere, sehr günstige Möglichkeit, dem Himmel etwas näher zu kommen, nämlich eine Fahrt mit der Buslinie 33. Auf der Ost-West-Strecke fährt der Doppeldeckerbus auf dem hoch gelegenen East Coast Parkway am Südzipfel von Downtown herum und bietet einen tollen Blick auf die Wolkenkratzer im Norden und den Hafen im Süden. Auf den Nervenkitzel des G-max Bungy müssen die Passagiere dabei zwar verzichten, dafür kostet der Spaß weniger als einen Dollar.

zonenmassagen und Shiatsu oder auch – für ganz Unerschrockene – ein Fußbad in einem Fischteich, dessen Bewohner einem für 12 $ die abgestorbene Haut von den geplagten Füßen knabbern. Hunderte solcher Wellness-oasen verteilen sich über das ganze Stadtgebiet, die alles bieten, was das gestresste Herz begehrt, von Fußmassagen ab etwa 25 $ bis hin zum Rundum-Wohlfühlpaket, das ab 200 $ aufwärts einen ganzen Tag süßester Entspannung verspricht.

AMRITA SPA Karte S. 54–55

☎ 6336 4477; www.amritaspas.com; Ebene 6, Raffles, The Plaza, 2 Stamford Rd.; Ⓜ City Hall
Amrita brüstet sich damit, der größte und umfangreichste Wellnesstempel in ganz Asien zu sein. Das ist nicht übertrieben, denn mit 35 Behandlungsräumen, einem Fitnesscenter und einer Reihe von Bädern bietet das Amrita schier endlose Möglichkeiten der Entspannung und Erholung. Für 150 $ können sich gestresste Großstädter den ganzen Tag, inklusive Rückenmassage und Gesichtspflege, verwöhnen lassen. Amrita unterhält außerdem Filialen im Swissôtel (S. 172), im Merchant Court Singapore und im Raffles Hotel (S. 58).

ARAMSA, BISHAN PARK Karte S. 48–49

☎ 6456 6556; www.aramsaspas.com; Bishan Park, 1382 Ang Mo Kio Ave. 1, Ⓜ Bishan, 🚌 410
Aramsa unterhält gleich fünf Geschäfte in Bishan Park, darunter ein fantastisches Spa, ein vegetarisches Café, ein Restaurant und ein Pilates-Studio. Allein schon wegen der friedlichen Lage im Park ist Aramsa eine bei Einheimischen und Reisenden gleichermaßen willkommene Oase der Ruhe mitten in der Stadt.

KENKO WELLNESS SPA Karte S. 64–65

☎ 6223 0303; www.kenko.com.sg; 211 South Bridge Rd.; Ⓜ Chinatown
Kenko ist mit zahlreichen Niederlassungen in der Innenstadt, darunter zwei Filialen in der Tanglin Road (Karte S. 80–81), so etwas wie das McDonald's der Reflexzonenmassage. Die vornehmste und gleichzeitig kostspieligste ist diese „Wellness-Boutique" in Chinatown.

NGEE ANN FOOT REFLEXOLOGY
Karte S. 80–81

☎ 6235 5538; 4. Etage, Midpoint Orchard, 220 Orchard Rd.; Ⓜ Somerset

Hier gibt's herrliche Fuß- und Körpermassagen in erfrischend zurückhaltendem Ambiente.

ST. GREGORY JAVANA SPA
Karte S. 72

☎ 6290 8028; www.stgregoryspa.com; 3. Etage, The Plaza, 7500A Beach Rd.; Ⓜ Bugis
St. Gregory ist ein renommierter Name auf dem asiatischen Entspannungsmarkt und unterhält in Singapur drei Filialen, die alle in Nobelhotels untergebracht sind. Die hier angegebene Niederlassung befindet sich im Park Royal in der Beach Rd., die anderen beiden im Marina Mandarin und im Conrad Centennial.

SANCTUM Karte S. 72

☎ 6225 4381; www.sanctumsg.com; 11 Haji Lane; Ⓜ Bugis
„Nahrung für Körper, Geist und Seele" verspricht das „Heiligtum", und wer würde dieser Selbsteinschätzung angesichts des Angebots aus Tarotkartenlegen, Meditationen, Rückführungen, Shiatsu und Reiki schon widersprechen. Das Sanctum verfügt über drei individuell und sehr schön gestaltete Räume für Sitzungen und natürlich zur Entspannung. Es kann auch online gebucht werden.

SPA BOTANICA Karte S. 106

☎ 6371 1318; www.spabotanica.com; Sentosa Resort & Spa; ◷ 10–22 Uhr; 🚌 Shuttlebus ab Orchard Rd. Paragon Shopping Centre
Nicht nur wegen der äußerst ansprechend gestalteten Außenbereiche und Gärten ist das Botanica eines der beliebtesten Spas in Singapur. Spezialität des Hauses ist das „Galaxy-Dampfbad", bei dem man sich 45 Minuten lang in heilsamem Chakra-Schlamm wälzen kann. Draußen gibt es weitere Schlammbecken, Bäder und Entspannungszonen.

FREIZEITBÄDER

ESCAPE THEME PARK Karte S. 48–49

☎ 6581 9112; www.escapethemepark.com.sg; Erw./Kind./Fam. 17,70/8,90/42,80 $; ◷ Sa, So & Schulferien 10–22 Uhr; 🚌 354 ab Ⓜ Pasir Ris
Ein Riesenspaß für die ganze Familie, mit Wasserrutschen, Achterbahnen, Gokarts, Bumper-Boats und Wellenbad. Die „Wet and Wild"-Wasserrutsche ist angeblich die höchste in Asien.

JURONG EAST SWIMMING COMPLEX
Karte S. 48–49

☎ 6563 5052; 21 Jurong East St. 31; Erw./Kind 2/1 $; ⏱ 9–19 Uhr; Ⓜ Chinese Gardens
Singapurs günstigtes Schwimmbad, mit großem Schwimmbecken, Planschbecken, Wellenbad und drei Wasserrutschen.

WILD WILD WET Karte S. 48–49

☎ 6581 9135; www.wildwildwet.com; Erw./Kind 13,80/9,40 $; ⏱ Mo & Mi–Fr 13–19, Sa, So & Schulferien 10–20 Uhr; 🚌 354 ab Ⓜ Pasir Ris
Dieses Spaßbad ist ebenso wie der Escape Theme Park im Downtown-East-Komplex untergebracht und hat ähnliche Attraktionen zu bieten.

WASSERSPORT

CHANGI SAILING CENTRE Karte S. 48–49

☎ 6545 2876; www.csc.org.sg; 32 Netheravon Rd.; 🚌 2 ab Ⓜ Tanah Merah
Dieses Center verleiht J24-Boote (Kielboote) inklusive Sprit für 180 $ pro Tag. Ein Segelschein ist natürlich Pflicht.

MACRITCHIE RESERVOIR'S PADDLE LODGE Karte S. 48–49;

☎ 6258 0057; Kajakverleih 10/15 $ pro 1/2 Std.; ⏱ Di–So 9–18 Uhr; 🚌 162
Paddeln und andere Wassersportarten sind hier im Angebot. Eine Liste anderer Parks, in denen Wassersport möglich ist, gibt's auf der Website des National Parks Board (www.nparks.gov.sg).

SCUBA CORNER Karte S. 72

☎ 6338 6563; www.scubacorner.com.sg; 04–162 Kitchener Complex, Block 809 French Rd.; Ⓜ Lavender
Scuba Corner befindet sich unweit der Metrostation Lavender und bietet Tauchkurse und –ausflüge an.

SKI360° Karte S. 84

☎ 6442 7318; www.ski360degree.com; 1206A East Coast Parkway; wochentags/an Wochenenden 32/42 $ pro Std.; ⏱ Mo–Fr 10–22, Sa & So 9–24 Uhr; Ⓜ Bedok, dann Bus 401 (nur an Wochenenden) 🚌 196, 197
Was könnte es an einem heißen Tag Schöneres geben, als sich auf Wasserski oder einem Knee- oder Wakeboard durch eine Lagune ziehen zu lassen? Ok, man könnte einfach schwimmen gehen, aber das macht nicht halb so viel Spaß. Besonders klasse ist es im Ski360° vormittags unter der Woche, wenn sich kaum jemand blicken lässt. Am Wochenende laufen massenweise Poser auf und es kann extrem unterhaltsam sein, einfach nur zuzugucken und darauf zu warten, dass sich irgendein Wichtigtuer an den Rampen auf die Klappe legt.

YOGA

Yoga wird in Singapur immer angesagter. Vielleicht liegt es daran, dass die früher bisweilen recht steif wirkende Bevölkerung des Stadtstaates neuerdings so locker rüberkommt. Die meisten Schulen bieten Kurse ohne Voranmeldung an. Allerdings kein ganz billiges Vergnügen: 20 bis 30 $ für eine 60- oder 90-minütige Sitzung sind die Norm. Wer sich länger in der Stadt aufhält und regelmäßig Übungen machen möchte, sollte sich für eine Monatskarte oder ähnliche Angebote entscheiden. Sparfüchse nehmen die vielfach angebotenen Spezialpreise für Anfänger wahr und ziehen von Schule zu Schule.

Gratiskurse werden im Sri Muneeswaran Hindu Temple (Karte S. 98–99; 3 Commonwealth Drive, Commonwealth MRT) angeboten: sonntags zwischen 16 und 17 sowie 18 und 19 Uhr und montags zwischen 19 und 20 Uhr.

Die folgenden Schulen bieten Seminare und Kurse ohne Voranmeldung an.

ABSOLUTE YOGA

☎ 6732 6007; www.absoluteyogasingapore.com
Dieses große Studio bietet „Hot Yoga" an. Einzelstunden kosten 34 $, Zehnerkarten 270 $.

ANANDA MARGA Karte S. 84

☎ 6344 6519;1 www.anandamarga.org.sg; Marine Parade Central, 07–01 Parkway Centre
In einer Welt der gleichförmig durchgestylten Yogastudios ist das Ananda Marga eine willkommene Abwechslung. Es bietet Tagesseminare, engagierte Lehrer und Kurzlehrgänge.

TRUE YOGA Karte S. 64–65

☎ 6336 3390; www.trueyoga.com.sg; 20 Raffles Place, 27–00 Ocean Towers; Ⓜ Raffles Place
True Yoag ist eines der größten Yogastudios in Singapur und bietet Kurse unterschiedlicher Richtungen und Levels an. Es gibt außerdem eine Filiale in der Orchard Rd., die Website informiert über spezielle Angebote.

lonely planet Hotels & Hostels

Wer noch mehr Tipps zu Unterkünften sucht, als wir in diesem schmalen Band unterbringen konnten, kann sich auf **lonelyplanet.com/hotels** umschauen. Dort gibt's auch ausführlichere Beschreibungen und Fotos. Und jeder Traveller hat die Möglichkeit, eigene Erfahrungen weiterzugeben. Also einfach die Liste unabhängiger Empfehlungen checken und das gewünschte Zimmer sicher buchen.

SCHLAFEN

top picks

SCHLAFEN

Zum Thema Unterkunft gibt es eine gute und eine schlechte Nachricht. Zuerst die gute: Auch wenn Reisende in Zeiten von Großveranstaltungen vielleicht von einem ausgebuchten Hotel zum anderen laufen müssen – es hat nie mehr Hotels in Singapur gegeben als heute. Und nun die schlechte: In den letzten paar Jahren sind die Preise, wenn auch nicht durch die Bank, gestiegen. Viele ehemalige Budgethotels haben sich in die Mittelklasse eingeschlichen – manchmal sogar, aber eben nicht immer, begleitet von Verbesserungsmaßnahmen. Die Preise vieler Mittel- und Spitzenklassehotels sind ebenfalls in die Höhe gegangen, wenn auch nicht bei allen. (Es gibt wirklich noch ein paar Schnäppchen, die findet man besonders im Internet.) Während einige neue Budgethotels florieren (vor allem Durchgangshotels oder solche, die stundenweise vermieten), sind andere aufgrund der hohen Immobilienpreise raus aus dem Geschäft. Dank des vorbildlichen öffentlichen Nahverkehrssystems in Singapur, ist der Standort der Unterkunft im Grunde egal. Alles ist weniger als eine halbe Stunde von allem anderen entfernt. Für Atmosphäre und Flair empfehlen wir Chinatown oder Little India; in beiden Vierteln finden sich auch die meisten preiswerten Unterkünfte und Boutiquehotels in umgebauten Shophouses. Diejenigen, denen es nichts ausmacht, etwas weiter draußen zu übernachten, finden eine Ansammlung neuer Herbergen in der Gegend von Joo Chiat.

Die Orchard Road und ihre Umgebung ist vollgestopft mit Nobelhotels aus dem Baukasten (mit ein paar angenehmen Ausnahmen). Das Gleiche gilt für das Gebiet rund um Marina Bay, wo sich der Esplanade-Komplex und das Einkaufszentrum Suntec City befinden. Ein paar gute Übernachtungsmöglichkeiten gibt es auch nahe der sanierten Kais des Singapore River.

Für Besucher, die die etwas schmuddligere Seite Singapurs jenseits des Hotelzimmers erkunden wollen, ist Geylang eine Überlegung wert. Wir haben zwei Hotels in der Umgebung gefunden, die von großem kulturellem Interesse und von relativ geringer Schäbigkeit sind. Wer Meer und Strand will, muss nach Sentosa. Aber nicht am Wochenende, da sind die Preise und die Belegung hoch.

MIETWOHNUNGEN

Für mittel- bis längerfristige Aufenthalte bieten sich in Singapur eine Reihe von Wohnungen mit Hausmeisterservice an. Es ist auch möglich, Zimmer zur Untermiete in Privatwohnungen zu mieten (Angebote finden sich im Kleinanzeigenteil der *Straits Times*). Die Mieten sind hoch, egal wie nah oder weit man vom Stadtzentrum entfernt ist. Alle angegebenen Preise enthalten alle Steuern.

Die erste Anlaufstelle, um sich nach einer Langzeitunterbringung in Singapur umzusehen, ist wohl Singapore Expats (www.singaporeexpats. com), wo detailliert über die verschiedenen Stadtteile informiert und das komplette Prozedere beschrieben wird. Außerdem gibt's

---

PREISSCHWANKUNGEN INBEGRIFFEN

Bei den Mittelklasse- und Spitzenklassehotel Singapurs sind Zimmerpreise eine Frage von Angebot und Nachfrage und täglichen Schwankungen unterlegen.

Reisende, die einen Trip nach Singapur planen, sollten das beachten, besonders wenn sie vorhaben, während eines bedeutenden Events zu kommen. Bei der Reservierung ist zu beachten, dass die Angestellten in Spitzenhotels, nachdem sie den Preis genannt haben, normalerweise beiläufig (und oft kaum hörbar) „plus plus plus" hinzufügen. Ignorieren auf eigene Gefahr! Die drei „Plus" stehen für Servicepauschale, Government Tax und Mehrwertsteuer, was sich insgesamt mit saftigen 16 % auf die Rechnung setzt.

Um die Sache weiter zu komplizieren, bieten Singapurs Spitzenklassehotels ein verwirrendes Sortiment an Preispaketen an: von Zimmern für ein paar Hundert Dollar die Nacht bis hin zu Suiten der Bill-Gates-Kategorie für Tausende von Dollars (und allem was dazwischenliegt und sich natürlich ständig ändert).

Alle Preise, die wir aufgelistet haben, stammen vom Tag unseres Besuchs, der Preis, den Reisende zu einem späteren Zeitpunkt zahlen müssen, kann also abweichen. Das ist nicht unsere Schuld, da ist die unsichtbare Hand des Kapitalismus am Werk.

KURZFRISTIG BUCHEN

Wer in Singapur ankommt, ohne eine Hotelreservierung zu haben, braucht nicht zu verzweifeln. Die effiziente Singapore Hotel Association (www.sha.org.sg) hat vier Schalter am Changi-Flughafen, zwei am Terminal 1 (☷ East Wing 10–23.30, West Wing bis 24 Uhr) und zwei am Terminal 2 (☷ North Wing 7–23, South Wing bis 24 Uhr).

In den dort ausliegenden Listen gibt es Dutzende von Hotels mit Preisspannen von 37 $ pro Nacht bis zum Zimmer im Raffles Hotel für über 650 $. Der Service ist kostenlos und Sonderangebote und Nachlässe werden, falls verfügbar, weitergegeben. Es ist ebenfalls möglich, Hotelzimmer direkt über die Website der Singapore Hotel Association zu buchen.

Diejenigen, die es schon bis zur Orchard Rd. geschafft haben und immer noch kein Hotelzimmer haben (an eine Übernachtung im Park sollte man nicht einmal denken), erhalten Hilfe beim Singapore Visitors Centre@Orchard (☎ 6738 3729; svorchard2003@yahoo.com; Ecke Cairnhill & Orchard Rd.; ☷ 9–18 Uhr), welches mit den örtlichen Hotels kooperiert und Besuchern auch günstige Angebote vermittelt.

eine Wohnungssuchmaschine. Die Singapur-Version von www.craigslist.org ist eine weitere gute Informationsquelle für längerfristige Aufenthalte.

SOMERSET BENCOOLEN
Karte S. 54–55 Apartments mit Service $$$

☎ 6730 1811; www.somerset.com; 51 Bencoolen St.; 1-Zi.-Apt. pro Woche ab 2590 $; Ⓜ Dhoby Ghaut; ⌨ ⬚
Möchte man in Singapur auf großem Fuß leben, dann ist das Somerset Bencoolen ganz bestimmt der richtige Ort dafür. Die riesigen, wunderschönen Apartments mit Service sind voll möbliert und bieten mit ihren deckenhohen Fenstern eine spektakuläre Aussicht. Der Swimmingpool auf dem Dach ist ein nettes Extra, genauso wie die in den Boden eingelassenen Leitlichter, die höchstwahrscheinlich dazu dienen, betrunkenen Heimkehrern den Weg zu weisen.

PARKLANE SUITES
Karte S. 80–81 Apartments mit Service $$$

☎ 6730 1811; www.goodwoodparkhotel.com/acc-parklane.htm; 22 Scotts Rd.; Suite pro Monat 4500–6000 $; Ⓜ Orchard; ⌨ ⬚
Eine echte Dosis Stil haben diese 64 Luxussuiten in einem separaten Gebäude neben dem Goodwood Park Hotel. Makellos ausgestattet mit verstellbaren Lamellenjalousien aus Holz, Parkettboden, Schiefer-Wandverkleidungen, gewölbten Decken und eigenem Balkon. Die Anlage hat zwei Swimmingpools, ein Fitnesscenter sowie einen Waschsalon.

METRO-Y APARTMENTS
Karte S. 80–81 Apartments mit Service $$

☎ 6839 8100; apt@mymca.org.sg; 58 Stevens Rd.; Studio pro Monat 3200 $; Ⓜ Orchard; ⌨ ⬚

Das neben dem Metropolitan Y gelegene Metro-Y hat einen eigenen Pool, einen Fitnessraum und Waschmaschinen. Zu diesem Preis und bei dieser Lage nahe der Orchard Road ist das geradezu ein Schnäppchen. Die Zimmer wurden erst kürzlich renoviert und sind alle mit kleinen Küchenzeilen und Kabelfernsehen ausgestattet. Größere familiengerechte Suiten sind ebenfalls verfügbar, der Preis hängt natürlich von der Größe ab.

RESERVIERUNGEN

„Bau es und sie werden kommen", oder so ähnlich sagt es Kevin Costner in *Field of Dreams (Feld der Träume)*. In Singapur steht das „es" für eine Menge Hotels und das „sie", nun, das sind die Touristen. Je mehr Hotels eröffnet werden, desto mehr Reisende (und umso weniger Hotelzimmer) scheint es zu geben. Obwohl die meisten Gäste nicht allzu große Probleme haben, eine Bleibe zu finden, ist Singapur nicht gerade der Ort, wo man mal eben ohne Reservierung aufschlagen kann – das gilt besonders für Feiertage (z. B. das chinesische Neujahrsfest) oder während großer Sportereignisse.

Wenn möglich also im Voraus buchen, wenn schon nicht um des Seelenfriedens willen, dann zumindest wegen der oft erhältlichen (und teilweise sehr lohnenden) Internet-Schnäppchen. Hotel- und Schnäppchen-Websites wie www.asiabesthotels.com, www.hotels.online.com.sg oder www.agoda.com sind da gute Quellen.

PREISE

$$$	über 200 $ pro Nacht
$$	100–200 $ pro Nacht
$	unter 100 $ pro Nacht

COLONIAL DISTRICT & DIE QUAYS

Diese Hauptader touristischer Aktivitäten hat die größte Vielfalt an Unterbringungsmöglichkeiten, von ganz billigen Hostels ohne Schnickschnack bis zu den kostspieligsten Luxushotels. Obwohl man die Grenzen dieses Gebietes gar nicht so genau abstecken kann, haben wir hier alles aufgelistet, was sich in der Nähe der Metrostationen Clarke Quay, Dhoby Ghaut, City Hall oder Bugis befindet, darunter auch die große Aneinanderreihung von Hotels an und in der Nähe der Bencoolen Street.

RAFFLES HOTEL

Karte S. 54–55   Hotel $$$

☎ 6337 1886; www.raffleshotel.com; 1 Beach Rd.; Suite ab 650 $; Ⓜ City Hall; 🖥 📶

Hotels die gleichzeitig Touristenattraktionen sind, können manchmal ein Reinfall sein. Dieses nicht. Die Parkettböden, die hohen Decken, die unerschütterlich koloniale Ausstattung und natürlich der berühmte Sikh-Portier machen es neben dem Peninsula in Hong Kong und dem Oriental in Bangkok zu einem der ganz besonderen Hotels Asiens. Ob man dort übernachtet oder einfach etwas klimatisierte Eleganz aufsaugen will, hier ein Rat: Es gibt einen Dresscode und der turbantragende Portier wird niemanden in ärmellosen Shirts oder in schmuddligem Backpacker-Outfit reinlassen.

FULLERTON HOTEL

Karte S. 54–55   Hotel $$$

☎ 6733 8388; www.fullertonhotel.com; 1 Fullerton Sq.; Zi. ab 400 $; Ⓜ Raffles Place; 🖥 📶

Das Fullerton ist nicht nur eines der großartigsten Beispiele für koloniale Architektur in Singapur, es ist auch das einzige Hotel, das, soweit wir wissen, in einem restaurierten Postamt untergebracht ist. Die Denkmalschutz-Richtlinien, die bei der Restaurierung beachtet werden mussten, führten dazu, dass einige der armanibeigen Zimmer zum Innenhof liegen. Wer ein bisschen mehr ausgibt, hat Zutritt zum hoteleigenen Straits Club und ein Zimmer mit Aussicht auf den Fluss oder den Yachthafen, alles sehr beeindruckend. Obwohl mindestens so elegant wie das Raffles, ist das Fullerton doch weniger restriktiv im Hinblick auf leger gekleidete Touristen.

RITZ-CARLTON

Karte S. 54–55   Internationales Hotel $$$

☎ 6337 8888; www.ritzcarlton.com/hotels/singapore; 7 Raffles Ave.; EZ/DZ ab 465/515 $; Ⓜ City Hall; 🖥 📶

Beim Entwurf dieses Hotels hat man ganz klar an Sex gedacht, das merkt man schon am Eingang, der von einer Frank-Stella-Skulptur dominiert wird. Die Zimmer sind ein Aphrodisiakum für sich, mit beeindruckender Aussicht auf die Bucht vom erhöhten Bett und sogar vom Badezimmer aus, das ungewöhnlicherweise an der Außenwand liegt. Ein Muss für romantische Anlässe.

SWISSÔTEL, THE STAMFORD

Karte S. 54–55   Internationales Hotel $$$

☎ 6338 8585; www.singapore-stamford.swissotel.com; 2 Stamford Rd.; Zi. ab 420 $, Executive Club ab 550 $; Ⓜ City Hall; 🖥 📶

Eher eine überdachte Stadt als ein Hotel ist diese massive Herberge, die 5-Sterne-Komfort und Annehmlichkeiten bietet, die bei diesem Preis auch zu erwarten sind. Ganz abgesehen davon protzt das Swissôtel mit erstaunlicher Aussicht, zahlreichen Restaurants, Bars und Einkaufsmöglichkeiten. Die Preise verstehen sich mit Frühstück, und wenn man ein Zimmer im Executive Club im 57. Stockwerk mietet, dann gibt's zum Frühstück (und zu jeder anderen Mahlzeit) erstklassigen Kaffee bis zum Abwinken, da jedes Zimmer mit einer eigenen Espressomaschine von Lavazza ausgestattet ist.

HOTEL INTERCONTINENTAL

Karte S. 54–55   Internationales Hotel $$$

☎ 6338 7600; www.ichotelsgroup.com; 80 Middle Rd.; Standard-Zi. ab 360 $, Shophouse-Zi. 410 $; Ⓜ Bugis; 🖥 📶

Ein Spitzenklassehotel in einwandfreiem singapurischem Stil. Am interessantesten sind allerdings die Shophouse-Zimmer, die in einer Mischung aus Peranakan- und Kolonialstil mit Parkettböden, Orientteppichen und wunderschönen handbemalten Lampenschirmen ausgestattet sind. Die günstigeren Zimmer sind auch recht schön, entsprechen jedoch eher dem Standard der 5-Sterne-Kategorie. Das Hotel ist unter anderem ausgestattet mit einem Fitnesscenter, einem schönen Swimmingpool auf dem Dach und mehreren guten Restaurants.

ORIENTAL SINGAPORE

Karte S. 54–55 · Internationales Hotel $$$

☎ 6338 0066; www.mandarinoriental.com;
5 Raffles Ave., Marina Sq.; Zi. ab 410 $; Ⓜ City Hall;
🖵 🕿

Die luxuriösen Zimmer bieten eine tolle Aussicht – entweder über Marina Bay auf die „Durians" des Esplanade-Theaters oder auf die Skyline der Stadt. Ein weiteres Plus sind die großen Badezimmer und ein eigener DVD-Player auf jedem Zimmer.

FURAMA RIVERFRONT

Karte S. 54–55 · Internationales Hotel $$$

☎ 6333 8898; www.furama.com;
405 Havelock Rd.; EZ/DZ/Suite ab 400/450/650 $;
Ⓜ Outram Park; 🖵 🕿

Das im alten Novotel-Gebäude ansässige Furama ist in jeder Hinsicht protzig: vom beeindruckenden Indoorwasserfall bis hin zur hippen Lobby, die im Modern-Art-Stil designt ist. Die Zimmer sind schön, mit Blick auf Stadt und Fluss, und das Personal trägt sehr dazu bei, dass der Aufenthalt für die Gäste in jeder Hinsicht unvergesslich bleibt. Preisnachlass beim Buchen übers Internet.

PAN PACIFIC HOTEL

Karte S. 54–55 · Internationales Hotel $$$

☎ 6336 8111; http://singapore.panpac.com;
7 Raffles Blvd., Marina Sq.; Zi. ab 355 $; Ⓜ City Hall; 🖵 🕿

Den Preis für die schrillste Lobby würde auf jeden Fall das Pan Pacific bekommen, das sich 35 Stockwerke in die Höhe schraubt. Die Zimmer sind in neutralen Farben gehalten und mit zeitgenössischem Design (die Business-Zimmer haben sogar die ergonomischen Aeron-Bürostühle) ausgestattet. Zimmer mit Balkon und Aussicht sind ein kleines bisschen teurer, aber jeden Cent wert.

RAFFLES, THE PLAZA

Karte S. 54–55 · Internationales Hotel $$$

☎ 6339 7777; www.raffles-theplazahotel.com;
80 Bras Basah Rd.; Zi. ab 330 $; Ⓜ City Hall; 🕿

Das Plaza verfügt über die gleiche Ausstattung wie sein Zwilling, das Swissôtel in der Stamford Road, die Zimmer unterscheiden sich jedoch sehr von den üblichen Blumenmuster- und Magnolien-Looks vieler anderer Hotels. Stil und schlichte Eleganz sind die Markenzeichen dieses Spitzenklassehotel.

GRAND PLAZA PARKROYAL HOTEL

Karte S. 54–55 · Internationales Hotel $$$

☎ 6336 3456; www.parkroyalhotels.com;
10 Coleman St.; Zi. ab 320 $; Ⓜ City Hall; 🕿

Für die Architektur gab es anscheinend einen Preis, obwohl die Zimmer kaum zu unterscheiden sind von vielen anderen Spitzenklassehotels. Dafür verfügt das Parkroyal aber über ein hauseigenes Spa, das geschlauchte Shopper attraktiv finden werden. Online gibt's zum Teil dramatische Rabatte!

HOTEL RENDEZVOUS

Karte S. 54–55 · Internationales Hotel $$$

☎ 6336 0220; www.rendezvoushotels.com;
9 Bras Basah Rd.; EZ/DZ ab 300/330 $;
Ⓜ Dhoby Ghaut; 🖵

Die Zimmer des am Bras Basah Park gelegenen Hotels sind schon sehr auf der pastelligen Seite, aber falls mit Preisnachlass erhältlich ganz annehmbar. Die Empfangshalle ist ziemlich elegant, und es gibt neben einem beeindruckenden Atrium auch noch eine ganz attraktive Bar.

NOVOTEL CLARKE QUAY

Karte S. 54–55 · Internationales Hotel $$$

☎ 6338 3333; www.novotelclarkequay.com.
sg; 177A River Valley Rd.; EZ/DZ ab 300/320 $;
Ⓜ Clarke Quay; 🖵 🕿

Geradlinig, wie man es von der Novotel-Kette erwartet. Kein Schnickschnack, keine Überraschungen oder Extravaganzen. Einfach, sauber, komfortabel, bequem und professionell.

GRAND COPTHORNE WATERFRONT

HOTEL Karte S. 54–55 · Internationales Hotel $$$

☎ 6733 0880; http://millenniumhotels.com;
392 Havelock Rd.; EZ/DZ ab 295/325 $; 🚌 123 ab
Ⓜ Tiong Bahru; 🖵 🕿

Von der Ansammlung der Hotels, die sich am Ende des Robertson Quay befinden (die nächste Metrostation ist Tiong Bahru, ist aber nicht gut zu Fuß zu erreichen), ist dieses das schickste und monumentalste. Mit seinen lichtdurchfluteten, komfortablen Zimmern gehört es zum Besten, was die Copthorne-Gruppe zu bieten hat.

GALLERY HOTEL Karte S. 54–55 · Hotel $$$

☎ 6849 8686; www.galleryhotel.com.sg;
76 Robertson Quay; Zi. inkl. Frühstück ab 320 $;
Ⓜ Clarke Quay; 🕿

Die in Grundfarben gehaltene Einrichtung, die Hightech-Bedienungselemente auf den Zimmern und ein wunderschönes Schwimmbecken machen das Gallery Hotel zur Crème de la Crème der Boutiquehotels in Singapur. Die zurückhaltend minimalistische Lobby ist so hip, dass es wehtut, und die Zimmer-Deko ist sexy, ohne aufdringlich zu sein. Breitband-Internet und WLAN sind gratis, genau wie der hauseigene Wellnessbereich. Der einzige Minuspunkt an diesem sonst exzellenten Hotel ist, dass nebenan Bauarbeiten laufen, die wahrscheinlich irgendwann 2009 abgeschlossen sein werden.

HOLIDAY INN ATRIUM
Karte S. 54–55   Internationales Hotel $$$

☎ 6733 0188; www.holiday-inn.com; 317 Outram Rd.; EZ/DZ ab 300/350 $; Ⓜ Outram Park; 🖳 🐾
Dieses 27 Stockwerke hohe Lichtschwert hat einen Charme, der über sein Alter und seine Hotelketten-Abstammung hinwegtäuscht. Die gläsernen Aufzüge im Inneren geben dem Atrium ein sehr futuristisches Flair. Die Zimmer sind gerade Standard, aber ganz bequem, was dieses Hotel nahe dem Ausgehviertels Robertson Quay und dem Einkaufszentrums Great World City zu einer guten Wahl macht.

ALLSON HOTEL Karte S. 54–55   Hotel $$$
☎ 6336 0811; allson.sales@pacific.net.sg; 101 Victoria St.; Zi. ab 320 $; Ⓜ City Hall; 🐾
Zu seiner Lage im Museumsviertel passend, hat das Allson eine altmodische Ausstrahlung, und das trotz seines modernen Äußeren. Die Zimmer sind geschmackvoll mit dunklen Hölzern und Ledergarnituren eingerichtet. Es gibt Nichtraucheretagen und zu den hoteleigenen Einrichtungen zählen unter anderem ein Pool und mehrere Restaurants.

RIVER VIEW HOTEL
Karte S. 54–55   Hotel $$$

☎ 6732 9922; www.riverview.com.sg; 382 Havelock Rd.; EZ/DZ ab 220/240 $; Ⓜ Clarke Quay; 🖳 🐾
Preiswert, wenn man eines der großzügigen Internet-Sonderangebote ergattern kann. Der langweilige cremefarbene Turm gegenüber dem Robertson Quay hat eine ausgezeichnete Lage am Fluss und sehr große komfortable Zimmer. Ein kostenloser Shuttleservice bringt die Gäste zur Orchard Road, zu Suntec City oder nach Chinatown.

HOTEL ROYAL@QUEENS
Karte S. 54–55   Hotel $$$

☎ 6725 9988; www.royalqueens.com.sg; 12 Queen St.; Zi. ab 230 $; Ⓜ Bugis; 🐾
Weiches Licht, dunkle Mahagonimöbel und ein paar trendige Wandbilder geben diesem Boutiquehotel einen coolen Look. Die besten Zimmer sind die mit Aussicht auf die Kathedrale St. Joseph's; jedoch sind alle sauber und gemütlich. Im Hotel Royal gibt's auch einen Swimmingpool und ein Wellnesscenter. Bei Buchung im Internet locken saftige Nachlässe.

ROBERTSON QUAY HOTEL
Karte S. 54–55   Hotel $$$

☎ 6735 3333; www.robertsonquayhotel.com.sg; 15 Merbau Rd.; EZ/DZ 150/180 $; Ⓜ Clarke Quay; 🖳 🐾
Das Robertson ist ein kreisförmiges Gebäude, das vage an einen mittelalterlichen Burgturm erinnert. Definitiv das beste Preis-Leistungs-Verhältnis in dieser Umgebung. Die Zimmer, wenn auch nicht gerade groß, sind mit allen modernen Annehmlichkeiten, auf die man bei dem Preis hofft, eingerichtet. Die höheren Etagen bieten zudem noch grandiose Aussichten. Das wahrscheinlich Schönste an diesem Hotel ist der ungewöhnliche Dachpool, der mit Felsbrocken gestaltet wurde. Das Robertson liegt in der Nähe der Quays und des CBD und ist daher ideal für Geschäfts- wie Erholungsreisende. Oft gibt es auch großzügige Nachlässe bei Onlinebuchung.

PARK VIEW HOTEL Karte S. 54–55   Hotel $$$
☎ 6338 8558; www.parkview.com.sg; 81 Beach Rd.; EZ/DZ 140/160 $, Luxus-Zi. 180 $; Ⓜ Bugis; 🖳
Das Park View ist keines dieser armen, kleinen mittelpreisigen Hotels. Es liegt zentral im Einkaufsviertel von Bugis (aber wo der Park sein soll, können wir auch nicht sagen). Zwar haben alle Zimmer Badewannen, aber einige der günstigeren haben keine Fenster. Frühstück ist inklusive, kabelloses Internet kostet allerdings 6 $ pro Stunde extra – ganz schön teuer für so ein Mittelklassehotel.

BEACH HOTEL Karte S. 54–55   Hotel $$
☎ 6336 7712; www.beachhotel.com.sg; 95 Beach Rd.; EZ/DZ 135/150 $, Luxus-Zi. 170 $; Ⓜ Bugis
Vom Park View (das keinen Park in Sichtweite hat) einen Block weiter liegt das

Beach Hotel (das keinen „Strand" hat). Zimmer, Preise und Annehmlichkeiten sind hier wie dort ziemlich gleich, wobei der Grundpreis im Beach ein paar Dollar günstiger ist.

YWCA FORT CANNING LODGE
Karte S. 54–55   Hotel $

☎ 6338 4222; reservations@ywcafclodge.org.sg; 6 Fort Canning Rd.; EZ/2BZ ab 99/115 $, FZ 180 $; Ⓜ Dhoby Ghaut; 🖾
Diese ist die wohl beste der drei Jugendherbergen, mit großen, bequemen Zimmern mit Holzfußböden, einem Café, Swimmingpool und Tennisplatz. Eingeklemmt ist sie zwischen zwei verkehrsreichen Straßen, aber dafür ist es nur ein Katzensprung bis zur Orchard Rd. oder zur friedlichen Stille des Fort Canning Park.

HOTEL BENCOOLEN Karte S. 55–55   Hotel $$
☎ 6336 0822; www.hotelbencoolen.com; 47 Bencoolen St.; EZ/DZ 110/120 $; Ⓜ Dhoby Ghaut; 🖾
Mit einem Spa auf dem Dach, seiner guten Lage und vernünftigen Preisen gehört das Bencoolen zu den Hotels mit gutem Preis-Leistungs-Verhältnis in dieser Gegend, die mittlerweile von Hotels überquillt. Die Zimmer selbst sind sauber und komfortabel, wenn auch so aufregend wie Al Gores Garderobe. Preise sind inklusive Frühstück.

YMCA INTERNATIONAL HOUSE
Karte S. 54–55   Hostel/Hotel $$

☎ 6336 6000; www.ymcaih.com.sg; 1 Orchard Rd.; B 30 $, EZ ab 180 $, FZ 215 $; Ⓜ Dhoby Ghaut; 🖾
Wie das YWCA hat auch diese Einrichtung große, saubere Zimmer, eine praktische Lage und gute Ausstattung, darunter ein Fitnesscenter, einen Pool auf dem Dach, Squash- und Badmintonplätze sowie einen Billardraum. Zudem gibt es ein Restaurant, das ein preisgünstiges Tagesmenü anbietet. Alle Zimmer haben Telefon.

OXFORD HOTEL Karte S. 54–55   Hotel $$
☎ 6332 2222; www.oxfordhotel.com.sg; 218 Queen St.; EZ/DZ 180/200 $; Ⓜ Bugis; 🖾
Ein weiteres Hotel mittlerer Größe in dieser Ecke. Die wichtigsten Verkaufsargumente des Oxford sind seine einheitlichen Zimmer (alle sind sauber und funktional, wenn auch ein bisschen langweilig) und die zentrale Lage, ziemlich gleich weit entfernt von den Quays, Little India und dem Einkaufsviertel Bugis.

VICTORIA HOTEL Karte S. 54–55   Hotel $$
☎ 6622 0909; www.santa.com.sg; 87 Victoria St.; EZ/DZ 128/168 $, Luxus-Zi. 208 $; Ⓜ Bugis; 🖾
Dieses Hotel, das bei Geschäftsleuten und Urlaubern gleichermaßen beliebt ist, bietet gemütliche Zimmer ausgestattet mit Bett, TV, Schreibtisch und Stuhl. Die Einzelzimmer sind schon ein wenig beengt, dafür gibt es in den Luxuszimmern Kingsize-Betten und Badezimmer mit Badewanne. Der nette kleine Coffeeshop verfügt über kostenloses WLAN.

WATERLOO HOSTEL Karte S. 54–55   Hotel $$
☎ 6336 6555; Fax 6336 2160; 4. Etage, Catholic Centre Bldg., 55 Waterloo St.; EZ mit Gemeinschaftsbad/eigenem Bad 80/100 $, DZ 80/120 $; Ⓜ Dhoby Ghaut, City Hall oder Bugis
Das Waterloo Hostel, ein weiteres Opfer des Wandels vom Hostel- zum Hotelviertel, ist eigentlich gar kein Hostel mehr (am Namen ändert sich aber nichts), sondern ein Hotel. Die Mehrbettzimmer wurden dafür in Einzel- bzw. Doppelzimmer umgewandelt. Das Hotel ist nach wie vor sauber und gut geführt; die Zimmer sind mit TV, Kühlschrank und Telefon ausgestattet. Die Orchard Road, der Colonial District und Bugis sind einigermaßen gut zu Fuß zu erreichen. Frühstück gibt's inklusive.

SUMMER TAVERN Karte S. 54–55   Hostel $
☎ 6535 6601; www.summertavern.com; 31 Carpenter St.; B/EZ/DZ 35/90/180 $; Ⓜ Clarke Quay; 🖾
Das Tavern-Hostel gehört noch immer zu den beliebtesten Hostels Singapurs, trotz der hohen Preise für die Schlafsaalbetten. Es gibt gute Schlafsaalbetten, mittelgroße Zimmer für ein oder zwei Gäste und eine schöne Bierkneipe auf dem Dach. Das Summer Tavern wurde kürzlich um ein weiteres Gebäude erweitert, das auf der anderen Straßenseite liegt. Dort findet man Luxuszimmer mit Kingsize-Betten und eigenem Bad vor. Zimmer können online gebucht werden, die Preise verstehen sich mit Frühstück.

AH CHEW HOTEL Karte S. 54–55   Hostel $
☎ 6837 0356; 496 North Bridge Rd.; B Dach/Ventilator/Klimaanlage 8/10/12 $, Zi. mit Ventilator/Klimaanlage 26/30 $; Ⓜ Bugis
Über dem Tong-Seng-Coffeeshop, dessen Frontseite der Restaurant- und Barmeile in der Liang Seah St. zugewandt ist, befindet

sich diese staubige, alte Absteige. Sie hat einen gewissen schmuddeligen Charme und die billigsten und lautesten Betten in ganz Singapur. Ein Aufenthalt ist gewiss unvergesslich.

BACKPACKER COZY CORNER
GUESTHOUSE Karte S. 54–55   Pension $

☎ 6339 6128; www.cozycornerguest.com; 490 North Bridge Rd.; B Ventilator/Klimaanlage 11/16 $, DZ mit Ventilator/Klimaanlage 33/48 $; Ⓜ Bugis; 🖳

Man fühlt sich ein bisschen wie im Kindergarten: das „Museum" und die Flaggen, die kitschige Leseecke und der Tarnfarbenanstrich. Aber was gibt's bei dem Preis zu meckern? Es ist sauber, freundlich und günstig gelegen, Frühstück und Internet gibt's gratis und auf dem Dach eine Lounge.

CHINATOWN & DER CBD

Als Vorreiter der Shophouse-Renovierungswelle bietet Chinatown einige besonders schöne Mittelklassehotels. Hier findet man alles von eleganter Nostalgie bis zu abgefahrenen Designerpensionen, und das alles in der Nähe von einem der besten Restaurant- und Ausgehviertel Singapurs. In dieser Gegend gibt es auch einige günstige Hostels.

M HOTEL Karte S. 64–65   Hotel $$$

☎ 6224 1133; www.mhotel.com.sg; 81 Anson Rd.; Zi. ab 380 $; Ⓜ Tanjong Pagar; 🖳

Das M liegt am Südrand des CBD und ist der passende Ort für Chanel-Handtäschchen und Businesstypen in Armani-Anzügen. Es strotzt nur so vor Schick, von den Flachbild-TVs auf den Zimmern bis zum Neonblau der Bar. Der einzige Nachteil ist die Lage – gleich neben der Schnellstraße und ganz schön weit weg von den Touristenattraktionen Singapurs. Gute Nachlässe sind im Internet erhältlich!

NEW MAJESTIC HOTEL
Karte S. 64–65   Boutiquehotel $$$

☎ 6511 4700; www.newmajestichotel.com; 31–37 Bukit Pasoh Rd.; Zi. 350–700 $; Ⓜ Outram Park; 🖳 🖳

Das New Majestic bietet seinen Gästen 30 unterschiedliche Zimmer, so einzigartig, dass jedes Zimmer von einem anderen Künstler gestaltet wurde. Die Einrichtung ist ein Mix aus antiken und Designermöbeln. Zu den Highlights zählen die

Gartensuite, Penthouses mit Hochbetten und sechs Meter hohen Decken sowie das fabulöse Aquarium-Zimmer, dessen Hauptattraktion eine gläserne Badewanne ist. Ein Paradies für Technophile ist die Ausstattung mit High-End-Technikspielzeug wie LCD-TV, Bose-Stereoanlagen mit iPod-Docks und Nespresso-Kaffeemaschinen auf allen Zimmern. Das New Majestic, sicherlich das hippste Hotel in Singapur, wird bald schon eine Ikone der Coolness sein.

BERJAYA HOTEL SINGAPORE
Karte S. 64–65   Boutiquehotel $$$

☎ 6227 7678; www.berjayaresorts.com; 83 Duxton Rd.; Zi. ab 250 $, Suite 450 $; Ⓜ Tanjong Pagar

Wer ein Boutiquehotel mit prallem Luxus sucht, liegt mit diesem eleganten, umgebauten Shophouse genau richtig. Hier ist alles aus Holz und besitzt den Charme der Alten Welt. Alle Zimmer sind wunderschön möbliert und die ungewöhnlichen Schlafzimmer der Suiten befinden sich in einem Zwischengeschoss, das über eine Wendeltreppe erreichbar ist.

ROYAL PEACOCK HOTEL
Karte S. 64–65   Boutiquehotel $$$

☎ 6223 3522; www.royalpeacockhotel.com; 55 Keong Saik Rd.; EZ/DZ 145/165 $, Executive-Zi. 205 $, Mansarde EZ/DZ 115/135 $; Ⓜ Outram Park

Auch wenn das Parkett teilweise uneben ist und einige der antiken Möbel etwas angestoßene Ecken haben, hat sich das Royal Peacock, eines der ersten Shophouse-Boutiquehotels, ziemlich gut bewährt. Die Mansardenzimmer sind am preiswertesten, wenn man ohne Fenster auskommt. Die Lobby und das Restaurant sind ganz reizend, um es bescheiden auszudrücken.

HOTEL 1929 Karte S. 64–65   Boutiquehotel $$$

☎ 6347 1929; www.hotel1929.com; 50 Keong Saik Rd.; EZ/DZ 210/250 $; Ⓜ Outram Park; 🖳

Das Hotel 1929 war einst das bunteste von Chinatowns Boutiquehotels, jetzt nimmt es den zweiten Platz nach dem New Majestic ein – obwohl es da kaum Streit geben wird, da beide zum selben Unternehmen gehören. Immerhin schafft es das 1929 sowohl die Stilbewussten als auch die Komfortbewussten zufriedenzustellen. Kleine, aber wunderbar und individuell eingerichtete Zimmer, ein Whirlpool im Freien und WLAN gratis geben ihm die Klasse, die man von einem der bedeutendsten Boutiquehotels

Singapurs erwarten kann. Über die Website sind Preisnachlässe erhältlich.

CHINATOWN HOTEL
Karte S. 64–65 Boutiquehotel $$$

☎ 6225 5166; www.chinatownhotel.com; 12–16 Teck Lim Rd.; EZ/DZ/Zi. 155/175/205 $; Ⓜ Outram Park

Obwohl die Preise dieses einstigen Budgethotels in die Höhe geschossen sind, hat die allgemeine Qualität da nicht ganz mithalten können. Das Ergebnis ist Budgethotel-Ambiente zu Boutiquehotel-Preisen. Insgesamt zwar nicht schlecht, aber die Zimmer sind nicht so schön wie im nahe gelegenen 1929 oder dem günstigeren Tropical nebenan. Lohnt sich, wenn alles andere in der Gegend ausgebucht ist.

TROPICAL HOTEL Karte S. 64–65 Hotel $$

☎ 6225 6696; Fax 6225 6626; 22 Teck Lim Rd.; EZ/DZ ab 90/120 $; Ⓜ Outram Park

Die Zimmer in diesem umgebauten Shophouse sind ein bisschen heruntergekommen, aber es mangelt ihnen nicht gänzlich an Charme. Einige der Einzelzimmer haben keine Fenster und die größeren Zimmer auf der Vorderseite mit Balkon kosten um die 100 $, bei längeren Aufenthalten lässt sich aber ein Rabatt aushandeln.

SERVICE WORLD BACKPACKERS HOSTEL Karte S. 64–65 Hostel $

☎ 6226 3886; 5 Banda St. 02–82; B 20 $; Ⓜ Chinatown

Dieses kleine, hinter dem Buddha Tooth Relic Temple gelegene Hostel in Familienbetrieb bietet wenig Schnickschnack, aber viel Freundlichkeit und zentrale Lage. Das Hostel gibt Reisenden mit schmalem Budget die Möglichkeit, den Lebensstil von 85 % aller Singapurer nachzuempfinden, da es sich in einem traditionellen Housing Development befindet. Andrew Yip, der das Service World zusammen mit seiner Frau leitet, ist Schriftsteller und Fotograf mit einer großen Leidenschaft für die überlieferte Kunst und Kultur Singapurs.

LITTLE INDIA & KAMPONG GLAM

Von teurem Prunk über dezente Boutiquehotels bis hin zu einigen günstigen, aber vernünftigen Hostels bietet diese Gegend etwas für Touristen aller Budget-Kategorien. Die hier aufgeführten Hotels schließen die mit ein, die von Boon Kong, Farrer Park und Little India aus erreichbar sind, sowie einige, die näher an den MRT-Haltestellen Bugis und Lavender liegen.

GOLDEN LANDMARK HOTEL
Karte S. 72 Hotel $$$

☎ 6297 2828; www.goldenlandmark.com.sg; 290 Victoria St.; Zi. ab 240 $; Ⓜ Bugis; 💻 🏊

Das Golden Landmark ist eines der wenigen Spitzenklassehotels in der Umgebung der Arab Street. Die Zimmer sind geräumig und gut eingerichtet, unter anderem mit Badewanne und eigener Espressomaschine. Die gläsernen Aufzüge mit Zwiebelkuppeln in der Empfangshalle geben dem ganzen einen besonders netten Touch. Gäste, die eine spektakuläre Aussicht suchen, sollten versuchen, ein Zimmer gegenüber der nahe gelegenen Moschee zu bekommen.

ALBERT COURT HOTEL
Karte S. 72 Boutiquehotel $$$

☎ 6339 3939; www.albertcourt.com.sg; 180 Albert St.; Standard-/Luxus-Zi. 200/220 $; Ⓜ Little India; 💻

Am Südzipfel von Little India liegt dieses grandiose Boutiquehotel im Kolonialstil in einem umgebauten Shophouse, das jetzt acht Stockwerke in die Höhe ragt. Alle Zimmer sind mit den üblichen modernen Annehmlichkeiten ausgestattet, es kann zwischen Ventilator und Klimaanlage gewählt werden. Bei Sonderangeboten gehen die Preise bis auf 120 $ runter.

PERAK HOTEL Karte S. 72 Hotel $$$

☎ 6299 7733; www.peraklodge.net; 12 Perak Rd.; EZ/DZ 174/233 $; Ⓜ Little India; 💻

Das kürzlich renovierte Perak Hotel (ehemals Perak Lodge) ist schon seit Langem ein Favorit. Es verbindet eine koloniale Fassade mit fernöstlichem Interieur, abgerundet durch Buddhastatuen, kuriose Sitzmöglichkeiten und Meditationsräume. Die Zimmer sind schön und gut eingerichtet. Die Preise beinhalten WLAN und Frühstück.

SUMMER VIEW HOTEL Karte S. 72 Hotel $$

☎ 6338 1122; www.summerviewhotel.com.sg; 173 Bencoolen St.; DZ 200 $; Ⓜ Bugis

Für ein Mittelklassehotel sind die sauberen und gemütlichen Zimmer ziemlich groß und die Lage ist auch sehr praktisch. Bis zur nächsten Metrohaltestelle ist es allerdings eine kleine Wanderung, da erweist sich der Shuttleservice zur Orchard Rd. und zu Suntec City als ganz nützlich.

FORTUNA HOTEL Karte S. 72 Hotel $$
☎ 6295 3577; Fax 6294 7738; 2 Owen Rd.; Zi. ab 125 $; Ⓜ Farrer Park
Sieht eigentlich eher wie ein Bürogebäude aus, aber die Zimmer sind tatsächlich ganz attraktiv – und sehr groß! Zudem ist das Personal sehr freundlich. Wenn man eines der 80-$-Sonderangebote bekommen kann, sollte man zugreifen.

DICKSON COURT HOTEL
Karte S. 72 Hotel $$$
☎ 6297 7811; dicksonl@magix.com.sg; 3 Dickson Rd.; DZ ab 120 $; Ⓜ Little India
Das Dickson Court Hotel wurde zwar aus einer Reihe alter Shophouses zusammenge-schustert, die Lobby und der Innenhof aber haben einen Hauch von Raffinesse. Die Zimmer sind sauber; allerdings sind einige leider klein und dunkel. Im Hotel gibt es ein Restaurant und ein Café sowie eine Reihe von Serviceangeboten. Man findet fast immer Sonderangebote mit Preisen, die bis auf 89 $ gesenkt sind.

SOUTH-EAST ASIA HOTEL
Karte S. 72 Hotel $
☎ 6338 2394; www.seahotel.com.sg; 190 Water-loo St.; Standard-/gehobenes DZ 80/98 $; Ⓜ Bugis
Einige der buntesten Tempel der Gegend befinden sich in unmittelbarer Nachbar-schaft zum South-East Asia, das in einer der lebhaftesten Fußgängerzonen Singapurs liegt. Das Hotel ist sauber, freundlich und preiswert, mit der Einschränkung, dass man sich in den Badezimmern kaum umdrehen kann. Für diese Lage aber sehr empfehlens-wert.

MADRAS HOTEL Karte S. 72 Hotel $
☎ 6392 7889; www.madrassingapore.com; 28–32 Madras St.; EZ/DZ/3BZ 95/105/175 $; Ⓜ Little India; ⌨
Einfach, sauber und verlässlich gastfreund-lich – das sind die Hauptpluspunkte des Madras. Auch wenn es wenig an Schnick-schnack zu bieten hat, seinem Ruf als vertrauenswürdiger Ort für Reisende mit schmalem Geldbeutel wird es immer noch gerecht. Das Madras bietet auch einen Sonderpreis von 79 $ für jedes Zimmer an,

wenn man erst nach Mitternacht eincheckt (die Check-out-Zeit bleibt gleich). Die Preise sind inklusive Frühstück.

ASPHODEL INN Karte S. 72 Hotel $
☎ 6296 92989; www.asphoinn.com; 80 Race Course Rd.; EZ/DZ 85/95 $; Ⓜ Ferrer Park; ⌨
Das Asphodel Inn ist ein vierstöckiges umgewandeltes Shophouse in einer ruhi-gen Straße zwischen Little India und Bugis. Es bietet vernünftige Preise für diejenigen, deren Reisekasse zwischen Backpacker und Boutique liegt. Was diesem Etablissement an Extras fehlt, macht es durch Sauberkeit und Urigkeit wett. Die Lage ist auch nicht schlecht – gegenüber einer Reihe pittores-ker bunter Wohnhäuser und einem kleinen chinesischen Tempel.

ASPINALS HOTEL Karte S. 72 Hotel $
☎ 6392 3944; www.aspinals.com.sg; 83 Syed Alwi Rd.; EZ/DZ/3BZ 85/95/105 $; Ⓜ Little India; ⌨
Ein preiswertes Hotel, das die Lücke zwi-schen Hostel und Boutiquehotel schließt. Das Aspinals ist sauber, einigermaßen gut eingerichtet und passt definitiv zu all den Düften und dem Glanz, den Little India zu bieten hat.

BROADWAY HOTEL Karte S. 72 Hotel $$
☎ 6292 4661; www.geocities.com/broadwayhotel; 195 Serangoon Rd.; Zi. 128 $; Ⓜ Little India
Dieses ziemlich schlicht aussehende, aber gut geführte Hotel im Herzen von Little India scheint eine gemischte Gästeschaft aus Geschäftsleuten und Touristen anzu-ziehen. Das Broadway bietet kostenloses WLAN und ist nah am Geschehen des Viertels.

HAISING HOTEL Karte S. 72 Hostel $
☎ 6298 1223; www.haising.com.sg; 37 Jalan Besar; EZ/DZ/FZ 50/55/100 $; Ⓜ Bugis; ⌨
Das gegenüber dem Sim Lim Tower gele-gene Budgethotel bietet Zimmer an, die stickig, reizlos und billig sind. Aber das Haus ist einigermaßen sauber, und hatten wir schon erwähnt, dass es billig ist?

HANGOUT@MT.EMILY Karte S. 72 Hostel $$
☎ 6438 5588; www.hangouthotels.com; 10A Upper Wilkie Rd.; B/EZ/DZ 40/94/117 $; Ⓜ Little India oder Dhoby Ghaut; ⌨
Das adrette, trendige Boutiquehostel liegt inmitten der üppig grünen Waldlichtungen des Mt. Emily. Der Aufstieg ist allerdings

für Reisende, die mit Taschen bepackt sind, eine kleine Qual. Das Hangout ist eine Kreuzung aus Hostel und Boutiquehotel, das in nicht allzu großer Entfernung von Orchard Rd. und Little India liegt. Die makellosen Unisex- und Gemeinschaftsschlafsäle und die Privaträume sind in leuchtenden Farben gestaltet und mit Wandbildern von lokalen Kunststudenten verschönert worden. Es gibt auch eine tolle Dachterrasse mit balinesischen Skulpturen, zudem eine Bibliothek, ein Café, Gratisinternet und gemütliche Lounge-Bereiche. Bei Reservierung übers Internet gibt's 10 $ Rabatt. Die Zimmerpreise verstehen sich mit Frühstück.

SLEEPY SAM'S Karte S. 72 Hostel $
☎ 9277 4988; www.sleepysams.com; 55 Bussorah St.; B/EZ/DZ 25/49/79 $; Ⓜ Bugis; 🖳
Mit seinem Boutiquehotel-Ambiente, seinen Balkendecken, seinem wunderschönen, mit Büchern ausgestatteten Café und den gut möblierten Zimmern ist das Sleepy Sam's einmal mehr eines der besten Hostels in Singapur. Es liegt unweit der imposanten Sultan Mosque im historischen, lebhaften Künstlerviertel Bussorah Street – ideal zum Leuteangucken. Das Sam's bietet sowohl gemischte Schlafsäle als auch solche nur für Frauen, zudem gibt's Privatzimmer und kostenloses Internet.

BUGIS BACKPACKERS Karte S. 72 Hostel $
☎ 6338 5581; 162B Rochor Rd.; B unisex/Frauen 26/36 $, DZ 88 $; Ⓜ Bugis
Im pulsierenden Zentrum von Bugis Village liegt dieses saubere, funktionale und attraktive Hostel (mit den üblichen Einrichtungen), das einem ermöglicht, die lebendigen Märkte und nächtlichen Aktivitäten des Viertels mitzuerleben. Und bis zur Arab St. ist es auch nur ein Katzensprung.

INNCROWD Karte S. 72 Hostel $
☎ 6296 9169; www.the-inncrowd.com; 35 Campbell Lane; B/DZ/3BZ $20/48/68; Ⓜ Little India; 🖳
Wenn das Sleepy Sam's Avantgarde Jazz ist, dann ist das InnCrowd eher Drum 'n' Bass und richtet sich an die jüngere feierfreudige Gemeinde. Das schrill angemalte Hostel im Herzen von Little India ist so beliebt, dass es eine Filiale (73 Dunlop St.) gleich um die Ecke eröffnet hat. Die klimatisierten Schlafsäle, Gemeinschaftsbadezimmer und Küchen sind einwandfrei und eine Waschmaschine gibt es auch. Hinzu kommen

noch ein Sonnendeck, eine Kneipe, ein Minisupermarkt, ein Kickertisch, Gratisinternet, Gratisfrühstück, extrem freundliches Personal und eine Filiale des Singapore Visitors Centre: alles in allem das ultimative Hostel.

NEW 7TH STOREY HOTEL
Karte S. 72 Hostel $
☎ 6337 0251; www.nsshotel.com; 229 Rochor Rd.; B/EZ 19/62 $, gehobenes/Luxus-Zi. 92/95 $; Ⓜ Bugis; 🖳
Abgeschieden auf einem Stück Brachland gelegen verfügt dieses gut geführte, sehr freundliche Haus über saubere Schlafsäle mit etwas mickrigen Pritschen und über sehr preiswerte Privatzimmer. Weitere Pluspunkte sind die herrlichen Gartenterrassen, die Nähe zum DHL-Heißluftballon (wenn er noch da ist, S. 166), ein Spielzimmer und ein Fahrradverleih.

HIVE Karte S. 72 Hostel $
☎ 6341 5041; www.thehivebackpackers.com; 269A Lavender St.; B/EZ/DZ 20/32/42 $; Ⓜ Boon Keng; 🖳
Die Freundlichkeit und Sauberkeit des Hive machen die etwas ungünstige Lage mehr als wett. Die Schlafsäle sind ordentlicher Standard, mit etwas wenig Licht, aber ansonsten okay. Es gibt kostenloses Frühstück und Internet sowie eine gemütliche Lounge.

PRINCE OF WALES BACKPACKER
HOSTEL Karte S. 72 Hostel $
☎ 6299 0130; www.pow.com.sg; 101 Dunlop St.; B 18 $, DZ mit Ventilator/Klimaanlage 42/50 $; Ⓜ Little India
Pub und Hostel im australischen Stil mit Livemusik-Kneipe und ausgezeichneten australischen Bieren im Keller (S. 155) sowie sauberen Schlafsälen oben, das Ganze ist leuchtend orange und blau angestrichen. Der Lärm ist nichts für jedermann, aber der Aufenthalt hier macht Spaß und ist verdientermaßen beliebt. Das POW bietet momentan ein 4-Nächte-Special für 60 $ an – für diejenigen, die geneigt sind, etwas länger zu bleiben.

HAWAII HOSTEL Karte S. 72 Hostel $
☎ 6338 4187; www.hawaiihostel.com.sg; 2. Etage, 171B Bencoolen St.; B im 4BZ 12 $, EZ/DZ 28/35 $; Ⓜ Bugis
Eines der wenigen Häuser im Bencoolen-Viertel, die sich in den letzten Jahren nicht

verändert haben. Schlafsaalbetten, Einzel- und Doppelzimmer sind immer noch günstig und einfach. In diesem Hostel, dass sich in der 2. Etage eines unansehnlichen Betongebäudes befindet, ist wohl der billigste Schlaf in ganz Singapur zu bekommen.

TREEHOUSE BACKPACKER'S HOSTEL

Karte S. 72   Hostel $

☎ 6392 5331; www.treehouse.sg; 197 Jalan Besar; B 20 $; Ⓜ Bugis

In dem kleinen Backpacker-Hostel mit zwei Schlafsälen ist der stark tätowierte Gastgeber Adrian Neo nie um einen Rat verlegen: Er weiß, was die Gegend zu bieten hat. Der Preis beinhaltet kostenloses Internet, Frühstück, die Nutzung des Waschsalons, warme und kalte Duschen, Badetücher und Bettzeug sowie kostenlose Tattooberatung.

DRAGON INN HOSTEL Karte S. 72   Hostel $

☎ 6296 0776; 1 Kelantan Rd.; B 16 $; Ⓜ Bugis; 🖥

Dieses ziemlich neue Hostel im Look eines umgestalteten Lagerhauses hat 30 Betten, WLAN und einen spärlich möblierten Gemeinschaftsbereich mit Fernseher und Sesseln; außerdem noch eine Gemeinschaftsküche. Der Preis ist inklusive Frühstück.

ORCHARD ROAD

Viele denken bei Singapur an die Orchard Road: zweifellos das Herz des Schicks der Löwenstadt und Heimat einiger ihrer vornehmsten Hotels. Obwohl es hier nicht mal annähernd solche preiswerten Übernachtungsmöglichkeiten gibt, wie man sie in Little India findet, bietet diese Gegend doch einige Mittelklassehotels, die eine Betrachtung wert sind. Dieser Abschnitt umfasst Hotels, die man über die MRT-Stationen Somerset, Orchard und Newton erreicht.

FOUR SEASONS HOTEL

Karte S. 80–81   Internationales Hotel $$$

☎ 6734 1110; www.fourseasons.com/singapore; 190 Orchard Blvd.; EZ/DZ ab 435/475 $; Ⓜ Orchard; 🖥 📺

In einer ruhigen baumgesäumten Nebenstraße der Orchard Rd. liegt das Four Seasons, dessen wunderbare Lobby den eleganten, antik eingerichteten Zimmern entspricht. Zu den Einrichtungen gehören unter anderem klimatisierte Tennisplätze. Das Weekend-Special gibt's schon ab 248 $.

SHERATON TOWERS

Karte S. 80–81   Internationales Hotel $$$

☎ 6737 6888; www.sheraton.com/towerssingapore; 39 Scotts Rd.; Luxus-/Executive-Zi. 430/500 $; Ⓜ Newton; 🖥 📺

HISTORISCHE HOTELS

Nicht nur das Raffles hat eine illustre Vergangenheit (S. 58). Das Goodwood Park Hotel (rechts), erbaut im Jahr 1900 und einer Rheinburg nachempfunden, diente dem Teutonia Club, einem Heimatverein für die deutsche Gemeinde Singapurs, bis 1914 als Versammlungsstätte. Dann wurde es von der Regierung als „feindlicher Besitz" beschlagnahmt. 1918 wurde das Gebäude versteigert und in Club Goodwood Hall umbenannt, bis es schließlich 1929 den alten Namen zurückbekam und sich bald zu einem der feinsten Hotels in Asien entwickelte.

Im Zweiten Weltkrieg beherbergte es das japanische Oberkommando. Einige der Militärs kehrten nach Kriegsende hierher zurück, um sich wegen der Kriegsverbrechen zu verantworten. Für den Prozess wurde auf dem Grundstück des Hotels ein Zelt errichtet. 1947 nahm das Hotel seinen Betrieb wieder auf und – begleitet von einem 2,5 Mio $ schweren Renovierungsprogramm – war dann in den frühen 1960er-Jahren der einstige Glanz wiederhergestellt. Weitere Verbesserungen in den 1970ern gaben dem Hotel sein heutiges Aussehen.

Das Fullerton Hotel (S. 172) befindet sich im mit großartigen Säulengängen gestalteten Fullerton Building, benannt nach Robert Fullerton, dem ersten Gouverneur der Straits Settlements. Bei seiner Eröffnung im Jahr 1928 war es das höchste Gebäude in Singapur und kostete über 4 Mio $. Das General Post Office, das drei Stockwerke des Gebäudes belegt, hatte zur damaligen Zeit angeblich den längsten Kassenschalter (100 m) der Welt. Oberhalb des GPO residierte der exklusive Singapore Club, in welchem Gouverneur Sir Shenton Thomas und General Percival darüber berieten, ob Singapur den Japanern überlassen werden sollte.

1958 wurde ein sich drehendes Leuchtfeuer auf dem Dach errichtet, sein Licht konnte man 29 km weit sehen. 1996 zog das GPO aus und das ganze Gebäude wurde einer millionenteuren Renovierung unterzogen und schließlich 2001 unter allgemeinem Lob wiedereröffnet. Im selben Jahr erhielt es den angesehenen Urban Redevelopment Authority Architectural Award.

Strotzt vor Opulenz und hat alle erdenklichen Annehmlichkeiten. Die Zimmer sind
in moosigen Grüntönen gehalten und mit
schönen Blumenbildern geschmückt. Der
Service ist effizient und angenehm. Die
grandiose Lobby ist ein idealer Ort für die
Teatime.

GOODWOOD PARK HOTEL

Karte S. 80–81   Hotel $$$

☎ 6730 1811; www.goodwoodparkhotel.com;
22 Scotts Rd.; Zi ab 385 $; Ⓜ Orchard; ⚫
Dieses historische Hotel hat zwar ein altmo-
disches Flair, aber umso mehr Klasse – an-
gefangen bei den zwei Swimmingpools bis
zur Hotelkatze, die durch die Eingangshalle
streift. Nette Details auf den Zimmern sind
kunstvolle Schwarz-Weiß-Fotos von Singa-
pur, Perserteppiche und sorgsam versteckte
TV-Geräte und Minibars. Wer 3000 $ übrig
hat, sollte sich eine Nacht in der opulenten
Brunei-Suite gönnen.

MERITUS MANDARIN SINGAPORE

Karte S. 80–81   Internationales Hotel $$$

☎ 6737 2200; www.mandarin-singapore.com;
333 Orchard Rd.; Zi. im South/Main Tower
ab 360/400 $; Ⓜ Somerset; 🖥 📠
Ein eleganter, jedoch legerer Ort. Die
günstigsten Zimmer sind im South Tower,
während die im Main Tower (das ist der mit
der Beobachtungslounge und dem Dreh-
restaurant Top of the M) in warmen Tönen
gehalten und mit fernöstlich anmutendem
Mobiliar ausgestattet sind – im Badezimmer stehen frische Orchideen.

REGENT HOTEL

Karte S. 80–81   Internationales Hotel $$$

☎ 6733 8888; www.regenthotels.com;
1 Cuscaden Rd.; Zi. ab 350 $; Ⓜ Orchard; 🖥 📠
Wenn man vom westlichen Ende der Or-
chard Road kommt, ist dies das erste Hotel,
an dem man vorbeikommt und auch gleich
eines der besten. Eine stilvolle Angelegen-
heit mit den farbenfrohen, geräumigen
Zimmern, die rings um das luftige Atrium
angeordnet sind. Es gibt Berge von Marmor
und wunderschönen Möbelstücken in der
Eingangshalle, die hervorragend für den
Nachmittagstee geeignet ist.

LE MERIDIEN SINGAPORE

Karte S. 80–81   Hotel $$$

☎ 6733 8855; www.lemeridien-singapore.com;
100 Orchard Rd.; EZ/DZ ab 290/320 $; Ⓜ Somerset;
🖥 📠

Die Lobby in Form eines Atriums mit den
Glasaufzügen und Strichzeichnungen sieht
ein bisschen aus der Mode gekommen aus,
aber sonst ist dies immer noch ein ganz
anständiges Hotel. Die Zimmer sind recht
angenehm und die chinesischen Wandbe-
hänge verleihen einen unverwechselbaren
Touch.

GRAND HYATT SINGAPORE

Karte S. 80–81   Internationales Hotel $$$

☎ 6738 1234; http://singapore.grand.hyatt.com;
10–12 Scotts Rd.; Zi. ab 380 $; Ⓜ Orchard; 🖥 📠
Das 1998 nach Feng-Shui-Prinzipien
umgestaltete Hotel ist einfach großartig.
Die wunderschönen Zimmer in sanftem
Zitronengelb haben Jalousien aus Holz
und kleine Balkone. Das hervorragend
ausgestatte Hotel verfügt unter anderem
über zwei Tennisplätze. Außerdem ist das
Frühstück inklusive und bei den Check-out-
Zeiten ist man ziemlich liberal. Gäste, die
eine wirklich dekadente Erfahrung machen
wollen, sollten die „Grand Club"-Zimmer
ausprobieren; dort wird persönlicher Ser-
vice und die Nutzung einer exklusiven
Lounge geboten.

SHANGRI-LA HOTEL

Karte S. 80–81   Internationales Hotel $$$

☎ 6737 3644; www.shangri-la.com/singapore;
22 Orange Grove Rd.; Luxus-Zi. im Tower ab 355 $;
Ⓜ Orchard; 🖥 📠
Das riesige Hotel liegt an einer begrünten
Nebenstraße am westlichen Ende der
Orchard Road. Neben einem tropischen
Garten auf einer Fläche von rund 60 000 m^2
verfügt das Hotel über luxuriöses Interieur
und große Zimmer, die in Karamelltönen
mit einem leicht asiatischen Touch gehal-
ten sind. Für Langzeiturlauber, die jede
Menge Kleingeld erübrigen können, gibt es
127 Apartments mit Service (für 7500 $ pro
Monat oder 315 $ pro Tag) und 55 ohne.

TRADERS HOTEL

Karte S. 80–81   Internationales Hotel $$$

☎ 6738 2222; 1A Cuscaden Rd.; EZ/DZ ab 355/
380 $; Ⓜ Orchard; 🖥 📠
Das an die Tanglin Mall angehängte Hotel
hat elegante, exklusive Zimmer, einen sehr
schönen wolkenförmigen Außenpool und
eine attraktive Wasserwand, die sich über
die gesamte Höhe der geräumigen Lobby
erstreckt (fließt jedoch nur, wenn viel los
ist). Im Traders gibt es außerdem einen

vernünftigen Fitnessraum und ein Spa im 4. Stock.

HILTON INTERNATIONAL

Karte S. 80–81   Internationales Hotel $$$

☎ 6737 2233; www.singapore.hilton.com; 581 Orchard Rd.; Standard-Zi. 290 $, Executive-Zi. 350 $; Ⓜ Orchard; 🖥 🛆

In der Mitte der Orchard Road befindet sich das Hilton. Wenn auch nicht spektakulär (mal abgesehen von den charakteristischen Reliefs an der Außenwand), ist es doch eine gute Wahl für Geschäftsreisende. Für die Gäste des Executive Floor sind unter anderem das Frühstücksbuffet sowie die Nutzung des Fitnessraums und andere Annehmlichkeiten im Zimmerpreis enthalten. Es kann aber auch sehr viel teurer werden.

SINGAPORE MARRIOTT

Karte S. 80–81   Internationales Hotel $$$

☎ 6735 5800; www.marriott.com/sindt; 320 Orchard Rd.; Luxus-/Executive-Zi. 280/340 $; Ⓜ Orchard; 🖥 🛆

Mit seinem pagodenartigen Turm ist dies eines der markantesten Gebäude an der Orchard Rd. Das Hotel liegt an einer der betriebsamsten Ecken der Orchard Rd., gleich neben dem berühmten Kaufhaus Tang. Die ausgezeichneten Zimmer sind schön eingerichtet und das gesamte Haus versprüht eine pulsierende Großstadtatmosphäre.

ORCHARD PARADE HOTEL

Karte S. 80–81   Hotel $$$

☎ 6737 1133; www.orchardparade.com.sg; 1 Tanglin Rd.; Zi. ab 310 $; Ⓜ Orchard; 🖥 🛆

Nahe der Geschäftigkeit der Orchard Rd., jedoch gleichzeitig mit Blick auf das Grün von Tanglin, bietet das Orchard Parade Zimmer in guter Größe mit großen Betten und Sofas. Die günstigsten Zimmer sind die im 6. Stock (unterhalb des Außenpools und Pavillons) und die darunter. Es gibt ein paar gute Restaurants in der Mall unten und sogar ein Starbucks.

ELIZABETH Karte S. 80–81   Hotel $$$

☎ 6738 1188; www.theelizabeth.com.sg; 24 Mount Elizabeth Rd.; Zi. ab 290 $; Ⓜ Orchard; 🖥 🛆

An einem ruhigen Fleckchen, nur einen Katzensprung nördlich von der Orchard Road, liegt das Elizabeth. Das Hotel hat ein exklusives Flair. Im Speisesaal mit Wasserfall werden zu nächtlicher Stunde hervorra-

gende Pizzen aus dem Holzofen serviert. Die Zimmer, durch Außenlifts erreichbar, sind freundlich und einladend. Es gibt eine geniale Abkürzung zur Scotts Rd., die durch die Lobby des gegenüberliegenden York-Hotels führt. Empfehlenswert.

METROPOLITAN Y

Karte S. 80–81   Hotel/Hostel $$

☎ 6737 7755; www.mymca.org.sg; 60 Stevens Rd.; B 45 $, EZ/DZ ab 200/250 $; Ⓜ Orchard; 🛆

Die günstigsten Zimmer haben keine Fenster, sind aber geräumig und gut ausgestattet. Zur exzellenten Ausstattung zählen unter anderem ein Fitnessraum und ein Pool. Bis zur Orchard Rd. sind es gut 15 Minuten zu Fuß, aber von Montag bis Freitag fährt auch ein Shuttlebus. Für längere Aufenthalte (S. 170) stehen auch Apartments zur Verfügung. Bei Onlinebuchung gibt's 20 $ Rabatt.

HOTEL GRAND CENTRAL

Karte S. 80–81   Hotel $$

☎ 6737 9944; www.ghihotels.com; 22 Cavenagh Rd.; Zi. ab 140 $; Ⓜ Dhoby Ghaut; 🖥 🛆

Das Grand Central ist eine der wenigen günstigen Möglichkeiten rund um die Orchard Rd. Seinem Namen wird es durch die Größe (390 Zimmer) und durch den endlosen Strom von Touristen und Geschäftsleuten gerecht. Die Zimmer sind in Erdtönen gehalten, die in Singapur so beliebt sind, und verfügen alle über Flachbildfernseher und andere 4-Sterne-Annehmlichkeiten. Was die Lage angeht, so sind diejenigen, die die Orchard Rd. zu Bugis-Preisen möchten, an der richtigen Adresse.

HOTEL SUPREME Karte S. 80–81   Hotel $$

☎ 6737 8333; supremeh@starhub.net.sg; 15 Kramat Rd.; Zi. ab 150 $; Ⓜ Dhoby Ghaut; 🖥 🛆

Eine weitere preisgünstige Alternative ist das etwas unzutreffend bezeichnete Supreme. Es ist etwas kleiner und weniger grandios als das Grand Central nebenan und bietet kleinere Zimmer für mehr Geld. Sein Vorteil: Das Supreme ist ruhiger, für sich genommen gar nicht schlecht und immer noch günstiger als die meisten anderen Hotels in der Gegend.

LLOYD'S INN Karte S. 80–81   Hotel $$

☎ 6737 7309; www.lloydinn.com; 2 Lloyd Rd.; Standard-/Luxus-Zi. 100/120 $; Ⓜ Somerset

Nur einen kurzen Fußweg südlich vom

Tumult der Orchard Rd. findet man dieses ausgedehnte Hotel im Stil kalifornischer Motels; es liegt an einer ruhigen Straße, umgeben von alten Villen. Die Zimmer sind sauber, ordentlich und recht geräumig. Einige haben eine schöne Aussicht auf den Bambusgarten im Innenhof des Lloyd's. WLAN und Ortsgespräche sind kostenlos. Reservierungen werden empfohlen, da es bei den günstigen Preisen schnell voll ist. Das Lloyd's ist nur einen Steinwurf vom Elternhaus des ehemaligen Premierministers Lee entfernt.

OSTSINGAPUR

Ostsingapur liegt weit entfernt (zumindest für Singapurer) von den nervigen Menschenmassen und ist damit ideal für diejenigen, die eine andere Perspektive auf die Löwenstadt bekommen möchten. Ein besonderer Reiz dieses angenehmen Stadtteils liegt in der Möglichkeit, jeden Tag mit der kühlenden Brise des East Coast Park beschließen zu können.

Ostsingapur umfasst einen großen Teil der gesamten Insel – alles was östlich der Metrostation Kallang liegt.

GRAND MERCURE ROXY
Karte S. 84   Hotel $$$
☎ 6344 8000; www.centuryhotels.com; 50 East Coast Rd.; EZ/DZ ab 230/250 $; Ⓜ Eunos
Dieses Hotel hat eine tolle Lage, nahe Katong und dem East Coast Park. Bis zum Flughafen sind es 9 km (der Eingang befindet sich auf der Marine Parade Rd.). Das zeitgenössische asiatische Design der Zimmer ist ansprechend und die Ausstattung sehr gut. Die Preise sind inklusive Frühstück.

LION CITY HOTEL Karte S. 84   Hotel $$
☎ 6744 8111; www.lioncityhotel.com.sg; 15 Tanjong Katong Rd.; Zi. ab 165; Ⓜ Paya Lebar
Das Lion City ist eines der besten Mittelklassehotels in Joo Chiat. Zudem ist es ein Lichtblick in einer Gegend, in der viele Hotels nur noch als Stundenhotels fungieren. Die Zimmer, wenn auch nicht chic, sind sauber und gut eingerichtet – alle Bäder haben Badewannen. Zwei Blocks südlich der MRT und 20 Minuten vom Flughafen entfernt ist das Lion City von guten Einkehrmöglichkeiten umgeben und eine gute Basis für die Erkundung Ost- und Zentralsingapurs.

CHANGI VILLAGE HOTEL
Karte S. 48–49   Internationales Hotel $$
☎ 6379 7111; www.changivillage.com.sg; 1 Netheravon Rd.; Zi. 180–200 $; 🚗 2 ab Ⓜ Tanah Merah; 🖥 🏊
Dieses exklusive und stilvolle Juwel, früher unter dem Namen Le Meridian Changi bekannt, ist in etwa so weit von der City entfernt, wie es, ohne das Wasser überqueren zu müssen, möglich ist. Das Hotel liegt ein wenig versteckt zwischen wunderschönen Gärten. Vom Holzdeck auf dem Dach (nur ein paar Schritte vom Pool entfernt) hat man einen atemberaubenden Blick bis nach Malaysia und Pulau Ubin (besonders nachts). Ganz in der Nähe befindet sich der Changi Golf Course, der Segelclub, der Strandpark, der Flughafen und das friedvolle Changi Village, und damit ist dieses Hotel eine hervorragende Wahl.

COSTA SANDS RESORT
(EAST COAST) Karte S. 84   Chalets $$
☎ 6442 7955; www.costasands.com.sg; 1110 East Coast Parkway; 1-/2-stöckige Chalets 140/170 $; 🚗 12, 14 oder 32; 🏊
Die Singapurer nutzen diesen beliebten Ort, der direkt am Strand des East Coast Park liegt, für ihre kleinen Fluchten am Wochenende. Eine reizvolle, ruhige (außer an Wochenenden) Alternative zur üblichen Unterkunft in der City, besonders für Reisende mit Kindern. Die Chalets sind gemütlich und sauber und es gibt eine Reihe von Freizeitangeboten: von Schwimmen über Radfahren bis Angeln; zudem sind die beliebten East-Coast-Restaurants und -Kneipen ganz in der Nähe. Der einzige Nachteil ist die Verkehrsanbindung in die City.

HOTEL MALACCA Karte S. 84   Hotel $
☎ 6345 7411; www.malacca.com.sg; 97 Still Rd.; EZ/DZ/FZ 89/99/119 $; Ⓜ Eunos; 🖥
Das Malacca liegt an einer etwas lauteren Straße am östlichen Ende des Distrikts Joo Chiat; da empfiehlt es sich für Gäste, die Ruhe und Frieden suchen, ein Zimmer auf der Rückseite zu nehmen. Die Zimmer dieses dreistöckigen Hotels sind von vernünftiger Größe und der Zimmerservice (chinesisches und westliches Essen per Anruf) ist eine nette Sache.

FRAGRANCE HOTEL Karte S. 84   Hotel $
☎ 6344 9888; www.fragrancehotel.com; 219 Joo Chiat Rd., Katong; So–Do EZ/DZ 58/59 $, Fr & Sa 68/69 $; Ⓜ Payar Lebar

Das Fragrance kämpft mit harten Bandagen mit dem Hotel 81 um den „Quickie-Dollar". Es hat acht Filialen, die meisten davon in Geylang – mit fröhlichen Namen wie Pearl oder Crystal. Die Hotels, darunter dieses als Stammhaus, sind ganz ansprechend und einigermaßen sauber. Wenn man allerdings bedenkt, dass dort manches Bett fünfmal am Tag neu bezogen wird, dann überlegt man es sich doch vielleicht zweimal.

HOTEL 81 JOO CHIAT Karte S. 84   Hotel $
☎ 6348 8181; www.hotel81.com.sg/hotels_joochiat.shtml; 305 Joo Chiat Rd., Katong; So–Fr Zi. 49 $, Sa 69 $; Ⓜ Paya Lebar
Von den Hotels der wuchernden Hotelketten, die nur an knallharten (und zwielichtigen) Geschäften interessiert sind und in Zentralsingapur wie Pilze aus dem Boden schießen, ist dies noch das am besten aussehende. Allerdings sind die Zimmer in allen Filialen nach dem Baukastenprinzip errichtet worden. Das hinter einer Reihe von Peranakan-Shophouses liegende Hotel 81 bietet auch speziell ausgestattete behindertengerechte Zimmer an. Näheres zu anderen Filialen auf der Website.

GATEWAY HOTEL Karte S. 84   Boutiquehotel $
☎ 6342 0988; gwhotel@singnet.com.sg; 60 Joo Chiat Rd., Katong; Zi. 48–148 $; Ⓜ Paya Lebar
Das Gateway ist eines der wenigen Boutiquehotels in dieser Gegend. Es ist in einem fortähnlichen Gebäude mit Ziegeldach untergebracht und bietet moderne Zimmer mit Jalousien, wobei die an der Decke befestigten Fernseher die Gesamtwirkung etwas beinträchtigen. Gäste sollten ein Zimmer mit Fenster buchen, selbst wenn die Joo Chiat Rd. auch mal etwas laut sein kann.

JING DONG HOTEL Karte S. 84   Hotel $
☎ 6842 5828; 33-35 Lorong 12, Geylang Rd.; Zi. 50 $; Ⓜ Kallang
Es dürfte schwierig sein, ein Hotel zu finden, das die seltsame Dichotomie des Stadtbezirks Geylang besser repräsentiert: Singapurs Verknüpfung von Spiritualität und Halbwelt. Ganz in der Nähe des Rotlichtbezirks liegt dieses zweistöckige Hotel im frommen Schatten einer stattlichen Moschee und des Pu Ji Si Buddhist Research Centre (S. 82). Obwohl das Jing Dong auch stundenweise vermietet (wie alle Hotels in

diesem Stadtteil), ist der zweite Stock für respektablere (d. h. übernachtende) Kunden reserviert. Die Zimmer sind sauber und so gut eingerichtet, wie man es für 50 $ erwarten kann.

RUCKSACK Karte S. 84   Hostel $
☎ 6443 3848; www.rucksackinn.com; 697E East Coast Rd.; B 30 $; 🚌 12 ab Ⓜ Tanah Merah Ausgang 2; 🖳
Das Rucksack hat zwar die teuersten Schlafsaalbetten der Stadt, bietet dafür aber cooles Flair, ein Punk-Wandbild mit kubistischen Mutanten und so viele Flyer, Karten und so weiter, wie man sich nur vorstellen kann. Im ruhigeren Ostteil von Joo Chiat gelegen verfügt das Hostel über zwei 8-Bett-Zimmer, nach Geschlechtern getrennt, soweit das überhaupt möglich ist. Es befindet sich über der Genesis Bistro Bar.

BETEL BOX Karte S. 84   Hostel $
☎ 6247 7340; www.betelbox.com; 200 Joo Chiat Rd.; B unisex/Frauen 20/22 $, DZ 50 $; Ⓜ Paya Lebar; 🖳
Reisende, die das typische Singapur erleben möchten, sind hier genau richtig. Dieses charmante und traditionell eingerichtete Hostel ist umgeben von den besten Restaurants in Joo Chiat und zudem nicht weit vom East Coast Park entfernt. Nicht zu verachten ist der klimatisierte Gemeinschaftsbereich mit TV, DVD, Videospielen und Billardtisch (der dafür berüchtigt ist, die Gäste zu lange im Hostel zu halten). Das Haus ist außerdem mit tonnenweise Reiseführern und einer Büchertauschecke ausgestattet. Mal ganz abgesehen vom freundlichen Personal, das Gratistouren für die Gäste anbietet.

FERN LOFT Karte S. 84   Hostel $
☎ 6444 9066; www.fernloft.com; 693 East Coast Rd.; B 18 $; 🚌 12 ab Ⓜ Tanah Merah Ausgang 2; 🖳
Günstiger als das Rucksack nebenan, aber nicht ganz so ordentlich. Das Fern Loft hat zwei Schlafsäle, einen gemischten mit zehn Betten und einen für Frauen mit sechs Betten. Die angeschlossene Bar unten im Haus heißt Gäste mit einem Gratisdrink willkommen und gewährt 50 % Nachlass auf Speisen und 20 % auf Getränke an der Bar. Zudem gibt's auch noch eine coole Bar auf dem Dach, kostenloses WLAN, Flughafentransfer und Frühstück. Liegt über dem George's Mad Bar & Cafe.

SENTOSA ISLAND

Sentosa Island ist der Spielplatz Singapurs, wo die Singapurer Rad fahren, inlineskaten und das Wochenende am Strand verbringen. Man findet hier zwar keine echten Geheimtipps, was die Unterkünfte anbetrifft, aber dafür einige reizvolle, fast ländlich anmutende Überraschungen. Besucher erreichen Sentosa Island mit der Einschienenbahn, dem Shuttlebus oder sogar auch mit der Seilbahn (spektakuläre Aussichten inklusive) – alle starten an der Metrostation HarbourFront.

SENTOSA SINGAPORE
Karte S. 106   Internationales Hotel $$$

☎ 6275 0331; www.beaufort.com.sg; 2 Bukit Manis Rd.; Zi. ab 290 $; 🖥 🦟
Ein flaches, elegant gestaltetes 5-Sterne-Domizil mit atemberaubender Lage auf einer Klippe. Die modern eingerichteten Zimmer, das ansprechende Café Terrace, das noble Meeresfrüchterestaurant The Cliff (S. 147) und ein schönes Spa im Garten mit Schlammbad, türkischem Bad und einem ausgefallenen Meditationsraum machen das Sentosa Singapore zur besten Wahl für all diejenigen, die so etwas suchen. Der Spartarif während der Wochenmitte senkt die Preise erheblich.

SHANGRI-LA'S RASA SENTOSA
RESORT Karte S. 106   Internationales Hotel $$$

☎ 6275 0100; www.shangri-la.com/singapore/rasasentosa/en/index.aspx; 101 Siloso Rd.; Zi. mit Hügel-/Meerblick ab 290/320 $; 🖥 🦟
Singapurs einziges Strandhotel hat die Form eines gebogenen Kreuzfahrtschiffes und ist ideal für den Kurzurlaub mit der Familie. Die Zimmer sind so gestaltet, dass das Optimum aus der Wahnsinnsaussicht herausgeholt wird. Dann gibt's noch einen riesigen Swimmingpool für die Gäste, denen das Wasser der Straße von Singapur nicht ganz geheuer ist (was nachvollziehbar ist). Preise verstehen sich mit Frühstück.

SILOSO BEACH RESORT (SENTOSA)
Karte S. 106   Hotel $$$

☎ 6722 3333; www.silosobeachresort.com; 51 Imbiah Walk; EZ/DZ 190/270 $; 🖥 🦟
Das Siloso Beach Resort kommt dem, was man auf Sentosa als Dschungel-Urlaubsdomizil bezeichnen könnte, am nächsten. Das Konzept ist ein ganz einfaches: Anstatt Bäume zu fällen, haben die Erbauer den Komplex einfach um die Bäume herum gestaltet – mit beeindruckenden Resultaten. Einige Zimmer sind z. B. um in Glas gefasste Dschungelbäume herumgebaut worden. Es gibt einen schönen tropischen Pool, einen Wasserfall und herrliche Aussicht. Das Gegengift zum antiseptischen Singapur!

SIJORI RESORT SENTOSA
Karte S. 106   Hotel $$

☎ 6271 2002; www.sijoriresort.com.sg/sentosa.htm; 23 Beach View; Zi. ab 180 $; 🦟
Trotz der reizvollen Lage in einer Kolonialzeitvilla im Zentrum der Insel, ist dieses das fantasieloseste der gehobeneren Hotels von Sentosa. Die Zimmer und Ausstattungen, darunter ein Billardraum und eine Videospielhalle, sind nicht gerade aufregend. Dafür ist der Preis annehmbar und das Frühstück inbegriffen.

COSTA SANDS RESORT (SENTOSA)
Karte S. 106   Hotel $$

☎ 6275 1034; www.costasands.com.sg; 30 Imbiah Walk; Kampong-Hütten ab 60 $, Zi. ab 140 $; 🖥 🦟
Mit 15 kleinen klimatisierten Holzhütten, in denen bis zu drei Personen schlafen und sich das Bad teilen, ist das Costa Sands Resort eine preiswerte Alternative. Die Benutzung des Grillplatzes kostet 5 $ extra. Ein Zimmer am Wochenende zu bekommen, kann sich als nahezu unmöglich herausstellen, es sei denn, man bucht mehrere Monate im Voraus. Während der Woche sollte das aber kein Problem sein. Die Hotelzimmer sind ganz chic und preiswert, außerdem gibt es einen kleinen Pool. Online sind Sonderangebote erhältlich.

AUSFLÜGE

Niemand würde wohl behaupten, dass Singapur am Ende der Welt liegt. Im Gegenteil eignet sich der Inselstaat dank seiner zentralen Lage als idealer Ausgangspunkt für Ausflüge. In nur wenigen Stunden sind einige lohnenswerte Orte zu erreichen, die eine willkommene Abwechslung vom Trubel der Löwenstadt bieten.

Wer dem hektischen Treiben der Metropole entgehen und eine ländliche Idylle genießen möchte, braucht nicht einmal seinen Ausweis mitzunehmen. Pulau Ubin ist einer der wenigen bewohnten Teile des Landes, der dem Bebauungswahn bislang entgangen ist. Auf der zwischen Singapur und Malaysia gelegenen Insel hat sich in den letzten 100 Jahren nicht viel verändert, und Besucher bekommen hier eine Ahnung davon, wie es in Singapur früher zugegangen sein muss. Die meisten kommen hierher, um zu wandern oder sich auf den besten Mountainbikepisten Singapurs auszutoben. Oder aber, um eine Nacht unter den Sternen (von denen aber so nah an der Stadt nur die wenigsten zu sehen sind) oder im einzigen, ziemlich gediegenen Resort der Insel zu verbringen.

Auf der anderen Seite des Causeway befindet sich Johor, das den Südzipfel der malaiischen Halbinsel bildet und sehenswerte Naturparks, hübsche Fischerdörfer, schöne Radwege und traumhafte Landschaften zu bieten hat. Es lohnt sich, diese herrliche Gegend ein paar Tage zu erkunden. Auch wer nur einen kurzen Abstecher plant, kann einige interessante Plätzchen entdecken (wie wäre es z. B. mit einer Straußenfarm?). Und wenn sie auch nicht gerade ein Musterbeispiel für gelungene Stadtplanung darstellt, ist die nur einen Steinwurf vom Causeway entfernte Hafenmetropole Johor Bahru, in der viele Singapurer auf Schnäppchenjagd gehen, allemal einen Besuch wert.

Reiseinformationen zu Malaysia gibt's im Lonely Planet Titel *Malaysia, Singapore & Brunei*. Auch das *Malay Phrasebook* von Lonely Planet könnte nützlich sein.

PULAU UBIN

Diese kleine, dicht bewaldete Insel liegt nur eine viertelstündige Bootsfahrt von Singapur entfernt, aber wer sie betritt, glaubt sich in ein anderes Jahrhundert versetzt. Keine 100 Menschen leben auf dem Eiland (von denen die meisten noch immer in traditionellen Kampong-Hütten leben), das mit seinen Mangrovensümpfen, dichten Urwäldern und traumhaften Wander- und Radwegen die Herzen von Naturfreunden und Mountainbikern höherschlagen lässt.

Mit dem Bumboat geht es vom modernen, so gar nicht zur übrigen Umgebung passenden Fähranleger in Changi Village hinüber zum Dorf von Ubin, einer Ansammlung baufälliger Hütten, wo Reusen und ein paar marode Stege aus dem schlammigen Wasser lugen, streunende Katzen herumlungern und gutmütige Hunde auf den verschlafenen Straßen ein Nickerchen machen. Die Insel ist noch immer nicht an das Singapurer Stromnetz angeschlossen, sodass die wenigen verstreuten Geschäfte auf gasbetriebene Generatoren angewiesen sind, die im Übrigen für den Krach und die Luftverschmutzung verantwortlich sind, die sich aber glücklicherweise auf das Dorf beschränken.

ANFAHRT: PULAU UBIN

Entfernung von Singapur 500 m

Richtung Nordosten

Fahrtzeit 15 Minuten

Boot Nach Pulau Ubin zu kommen ist einfach. Ein Taxi von der Innenstadt zum Fähranleger in Changi Village kostet um die 20 $ und die Fahrt dauert 20 Minuten. Öffentliche Verkehrsmittel sind natürlich billiger, wem es auf eine Stunde mehr oder weniger nicht ankommt, nimmt die Metro bis Tanah Merah, dann den Bus 2 oder 29 zur Endstation Changi Village; von dort sind es zwei Minuten zu Fuß zum Fährterminal. Die Fähren fahren ab, sobald sich 12 Passagiere eingefunden haben. Die Boote verkehren angeblich rund um die Uhr, allerdings ist es unwahrscheinlich, dass nach 20.30 Uhr noch eines ablegt. Die Überfahrt kostet 2,50 $ (ein Weg), für Fahrräder werden 2 $ extra fällig.

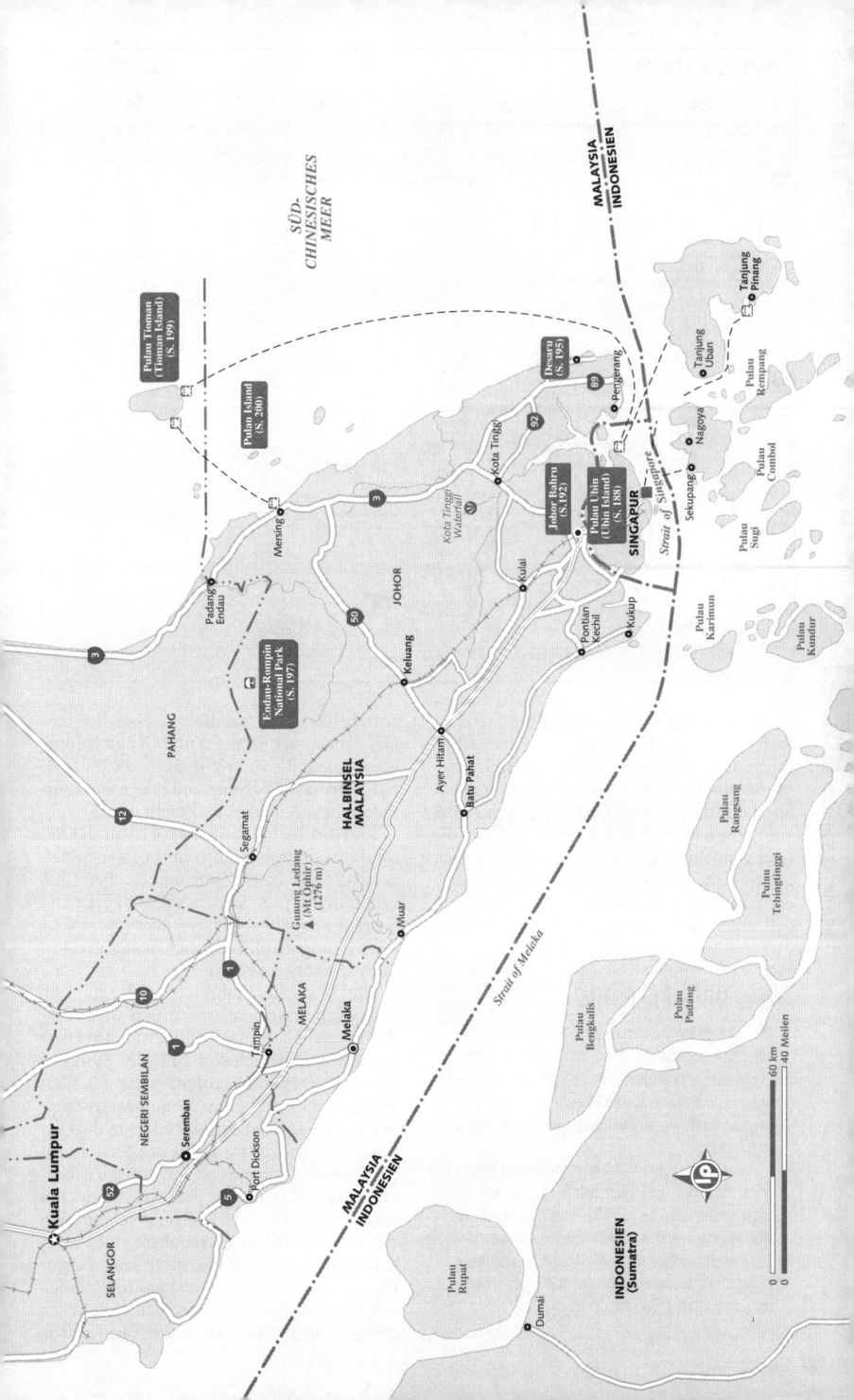

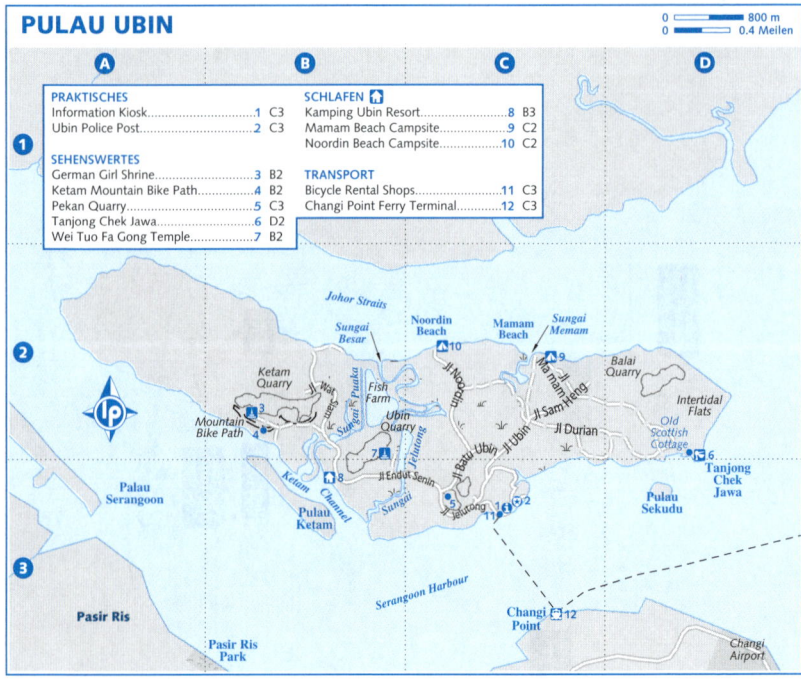

PULAU UBIN

0 ━━━ 800 m
0 ━━━ 0.4 Meilen

PRAKTISCHES
Information Kiosk..............................1 C3
Ubin Police Post...............................2 C3

SEHENSWERTES
German Girl Shrine............................3 B2
Ketam Mountain Bike Path................4 B2
Pekan Quarry....................................5 C3
Tanjong Chek Jawa...........................6 D2
Wei Tuo Fa Gong Temple..................7 B2

SCHLAFEN
Kamping Ubin Resort.........................8 B3
Mamam Beach Campsite.....................9 C2
Noordin Beach Campsite...................10 C2

TRANSPORT
Bicycle Rental Shops.......................11 C3
Changi Point Ferry Terminal............12 C3

Johor Straits
Sungai Besar
Noordin Beach
Mamam Beach
Sungai Memam
Ketam Quarry
Wat Lang
Fish Farm
Sungai Puaka
Ubin Quarry
Jl Noordin
Jl Mamam
Balai Quarry
Intertidal Flats
Old Scottish Cottage
Mountain Bike Path
Jl Batu Ubin
Jl Ubin
Jl Sam Heng
Jl Durian
Tanjong Chek Jawa
Palau Serangoon
Ketam Channel
Jl Endut Senin
Sungai
Jl Jelutong
Pulau Ketam
Pulau Sekudu
Serangoon Harbour
Changi Point
Pasir Ris
Pasir Ris Park
Changi Airport

Im Dorf gibt es etwa ein halbes Dutzend Radverleihe, die Modelle von der chinesischen Billiggurke für 4 $ am Tag bis zum High-End-Mountainbike mit Stoßdämpfern (vor allem Specialized, Trek und Giant) für 10 bis 20 $ auf Lager haben. Wer nur ein wenig über die Insel gondeln möchte, kommt mit den billigen gut zurecht, wer aber die neu angelegten Strecken im Westen von Ubin in Angriff nehmen will, sollte sich für eines der besseren Räder

entscheiden. Egal wie die Wahl letztlich ausfällt: Unbedingt Bremsen und Gangschaltung überprüfen! Bei allen Vorzügen, die die Insel zu bieten hat – Wartung und Pflege von Fahrrädern gehören scheinbar nicht dazu.

Im Dorf befinden sich außerdem die Restaurants, Souvenirshops und Lebensmittelgeschäfte der Insel. Zwar gibt es über Ubin verstreut ein paar Stellen, wo es Snacks und Getränke zu kaufen gibt, wer aber eine längere Wanderung plant, sollte sich besser im Dorf mit Proviant eindecken.

Die Menschen fahren zum Radfahren, Wandern, Vögelbeobachten und wegen der Kultur und Natur nach Ubin, wer also keine ausgesprochene Schwäche für das Summen von Dieselgeneratoren hat, sollte das Dorf zügig hinter sich lassen. Von dort aus empfiehlt sich zunächst ein Abstecher an die Ostküste der Insel ins Tanjong Chek Jawa, ein schönes Mangroven-Feuchtgebiet mit beeindruckender Flora und Fauna, die man von einem 21 m hohen Aussichtsturm beobachten kann. Ein 1 km langer Holzsteg ermöglicht einen herrlichen Spaziergang die Küste entlang. Bis vor Kurzem durfte diese Gegend nur im Rahmen geführter Touren betreten werden. Inzwischen dürfen Besucher auch auf eigene Faust hinein,

DAS UBIN-ERLEBNIS

Die Schwestern Kamariah und Samsiah Abdullah betreiben gemeinsam einen Service namens Ubin Experience (☎ 9100 6958). Auf geführten Touren bringen sie Besuchern die Natur und Kultur der Insel nahe, auf der ihre Familie bereits seit Generationen zu Hause ist.

Die Touren kosten 120 $ pro Gruppe (mindestens sechs Personen, bisweilen führen die Schwestern sogar Gruppen von bis zu 20 Personen) und umfassen eine Dschungeltour, Kräutersammeln und einen malaiischen Kochkurs mit anschließendem Festschmaus in der 200 Jahre alten Kampong-Hütte der Schwestern, dem ältesten Bau auf der Insel.

GERMAN GIRL SHRINE

Die religiöse Stätte mit dem seltsamen Namen German Girl Shrine („Schrein des deutschen Mädchens") ist eine knallgelbe Hütte neben einem Assam-Baum, in der eine große weiße Urne aufbewahrt wird. Der Schrein ist mit allerlei religiösen Devotionalien, Talismanen, Opfergaben, gefalteten Lotteriescheinen, dem Tisch und Stuhl eines Mediums, brennenden Kerzen und Räucherstäbchen gefüllt. Der Legende zufolge stürzte zur Zeit des Ersten Weltkriegs die Tochter eines deutschen Plantagenverwalters auf der Flucht vor britischen Truppen, die ihre Eltern verhaften wollten, in die Grube hinter der Hütte und starb. Als sie einen Tag später entdeckt wurde, bedeckte man ihre Leiche zunächst nur mit Sand, bevor chinesische Arbeiter schließlich für ein richtiges Begräbnis sorgten. Angeblich sucht ihr Geist die Gegend noch heute heim.

Irgendwie ist aus der Tochter einer römisch-katholischen Familie im Laufe der Zeit eine taoistische Gottheit geworden, um deren Beistand manche chinesische Gläubige für Gesundheit und Glück bitten. Ein kleiner, ergebener Haufen Singapurer pilgert regelmäßig zum Schrein, wobei sie den Mountainbikern ausweichen müssen, die ebenfalls die Gunst der geisterhaften Maid erhoffen. Manche Pilger, so heißt es, bringen sogar deutschsprachige Medien mit.

sofern sie sich zuvor registrieren lassen und sich an die strengen Richtlinien zum Schutz der Tier- und Pflanzenwelt halten. Trotzdem ist es eine Überlegung wert, die Dienste der Schwestern Abdullah in Anspruch zu nehmen, die gemeinsam das ziemlich ungewöhnliche Unternehmen namens Ubin Experience führen (s. Kasten links).

Auf der Straße, die zum Ostende der Insel führt, befindet sich rechter Hand der Pekan Quarry, ein alter Steinbruch, in dem sich heute ein tiefer, von Granitfelsen gesäumter See gebildet hat, der für ein erquickendes Bad wie geschaffen zu sein scheint. Zu dumm, dass das Baden in sämtlichen dieser Seen auf Ubin streng verboten ist. Der Pekan Quarry ist eingezäunt, wenn auch teilweise eher halbherzig. Wer sich den See ein wenig aus der Nähe ansehen möchte, wird schon nicht gleich verhaftet werden.

Hinter der ersten Brücke führt ein Feldweg direkt zum Wei Tuo Fa Gong Temple. Die 80 Jahre alte buddhistische Tempelanlage liegt auf einem Hügel mit Blick auf einen Teich, in dem sich Karpfen und Schildkröten tummeln: Im Inneren werden eine Reihe beeindruckender Schreine und Statuen des meditierenden Buddhas aufbewahrt. Die Gärten, die den Tempel umgeben, werden von Gläubigen sorgfältig gepflegt und sind außerdem die Heimat einiger streunender Hunde, die von den ansässigen Mönchen versorgt und gefüttert werden.

Etwa 500 m weiter die leicht ansteigende Hauptstraße hinauf kommen die schokobraunen Hütten und der beeindruckende Kletterturm des Kampung Ubin Resort (S. 192) in Sicht. Der Turm und andere umliegende Klettergeräte werden von Unternehmen gerne für Teambuilding-Maßnahmen verwendet, stehen nach Voranmeldung aber auch anderen Besuchern zur Verfügung. Zum Resort gehört außerdem ein Privatstrand inklusive Liegestühle und Kajaks.

Gleich hinter dem Resort steigt die Straße Richtung Nordwesten an und führt in den Teil der Insel, der von Fußgängern nur selten besucht, von Radfahrern aber besonders geschätzt wird. Hier befindet sich rund um den Ketam Quarry der Ketam Mountain Bike Park. Die Möglichkeiten, sich interessante Verletzungen zuzuziehen, sind hier nicht in gleichem Maße gegeben wie auf den berühmte Strecken von Moab in Utah, aber auch dieser Park ist nach hiesigen Maßstäben ziemlich cool und sollte nur von fortgeschrittenen Mountainbikern in Angriff genommen werden. Der neu angelegte Park umfasst mehr als ein Dutzend Strecken unterschiedlicher Schwierigkeitsgrade und ist – hoffentlich – der Beweis, dass Ubin zumindest für die nähere Zukunft als relativ unberührtes, wildes Stück Natur erhalten bleiben soll.

Im Park befindet sich außerdem eine der sonderbarsten religiösen Stätten Singapurs, der German Girl Shrine (s. Kasten oben).

Jenseits des Mountainbikeparks wird die Straße zum ungepflasterten Feldweg und man erreicht die urwüchsigste Gegend in ganz Singapur. In diesem Teil von Ubin treiben sich frei laufende Hühner und Wildschweine (von denen es hier massenweise geben soll) herum und es ist die einzige Gegend in ganz Singapur, in der es zumindest theoretisch möglich ist, von wilden Tieren angefallen zu werden.

Wie lange Ubin noch relativ unberührt und unbebaut bleibt, hängt von den Plänen der Regierung ab. Der öffentliche Druck, die Insel in ihrem derzeitigen Zustand zu belassen, ist groß. Viele Naturfreunde hoffen, dass die finanziellen Ressourcen der Stadt auf absehbare Zeit durch den Bau der Casinos in Marina Bay (und die anhaltenden Bemühungen, Sentosa Island in das Disneyland Singapurs zu verwandeln) gebunden sind, sodass Ubin erst einmal in Ruhe gelassen wird. Ginge es nach der Regierung, würde das kleine Dschungelparadies ohne Zweifel früher oder später dem unerbittlichen Modernisierungswahn der Stadt zum Opfer fallen. Einstweilen bleibt die unverfälschte Schönheit der Insel aber erhalten.

Praktische Informationen

Focus Ubin (www.focusubin.org) Gute Website mit aktuellen Infos.

Information Kiosk (☎ 6542 4108; ⏲ 8–17 Uhr)

Ubin Explorer (www.ubinexplorer.com) Organisiert Ausflüge zur und rund um die Insel.

Ubin Police Post (☎ 6542 8664)

Essen

Neben vier chinesischen Restaurants gibt es in Ubin Village ein muslimisches Halal-Restaurant, außerdem ein weiteres Lokal im Kampung Ubin Resort. Einige Inselbewohner verkaufen zudem Snacks und Getränke an der Straße. Wem der Sinn nach einem richtigen malaiischen Festmahl steht, sollte sich

---

12 FREUNDE MÜSST IHR SEIN

Das Fährterminal Changi Point ist der Ausgangspunkt für Ausflüge nach Pulau Ubin und Pengarang am Südostzipfel der malaiischen Halbinsel. Wer angesichts des topmodernen Äußeren des Terminals so etwas wie einen regelmäßigen Fahrplan erwartet, sieht sich allerdings getäuscht. Die Station ist vielmehr so etwas wie der zentrale Anlaufpunkt für etwa ein Dutzend privat betriebener, zwölfsitziger Bötchen, die von hier aus hinüberschippern. Damit sich eine Überfahrt lohnt, wird nicht eher abgelegt, bis sich 12 zahlende Passagiere gefunden haben. Bei Fahrten nach Pulau Ubin ist das meistens kein Problem – zumindest tagsüber.

Sofern man aber nicht mit 11 Freunden unterwegs ist (oder das Glück hat, der noch fehlende 12. im Bunde zu sein), kann es eine Weile dauern, bis es losgeht. Im Prinzip ist es den Kapitänen der Boote schnuppe, wie viele Passagiere sie befördern, solange sie für 12 bezahlt werden. Daher ist es keine Seltenheit, dass kleinere Gruppen sich bereit erklären, den Fahrpreis für die freien Plätze lockerzumachen, um den Kapitän zur Abfahrt zu bewegen.

---

an Kamariah und Samsiah Abdullah von Ubin Experience (S. 190) wenden.

Schlafen

Kampung Ubin Resort (☎ 6388 8388; www.marina countryclub.com.sg; 1-/2-Zimmer-Chalets 90/175 $) Eine lohnenswerte Alternative für alle Naturfreunde und Outdoorfreaks, die Singapur von einer ganz anderen Seite erleben wollen. Das Resort unterhält außerdem eine eigene Fähre in die Stadt, sodass es sich hervorragend als Basislager für alle eignet, die Singapur erkunden möchten, ohne auf ein Stück unberührte Natur verzichten zu müssen. Die Unterkünfte sind unter der Woche etwas günstiger.

Noordin Beach & Mamam Camping (☎ Informationsstand 6542 4108; ⏲ 8–17 Uhr) Schöner Campingplatz mit weißem Sandstrand. Vorsicht vor Fledermäusen und Schlangen! Wer mit einer größeren Gruppe unterwegs ist, sollte sich an die Nationalparkverwaltung am Information Kiosk wenden. Campern wird geraten, sich beim Ubin Police Post registrieren zu lassen, damit die Beamten wissen, wo sie nach den Überresten suchen müssen, falls jemand von Wildschweinen aufgefressen wird.

JOHOR BAHRU
☎ 07

Das über den 1038 m langen Causeway mit der Löwenstadt verbundene Johor Bahru (landläufig auch als JB bekannt) ist für Singapur das, was Shenzhen für Hong Kong ist: eine wesentlich billigere, schneidige Schwesterstadt direkt hinter der Grenze, die von den Menschen auf der anderen, „sicheren" Seite als draufgängerisch und sogar leicht anarchisch wahrgenommen wird. Das ist allerdings maßlos übertrieben. Wenngleich sie ohne Zweifel etwas schmuddeliger als die große Nachbarstadt ist, kommt JB eher wie eine Melange verschiedener Singapurer Viertel daher. Gleich hinter der Straße von Johor stehen zahlreiche Shophouses, die sich von jenen frisch sanierten Exemplaren in Joo Chiat eigentlich nur dadurch unterscheiden, dass sie eben nicht frisch saniert sind. Die Gegend rund um den Sri Mariamman Temple riecht und sieht aus wie Little India, inklusive der kleinen Geschäfte, die Seide und Saris verkaufen.

JB gilt beinahe als Vorort von Singapur. Tausende der Menschen, die dort leben – darunter viele Singapurer – arbeiten „drüben" und pendeln durch den überfüllten Check-

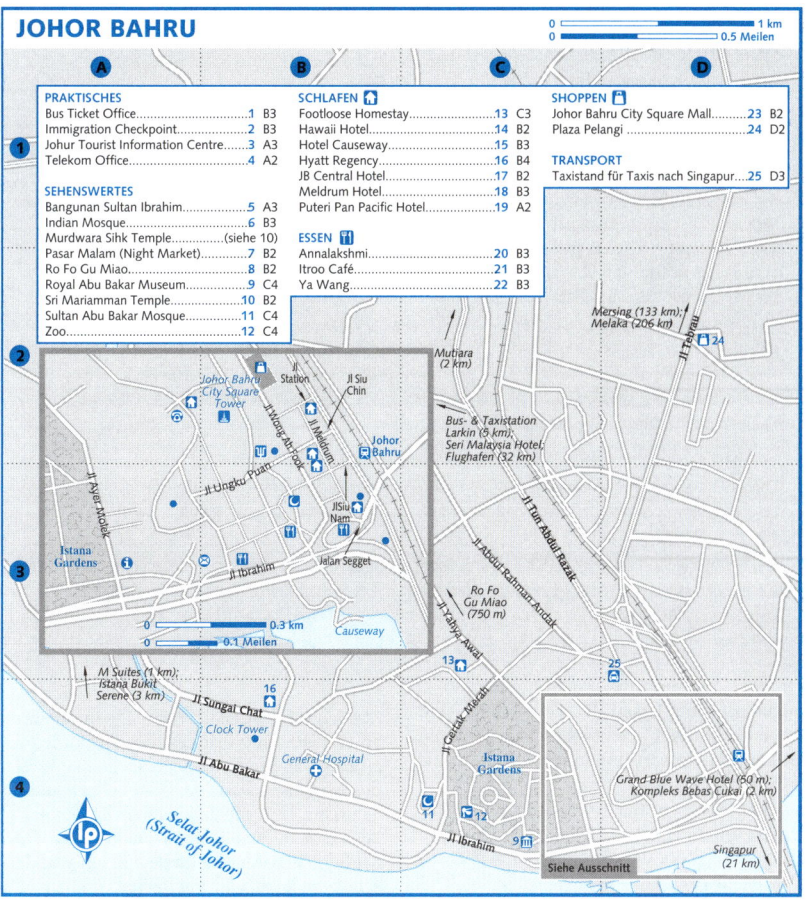

JOHOR BAHRU

0 ———————— 1 km
0 ———————— 0.5 Meilen

PRAKTISCHES
Bus Ticket Office...................................1 B3
Immigration Checkpoint.........................2 B3
Johur Tourist Information Centre........3 A3
Telekom Office.......................................4 A2

SEHENSWERTES
Bangunan Sultan Ibrahim.....................5 A3
Indian Mosque.......................................6 B3
Murdwara Sihk Temple.............(siehe 10)
Pasar Malam (Night Market)..............7 B2
Ro Fo Gu Miao.......................................8 B2
Royal Abu Bakar Museum....................9 C4
Sri Mariamman Temple.......................10 B2
Sultan Abu Bakar Mosque..................11 C4
Zoo..12 C4

SCHLAFEN
Footloose Homestay.............................13 C3
Hawaii Hotel...14 B2
Hotel Causeway...................................15 B3
Hyatt Regency......................................16 B4
JB Central Hotel...................................17 B2
Meldrum Hotel.....................................18 B3
Puteri Pan Pacific Hotel......................19 A2

ESSEN
Annalakshmi...20 B3
Itroo Café...21 B3
Ya Wang..22 B3

SHOPPEN
Johor Bahru City Square Mall...........23 B2
Plaza Pelangi.......................................24 D2

TRANSPORT
Taxistand für Taxis nach Singapur....25 D3

---

point Woodlands, den täglich etwa 50 000 Menschen passieren. Die Bewohner der Löwenstadt machen sich an Wochenenden und Feiertagen scharenweise auf den Weg hinüber, um billige Lebensmittel und Raubkopien einzukaufen und zu tanken. Darüber hinaus hat JB aber auch ein paar lohnenswerte Sehenswürdigkeiten und einige hervorragende (und günstige) Restaurants zu bieten. Und natürlich jede Menge Raubkopien.

RUND UM JOHOR BAHRU

Ein Tag genügt, um sich die meisten der Sehenswürdigkeiten in Johor Bahru anzusehen. Hinter der Grenzstation ist es nur ein kurzer Fußmarsch westwärts zum Viertel der Peranakan-Shophouses. Nicht weit entfernt wird bereits die blaue Kuppel der Indian Mosque

sichtbar, dem muslimischen Gegenstück zum ebenfalls nahe gelegenen Sri Mariamman Temple. Die Gegend vermittelt einen Eindruck davon, wie es in Singapur vor etwa 20 Jahren ausgesehen haben mag.

Ein Stück weiter die Promenade Jalan Ibrahim entlang befindet sich eine der Hauptattraktionen der Stadt, das Royal Abu Bakar Museum (☎ 223 0555; Jalan Ibrahim; Erw./Kind 7/3 US$; Sa–Do 9–17 Uhr). Der frühere Istana Besar (Hauptpalast) der Königsfamilie von Johor wurde 1866 vom anglophilen Sultan Akbar auf einem Hügel mit Blick auf die Straße von Johor im viktorianischen Stil erbaut. Der Palast beherbergt heute ein Museum, in dem Habseligkeiten, Möbel und Jagdtrophäen des Sultans zu bestaunen sind. Darunter sind einige herrliche Stücke: Wer sich also für königlichen Schnickschnack interessiert, sollte sich das Museum

ANFAHRT: JOHOR BAHRU

Entfernung von Singapur 1 km

Richtung Norden

Fahrtzeit 30 Minuten bis eine Stunde

Bus Zwischen Singapur und Malaysia verkehren viele Busunternehmen. Einen Ticketservice sowie Infos zu Fahrtzeiten und -preisen der Busse von Plusline und NiCE Executive gibt's auf http://plusliner.com. Der Expressbus von Singapur nach Johor fährt zwischen 6.30 und 23 Uhr alle 15 Minuten vom Busbahnhof Queen St. (Karte S. 72) ab und kostet 2,40 $. Alternativ verkehrt die reguläre Linie 170, ebenfalls alle 15 Minuten ab Queen St., zwischen 5.20 und 0.10 Uhr (1,70 $). Eine weitere, schnellere Option ist es, den Zug zur MRT-Station Kranji bzw. Marsiling zu nehmen und dort in den Bus 160 bzw. 950 umzusteigen. Bei beiden Varianten verkürzt sich die Fahrtzeit mit dem Bus erheblich.

In jedem Fall müssen die Passagiere am Checkpoint ihre Habseligkeiten einsammeln und aussteigen. Ist die Einreise bewilligt, heißt es, auf den nächsten Bus zu warten (für den das Ticket aber weiterhin gültig ist). Auf der anderen Seite erfolgt noch einmal die gleiche Prozedur, oder aber man geht einfach die zwei Minuten zu Fuß bis in die Innenstadt von Johor Bahru. Der Linienbus hält am Komtar Shopping Centre und 5 km nördlich des Causeway am Larkin-Busbahnhof, der Express nur am Busbahnhof.

Die Rückfahrt kostet 1,20 RM mit dem Linienbus, 2,40 RM mit dem Express.

Übrigens ist es eher keine gute Idee, diesen Trip am Wochenende zu unternehmen, wenn alles überfüllt ist und das Ganze in eine nervtötende Zeitverschwendung ausartet. Sonntagabends nach Singapur zurückzufahren, ist ein einziger Alptraum.

Taxi Ein Taxi von der Innenstadt nach Johor Bahru kostet um die 28 $. Falls es an der Grenze zu längeren Wartezeiten kommt, wird es teurer. Alternativ kann man versuchen, am Queen-St.-Busbahnhof (Karte S. 72) ein Sammeltaxi zu erwischen; der Preis hängt davon ab, wie viele Personen mitfahren und wie lang die Schlangen an den Checkpoints sind.

nicht entgehen lassen. Darüber hinaus sind auch die übrigen prachtvollen Palastanlagen absolut sehenswert und kosten nicht einmal Eintritt.

Noch etwas weiter westlich ist außerdem ein Zoo (Erw./Kind 2/1 RM; 🕐 8–18 Uhr), der mit dem Singapurer Zoo, der als einer der schönsten Asiens gilt, nicht mithalten kann.

Einen Steinwurf entfernt liegt die beeindruckende Moschee Sultan Abu Bakar (Jalan Gertak Merah), die, wie einige Moscheen in Singapur, mehrere architektonische Einflüsse in sich vereint, darunter sogar viktorianische Elemente. Was sie außerdem mit den Moscheen in Singapur gemeinsam hat, ist die beträchtliche Bauzeit (1892–1900), die sich indes ohne Zweifel gelohnt hat: Sie gilt als eine der prachtvollsten überhaupt und soll bis zu 2000 Menschen fassen.

Wiederum ein Stück weiter Richtung Westen (besser ein Taxi nehmen!) steht die heutige Residenz des Sultans von Johor, Istana Bukit Serene (Jalan Straits View). Einfach hereinspazieren, um Hallo zu sagen, geht natürlich nicht. Leider.

Wer JB lieber weiter zu Fuß erkunden möchte, wendet sich nach Osten und schlendert am Ufer entlang zum Bangunan Sultan Ibrahim (State Secretariat Bldg.; Bukit Timbalan). Ein imposantes, an eine Festung erinnerndes Gebäude, das aussieht, als stamme es aus Indien zu Zeiten des Moguls. Es wurde 1940 erbaut und ist Touristen leider nicht zugänglich. Der Straße Jalan Ungku Puan folgend taucht linker Hand bald der Sri Mariamman Temple auf, ein wunderschöner, kunstvoll verzierter Tempel, der das Herzstück der hinduistischen Gemeinde in Johor ist. Fast nebenan ist der Pasar Malam (Nachtmarkt), wo man nicht nur gut essen, sondern auch Souvenirs und Klamotten kaufen kann. Der Markt öffnet um 17.30 Uhr und ist in drei Abschnitte (chinesisch, malaiisch und indisch) eingeteilt. Unweit des Hindutempels befindet sich außerdem der Murdwara Sihk Temple sowie gegenüber (im Schatten des Puteri Pan Pacific Hotel) der Ro Fo Gu Miao, ein schöner, meisterhaft bemalter chinesischer Tempel mit großer hölzerner Pforte. Angeblich ist er der einzige Tempel in Johor, der den Zweiten Weltkrieg überlebt hat und deshalb von der chinesischstämmigen Bevölkerung Malaysias als heilig verehrt wird.

Von hier geht es zurück über die Grenze nach Singapur. Wer mag, kann natürlich zum Essen oder Einkaufen noch ein wenig länger in JB bleiben.

Praktische Informationen

Johor Tourist Information Centre (☎ 222 3590; www.tourismmalaysia.gov.my; 2 Jalan Ayer Molek; ⏰ Mo–Fr 8–17 Uhr)

Shoppen

Die meisten Leute gehen zum Shoppen in eines der großen Einkaufszentren wie das schicke **Johor Bahru City Square** (☎ 226 3668; 108 Jalan Wong Ah Fook), das gleich hinter dem Grenzübergang in der chaotischen Durchgangsstraße Jalan Wong Ah Fook liegt. Noch etwas gediegener und modern kommt das **Plaza Pelangi** daher, wo es Kunsthandwerk, Mode und Lebensmittel zu kaufen gibt. Zollfreies Einkaufen verspricht der etwa 2 km östlich des Causeway gelegene **Kompleks Bebas Cukai** (☎ 922 2611; Bukit Kayu Hitam), der sich selbst als größter Duty-free-Komplex weltweit bezeichnet und über 160 Läden beherbergt. Im Großen und Ganzen gibt es in JB nichts, was es in Singapur nicht auch zu kaufen gäbe, dafür sind die Preise im Allgemeinen niedriger.

Essen

Gut zu essen ist in Johor Bahru kein Problem; viele Singapurer schwören sogar, dass die malaiische Küche in JB „authentischer" ist als daheim (und sie müssen es wissen, schließlich sind die Singapurer wie kein zweites Volk auf der Welt von allen Aspekten kulinarischer Kultur besessen). In den Straßen und Gassen gleich hinter der Grenze gibt's haufenweise Gelegenheiten für einen schnellen Snack.

Annalakshmi (☎ 227 7400; www.annalakshmi.com.sg; 39 Jalan Ibrahim) Dieses vegetarische Restaurant ist ebenso reizend wie die gleichnamige Filiale in Singapur. Spiritualität und Genuss sind hier wichtiger als Profit, weswegen die Gäste auch nur so viel zahlen, wie ihnen das Essen wert ist.

ITRoo Cafe (☎ 222 7780; jjchong@pc.jaring.my; 17 Jalan Dhoby) Das beliebte Café in JBs Kolonialviertel bietet freundlichen Service und den besten eisgekühlten Cappuccino in Malaysia.

Ya Wang Restaurant (☎ 224 8624; 28 Jalan Segget) *Ya wang* ist Mandarin und bedeutet „Entenkönig", womit klar sein dürfte, was die Spezialität dieses kleinen Restaurants unweit der Grenze ist. Pikant, saftig, köstlich und nur halb so teuer wie in Singapur.

Schlafen

Unterkünfte von der billigen Absteige bis zum Mittelklassehotel befinden sich vor allem im Viertel Jalan Meldrum östlich des Bahnhofs. Wer ein wenig mehr ausgeben will, findet außerhalb des Zentrums eine passende Bleibe.

Meldrum Hotel (☎ 227 8988; hotel_meldrum@po.jaring. my; 1 Jalan Meldrum; Zi. 66 RM) Hübsche, saubere Zimmer mit Klimaanlage, TV und Gemeinschafts-WC. Zimmer mit eigener Toilette und Dusche kosten 99 RM.

Hotel Causeway (☎ 224 8811; causewayhotel@yahoo. com; 6a–6f Jalan Meldrum; Zi. 100 RM) Ein seriöses, sauberes Hotel, etwas hübscher als das Meldrum und auch nicht viel teurer. Für ein paar Ringgit mehr gibt's allerdings eine noch bessere Alternative, das brandneue Hotel JB Central.

JB Central Hotel (☎ 222 2833; www.jbcentralhotel-johorbahru.com; Merlin Tower, Jalan Meldrum; Zi. ab 120 RM) Dieses brandneue Hotel am Nordende von Jalan Meldrum ist zwar nicht ganz billig, dafür aber die sauberste und komfortabelste Unterkunft der gesamten Innenstadt. Die Zimmer der oberen Etagen bieten einen tollen Ausblick auf Singapur und JB.

Puteri Pan Pacific Hotel (☎ 219 9999; www.puteripacific. com; Kotaraya Plaza; Zi. ab 270 RM) Dieses Hotel der gehobenen Kategorie mit Aussicht auf einige der beeindruckendsten Tempel und Moscheen in JB liegt nahe der Innenstadt und ist besonders an den Wochenenden oft proppenvoll. Frühzeitiges Buchen ist angezeigt und kann dank großzügiger Ermäßigungen außerdem eine Menge Geld sparen.

Hyatt Regency (☎ 222 1234; hyatt@hrjb.po.my; Jalan Sungai Chat; EZ/DZ ab 430/450 RM) Ein ziemlich eleganter Schuppen, allerdings ein ganzes Stück außerhalb der Innenstadt. Sofern ein längerer Aufenthalt geplant ist und das Geld keine Rolle spielt, ist das Hyatt aber trotzdem eine absolut empfehlenswerte Adresse.

DESARU UND UMGEBUNG
☎ 07

Desaru befindet sich im Distrikt Kota Tinggi am Südostzipfel der malaiischen Halbinsel. Anders als Johor Bahru auf der anderen Seite des Johor-Deltas ist diese Gegend nur dünn besiedelt, kaum erschlossen und fast unentdeckt von Touristen, abgesehen von ein paar Singapurern, die ins an der Südküste gelegene **Sungai Rengit** fahren, um köstliche Meeresfrüchte zum kleinen Preis zu bekommen.

Nicht allzu weit von Singapur entfernt eignet sich die landschaftlich reizvolle Gegend hervorragend für einen Nachmittagsausflug. Die Strände sind zwar nicht besonders toll (dank Erdölbohrungen und regem Schiffsverkehr), aber die Straße, die sich um die Küste windet, bietet einmalige Aussichten, weswegen sie besonders bei Radfahrern aus Singapur äußerst beliebt ist.

Der Hafen von Pengerang diente der britischen Armee im Zweiten Weltkrieg als Einsatzzentrum und hat somit einen gewissen historischen Reiz. Abgesehen von einer malaysischen Marinebasis ist allerdings nicht wirklich viel zu sehen. Meistens warten ein paar Taxis, um Passagiere, die mit der Fähre aus Singapur hier anlegen, ins 8 km entfernte Sungai Rengit zu fahren.

Vom Städtchen Sungai Rengit aus lässt sich die Gegend gut erkunden. Wer es sich leisten kann, kann auch gleich im Sebana Golf & Marina Resort (S. 197) absteigen. In Sungai Rengit gibt's ein paar günstige Hotels und Restaurants und die Hauptstraße ist einen Spaziergang wert. Direkt am Ufer steht eine große stählerne Statue eines Hummers, anscheinend das Maskottchen der Stadt. Im Norden der Stadt befinden sich ein paar Sandstrände, die Wasserqualität lässt bisweilen allerdings zu wünschen übrig. Die Einheimischen gehen hier zwar baden, ansonsten sind Wasserratten aber wohl besser beraten, etwas weiter entfernt von Singapur schwimmen zu gehen.

Dafür hat die Gegend einige interessante Sehenswürdigkeiten und den ganzen Zauber der malaiischen Halbinsel zu bieten. Entlang der palmengesäumten Straße im Nordosten von Sungai Rengit sind einige reizvolle Tempel und Moscheen sowie hin und wieder eine der typischen Kampong-Hütten zu sehen, am Wegesrand verkaufen Einheimische traditionelle malaiische Speisen und Getränke. Etwa 3 km hinter der Stadt befindet sich ein prachtvoller Schrein, der Kuan Yin, der Göttin der Gnade, gewidmet ist. Zum Schrein gehört eine kleine Pagode mit einer goldenen Statue der Göttin davor.

Fünf Kilometer weiter taucht auf der linken Seite die Ostrich Showfarm (☎ 826 5846; Erw./Kind 10/6 RM) auf. Familien mit Kindern sollten sich diese 2 ha große Straußenfarm nicht entgehen lassen. Die Besucher können die Vögel füttern und auf ihnen reiten. An manchen Tagen haben sie sogar die tolle Gelegenheit, dabei zuzusehen, wie ein Küken aus seinem riesigen Ei schlüpft. Joyce Teh, die Betreiberin der Farm – die auch ein beliebtes Ziel von Schulausflügen ist –, informiert über die Lebensweise und das Verhalten der Tiere. Übrigens werden auch Burger und Satéspieße verkauft. Woher das Fleisch für die Leckereien stammt, ist wohl klar.

Die Straße führt weiter die Küste entlang und biegt schließlich nach Norden ab. Hier an der Ostküste gibt's dann auch ein paar ganz hübsche Strände. Teluk Punggai Beach ist einer der beliebtesten und für einen Tagesausflug mit dem Rad von der Entfernung her wohl das höchste der Gefühle.

ANFAHRT: DESARU UND UMGEBUNG

Entfernung von Singapur 12 km (zum Hafen von Pengarang)

Richtung Nordosten

Fahrtzeit Eine Stunde (ab Singapur)

Boot Die günstigste Art, in diesen Teil von Johor zu gelangen, ist die Fähre ab Changi Point (von wo aus auch die Boote nach Pulau Ubin abfahren) nach Pengarang. Die Boote bieten 12 Passagieren Platz und legen ab, sobald sie voll sind. Man muss also damit rechnen, warten oder draufzahlen zu müssen, damit es losgeht. Im Allgemeinen fahren täglich 10 bis 12 Boote hin und zurück. Drüben angekommen, geht es am besten mit dem Taxi weiter. Alternativ fährt viermal am Tag eine Fähre vom Tanah Merah Terminal in Singapur direkt zum Sebana Golf & Marina Resort.

Essen

In Sungai Rengit stehen rund ein Dutzend Restaurants zur Auswahl. Wer sich mit einem Snack begnügen möchte, sollte sich am Ufer umschauen. Östlich der gigantischen Hummerstatue stehen ein paar Buden, an denen günstige malaysische Snacks angeboten werden. Im Norden der Stadt gibt es drei Fischrestaurants, die vor allem von Singapurern frequentiert werden. Das Essen im Jade Garden Seafood Centre ist gut, allerdings wurde uns dort mehr berechnet als zuvor ausgemacht.

Schlafen

In Sungai Rengit gibt's ein paar anständige, günstige Hotels. Wer es etwas gediegener haben möchte, sollte das Sebana Golf & Marina Resort (rechts) ausprobieren.

Tai Hoe Hotel (☎ 826 3855; www.taihoe.com.my; 36 Jalan Haji Abu Bakar; Zi. 100 RM) Ziemlich kostspielig für die Gegend, aber sauber und komfortabel.

DER BIGFOOT

Ja, noch einer. In den letzten Jahren haben mehrere Sichtungen einer affenartigen Kreatur (auf Malaiisch *hantu jarang* genannt), die in den abgelegenen und größtenteils unerforschten Wäldern von Endau-Rompin hausen soll, für einige Schlagzeilen gesorgt. Die Beschreibungen lauten in etwa genauso wie in Nepal, Nordamerika und anderen Gegenden, wo der „Bigfoot" sein Unwesen treiben soll: ein scheuer, haariger Hominide, der aufrecht geht und etwa 2,5 bis 3 m groß ist.

Im Laufe der Jahre gab es mehrere Berichte über angebliche Sichtungen oder sogar Tötungen. 2005 will ein Arbeitertrupp in der Nähe eines Flusses eine Gruppe Primaten beobachtet haben. 2001 behauptete ein Zoologe, ein Bigfoot sei erschossen, die Überreste aber leider von Holzfällern vernichtet worden. So was Dummes aber auch.

Wie nicht anders zu erwarten, riefen die Sichtungen die üblichen Scherzkekse und Wichtigtuer auf den Plan und führten zu einigen melodramatischen Fernseh-„Ermittlungen". Ernsthafte Versuche, Beweise für die Existenz einer solchen Kreatur zu finden, förderten nicht viel mehr als ein paar fragwürdige Fußabdrücke zutage.

Der *Orang-Asli*-Führer, bei dem wir uns über den Bigfoot erkundigten, lachte nur geringschätzig und sagte: „Wenn wir den Leuten erzählen, der Bigfoot sei echt, beschwindeln wir sie."

Ob das reicht? Wie immer bei derlei Mysterien reichen ein paar rationale Stimmen nicht aus, um die Spekulationen zu beenden. Und wer weiß, vielleicht, nur *vielleicht*, existiert er ja wirklich …

Luxuszimmer mit antiken Palisandermöbeln und Flatscreen-TV kosten 130 RM.

Hotel Hiap Hwa (☎ 826 3111; 52 Jalan Siakap; EZ/DZ 68/88 RM) Ebenfalls ein komfortables Hotel. Die Luxuszimmer bieten Balkone mit Blick auf den Ozean (und den stählernen Hummer von Sungai Rengit). Am Wochenende kosten die Zimmer 20 RM mehr.

RESORTS

Wer sich nach ein paar Wochen in Singapur nach ein wenig Luxus sehnt, der nicht gleich das Bankkonto sprengt, wird in diesem Teil der malaiischen Halbinsel fündig. Während diese Resorts am Wochenende meistens unters Dach voll sind (natürlich mit Gästen aus Singapur), ist es unter der Woche relativ ruhig und meistens auch günstiger.

Sebana Golf & Marina Resort (☎ 826 6688, Singapur 6333 3363; www.sebanacove.com; Zi. ab 200 RM, 💻 🛠) Das wahrscheinlich größte und beste der Resorts, am schönen Delta des Sebana River gelegen und mit allen Annehmlichkeiten ausgestattet: u. a. Swimmingpools, Wellnessbereiche, zwei Restaurants und natürlich ein herrlicher Golfplatz. Wer die Sehenswürdigkeiten der Gegend erkunden möchte, kann sich vertrauensvoll an das Management wenden. Das Resort verfügt außerdem über ein eigenes Boot, das mehrmals täglich nach Singapur und zurück fährt. Ermäßigungen sind über die Website erhältlich.

Desaru Golden Beach Hotel (☎ 822 1101, Büro Singapur 6235 5476; Zi. ab 150 RM; 💻 🛠) Schöne Zimmer und Ferienhäuser in tropischem Ambiente an der Küste östlich von Sebana. Das Hotel verfügt außerdem über einen hübschen Golfplatz

und bietet einen Fährservice zum Changi-Fährterminal in Singapur an.

The Pulai Desaru Beach (☎ 622 2222; www.thepulai. com.my; Zi. ab 200 RM; 💻 🛠) Auch hier nehmen sich Singapurer gerne eine Auszeit vom Trubel der Stadt. Das Resort bietet schöne Unterkünfte und ermöglicht viele verschiedene Aktivitäten – zu Lande und zu Wasser. Über regelmäßige Sonderaktionen informiert die Website.

ENDAU-ROMPIN NATIONAL PARK

☎ 07

Wer der Hektik Singapurs für eine Weile entfliehen möchte, hat meistens einen faulen Tag am Strand im Sinn (Bintan, Desaru, Rawa, Tioman …). Es ist aber auch möglich, sich morgens in den Zug zu setzen und bereits zur Mittagszeit in einem 280 Mio. Jahre alten Regenwald spazieren zu gehen.

Der Endau-Rompin National Park, der ein wenig im Schatten des bekannteren Nationalparks Taman Negara im Norden steht, umfasst rund 870 km² Wald in spektakulärer Landschaft, die vor Millionen von Jahren von gewaltigen Vulkanausbrüchen geformt wurde. Beeindruckende Felsformationen und drei Flüsse, die sich von Hochplateaus hinabwinden, prägen den Park, in dem neben dem letzten Sumatranashorn Malaysias (es sollen nur noch zwei oder drei existieren) Tiger, Tapire, Gibbons, Hirsche, Wildschweine, zahllose Vögel, Fische und seltene Pflanzenarten vorkommen.

ANFAHRT: ENDAU-ROMPIN NATIONAL PARK

Entfernung von Singapur 180 km

Richtung Norden

Fahrtzeit Vier bis fünf Stunden

Bus/Zug/Auto Die meisten Leute besuchen den Park im Rahmen einer organisierten Tour, die in Mersing oder Kluang losgeht. Dorthin kommt man mit dem Transnasional-Bus ab Haltestelle Lavender St. (Karte S. 72; 16,50 $, 9 und 10 Uhr, vier bis fünf Stunden). Nach Kluang fährt der 7.40-Uhr-Zug vom Bahnhof Tanjong Pagar (Erw./Kind 16/12 $, zwei bis drei Stunden). Wer mit dem Auto anreist, folgt der Rte. 50 Richtung Osten und biegt etwa 4 km hinter Kahang am Hinweisschild „Batu 26" rechts ab. Von dort ist es eine 58 km lange, holprige Fahrt zum Besucherzentrum.

Trotz dieser Artenvielfalt ist es nicht leicht, die Tiere zu sehen zu bekommen, denn ein Großteil des Parks ist für Besucher wohlweislich gesperrt. Dennoch ist der Park ideal zum Wandern und Vögelbeobachten und mit etwas Glück entdeckt man Elefanten, Hirsche, Wildschweine und gelegentlich auch einen Gibbon oder Tapir.

In der Regenzeit von November bis Februar ist der Park geschlossen.

Es ist möglich, mit dem eigenen Fahrzeug anzureisen (s. Kasten oben), für die Erkundung des Parks sollte man aber die Dienste eine Führers in Anspruch nehmen (50 bis 60 RM pro Tag), um sich nicht zu verirren. Die meisten Besucher nehmen an geführten Touren teil, die bei malaysischen Agenturen gebucht werden können (S. 199).

Wer sich in den Dschungel begibt, sollte entsprechend vorbereitet sein: leichte Kleidung, die schnell trocknet (es sind einige Flüsse zu Fuß zu durchqueren), jede Menge Insektenspray, einen Schlafsack (falls gezeltet wird), Sonnencreme und eine Taschenlampe. Außerdem sind Egel eine echte Plage hier im Wald. Die beste Verteidigung gegen die widerlichen kleinen Blutsauger, die sich selbst durch feste Wanderstiefel nicht aufhalten lassen, sind robuste Gummistiefel und lange Strümpfe über der Hose (egelsichere Strümpfe gibt's in Outdoorshops zu kaufen).

Trekking

Es gibt mehrere Wanderwege unterschiedlicher Schwierigkeitsgrade. Der beliebteste startet am Nature Education & Research Camp (NERC) oder Kuala Jasin Camp und führt über relativ flaches Gelände zum Camp Kuala Marong am Zusammenfluss des Jasin und des Marong River. Von dort aus gibt es zwei Möglichkeiten. Wer sich für die kürzere, eintägige Wanderung entscheidet, überquert zunächst zu Fuß den Jasin River und erreicht nach 1 km die Upeh Guling Falls. Die 100 m hohen Wasserfälle sind insbesondere bei Hochwasser imposant, aber auch in der Trockenzeit äußerst beeindruckend. Dann offenbart der niedrige Wasserstand eine surreale Landschaft kesselartiger Vertiefungen im Fels, die im Laufe von Jahrtausenden durch eingeschlossene Steine geformt wurden.

Vom Wasserfall geht es in einem etwa halbstündigen Fußmarsch hinab zum Tasik Air Biru, ein herrlich türkisfarbenes natürliches Becken, in dem man im angeblich klarsten Wasser Malaysias baden kann – eine perfekte Abkühlung. Von dort geht es auf gleichem Weg zurück zum Camp.

Die längere Variante führt von Kuala Marong aus über eine Hängebrücke und einen lichten, recht mühsamen Pfad zu den Wasserfällen von Buaya Sangkut. Zum Zelten empfiehlt sich der Campingplatz Batu Hampar, der etwa 2 km von Kuala Marong entfernt liegt. Am nächsten Morgen folgt die 4 km lange Wanderung nach Buaya Sangkut. Der Weg ist lang und führt bergauf, aber die Aussicht von oben auf die Wasserfälle, mit der man am Ende belohnt wird, ist die Anstrengung allemal wert.

DIE RIDER'S LODGE

Das zwischen sanften Hügeln und Plantagen gelegene, prachtvolle Herrenhaus (☎ 652 5330; www.riderslodge.com.my; Zi. inkl. Frühstück ab 298 RM) mit seinen ausgedehnten Stallungen sieht aus, als wäre es in den 1920er-Jahren erbaut worden, wurde aber tatsächlich erst 2000 fertiggestellt. Die meisten Besucher kommen zum Reiten hierher (oder, um im benachbarten Club Golf zu spielen). Aber auch wer sich nicht für Pferde interessiert, kann hier in herrlicher, friedlicher Umgebung bestens entspannen. Das Personal ist ausgesprochen freundlich, es gibt spezielle Reitangebote für Anfänger und Fortgeschrittene.

Die Rider's Lodge ist am besten mit dem eigenen Fahrzeug zu erreichen – vom Checkpoint Tuas aus sind es 45 Minuten. Alternativ kann man mit dem Zug von Singapur nach Kulai fahren und sich dort abholen lassen.

Auch hier oben ist Campen möglich – in einer so magischen Umgebung aufzuwachen, ist ein unvergessliches Erlebnis.

Geführte Touren

Endau-Rompin auf eigene Faust erkunden zu wollen, ist ein wenig kompliziert, sofern man nicht sein eigenes Fahrzeug hat, das am Besucherzentrum oder am NREC abgestellt werden kann, sobald man seine Zugangsberechtigung erhalten hat.

Geführte Touren umfassen normalerweise einen zwei- oder dreitägigen Aufenthalt. Die Teilnehmer werden in Mersing, am Bahnhof von Kluang oder in Kahang abgeholt und in Schlafsälen oder Nurdachhütten in Kampung Peta, Kuala Jasin oder im NERC untergebracht. Für Gruppen ab vier Personen können die Touren nach individuellen Wünschen angepasst werden. Manche Touren beinhalten Flussfahrten mit dem Schlauchboot und Ausflüge zu Dörfern in der Umgebung. Touren können u. a. bei diesen Veranstaltern online gebucht werden:

Journey Malaysia (☎ 03-2692 8049; www.journey malaysia.com; 3 Tage mit 2 Übernachtungen pro Person oder Gruppen ab 4 Personen ab 500 RM)

Cuti (☎ 03-3343 2884; www.cuti.com.my; 3 Tage mit 2 Übernachtungen ab 505 RM)

Ausflüge zum Park werden außerdem von **Omar's Backpacker's Hostel** (☎ 799 5096) in Mersing organisiert.

PULAU TIOMAN
☎ 09

Tioman, die größte und spektakulärste der Inseln an Malaysias Ostküste (auch wenn Zyniker meinen, sie wäre viel zu verbaut), hat wunderschöne Strände, klares Wasser und exzellente Schnorchel- und Tauchmöglichkeiten zu bieten.

Tioman ist das beliebteste Reiseziel an der Ostküste, sodass es auf der Insel bisweilen

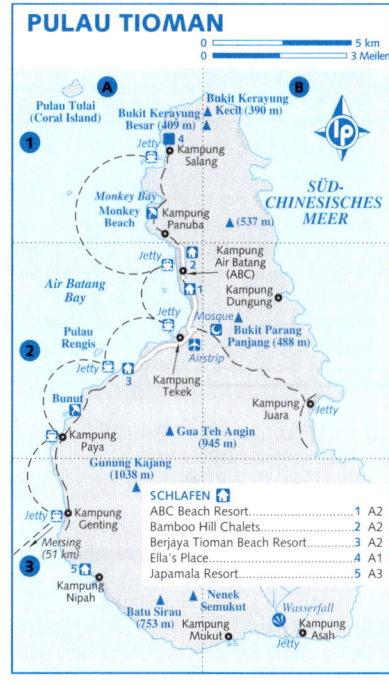

ziemlich voll werden kann, vor allem am Wochenende und an Feiertagen. Günstige Unterkünfte gibt's vornehmlich in den Dörfern Air Batang (meist ABC genannt), Salang, Juara und Tekek. Besonders viel los ist in Salang an der Nordküste, nicht zuletzt wegen der vielen Bars und Clubs sowie der Nähe zu den Tauchgebieten Monkey Bay und Pulau Tulai. Tekek ist das Verwaltungszentrum der Insel. Hier befinden sich der Flughafen, ein Krankenhaus, ein Postamt sowie einige Geschäfte und Wechselstuben. Ansonsten ist das Städtchen aber nicht besonders reizvoll.

Schlafen & Essen

Die Mehrzahl der Unterkünfte auf Tioman sind einfache Strandhütten, üblicherweise

---

SANDMÜCKEN

Sandmücken sind auf Pulau Tioman, Pulau Rawa und den Inseln des Seribuat-Archipels eine echte Plage. Die winzigen, blutsaugenden Biester können einem den Strandurlaub gründlicher vermiesen als jeder Moskito – und sind außerdem viel schwieriger zu entdecken. Ihre Bisse jucken wie verrückt und verursachen heftige, von Bläschen gekrönte Schwellungen, die wochenlang bleiben können. Starke Insektenschutzmittel bieten einen gewissen Schutz, aber wer von den Viechern attackiert wird, hat eigentlich nur zwei Möglichkeiten: entweder den Strand zu meiden oder den ganzen Tag im Wasser zu verbringen.

ANFAHRT: PULAU TIOMAN

Entfernung von Singapur 178 km

Richtung Nordosten

Fahrt-/Flugzeit Fünf Stunden/35 Minuten

Flugzeug Wer genug Geld hat und wenig Zeit, kann mit Berjaya Air (Karte S. 64–65; ☎ 6227 3688; berjaya-air.com; 67 Tanjong Pagar Rd.) ab Seletar Airport in Singapur direkt nach Tioman fliegen. Abflug ist täglich um 12, 13.35 und 15.05 Uhr. Der Flug dauert 35 Minuten und kostet 305 $.

Bus/Boot Frühaufsteher können, außer in der Monsunzeit von Oktober bis Februar, mit Kaiho Coaches (☎ 07-241 8208) nach Mersing fahren (35 $ hin und zurück). Der Bus startet um 6.30 Uhr an der MRT-Station Newton und braucht drei bis vier Stunden. Alternativ fährt um 9 und um 10 Uhr ein Bus von Transnasional (☎ 6294 7034; 16,50 $) vom Busterminal Lavender St. (Karte S. 72) ab. In Mersing gibt es zwei Möglichkeiten zur Weiterfahrt: Die Schnellboote (45 RM ein Weg) brauchen etwas mehr als eine Stunde, das hohe Tempo ist aber nicht jedermanns Sache. Die normalen Fähren (35 RM ein Weg) legen etwa fünfmal am Tag ab und sind – mit mehreren Zwischenstopps – bis zu drei Stunden unterwegs. Die Abfahrtszeiten richten sich nach den Gezeiten, Wetterbedingungen und der Zahl der Passagiere.

mit Bett, Ventilator und Bad. Die meisten Anbieter sorgen darüber hinaus, mehr oder weniger überzeugend, auch für das leibliche Wohl ihrer Gäste.

ABC (☎ 419 1154; Air Batang; Chalets 120 RM) Seit Langem beliebter Anbieter, etwas abseits des Gros der Anlagen in Air Batang gelegen. Gute Unterkünfte in grüner Umgebung.

Bamboo Hill Chalets (☎ 419 1339; Air Batang; Zi. 70 RM, Chalets 100–120 RM) Kleine, auf einem Hügel gelegene Anlage mit einfachen Hütten inklusive Veranda und fantastischer Aussicht.

Ella's Place (☎ 419 5005; Salang; Chalets 25–60 RM) Die beste der günstigen Anlagen in Salang, mit freundlichen Eigentümern, gutem Essen und herrlichem Strand.

Japamala Resort (☎ 603 4256 6100; www.japamalaresorts.com; Chalets 390–1450 RM) Bestes der Resorts der gehobenen Preisklasse auf Tioman, im ruhigen Südwesten der Insel gelegen und angeblich auch in der Monsunzeit geöffnet.

Berjaya Tioman Beach Resort (☎ 419 1000; Chalets 275–385 RM) Das größte und schickste Resort auf Tioman, durchaus mit Ecken und Kanten. Riesiges Freizeitangebot.

com; Chalets 280–430 RM), dessen Service sich erheblich verbessert hat, seitdem es den Besitzer gewechselt hat. Wer möchte, kann auch Vollpension buchen, was angesichts der Tatsache, dass man sonst nirgendwo essen kann, wahrscheinlich keine schlechte Idee ist.

Kleiner Tipp: Falls möglich eines der fünf direkt am Ufer gelegenen Chalets buchen, die auf Pfählen gebaut wurden und einen fantastischen Ausblick bieten.

Anders als viele Unterkünfte auf Tioman ist Rawa das ganze Jahr über geöffnet. Die Insel ist winzig und es gibt nicht besonders viel zu entdecken. Die meisten Besucher kommen aber ohnehin, um in der Sonne zu faulenzen, ein bisschen zu schnorcheln und vielleicht ein wenig Volleyball zu spielen oder Kajak zu fahren. Ein perfekter Ort, um sich dem süßen Nichtstun hinzugeben.

Wer plant, sich einen auf die Lampe zu gießen, sollte eigenen Stoff auf die Insel schmuggeln, denn die Preise im Resort sind ziemlich hoch. Offiziell ist es nicht erlaubt, eigene Getränke mitzubringen, aber sofern man diskret vorgeht, wird niemand etwas merken.

PULAU RAWA

☎ 07

Für alle, denen Tioman ein wenig zu überlaufen ist, ist das friedlichere Pulau Rawa eine gute Alternative. Wegen seines kristallklaren Wassers und seiner weißen Sandstrände ist es bei Malaysiern und Singapurern ein äußerst beliebtes Ziel für Wochenendausflüge. Wer die Insel besuchen möchte, sollte also frühzeitig buchen oder unter der Woche anreisen.

Die einzige Unterkunft der Insel ist das Rawa Safaris Island Resort (☎ 799 1204; www.rawasfr.

ANFAHRT: PULAU RAWA

Entfernung von Singapur 170 km

Richtung Nordosten

Fahrtzeit Fünf Stunden

Bus/Boot Zunächst geht es mit dem Bus ab Singapur nach Mersing (s. Kasten oben). Die Fähre nach Rawa (30 Minuten, 35 RM eine Fahrt) legt täglich gegen Mittag ab, wartet aber, wenn man sich vorher angekündigt hat.

In ganz Asien ist es wohl in Singapur am einfachsten, von A nach B zu gelangen. Immense Summen für den Ausbau der öffentlichen Verkehrsmittel haben das ermöglicht. Mit dem typischen Mix aus weitsichtiger Sozialplanung und Autorität hat die Regierung die Mass Rapid Transit (MRT) installiert und arbeitet kontinuierlich am weiteren Ausbau.

Wer die öffentlichen Verkehrsmittel intensiv nutzen will, sollte den TransitLink Guide kaufen (für 2,50 $ in den MRT-Fahrkartenbüros), der alle Bus- und MRT-Routen aufführt. Karten zeigen die Umgebung mit allen MRT-Stationen sowie Bushaltestellen.

Online gibt's Infos zu Buslinien und Abfahrtszeiten mit Suchfunktion und dem nützlichen IRIS-Service (informiert in Echtzeit über die nächste Busankunft) auf www.sbstransit.com.sg. Für Züge gibt www.smrt.com.sg Auskunft. Bei www.lonelyplanet.com/travel_services können auch Flugtickets, Pauschalreisen und Bahntickets gebucht werden.

AUTO & MOTORRAD

Singapurer fahren auf der linken Straßenseite. Es besteht Gurtpflicht und die gilt sowohl auf den Vordersitzen als auch auf der Rückbank. Das *Mighty Minds Singapore Street Directory* (12,90 $) ist von unschätzbarem Wert.

Autofahren

Wer in Singapur Auto fahren will, muss seinen gültigen Führerschein und eine im Heimatland behördlich genehmigte internationale Fahrerlaubnis mitbringen.

Früher gab es auf Singapurs Straßen recht wenig Verkehr, aber in den letzten Jahren hat

---

die Überlastung deutlich zugenommen. Die Straßen selbst sind tadellos, allerdings ist das kein Grund, sich in Sicherheit zu wiegen – nirgendwo kommt der berüchtigte singapurische Charakterzug *kiasu* (Hokkien für „Angst, zu verlieren") deutlicher zum Ausdruck als auf den Straßen. Aggressives Fahren ist verbreitet, Raserei und Drängeln typisch, Blinken selten und wildes Wechseln der Fahrspur allgegenwärtig. Eingedenk Singapurs Ruf für rigorose Strafen sind die Geldbußen für ernste Straftaten – sogar Tötung von Fußgängern in angetrunkenem Zustand – ausgesprochen milde.

Um es kurz zu machen, wir raten vom Autofahren in Singapur ab. Wer trotzdem unbedingt möchte, sollte sich eine extrem defensive Fahrweise aneignen und seine Aggressionen unter Kontrolle haben!

Motorräder stehen im Ansehen ganz unten (wir sprechen aus Erfahrung). Im besten Fall achten Autofahrer überhaupt nicht auf die Sicherheit von Motorradfahrern. Im schlimmsten Fall protestieren sie gewaltsam, wenn ein bescheidenes Motorrad vor ihnen fährt, indem sie versuchen, es zu erlegen.

Mietwagen

Wer einen Wagen nur für die Stadt möchte, sollte einen kleineren Autoverleih wählen. Deren Gebühren sind oft niedriger als die der großen weltweit operierenden Leihfirmen. Wer nach Malaysia möchte, ist mit einem Verleih in Johor Bahru besser bedient, wo die Gebühren deutlich niedriger sind (außerdem soll die malaysische Polizei singapurische Kennzeichen auf dem Kieker haben).

Bei etwa 60 $ pro Tag geht's los. Manchmal sind Sonderpreise möglich, vor allem bei längeren Mietfristen. Autovermietungen gibt es in Singapur am Changi Airport und in der Stadt. Hier ein paar der größeren Firmen:

Avis (Karte S. 54–55; ☎ 6737 1668; www.avis.com.sg; 392 Havelock Rd., 01–07)

Express Car (Karte S. 84; ☎ 6842 4992; www.expresscar.com.sg; 1 Sims Lane)

Hawk (Karte S. 48–49; 6469 4468; www.hawkrentacar.com.sg; 32A Hillview Tce.)

Hertz Rent-a-Car (Karte S. 80–81; ☎ 6734 4646; 15 Scotts Rd., 01–01 Thong Teck Bldg.)

DIE DINGE ÄNDERN SICH ...

Die Angaben in diesem Kapitel sind besonders anfällig für Veränderungen. Deshalb sollte man sich unbedingt direkt bei der Fluglinie oder beim Reisebüro nach den Kosten für die verschiedenen Tickets erkundigen und sich dort auch über die aktuellen Sicherheitsbestimmungen im internationalen Reiseverkehr informieren. Die hier genannten Fakten sind nützliche Hinweise, können aber eigene sorgfältige Recherchen vor dem Buchen nicht ersetzen.

VOM FLUGHAFEN IN DIE STADT

Bus

Die Buslinie 36 fährt ab Terminal 1, 2 und 3 zur Orchard Road und zum Colonial District (1,70 $, eine Stunde). Abfahrt ist etwa alle 15 Minuten, der erste Bus fährt um 6.09 Uhr und der letzte kurz nach Mitternacht.

Schneller und angenehmer sind die Flughafen-Shuttlebusse (Erw./Kind 9/6 $, 20 bis 40 Minuten), die von allen Ankunftshallen der Hauptterminals abfahren und Passagiere an jedem Hotel absetzen, abgesehen von denen auf Sentosa und in Changi Village. Sie fahren ab Terminal 1 und 2 sowie vom Budget Terminal (18.15–24 Uhr, alle 15 Minuten; ansonsten alle 30 Minuten) und ab Terminal 3 (6–10 und 18–2 Uhr, alle 15 Minuten; ansonsten alle 30 Minuten). Fahrkartenschalter befinden sich in den Ankunftshallen.

Zug

Die MRT ist der günstigste Weg in die Stadt. Die Station befindet sich unterhalb der Terminals 2 und 3. Der Fahrpreis zum Raffles Place beträgt pro Erw./Kind 2,70/1,50 $ (inklusive 1 $ erstattungsfähiger Gebühr) und die Fahrt dauert etwa 35 Minuten. Umstieg ist bei Tanah Merah (einmal auf die andere Seite des Bahnsteigs). Der erste Zug fährt um 5.30 Uhr ab und der letzte um 0.06 Uhr.

Taxi

An den Taxiständen des Changi Airports geht es normalerweise flott und effizient zu. Sogar am Budget Terminal gibt es selten lange Wartezeiten. Die Fahrpreisstruktur ist kompliziert, aber zwischen 18 und 35 $ kostet eine Fahrt ins Stadtzentrum ganz sicher, abhängig natürlich von der Fahrtdauer. Am teuersten ist es in der Zeit zwischen 17 und 6 Uhr, wenn ein ganzer Katalog von Aufpreisen hinzukommt.

Ein Limousinentransportservice arbeitet 24 Stunden und kostet 45 $ zu jedem beliebigen Ziel auf der Insel.

Premier (Karte S. 80–81; www-singapore.com/premier/index.html; 03–05 Balmoral Plaza, 271 Bukit Timah Rd.)

Sperrzonen & Parkplätze

An Werktagen von 7.30 bis 19 Uhr sowie am Samstag von 10.15 bis 2 Uhr ist der Bereich, der den CBD, Chinatown and Orchard Road umfasst, nur begrenzt zugänglich. Autos dürfen zwar hinein, müssen aber eine Mautgebühr bezahlen. Fahrzeuge werden von oben durch Sensoren erfasst. Die Autos müssen über ein spezielles Einbauteil verfügen, in das die Fahrer eine Geldkarte einstecken (gibt's an Tankstellen und in 7-Eleven-Läden). Die Maut wird dann von der Karte eingezogen. Dasselbe System ist auch auf einigen Schnellstraßen in Gebrauch. Für Mietwagen gelten die gleichen Regeln.

Jeder, dessen Auto nicht mit einem entsprechenden Gerät ausgestattet ist oder dessen Karte nicht über genügend Guthaben verfügt, wird automatisch fotografiert und mit einem Bußgeld bestraft.

Parkplätze im Stadtzentrum sind teuer, aber recht gut zu finden – fast jede größere Mall hat ein Parkhaus. Parkplätze und Parkbuchten an der Straße verwaltet normalerweise die Regierung – dafür gibt es Parkscheinheftchen, die im Fenster angebracht werden müssen. Käuflich in Postfilialen und 7-Eleven-Läden.

BUS

Singapurs umfangreicher Busbetrieb ist, unnötig zu erwähnen, sauber, effizient, fahrplanmäßig und bedient jeden Winkel der Insel.

Fahrpreise bewegen sich zwischen 0,90 und 1,80 $ (weniger mit einer Ez-Link-Wertkarte, gültig für MRT, LRT und Bus). Beim Einsteigen entweder den genau abgezählten Betrag in den Fahrgeldautomaten stecken (es gibt kein Wechselgeld) oder die Ez-Link-Wertkarte oder den Tourist Pass auf das Lesegerät halten, beim Aussteigen auch noch einmal.

Informationen gibt's bei SBS Transit (☎ 1800 287 2727; www.sbstransit.com.sg).

Das Zugunternehmen SMRT (www.smrtbuses.com.sg) fährt mit kostenlosen Shuttlebussen (Sa und So 11–22 Uhr, alle acht Minuten) auf drei Routen: Metrostation Dhoby Ghaut nach Little India, Metrostation Dhoby Ghaut nach Chinatown und Metrostation Outram Park nach Chinatown.

SMRT hat für Wochenenden auch zwei Nachtbusse, die zwischen der Stadt und den Vororten verkehren: Nite Owl (3 $ Einheitstarif, Sa und So 24–4 Uhr) und NightRider (3 $ Einheitstarif, Fr und Sa 23.30–4.30 Uhr). Auf der Webseite gibt es die Routendetails.

Touristenbusse

Singapore Airlines bietet den Touristenbus SIA Hop-On (☎ 9457 2896; www.siahopon.asiaone.com.sg) an, der täglich alle 30 Minuten die wichtigsten Touristenstrecken abklappert. Erste Abfahrt ist am Raffles Boulevard um 9 Uhr, der letzte Bus fährt um 17.30 los und kommt um 19.35 Uhr zurück.

Es gibt auch einen Sentosa Hop-On, der zwischen Raffles Boulevard, Orchard Road, Lau Pa Sat Hawker Center und Sentosa fährt. Der erste Bus startet in Sentosa um 10 und der letzte um 17.30 Uhr. Tickets gibt's beim Fahrer. Sie kosten 12/6 $ pro Erw./Kind oder 3 $ mit einer Bordkarte oder einem Ticket von Singapore Airlines oder Silk Air.

Malaysia

Für Reiseinformationen nach Johor Bahru auf S. 194 nachschlagen.

Wer weiter reist als bis nach Johor Bahru, der steigt am besten einfach direkt in Singapur in einen Bus, auch wenn es mehr und günstigere Optionen von Johor Bahru aus gibt.

In Singapur sind Abfahrts- und Ankunftsorte für Langstreckenbusse nach Malakka und zur Ostküste Malaysias Lavender Street Bus Terminal (Karte S. 72; Ecke Lavender St. & Kallang Bahru), Queen Street Bus Terminal (Karte S. 72; Queen St.) oder Golden Mile Complex (Karte S. 72; Beach Rd.). Der Anschluss an

öffentliche Verkehrsmittel ist so kläglich, dass ein Taxi die beste Anreisemöglichkeit ist.

Konsortium Transnasional (☎ 6294 7034) ist Malaysias größtes Reisebusunternehmen und bedient das ganze Land. Grassland Express (☎ 6293 1166; www.grassland.com.sg) bedient Kuala Lumpur, Penang, Malakka, Perak und andere Reiseziele.

Thailand

Das wichtigste Terminal für Busse von und nach Thailand ist am Golden Mile Complex (Karte S. 72; Beach Rd.). Reiseveranstalter, die sich auf Busfahrten und Touren nach Thailand spezialisiert haben, sind unter anderem Grassland Express (☎ 6293 1166), mit Bussen nach Hat Yai (42 $), sowie Phya Travel (☎ 6294 5415) und Kwang Chow Travel (☎ 6293 8977), beide mit Busfahrten nach Hat Yai (35 $) und weiter. Die meisten Busse starten um 18 Uhr und fahren über Nacht.

FAHRRAD

Singapurs Straßen sind nichts für Leute mit schwachem Herzen. Die Straßen sind nicht nur höllisch heiß, sondern auch bevölkert von schnellen, aggressiven Fahrern, die in der Regel wenig Verständnis für die Bedürfnisse von Radfahrern aufbringen. Zum Glück gibt es ein großes Netzwerk von Parks und

Parkverbindungen sowie tolle Mountainbikestrecken im Bukit Timah Nature Reserve, in Tampines und auf Pulau Ubin.

Zum Fahrradfahren prima geeignet sind unter anderem auch East Coast Park, Sentosa, Pasir Ris Park und die neue Verbindungsstrecke zwischen Mt. Faber Park, Telok Blangah Hill Park und Kent Ridge Park.

Fahrradverleih

Der beste Verleih für qualitativ hochwertige Fahrräder ist Treknology Bikes 3 (Karte S. 98–99; ☎ 6466 2673; www.treknology3.com; 24 Holland Grove Rd.; pro Tag 35 $; ⏱ 11–19.30 Uhr). Wahrscheinlich der beste Fahrradladen Singapurs.

Fahrradverleihe sind außerdem auch entlang des East Coast Parkway, auf Sentosa Island und auf Pulau Ubin zu finden. Preislich geht es bei 5 $ los.

Fahrräder sind übrigens in öffentlichen Verkehrsmitteln nicht zugelassen.

FLUGZEUG

Singapur ist ein wichtiger Flugverkehrsknotenpunkt in Südostasien, mit Direktflügen weltweit. Wer frühzeitig bucht, kann echte Schnäppchen machen.

Folgende Websites mit Flügen nach Singapur sind einen Blick wert:

www.bestfares.com Amerikanischer Anbieter sucht weltweit nach den günstigsten Angeboten.

www.ebookers.de Jede Menge preiswerte Flüge.

www.expedia.de Reiseportal mit großem Angebot. Jetzt auch für Österreich unter www.expedia.at.

www.lastminute.de Auf dieser Site sind neben europaweiten Flügen auch Flüge in alle Welt zu finden.

www.statravel.de Die deutsche Site von STA Travel. Sucht nach den billigsten Flügen und überprüft die Verfügbarkeit.

Flughäfen
CHANGI AIRPORT

Wer nicht gerade von Tioman oder den Redang Islands in Malaysia kommt, den bringt das Flugzeug zu einem der drei Hauptterminals oder zum Budget Terminal am Changi Airport (☎ 6542 1122, Fluginformation 1800 542 4422; www.changiairport.com.sg).

Changi Airport wird regelmäßig zum besten Flughafen der Welt gewählt, er ist riesig, effizient und bewundernswert gut organisiert. Unter den zahlreichen Flughafeneinrichtungen gibt es kostenloses Surfen im Internet,

Telefone für kostenlose Ortsgespräche, Geldwechselschalter sowie das Folgende:

Left Luggage (⏱ 24 Std.; Fach für Tasche erste/weitere 24 Std. 3,15/4,20 $, Koffer 4,20/5,25 $) Terminal 1 (☎ 6214 0628; Basement West); Terminal 2 (☎ 6214 1683; Level 1, Arrival Hall North); Terminal 3 (Basement 2 South)

Medical Centres Terminal 1 (☎ 6543 1113; Level 2, Transit Mall West; ⏱ 8–2 Uhr); Terminal 2 (☎ 6543 1118; Basement South; ⏱ 24 Std.); Terminal 3 (☎ 6241 8818; Basement 2 South, ⏱ 24 Std.)

Napping Rooms (Ruheräume) Terminal 1 (☎ 6541 8518; www.rainforestbysats.com; Rainforest Lounge, Level 3, Transit Mall West; pro Person jede Std. Einzelbelegung nur 10 $); Terminal 2 (☎ 6541 9107; www.airport-hotel.com. sg; Level 3; Transit Mall South; für 6 Std. 40,45 $)

Post Offices (⏱ 6–24 Uhr) Terminal 2, Level 2, Departure Hall South; Level 2, Transit Mall North

Shower/Spa/Massage/Gym Terminal 1 (☎ 6541 8518; www.rainforestbysats.com; Level 3, Transit Mall West); Terminal 2 (☎ 6545 0388; www.plaza-ppl.com/sg_en/index.ppl; Level 3, Transit Mall South)

Swimmingpool (☎ 6546 5357; www.airport-hotel. com.sg; Level 3, Transit Mall East, Terminal 1; pro Besuch 13,90 $; ⏱ 7–23 Uhr)

SELETAR AIRPORT

Dieser kleine moderne Flughafen ist besser bekannt bei Geschäftsreisenden und anderen Lichtgestalten, die Singapur besuchen. Von hier gehen die täglichen Flüge der Berjaya Airways nach Tioman Island in Malaysia.

Seletar liegt im Norden der Insel. Am leichtesten ist der Flughafen mit einem Taxi zu erreichen. Ansonsten fährt der Bus 103 ab der Metrostation Serangoon oder draußen vor der National Library (Karte S. 54–55) zum Eingang der Seletar Air Force Base. Von da fahren Busse zum Flughafenterminal.

Fluglinien

Unten sind ein paar Büros der größeren Fluglinien in Singapur aufgelistet. In den Gelben Seiten stehen alle, die hier nicht aufgeführt sind.

Air France (Karte S. 64–65; ☎ Air France 6415 5111; www.airfrance.sg; 79 Anson Rd.)

British Airways/Qantas (Karte S. 80–81; ☎ British Airways 6622 1747; www.britishairways.co.uk; 06–05 Cairnhill Pl., 15 Cairnhill Rd.)

Cathay Pacific Airways (Karte S. 64–65; ☎ 6533 1333; www.cathaypacific.com/sg; 25–07 Ocean Towers, 20 Raffles Pl.)

Garuda Indonesia (Karte S. 80–81; ☎ 6250 5666;
www.garuda-indonesia.com; 12–03 United Sq.,
101 Thomson Rd.)

KLM-Royal Dutch Airlines (Karte S. 64–65;
☎ 6832 2220; www.klm.com.sg; 06–01, 79 Anson Rd.)

Lufthansa Airlines (Karte S. 80–81; ☎ 6245 5600;
www.lufthansa.com; 05–01 Palais Renaissance,
390 Orchard Rd.)

Malaysia Airlines (Karte S. 54–55; ☎ 6336 6777;
www.malaysiaairlines.com; 02–09 Singapore Shopping
Centre, 190 Clemenceau Ave.)

Qantas (Karte S. 80–81; ☎ 6415 7373, www.qantas.
sg; 06–05 Cairnhill Pl., 15 Cairnhill Rd.)

Singapore Airlines (Karte S. 80–81; ☎ 6223 8888;
www.singaporeair.com; Level 2, Paragon Bldg.,
Orchard Rd.)

Thai Airways International (Karte S. 64–65;
☎ 6210 5000; www.thaiairways.com.sg; the Globe,
100 Cecil St.)

Die folgenden Billigfluggesellschaften agieren
außerhalb von Singapur. Sie verändern ihr
Netz ständig, darum lohnt immer ein Blick
auf die Website für die neuesten Details. Buchungen laufen fast ausschließlich per Internet, die Tickets von Air Asia gibt's allerdings
auch in Postfilialen.

Air Asia (☎ 6733 9933; www.airasia.com)

Cebu Pacific (☎ Vermittler 6735 7155, 6737 9231,
6220 5966; www.cebupacificair.com)

Jetstar Asia (☎ 6822 2288; www.jetstarasia.com)

Tiger Airways (☎ 6538 4437; www.tigerairways.com)

MASS RAPID TRANSIT
Das herausragende unterirdische MRT-System
ist der leichteste, schnellste und bequemste
Weg, um in Singapur herumzukommen. Die
Züge fahren von 5.30 Uhr bis Mitternacht, zu
Spitzenzeiten alle drei Minuten, ansonsten alle
sechs Minuten. Eine MRT-Übersichtskarte
gibt's im Kartenteil hinten in diesem Buch.

In der Innenstadt verläuft die MRT unter-
irdisch und kommt in Richtung der Wohngebiete am Stadtrand an die Oberfläche. Es
gibt drei Linien: Nord-Süd, Nord-Ost und
Ost-West, die vierte – die Circle Line – wird
noch gebaut.

Fahrpreise & Fahrkarten
Einfache Tickets kosten zwischen 1,10 und
1,90 $ (plus 1 $ erstattungsfähige Gebühr). Bei
häufiger Nutzung der MRT kann es aber etwas
lästig werden, für jede einzelne Fahrt Tickets zu
kaufen und sich das Guthaben wieder erstatten
zu lassen. Bequemer ist die Ez-Link-Wertkarte
(15 $, inklusive 5 $ nicht erstattungsfähiger
Gebühr), die bei Bedarf auffüllbar ist und in
allen Bussen und Zügen gilt. Alternativ bietet
ein Singapore Tourist Pass (www.thesingaporetouristpass.
com) einen Tag lang unbegrenzte Nutzung von
Zügen und Bussen (8 $).

SCHIFF/FÄHRE
Von verschiedenen Stationen am Ufer starten
Bumboat-Touren, die den Singapore River hin-
aufführen oder auch die Inseln rund um Singapur (Kapitel „Ausflüge", S. 188) ansteuern.

Das große Kreuzfahrtzentrum am World Trade
Centre (Karte S. 106; ☎ 6513 2200; www.singaporecruise.
com.sg) nahe der Metrostation HarbourFront
ist der Hauptabfahrtsort für Kreuzfahrten
und Fähren nach Indonesien. Ein ganzes Heer
von Vermittlern nimmt hier die Buchungen
entgegen.

Es gehen regelmäßig Fähren von Changi
Point nach Pulau Ubin (2 $) und zwei wei-
teren Reisezielen in Malaysia. Nach Changi
Point fährt der Bus 2 ab der Metrostation
Tanah Merah.

Ab dem südlich vom Changi Airport gelegenen Fährterminal Tanah Merah (Karte S. 48–49)
gehen Fähren zur indonesischen Insel Bintan
und zu einem Reiseziel auf Batam. Zum Fährterminal Tanah Merah geht's mit der Metro
nach Bedok und dann weiter mit dem Bus 35.
Ein Taxi von der Stadt aus kostet zwischen 18
und 30 $, abhängig von der Tageszeit.

Malaysia
TANJUNG BELUNGKOR
Die Fähre vom Changi Ferry Terminal (Karte S. 48–49;
☎ 6546 8518) nach Tanjung Belungkor, östlich
von Johor Bahru, ist vor allem ein Service
für Singapurer, die nach Desaru in Malaysia wollen. Die 11 km lange Fahrt dauert 45
Minuten und kostet 16/22 $ einfache/Hin-
und Rückfahrt. Abfahrten sind Montag bis
Donnerstag um 10, 17 und 20.15 Uhr, Freitag
und Samstag 7.15, 10, 12, 17 und 20.15 Uhr,
Sonntag 7.15, 10, 18 und 20.15 Uhr. Vom
Anleger in Tanjung Belungkor fahren Busse
nach Desaru und Kota Tinggi.

PENGERANG
Ab dem Changi Point Ferry Terminal (Karte S. 48–49)
fahren Schiffe nach Pengerang, das ist quasi

der Weg durch die Hintertür nach Malaysia (Kapitel „Ausflüge", S. 196). Es gibt keinen fixen Fahrplan, die Fähren legen den ganzen Tag über immer dann ab, wenn zwölf Passagiere zusammengekommen sind (6 $ pro Person).

Indonesien

Direkte Fährverbindungen gibt es zwischen Singapur und den Inseln des Riau-Archipels: Pulau Batam, Pulau Bintan, Tanjung Balai und Tanjung Batu. Fahrten nach Bintan und nach Nongsapara auf Batam gehen vom Fährterminal Tanah Merah ab. Fahrten nach Batam, Balai und Batu starten am Kreuzfahrtzentrum nahe HarbourFront. Von Batam fahren Schiffe nach Sumatra, ein beliebter Weg nach Indonesien. Die Fähren sind modern, schnell und haben Klimaanlage.

TAXI

Das arme alte Singapur hat endlose Probleme mit seinem Taxisystem. Trotz stetiger Debatten, Reformen, Beschwerden und Anpassungen ist es zu bestimmten Zeiten immer noch schweißtreibend, ein Taxi zu bekommen (zu Spitzenzeiten, nachts, bei Regen). Das Tarifsystem ist schwindelerregend kompliziert, aber glücklicherweise läuft für alles der Taxameter, so gibt's wenigstens kein nerviges Gefeilsche um Fahrpreise. Der allgemeine Grundbetrag liegt bei 2,80 $, und alle 385 m werden 0,20 $ fällig.

Einzige Ausnahme ist die Tanjong Pagar Railway Station, wo es eine Abweichung vom üblichen System des Changi Airport gibt. Es ist bei Taxifahrern relativ üblich, sich auf Neuankömmlinge zu stürzen und für kurze Entfernungen exorbitante Preise zu verlangen. Jetzt heißt es stark bleiben und auf der Einschaltung des Taxameters beharren. Es ist ungesetzlich, wenn sie es nicht tun. Zahlungen per Kreditkarte kosten 10 % Aufgeld.

Hier die Taxiunternehmen:

Comfort and CityCab CabLink (☎ 6552 1111)

Premier Taxis (☎ 6363 6888)

SMRT Cabs (☎ 6555 8888)

Wer telefonisch ein Taxi bei irgendeinem dieser Unternehmen bestellt, wird außerhalb der Spitzenzeiten meist schnell aufgesammelt. Zu den Spitzenzeiten gibt es allerdings in der Regel lange Wartezeiten. Bei der Bestellung den Standort angeben und anschließend auf die automatische Nachricht mit dem Taxikennzeichen und der geschätzten Ankunftszeit warten.

Taxis können überall angehalten werden, im Stadtzentrum dürfen sie aber nicht überall halten, ausschließlich an ausgewiesenen Taxiständen.

ZUG
Malaysia & Thailand

Singapur ist der südliche Anschlusspunkt für das malaysische Schienenverkehrssystem Keretapi Tanah Malayu (KTM; www.ktmb.com.my). Malaysia hat zwei Hauptschienenstrecken: Die erste Strecke führt von Singapur nach Kuala Lumpur, Butterworth, Alor Setar und dann nach Thailand. Die zweite Strecke zweigt ab bei Gemas und führt direkt durch das Landesinnere nach Tumpat, nahe Kota Bharu an der Ostküste.

Der Fahrkartenschalter an der Singapore Railway Station (Karte S. 64–65; ☎ 6222 5165; Keppel Rd.) hat geöffnet von 8.30 bis 14 Uhr und von 15 bis 19 Uhr.

Drei Schnellzüge fahren jeden Tag nach Kuala Lumpur (erster/zweiter/dritter Klasse 68/34/19 $), etwa um 7.40, 15.30 und 21 Uhr. Die Fahrt dauert um die sieben bis neun Stunden. Auf der Website oder mit einem Anruf beim Fahrkartenschalter erfährt man die genauen Zeiten. Preise für einfache Fahrten beginnen bei 19 $ für Economy und reichen bis 111 $ für „Premier Night Deluxe". Außerdem gibt es dreimal täglich Fahrten in den Nordosten.

Der luxuriöse Eastern & Oriental Express (☎ 6392 3500; www.orient-express.com) fährt zwischen Singapur und Bangkok, dann weiter nach Chiang Mai und Nong Khai (für Laos). Der opulente antike Zug braucht 42 Stunden für die 1943 km lange Reise von Singapur nach Bangkok. Also den Leinenanzug anziehen, einen Gin Tonic schlürfen und für den Fahrpreis tief in die Tasche greifen: ab 3430 $ pro Person in einer Doppelkabine, bis zu 6650 $ in der Präsidentensuite.

ARBEITEN IN SINGAPUR

Arbeitsmöglichkeiten für Landesfremde sind in Singapur begrenzt – wenn sie angeheuert werden, dann mehrheitlich aus Übersee. Einer der Hauptgründe dafür sind die hohen Kosten für Lebenshaltung und Autobesitz, die Unternehmen aus Übersee für ihre Spitzenkräfte häufig übernehmen.

Dennoch finden auch Landesfremde Arbeit in Singapur. Es gibt einen großen Fachkräftemangel in vielen Branchen, darunter digitale Medien, Finanzen und Gastgewerbe. Berufserfahrung, markttaugliche berufliche Fähigkeiten und beeindruckende Qualifikationen sind das beste Aushängeschild – wie ganz Asien setzt auch Singapur eher auf vorzeigbare Unterlagen als auf Erfahrung. Contact Singapore (www.contactsingapore.sg) ist bei der Jobsuche die allererste Adresse, es gibt aber auch Dutzende von Personalbeschaffungsfirmen, die nach qualifizierten Ausländern jagen.

Geschäfte machen

Singapur rühmt sich, ein dynamischer und leistungsstarker Handelsort zu sein. Barings Bank und andere Skandale mal beiseitegelassen, hat Singapur stabile Finanzmärkte, eine stabile Regierung und Korruption ist fast nicht nennenswert.

Singapur hat aggressiv ausländisches Kapital angeworben und viel Geld aus Übersee hat entschieden dazu beigetragen, den Wohlstand hier zu erhöhen. Singapur als freihandelsorientierter Förderer ausländischer Investitionen mit minimalen Beschränkungen eignet sich ausgezeichnet, ein Geschäft aufzuziehen. Obwohl Singapur sich vornehmlich auf große Investoren in exportorientierten Brachen konzentriert, hat der aktuelle Fokus auf Förderung von Tourismus, Kunst und Unterhaltung völlig neue Möglichkeiten eröffnet. Die heimische Wirtschaft ist stark regierungsgelenkt, federführend ist dabei das Economic Development Board (www.sedb.com).

Singapur verfolgt eine Freihandelspolitik und außer der Mehrwertsteuer für die Einfuhr von Waren sind nur wenige Güter bei Im- oder Export zollpflichtig oder unterliegen Beschränkungen. International Enterprise Singapore (Karte S. 72; ☎ 6337 6628 aus Übersee, 1800 437 7673 von

Singapur aus; www.iesingapore.gov.sg; Level 10, Bugis Junction Tower, 230 Victoria St.) hat das Prozedere beim Im- und Export vereinfacht, und für Handelsdokumente gibt es das elektronische Datensystem TradeNet. Auf der Webseite steht eine Liste mit allen Büros weltweit, sie befinden sich meist nahe der singapurischen Auslandsvertretung.

Auch die Zeitung *Business Times* kann nützlich sein.

Ein Haufen Visitenkarten ist unverzichtbar, denn Geschäftstreffen beginnen meist mit einem Kartenaustausch: Man hält sie in beiden Händen und mit unterwürfiger Geste dem Geschäftskontakt entgegen. Großzügige Versorgung mit Essen und Unterhaltung ist ebenfalls üblich. Ein gutes persönliches Verhältnis ist essenziell und es ist unwahrscheinlich, dass am Ende des Arbeitstages jeder in seinem Hotelzimmer verschwindet.

Freiwilligenarbeit

Singapur rühmt sich für seine Freiwilligenkultur. Für alle, die in der Stadt wohnen: Freiwillige sind normalerweise an den üblichen Orten überall willkommen. Dazu gehören Pflegeheime, Behindertenverbände, Tierschutzverbände (Society for the Prevention of Cruelty to Animals; SPCA), der Singapore Zoo, Umweltverbände usw. Häufig müssen Freiwillige vorher ausgedehnte Verfahren durchlaufen oder Trainings absolvieren, bevor sie anfangen können.

BOTSCHAFTEN

Eine Liste verschiedener Einrichtungen in Singapur gibt es auf www.visitsingapore.com, wo ebenfalls eine lange Liste mit Botschaften und Konsulaten einzusehen ist. Kontaktdaten für die deutsche, österreichische und schweizerische Botschaft lauten wie folgt:

Deutschland (Karte S. 64–65; ☎ 65-6533 6002; www.singapur.diplo.de; 12–00 Singapore Land Tower, 50 Raffles Place; Ⓜ Raffles Place)

Österreich (Karte S. 72; ☎ 65-6396 6350; 24–04 Parkview Square, 600 North Bridge Rd.; Ⓜ Bugis)

Schweiz (außerhalb der Karte S. 98–99; ☎ 65-6468 5788; www.eda.admin.ch/singapore; 1 Swiss Club Link; Ⓜ Dover, dann mit dem Taxi)

ERMÄSSIGUNGEN

Es gibt keine Ermäßigungskarten als solche, aber wer mit Singapore Airlines oder Silk Air nach Singapur fliegt, bekommt in vielen Läden, Restaurants und Sehenswürdigkeiten Ermäßigungen beim Vorzeigen der Bordkarte. Mehr Informationen dazu gibt es unter www.singaporeair.com/boardingpass.

FEIERTAGE & FERIEN

Feiertage

Hier eine Liste mit Feiertagen in Singapur. Für alle, die nicht auf dem westlichen Kalender basieren, sind die Monate angegeben, in die sie wahrscheinlich fallen. Der einzige Feiertag mit echter Wirkung auf die Stadt ist das chinesische Neujahrsfest, wenn fast alle Läden für zwei Tage schließen.

Neujahr 1. Januar

Chinesisches Neujahrsfest Drei Tage im Januar/Februar

Karfreitag April

Tag der Arbeit 1. Mai

Vesak Day Mai

National Day 9. August

Hari Raya Puasa Oktober/November

Deepavali Oktober

1. Weihnachtstag 25. Dezember

Hari Raya Haji Dezember/Januar

Schulferien

Es gibt zwei lange Ferien. Die ersten liegen im Juni und dauern vier Wochen und die zweiten meistens den ganzen Monat Dezember.

FRAUEN UNTERWEGS

Singapur ist wahrscheinlich das sicherste asiatische Reiseland, sexuelle Belästigungen kommen kaum vor. Eventuell wird es für Frauen an Wochenenden in Little India etwas unangenehm, wenn Zehntausende männlicher Arbeitsmigranten den Bezirk stürmen. Frauen werden in Singapur nicht weggesperrt, sie genießen beachtliche Freiheit und Gleichberechtigung.

GEFÜHRTE TOUREN

Singapur ist leicht selbst zu erkunden, aber es gibt lohnenswerte Führungen, die die Stadt und ihre Geschichte erschließen oder einfach eine einzigartige Erfahrung bieten. Empfehlenswert:

Culinary Heritage Tour (☎ 6238 8488; www.eastwestplanners.com) In Singapurs kolossale Essenskultur einzusteigen kann Neulinge leicht entmutigen. Diese maßgeschneiderten Touren sind eine gute Möglichkeit, nicht nur die berühmtesten Gerichte zu probieren, sondern auch die besten Orte dafür kennenzulernen. Eher für Leute, die nicht so aufs Geld gucken müssen. Preise und Programmablauf auf Anfrage.

Imperial Cheng Ho Dinner Cruise (☎ 6533 9811; www.watertours.com.sg; Erw./Kind tags 27/14 $, abends 55/29 $) Der Hafen war lange die Lebensader Singapurs. Auch wenn es sehr touristisch scheint, gibt's keinen besseren Weg, den Hafen zu erkunden als von dieser nachgebauten chinesischen Dschunke aus, die zwischen gigantischen Containerschiffen hindurchschippert. Das Essen ist wenig spektakulär, dafür aber die Aussicht.

Original Singapore Walks (☎ 6325 1631; www.singaporewalks.com; Erw./Kind ab 25/15 $) Wer nur eine Tour in Singapur macht, sollte eine von diesen wählen. Kenntnisreiche, begeisterte Reiseführer lotsen ihre Schäfchen durch verschiedene Teile der Stadt – darunter Chinatown, Little India und die Quays – und bieten dabei faszinierende Einsichten in Singapurs Vergangenheit. Inklusive der schmutzigen Details, von denen sonst keiner erzählt. Die Tour zum Zweiten Weltkrieg ist ebenfalls exzellent. Buchen ist nicht nötig. Ein Blick auf die Webseite verrät Treffpunkt und Uhrzeit, rechtzeitig da sein genügt.

Singapore DUCK Tours (☎ 6333 3825; www.ducktours.com.sg; Erw./Kind 33/17 $) Wir erwähnen sie nur, weil ein monströses Etwas in uns die Idee gefällt, Besucher der Peinlichkeit auszusetzen, zu einem blechernen Soundtrack in einem knallbunten Amphibienfahrzeug durch die Stadt gefahren zu werden, bevor es in den Hafen eintaucht. Entsetzlich und unvergesslich zugleich.

Singapore Nature Walks (☎ 6787 7048; serin@swiftech.com.sg) Singapurs Naturzonen werden oft übersehen und sind schwer zu finden. Der freiberufliche Reiseführer Subaraj hat eine Leidenschaft für Natur und ist auf geradezu intime Weise mit der Inselwildnis vertraut.

Singapore Zoo Management Tour (☎ 6269 3411; www.zoo.com.sg; Erw./Kind 20/10 $; ⏰ 11, 14 & 16 Uhr) Ausgezeichnete Hinter-den-Kulissen-Touren mit Zoopersonal, für Kinder sicher ein Kracher. *Fragile Forest* um 11, *Reptile Garden* um 14 und Paviane um 16 Uhr.

Flussfahrten

Sie sind ein wenig kurz und irgendwie nicht befriedigend, aber die Bumboat-Fahrten auf dem Abschnitt zwischen Clarke Quay und Marina Bay eignen sich gut, um etwas Geschichte aufzusaugen. Mit Girlanden chinesischer Laternen geschmückt, ist eine Fahrt abends am schönsten, als romantischer Ausflug vor dem Abendessen. Es gibt diverse Abfahrtsorte entlang des Singapore River, darunter Clarke Quay, Raffles Landing und Boat Quay. Sie fahren im Allgemeinen zwischen 8.30 und 22.30 Uhr.

Singapore River Cruises (☎ 6336 6111; www.rivercruise. com.sg) fährt mit glasbedachten Booten und Bumboats den Fluss hinauf und hinunter (Erw./Kind 30 Min. Fahrt 13/8 $, 45 Min. 18/10 $); die tuckernden Bumboats sind sehr atmosphärisch. Es gibt zwei Tourlängen: Eine geht nach Clarke Quay und die längere bis Robertson Quay, was die 15 Minuten mehr aber nicht wirklich wert ist.

GELD

Die Landeswährung ist der Singapurdollar, lokal bezeichnet als „Singdollar", bestehend aus 100 Cent. Es gibt Münzen im Wert von 5¢, 10¢, 20¢, 50¢ und 1 $ sowie Scheine im Wert von 2 $, 5 $, 10 $, 50 $, 100 $, 500 $ und 1000 $. Der Singapurdollar ist sehr stabil und eine frei tauschbare Währung.

Geld wechseln

Banken tauschen zwar Geld, aber im Grunde nutzen alle die über die Stadt versprenkelten Geldwechsler, weil dort der Kurs besser ist. Meist von Indern geführt, befinden sich diese kleinen Stände in fast jedem Einkaufszentrum (nicht in den moderneren Malls).

GESUNDHEIT

So wie Singapur ein sehr gesunder Ort ist, hat es auch eine Menge exzellenter Einrichtungen, die „medizinische Touristen" anziehen. Auf www.singaporemedicine.com erfahren Interessierte, was es alles gibt.

Hygiene wird streng überwacht und Wasser aus dem Kran ist trinkbar, jedoch kommt Hepatitis A vor. Schutzimpfungen brauchen nur diejenigen, die sich in einer Gelbfieberzone aufgehalten haben. Singapur ist kein Malariagebiet, aber Denguefieber tritt häufiger auf.

Der Lonely Planet Titel *Asia & India: Healthy Travel Guide* ist als praktisches Taschenbuch vollgestopft mit nützlichen Informationen. Dazu gehören Reisevorbereitungen, erste Hilfe im Notfall, Immunisierung und Informationen über Krankheiten sowie was zu tun ist, wenn man unterwegs krank wird.

Der Lonely Planet Titel *Travel with Children* gibt auch Ratschläge für die Gesundheit der Kleinen auf Reisen.

Medizinische Probleme & Behandlung

Selbstdiagnose und -behandlung können riskant sein, medizinische Hilfe ist also immer angezeigt. Botschaften, Konsulate oder Hotels können eigentlich immer weiterhelfen, wenn es um die Wahl eines Arztes oder Krankenhauses vor Ort geht. In Singapur gibt es viele Apotheken (hilfreich ist die Webseite www. yellowpages.com.sg).

DENGUEFIEBER

Singapur verzeichnet in den letzten Jahren einen rasanten Anstieg dieser bösen Viruserkrankung. *Aedes aegypti,* tags stechende Moskitos mit schwarz-weiß-gestreiften Körpern, verbreiten dieses Krankheit. Charakteristische Symptome sind plötzliches hohes Fieber, starke Gelenkschmerzen (daher der alte Name „Knochenbrecherfieber"), Kopfschmerzen, Übelkeit und Erbrechen, was nach ein paar Tagen seinen Höhepunkt erreicht und wieder abklingt. Danach bildet sich ein Ausschlag am Körper. Meist ist die Krankheit nach zehn Tagen vorüber, aber die Schwäche verschwindet erst nach Monaten. Gefährlich ist das hämorrhagische Denguefieber und das Dengue-Schocksyndrom, mit inneren Blutungen und möglicherweise tödlichem Verlauf. Bei Dengueverdacht sofort den Arzt aufsuchen.

HEPATITIS A

Es gibt Hepatitis A in Singapur und wird durch verseuchtes Essen und Trinkwasser übertragen. Zu den Symptomen gehören Fieber, Schüttelfrost, Kopfschmerzen, Müdigkeit, Schwäche und Schmerzen, gefolgt von Appetitlosigkeit, Übelkeit, Erbrechen, Unterbauchschmerzen, dunklem Urin und hellem Stuhl, gelb verfärbter Haut und Gelbfärbung der Augäpfel. Wer Hepatitis hatte, sollte für eine Weile auf Alkohol verzichten, die Leber braucht etwas Zeit, bis sie ihre Funktionstüchtigkeit wiedererlangt hat.

Auf jeden Fall den Arzt aufsuchen! Man kann aber kaum mehr tun als ausruhen, viel trinken, leicht essen und fette Speisen meiden.

Eine Impfung gegen Hepatitis A gewährt Langzeitschutz (eventuell über zehn Jahre) nach einer ersten Injektion und einer Auffrischung nach sechs bis zwölf Monaten.

HITZESCHÄDEN

Reisende müssen sich in Singapurs Hitze vor Austrocknung schützen – sonst können Hitzeschäden entstehen. Das A und O: langsam an die hohen Temperaturen gewöhnen, genügend Flüssigkeit aufnehmen und sich nicht körperlich verausgaben. Salzverlust ist auch eine Ursache von Austrocknung. Typisch sind Erschöpfung, Teilnahmslosigkeit, Kopfschmerzen, Schwindel und Muskelkrämpfe. Salztabletten können helfen, besser ist es aber, dem Essen eine Extraportion Salz zu verpassen.

HITZEPICKEL

Ein juckender Ausschlag hervorgerufen durch starkes Schwitzen bei gleichzeitg verstopften Schweißdrüsen. Meist trifft es Personen, die gerade in einem heißen Klima angekommen sind. Kühl halten, oft baden, die Haut trocknen und mildes Talkum oder Puder gegen Hitzepickel verwenden. Oder in klimatisierte Räume flüchten.

SONNENBRAND

In den Tropen gibt es rasend schnell einen Sonnenbrand, sogar durch Wolken hindurch. Dagegen hilft ein Sonnenschutz (Hut oder Schirm) und ein Sunblocker für Nase und Lippen. Zinklotion oder eine gängige Aftersunlotion helfen bei schwachem Sonnenbrand. Unbedingt eine hochwertige Sonnenbrille tragen.

INTERNETZUGANG

Jedes gute Hotel hat Internetzugang und hilft Gästen, sich mit ihrem Laptop oder Palmtop einzuklinken. Die neueren Backpackerhostels bieten meistens sogar kostenlosen Internetzugang an.

Singapurs inselweites Breitbandnetz und Tausende kabelloser Hotspots machen zwar Telefonkabel unnötig, aber wer sich ins Internet einwählen muss, sollte wenigstens einen RJ-11-Telefonadapter haben, der zum Modem passt. Es gibt fast immer einen Adapter, der RJ-11 an die lokale Varietät anpasst.

Die großen Internetanbieter wie CompuServe (www.compuserve.com), AOL (www.aol.com) und AT&T (www.attbusiness.net) haben Einwahlknoten in Singapur. SingTel (www.singtel.com.sg) und StarHub

WI-FI-ZUGANG

Singapurs Netzwerk von derzeit etwa 1000 kabellosen Hotspots wächst und gedeiht prächtig – die meisten Cafés und Pubs haben einen. Für eine Liste mit Hotspots folgt man dem Link Wireless@SG auf www.infocomm123.sg. Einloggen ist bis zum 31. Dezember 2009 kostenlos – eine User-ID und ein Password bekommt jeder, der im SingTel-Mobilnetz ☎ 186 wählt.

(www.starhub.com) sind die beiden größten Anbieter vor Ort.

Wer ganz auf Internetcafés setzen möchte, braucht seinen eingehenden Mailservernamen (POP oder IMAP), den Accountnamen und natürlich das Passwort vom eigenen Internetanbieter.

KARTEN

Hochwertige kostenlose Karten für Touristen gibt es in der Touristeninformation, bei Ankunft am Flughafen und in einigen Hotels, Hostels und Einkaufszentren. Die *Official Map of Singapore,* kostenlos vom Singapore Tourism Board (STB) und in Hotels, ist prima und lässt sich sehr gut nachvollziehen. Unter den kommerziellen Karten sind Nelles und Periplus gut. Das *Mighty Minds Singapore Street Directory* (12,90 $) ist superb und absolut unverzichtbar für alle, die Auto fahren wollen.

KINDER

Singapur ist für Kinder ein sicheres, gesundes und spaßiges Land, vorausgesetzt sind dabei sinnvolle Maßnahmen und Vorkehrungen gegen die Hitze.

Die singapurische Gesellschaft ist sehr familienorientiert und Kinder sind eigentlich überall willkommen. Als Familie essen zu gehen ist hier völlig normal, und die meisten Hotels bieten Familienzimmer, zusätzliche Betten oder Kinderbettchen und Kinderbetreuung an. Der Lonely Planet Titel *Travel with Children* von Cathy Lanigan hat jede Menge nützliche Tipps für das Reisen mit der Familie.

In diesem Buch sind kinderfreundliche Schlaf- und Essensgelegenheiten mit dem 🚼 Icon ausgezeichnet. Mehr Informationen zu kindertauglichen touristischen Unternehmungen gibt's auf S. 92.

KLIMA

Singapur ist das ganze Jahr hindurch heiß und feucht. Regelmäßige Regenfälle kommen meist in Form schwerer tropischer Regen herunter, die etwa ein bis zwei Stunden dauern und einen klaren Himmel hinterlassen. Es gibt kaum Unterschiede zwischen den Jahreszeiten, doch in der Regel sind die Monate Mai bis September die heißesten.

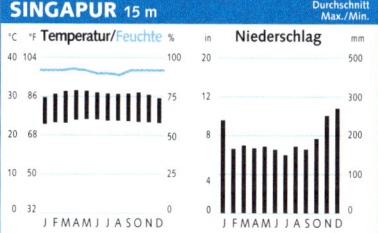

KURSE

Singapurer sind verrückt nach Kursen. Staatsbürgern oder Personen mit Hauptwohnsitz in Singapur bietet die Stadtrat subventionierte Kurse an. Bei Besuchern sind Kochkurse am beliebtesten (S. 130).

MEDIZINISCHE VERSORGUNG

Singapurs medizinische Einrichtungen sind erstklassig und meist günstiger als die private Gesundheitsfürsorge im Westen. Versicherungsschutz ist ratsam. Bevor es losgeht, mit dem Versicherer abklären, welche Behandlungen und sonstigen Prozeduren übernommen werden.

Krankenhäuser

Raffles SurgiCentre (Karte S. 72; ☎ 6334 3337; www. raffleshospital.com; 585 North Bridge Rd.; ☯ 24 Std.; Ⓜ Bugis) Eine Ambulanz.

Singapore General Hospital Accident & Emergency Department (Karte S. 64–65; ☎ 6321 4311; Outram Rd.; ☯ 24 Std.; Ⓜ Outram Park) Befindet sich in Block 1 auf dem Gelände.

Notaufnahmen

Hier gibt es Notaufnahmen mit 24-Stunden-Dienst:

Gleneagles Hospital (Karte S. 80–81; ☎ 6470 5688; 6A Napier Rd.)

Mount Elizabeth Hospital (Karte S. 80–81; ☎ 6731 2218; 3 Mt. Elizabeth Rd.)

Raffles Hospital (Karte S. 72; ☎ 6311 1111; 585 North Bridge Rd.)

Singapore General Hospital (Karte S. 64–65; ☎ 6321 4113; Level 2, Block 1, Outram Rd.)

NOTFALL

Nützliche Notfallnummern:

Krankenwagen (☎ 995)

Feuer (☎ 995)

Polizei (☎ 999)

SOS Beratungsstelle (☎ 1800 774 5935)

ÖFFNUNGSZEITEN

In Singapur haben die Ämter in der Regel von Montag bis Freitag und Samstagmorgen geöffnet. Die Öffnungszeiten schwanken: Der Arbeitstag beginnt zwischen 7.30 und 9.30 Uhr und endet zwischen 16 und 18 Uhr. Am Samstag ist zwischen 11.30 und 13 Uhr Dienstschluss.

Ladenöffnungszeiten wechseln auch. Kleine Läden haben wochentags von 10 bis 18 Uhr geöffnet, Kaufhäuser und große Einkaufszentren hingegen sieben Tage die Woche von 10 bis 21 oder 21.30 Uhr. Die meisten kleinen Läden in Chinatown und der Arab Street schließen am Sonntag, während dieser Tag in Little India der betriebsamste Einkaufstag ist.

Banken haben wochentags von 9.30 bis 15 Uhr geöffnet (samstags bis 11.30 Uhr), während Spitzenrestaurants ihre ersten Gäste zur Mittagszeit und abends einlassen.

POST

Die Post in Singapur arbeitet effizient. Die meisten Postämter sind Montag bis Freitag von 8 bis 18 Uhr geöffnet und samstags von 8 bis 14 Uhr. Unter ☎ 1605 oder auch auf www.singpost.com.sg ist die nächstgelegene Filiale zu finden.

Briefe mit dem Hinweis „Poste Restante" verwahrt das **Singapore Post Centre** (Karte S. 84; ☎ 6741 8857; 10 Eunos Rd.; Ⓜ Paya Lebar) nahe der Metrostation Paya Lebar. Es hat sonntags geöffnet wie auch das Postamt an der **Killiney Road** (Karte S. 80–81; ☎ 6734 7899; 1 Killiney Rd.; Ⓜ Somerset). Eine weitere Filiale befindet sich an der **Orchard Road** (Karte S. 80–81; ☎ 6738 6899; 04–15 Takashimaya, Ngee Ann City, 391 Orchard Rd.; Ⓜ Orchard). Terminal 2 am Changi Airport (Karte S. 48–49) hat zwei

211

Filialen, eine ist von 6 bis 24 Uhr offen, die andere von 8 bis 21.30 Uhr.

Postkarten via Luftpost und Luftpostleichtbriefe kosten in die ganze Welt 0,50 $. Briefe mit 20 g Gewicht oder weniger kosten von 0,65 bis 1,10 $, abhängig vom Ziel.

RADIO

Die Media Corporation of Singapore (kurz MediaCorp) betreibt das größte Radionetzwerk mit zwölf lokalen und vier internationalen Radiosendern. Es gibt fünf englischsprachige Sender: Gold 90.5FM, Symphony 92.4FM, NewsRadio 93.8FM, Class 95FM und Perfect 10 98.7FM. International Channel 96.3FM, auch von der MediaCorp, ist spezialisiert auf französische, deutsche, japanische und koreanische Programme. Zu den Privatsendern gehört Power 98FM in englischer Sprache von Safra Radio, ein 24-Stunden-Programm für die 18- bis 35-Jährigen. Die BBC sendet auf 88.9FM.

Viele Radiosender der Insel gibt's auch im Internet. Wer also schon vor Reiseantritt einen Vorgeschmack auf mittelatlantischen Akzent mit Singapureinschlag möchte, kann sich dort umtun.

RECHTSFRAGEN

Singapurs Ruf für strenge Gesetze ist nicht unverdient – auch für Ausländer gibt es keine Sonderbehandlung. Trotz der erstaunlich niedrigen Polizeipräsenz auf den Straßen sind die Gesetzeshüter ziemlich schnell da, wenn etwas passiert. Die Polizeit hat große Macht und es wäre unklug, nicht auf etwaige Bitten oder Forderungen einzugehen.

Wer in einen Vorfall verwickelt ist, sollte daran denken, dass meist dem geglaubt wird, der zuerst anruft. Im Falle der Verhaftung hat jeder Anrecht auf einen Rechtsbeistand (der bei kleinen Vergehen empfehlen wird, sich schuldig zu bekennen, gleichgültig ob es stimmt) und Kontakt mit der zuständigen Botschaft.

REISEN MIT BEHINDERUNG

Lange Zeit war Singapur nicht im Entferntesten auf Rollstuhlfahrer eingestellt, aber seit einigen Jahren lässt die Regierung inselweit Rampen, Lifts und andere Einrichtungen installieren. Die Bürgersteige in der Stadt sind fast alle tadellos, Metrostationen verfügen durchweg über Lifts und es gibt sogar ein paar rollstuhlfreundliche Busse.

Access Singapore ist ein äußerst nützliches Handbuch der Disabled Persons Association of Singapore mit umfassenden Informationen zu den verschiedenen Serviceleistungen und vielem mehr. Einzusehen ist es auf der Webseite www.dpa.org.sg, es ist aber auch erhältlich in den Geschäftsstellen des STB (Singapore Tourism Board, S. 213) oder beim National Council of Social Services (☎ 6210 2500; www.ncss.org.sg). Ansprechpartner in Deutschland ist der Reiseservice des Bundesverbands Selbsthilfe Körperbehinderter e. V. (BSK; ☎ 06294-4281-0; www.reisen-ohne-barrieren.eu; Altkrautheimer Str. 20, 74238 Krautheim), in Österreich der Verband aller Körperbehinderten Österreichs (☎ 01-9145562; Schottenfeldgasse 29, 1070 Wien) und in der Schweiz der Mobility International Schweiz (☎ 062-2068835; www.mis-ch.ch; Froburgstr. 4, 4600 Olten).

SCHWULE & LESBEN

Sex zwischen Männern ist in Singapur illegal und bringt eigentlich mindestens zehn Jahre Gefängnis. Tatsächlich wird aber wahrscheinlich niemand strafrechtlich verfolgt. Das Verbot drückt nichts weiter aus als die Überzeugung der Regierung, das Land sei noch nicht bereit für eine offene Toleranz gegenüber „alternativen Lebensformen".

Trotzdem gibt es zahlreiche Schwulenbars und in der Stadt sind viele Leute zu sehen, die offen mit ihrer Homosexualität umgehen.

Ein guter Start bei der Infosuche sind die Webseiten Utopia (www.utopia-asia.com) oder Fridae (www.fridae.com). Beide haben ein exzellentes Angebot zu Veranstaltungsorten und Veranstaltungen in ganz Asien.

Singapurer sind recht konservativ, was öffentlich dargestellte Zuneigung angeht. Es wird aber immer üblicher für heterosexuelle und lesbische Pärchen, ihre Vertrautheit offen zu zeigen (Lesben scheinen überhaupt keine Aufmerksamkeit zu erregen). Ein schwules Pärchen würde im gleichen Fall definitiv negative Reaktionen hervorrufen.

STEUERN & ERSTATTUNGEN

Besucher haben unter bestimmten Bedingungen ein Recht auf Erstattung der 7 % Mehrwertsteuer auf Einkäufe (S. 111).

STROM

Die Stromversorgung ist zuverlässig und läuft mit 220 bis 240 Volt und 50 Herz. In alle Steckdosen passen dreipolige Stecker, die in

Großbritannien üblich sind. In den meisten Malls gibt es Elektro- oder Haushaltsgeschäfte mit einer großen Auswahl an Adaptern. Mehr Info zu elektronischen Reisefragen auf www.kropla.com.

TELEFON

Von öffentlichen Telefonzellen sind Ortsgespräche und internationale Telefonate möglich. In den meisten Telefonzellen funktionieren Telefonkarten.

Singapur hat auch Kreditkartentelefone, einfach die Karte durch den Schlitz ziehen. Bei SingTel gibt es auch sogenannte Home Country Direct Phones. Per Druck auf den richtigen Länderknopf erfolgt die Verbindung mit dem Vermittler und die Zuweisung der Gebühren an den Gesprächsempfänger. Es ist auch möglich, die Gebühren von einer internationalen Telefonkarte abbuchen zu lassen, die im Heimatland gültig ist.

Nützliche Nummern sind:

Telefonauskunft (☎ 100)

Fluginformation (☎ 1800 542 4422) Sprachsteuerung.

STB-24-Stunden-Touristeninfo (☎ 1800 736 2000)

Es gibt keine Ortsvorwahlen in Singapur. Telefonnummern haben acht Ziffern, außer bei gebührenfreien Telefonaten (☎ 1800).

Um aus Übersee in Singapur anzurufen, die ☎ 0065 wählen, Singapurs Landesvorwahl, dann die achtstellige Rufnummer eingeben.

Telefonate von Singapur nach Malaysia gelten als STD-Gespräche (Ferngespräche). Zuerst ☎ 020 wählen, gefolgt von der Ortsvorwahl der gewünschten Stadt in Malaysia (minus der Null am Anfang) und der Nummer des Gesprächspartners. Ein Anruf der ☎ 346 7890 in Kuala Lumpur (Ortsvorwahl ☎ 03) würde so gewählt: ☎ 02-3-346 7890. Unter ☎ 109 gibt es Auskunft zu malaysischen Ortsvorwahlen.

Handys

In Singapur beginnen Handynummern mit ☎ 9. Wer von seinem heimischen Anbieter mit Global Roaming ausgestattet ist, dessen GSM-Handy wird sich automatisch mit einem von Singapurs Netzwerken verbinden. Singapur nutzt GSM900 und GSM1800 und die gesamte Insel wird bedient. Am besten den eigenen Anbieter nach Roaminggebühren fragen, die können nämlich hoch sein.

Alternativ sind auch vor Ort SIM-Karten zu erstehen. Es gibt sie bei Postämtern und 7-Eleven-Läden für etwa 28 $ (inklusive Gut-

haben). Das Gesetz schreibt vor, beim Kauf den Ausweis vorzulegen.

Telefonkarten

Telefonkarten sind beliebt bei Singapurs Arbeitsmigranten – Hausmädchen und Bauarbeiter, die die Stadt in Gang halten – also gibt es viele zu kaufen. Es gibt einen kleinen Stand für Telefonkarten vor dem Centrepoint-Einkaufszentrum (S. 120) an der Orchard Road und viele Händler um Little India. Vor dem Kauf die Länder checken, für die die Karten gelten.

TOILETTEN

Es dürfte kaum überraschen, dass Singapurs öffentliche Toiletten gut verteilt und tadellos sind, sogar die in öffentlichen Parks und Bahnhöfen. Mitunter fallen 0,10 oder 0,20 $ Nutzungsgebühr an – vor allem in Hawker Centern – ironischerweise sind diese meist am schlechtesten gepflegt.

TOURISTENINFORMATION

Vor der Reise lohnt ein Blick auf die informative Webseite des Singapore Tourism Board (www.visitsingapore.com).

In Singapur gibt es diverse Touristenzentren mit umfassendem Service, dazu gehört unter anderem die Buchung geführter Touren und Kartenverkauf zu Veranstaltungen. Außerdem gibt es auch Infoterminals.

Liang Court Tourist Service Centre (Karte S. 54–55; ☎ 6336 7184; Level 1, Liang Court Shopping Centre, 177 River Valley Rd.; ⏱ 10–22 Uhr; Ⓜ Clarke Quay)

Singapore Visitors Centre@Little India (Karte S. 72; ☎ 6296 4280; 73 Dunlop St., InnCrowd Backpackers Hostel; ⏱ 10–22 Uhr; Ⓜ Little India)

Singapore Visitors@Orchard Information Centre (Karte S. 80–81; ☎ 1800 736 2000; Ecke Orchard & Cairnhill Rds.; ⏱ 8–22.30 Uhr; Ⓜ Somerset)

Suntec City Visitors Centre (Karte S. 55–55; ☎ 1800 332 5066; 01-35/37/39/41 Suntec City Mall, 3 Temasek Blvd.; ⏱ 10–18 Uhr; Ⓜ City Hall)

ÜBERSIEDELN

Singapur macht es einem leicht, sich dort niederzulassen. Tausende und Abertausende von Auswanderern strömen ständig ein und aus. Während das Einwanderungs- und das bürokratische Prozedere glattlaufen, ist es eher schwierig, in gesellschaftlicher Hinsicht ein Bein an die Erde zu bekommen. Der wahrscheinlich beliebteste Onlinetreffpunkt ist www.singaporeexpats.com. Hier gibt es jede Menge Infos zum Übersiedeln, einen Immobilienservice, Onlineforen zu allen möglichen Themen, einen beliebten Datingservice und Onlinekleinanzeigen.

Die Ehepartner und Lebensgefährten von Menschen, die wegen ihres Jobs nach Singapur kommen, können beim Ministry of Manpower (www.mom.gov.sg) um eine Arbeitserlaubnis ersuchen. Es handelt sich um eine Formalität, aber viele empfinden die Jobsuche entmutigend – singapurische Arbeitgeber sind allgemein unwillig, Fremde anzustellen. Eine andere Möglichkeit wäre, ein Einzelunternehmen anzumelden und freiberuflich zu arbeiten. Die Formulare können meist im Postamt ausgefüllt werden und sind normalerweise reine Formsache. Einmal genehmigt, ist es ganz leicht, das Unternehmen zu registrieren und die Arbeitserlaubnis zu bekommen.

VISA

Die meisten Singapurbesucher, das gilt auch für deutsche, österreichische und schweizerische Touristen, benötigen normalerweise kein Visum, sondern bekommen bei der Ankunft eine 30 Tage gültige Touristenkarte. Unverzichtbar ist aber ein gültiger Reisepass, genügend Geld für den Singapuraufenthalt sowie die Papiere für die Weiter- oder Rückreise. Andere Visa-Regelungen gelten für die Gemeinschaft Unabhängiger Staaten, Indien, Myanmar, China und die meisten Länder des Mittleren Ostens. Aufenthaltsverlängerungen können beim Immigration Department (Karte S. 72; ☎ 6391 6100; 10 Kallang Rd.; Ⓜ Lavender) beantragt werden. Einen Überblick über sämtliche Visa-Bestimmungen gibt es auf der Seite des Immigration Department unter www.ica.gov.sg

ZEIT

Mitteleuropäische Zeit (MEZ) plus sieben Stunden. Um 5 Uhr morgens in Frankfurt, Wien und Zürich ist es also in Singapur 12 Uhr mittags. Während der europäischen Sommerzeit beträgt der Zeitunterschied plus sechs Stunden, denn in Singapur werden die Uhren nicht umgestellt.

ZEITUNGEN & ZEITSCHRIFTEN

Englische Tageszeitungen in Singapur sind die großformatige Straits Times (inklusive der Sunday Times), die Business Times, das nachmittags erscheinende Boulevardblatt New Paper und die kostenlose Today.

Die Straits Times ist das düstere Sprachrohr der Regierung, obwohl die Berichterstattung über Asien okay ist. Stallgefährte New Paper ist Singapurs Versuch in Sachen reißerischer Boulevardjournalismus und berichtet außerdem bis ins kleinste Detail über englischen Fußball.

Today sieht aus wie das totale Chaos, ist aber bei den meisten beliebter als die beiden Konkurrenzprodukte.

Magazine zu Außenpolitik und Wirtschaft sind verbreitet erhältlich, abgesehen vom Far Eastern Economic Review. Die Regierung hat es verboten, weil ihr die Berichterstattung missfiel. Pornografische Schriften sind strikt verboten, aber Cosmopolitan und Magazine für rassige Jungs wie FHM und Maxim sind erlaubt.

ZOLLBESTIMMUNGEN

Wer nach Singapur einreist, darf 1 L Wein, Bier oder Spirituosen zollfrei einführen. Elektroartikel, Kosmetik, Armbanduhren, Kameras, Schmuck (aber kein unechter), Schuhe, Spielzeug und Kunsthandwerk sind nicht zollpflichtig; es gilt die übliche Bestimmung der Zollfreiheit von Privateigentum, etwa Kleidung.

Es ist verboten, nach Singapur Tabakwaren einzuführen, allerdings drücken die Zollbeamten bei einzelnen Päckchen ein Auge zu.

Zollfreiheit gibt es nicht für aus Malaysia Einreisende oder für Reisende, die Singapur für weniger als 48 Stunden verlassen.

Feuerwerkskörper, Spielzeuggeld (Scheine und Münzen), obszönes oder staatsgefährdendes Material, waffenförmige Feuerzeuge, bedrohte Tierarten oder ihre Nebenprodukte und raubkopierte Aufnahmen oder Veröffentlichungen sind verboten. Mit dem Tode bestraft wird die Ein- oder Ausfuhr illegaler Drogen von mehr als 15 g Heroin, 30 g Morphium oder Kokain, 1,2 kg Opium, 500 g Cannabis, 200 g Cannabisharz, 1000 g Cannabismischung oder 250 g Metamphetamin. Handel mit Ecstasy (über 150 Tabletten) wird mit 30 Jahren Gefängnis und 15 Schlägen mit dem rotan (Rohrstock) bestraft.

Strafen für Handel mit kleineren Mengen reichen von zwei Jahren Gefängnis und zwei Schlägen mit dem rotan bis zu 30 Jahren und 15 Schlägen. Wer verordnete Medikamente mitbringt, sollte eine ärztliche Bescheinigung oder das Rezept dabeihaben.

Es gibt keine Beschränkung bei der Einfuhr von Währungen.

SPRACHE

Die vier offiziellen Sprachen Singapurs sind Malaiisch, Tamil, Mandarin und Englisch. Malaiisch ist Nationalsprache, die eingeführt wurde, als Singapur noch ein Teil Malaysias war. Sein Gebrauch beschränkt sich aber zumeist auf die malaiische Gemeinde.

Tamil ist hier die meistverbreitete indische Sprache, daneben wird auch Malayalam und Hindi gesprochen.

Chinesische Dialekte werden noch überall gesprochen, besonders unter den älteren Chinesen; am häufigsten trifft man Hokkien, Teochew, Kantonesisch, Hainanesisch und Hakka an. Die seit Langem von der Regierung ausgerufene Kampagne zur Förderung des Mandarin, der wichtigsten nicht dialektalen chinesischen Sprachen, war sehr erfolgreich, sodass eine wachsende Anzahl von singapurischen Chinesen es jetzt zu Hause sprechen.

Englisch verbreitet sich mehr und mehr. Nach der Unabhängigkeit führte die Regierung zunächst eine zweisprachige Bildungspolitik ein, die darauf abzielte, die Dialekte zu fördern und den Gebrauch des Englischen zurückzudrängen. Die chinesischen Schulabsolventen fanden jedoch, dass dies ihre Aussicht auf höhere Bildung verringerte und die Jobchancen verschlechterte. Englisch war die Sprache der Geschäftswelt und verband die verschiedenen ethnischen Gruppen, sodass die Regierung diesem Umstand Rechnung tragen musste. Englisch wurde 1987 die erste Fremdsprache. Im Jahr 2000 startete die Regierung die Kampagne „speak good English", um das englischsprachige Niveau zu verbessern.

Alle Kinder werden zusätzlich in ihrer Muttersprache unterrichtet. Dieser Grundsatz soll vor allem die verschiedenen chinesischen Gruppen einen und dafür sorgen, dass chinesische Singapurer nicht die Verbindung zu ihren Traditionen verlieren.

SINGLISH

Wer etwas länger in Singapur bleibt, wird an dem einen oder anderen Punkt feststellen, dass man die Einheimischen zuweilen anstarrt und einfach nur Bahnhof versteht. Unnötige Präpositionen und Pronomen werden weggelassen, die Wortstellung wird umgedreht, Phrasen gekürzt und Betonung und Wortmelodie sind milde ausgedrückt recht unkonventionell. Obwohl dem Namen nach Englisch, ist der charakteristische Slang der Singapurer gespickt mit Wörtern aus dem Hokkien, dem Tamil und dem Malaiischen.

Es gibt keine bestimmte Singlish-Grammatik, aber doch einige Charakteristika. So wird die erste Silbe einer Phrase immer lang betont, sodass aus dem standardsprachlichen „government" ein „gawwe-men" wird. Wörter, die auf Konsonanten enden, werden oft zusammengezogen, Vokale oft verzerrt. Ein chinesischsprachiger Taxifahrer versteht vielleicht nicht unmittelbar, wenn der Gast zur Perak Road will, da er diese Straße nur als „Pera Roh" kennt.

Die Zeitformen der Verben gibt es quasi nicht. Vergangenheit, Gegenwart und Zukunft werden indes durch Zeitindikatoren angezeigt: „I go tomorrow" oder „I go yesterday".

AUF MANDARIN, BITTE!

Singapur ist ein Land mit vielen Sprachen und Menschen unterschiedlichster Herkunft, der chinesische Anteil ist jedoch letztlich überwiegend.

Als ihre Vorfahren aus China kamen, brachten sie eine Reihe chinesischer Sprachen und Dialekte mit, darunter Hokkien, Teochew, Hakka, Kantonesisch und Mandarin. Diese Dialekte sind so unterschiedlich, dass man sie auch als eigene Sprachen betrachten kann. Die Briten lösten dieses Problem, indem sie Englisch zur Lingua franca (Verkehrssprache) dieser tropischen Kolonie machten, und das ist größtenteils noch heute der Fall.

Seit 1979 versucht die Regierung Singapurs, die chinesischen Bevölkerungsgruppen zu einen, indem sie Sprecher von Minderheitensprachen dazu ermuntert, die chinesische Verwaltungssprache Mandarin anzunehmen. Auf diese Weise hofft man, Uneinigkeiten und Differenzen zu überwinden und die Idee einer singapurischen Nation besser verwirklichen zu können.

Die Kampagne richtete sich zunächst an einsprachige Chinesen, wurde aber mit den Jahren ausgeweitet auf Chinesen, die Englisch sprachen und eine wachsende Bereitschaft zeigten, Mandarin als ihre Hauptsprache in Beruf und Freizeit zu nutzen. Die Regierung ist so besessen von ihrer Kampagne, dass sogar eine Website eingerichtet wurde, die willige Konvertiten motivieren soll: www.mandarin.org.sg.

Die Partikel „lah" wird an Sätze oft zur Betonung angehängt, z. B. in „No good lah". Bitten oder Fragen werden oft mit einem Anhängsel gekennzeichnet, da direktes Fragen als unhöflich gilt. Mit dem Ergebnis, dass eigentlich höflich formulierte Fragen für den Abendländer eher unhöflich klingen. So wird „Would you like a beer?" (Möchten Sie ein Bier?) zu „You wan beer or not?" (Sie wollen Bier, oder nicht?).

Oft hört man auch, wie ältere Singapurer mit *Uncle* oder *Auntie* angeredet werden. Dabei handelt es sich weder um Verwandte noch um Unhöflichkeit, sondern vielmehr um ein Zeichen von Respekt.

Unten sind einige oft gehörte Singlish-Ausdrücke aufgelistet. Um tiefer in die Materie einzutauchen, sollten Interessierte auf das lustige *Coxford Singlish Dictionary* auf der satirischen Website Talking Cock (www. talkingcock.com) zurückgreifen.

a bit the – sehr, ziemlich; wie in *Wah! Your car a bit the slow one* (Mann, Ihr Auto ist aber sehr langsam)

ah beng – jedes Land hat sie: Jungs mit gegelter Igelfrisur, schrillen Klamotten, den neuesten Handys und einer Auswahl feinster Gossensprache; ihr größter Wunsch: ein aufgepimptes Auto mit enormen Lautsprechern im Kofferraum, damit sie die süßesten *ah lian* aufgabeln können

ah lian – die weibliche Ausgabe des *ah beng*: schaumfestigergeformtes Haar, knalliges Outfit und eine spitze Zunge; auch bekannt als *ah huay*

aiyah! – „oh je!"

alamak! – Ausdruck von ungläubigem Staunen oder Frust, wie in „oh, mein Gott!"

ang mor – gebräuchlicher Ausdruck für Europäer, mit abschätzigem Unterton; wörtlich „rothaariger Affe" auf Hokkien

ayam – malaiisches Wort für Huhn; als Adjektiv bezeichnet es etwas Minderwertiges oder Schwaches

blur – langsam oder unwissend

buaya – Frauenheld, Womanizer; abgeleitet vom malaiischen Wort für Krokodil

can? – „ist das okay?"

can! – „ja, in Ordnung!"

char bor – Mädchen, Frau

cheena – abwertender Begriff für einen Chinesen, der sich altmodisch kleidet oder so denkt

confirm – wird verwendet zur Betonung bei Beschreibungen von Dingen/Personen, wie in *He confirm blur one* (Er ist nicht gerade der Hellste)

go stun – rückwärtsfahren; wie in *Go stun the car* (Setz den Wagen zurück)

heng – Glück, günstiges Schicksal (Hokkien)

hiao – eitel

inggrish – Englisch

kambing – Trottel, Dummkopf; wörtlich „Ziege" (Malaiisch)

kaypoh – Wichtigtuer

kena – malaiisches Wort, das dem englischen „got" nahekommt, wie in *He kena arrested for drunk driving* (Er wurde wegen Trunkenheit am Steuer festgenommen)

kenna ketok – abgezockt, über's Ohr gehauen

kiasee – verängstigt; wörtlich „Sterbensangst haben"; Feigling

kiasu – wörtlich „Angst vorm Verlieren haben"; selbstsüchtig, aufdringlich, immer auf den eigenen Vorteil bedacht

kopitiam – Coffeeshop

lah – im Allgemeinen Endung eines Neben- oder Hauptsatzes, die man mit „okay" übersetzen könnte, wird aber im Grunde als Betonung an fast alles angehängt

lai dat – Verballhornung des englischen „like that"; zur Betonung benutzt, wie in *I so boring lai dat* (Mir ist sooo langweilig)

looksee – entspricht dem englischen „take a look" (schau mal)

makan – eine Mahlzeit; essen

malu – verlegen, peinlich berührt

minah – Freundin

or not? – allgemeines Suffix für Fragesätze, wie in *Can or not?* (Kannst du oder nicht?)

see first – abwarten und sehen, was passiert

shack – müde

shiok – gut, toll, schmackhaft

sotong – das malaiische Wort für Tintenfisch; als Adjektiv benutzt mit der Bedeutung „unbeholfen" oder „nicht besonders helle"

steady lah – gut gemacht, hervorragend; ein Ausdruck des Lobes

Wah! – allgemeiner Ausruf der Überraschung oder der Verzweiflung

ya ya – angeberisch, wie in *He always ya ya* (Er ist ein alter Angeber)

ESSEN

Bevor man sich ans Schlemmen in einem Hawker Center macht, ist es keine schlechte Idee, sich mit den Namen einiger Gerichte und Zutaten vertraut zu machen, um größere Verwirrungen zu vermeiden.

Essglossar
CHINESISCH

ah balling – Klebreisbällchen gefüllt mit einer süßen Paste aus Erdnüssen, schwarzem Sesam oder roten Bohnen, üblicherweise serviert in einer Suppe mit Erdnuss- oder Ingwergeschmack

bak chang – regionaltypische Reisnudeltasche gefüllt mit herzhaft gewürzter oder süßer Fleischfüllung, eingewickelt in Blätter

bak chor mee – Nudeln mit Schweinefleisch, Hackbällchen und gebratenen Muscheln

bak choy – eine Variante des Chinakohls mit langen hellen Stielen und dunkelgrünen Blättern

bak kutteh – Suppe mit Schweinerippchen und einem Hauch Knoblauch sowie chinesischer Fünf-Gewürze-Mischung

char kway teow – Hokkien-Gericht mit Bandnudeln, Muscheln und Eiern gebraten in Chili- und Schwarze-Bohnen-Sauce

char siew – süßes geschmortes Schweinefilet

cheng ting – eine Nachspeise bestehend aus einer Schale Zuckersirup mit Kräutergeleestückchen, Gerste und Datteln

choi sum – ein beliebtes chinesisches Gemüse, oft gedämpft zubereitet und mit Austernsauce serviert

congee – chinesischer Porridge

Hainanese chicken rice – eine regionale Spezialität; Huhn serviert mit Frühlingszwiebeln und Ingwerdressing, dazu gibt es eine Suppe und Reis

hoisin sauce – dicke Würzsauce aus Sojabohnen, roten Bohnen, Zucker, Essig, Salz, Knoblauch, Sesam, Chilis und Gewürzen; süß-scharf und würzig im Geschmack

ka shou – Fischkopf-Nudelgericht

kang kong – Wasserspinat, wird wie Blattgemüse zubereitet

kway chap – Schweineinnereien in Sojasauce gekocht und mit Reisbandnudeln serviert

kway teow – Reisbandnudeln

lor mee – regionale Nudelspezialität mit Fleischscheiben, Eiern und einem Spritzer Essig in einer dunkelbraunen Sauce

mee pok – flache Nudeln aus Eiern und Weizen

popiah – der Frühlingsrolle ähnlich, jedoch nicht frittiert

spring roll – Frühlingsrolle; Gemüse, Erdnüsse, Ei und Bohnensprossen eingerollt in einen dünnen Pfannkuchen und dann frittiert

won ton – Teigtasche gefüllt mit Schweinehack

won ton mee – Suppe mit Hühnerfleischstreifen oder geschmortem Rindfleisch

yu char kueh – frittierter Teig, wird mit *congee* gegessen

yusheng – Salat aus rohem Fisch, geraspeltem Gemüse, kandierter Melone und Zitrone, eingelegtem Ingwer, Sesam, Qualle und Erdnüssen in einem süßen Dressing; wird zum chinesischen Neujahrsfest gegessen

yu tiao – frittiertes Gebäck, das zum Frühstück oder als Dessert gegessen wird

INDISCH

achar – eingelegtes Gemüse

fish-head curry – Kopf vom Red Snapper in Currysauce; ein berühmtes singapurisch-indisches Gericht

gulab jamun – frittierte Teigbällchen in Sirup

idli – gedämpfte Reisküchlein serviert mit dünnflüssigen Chutneys

keema – würziges Hackfleisch

kofta – Hackfleisch- oder Gemüsebällchen

korma – mildes Curry mit Joghurtsauce

lassi – aus Joghurt hergestelltes Erfrischungsgetränk; fruchtig-süß oder salzig

mulligatawny – würzige Rindfleischsuppe

pakora – frittiertes Gemüse

paratha – frittiertes Brot; auch *roti prata* genannt

pilau – in Ghee (geklärte Butter) gebratener Reis vermischt mit Nüssen, anschließend in Brühe gekocht

raita – eine Art Dip aus Gurken, Joghurt und Minze; mildert scharfe Gerichte

rasam – scharfe Suppe

roti john – gebratene *roti* mit Chili

saag – Beilage aus gehacktem, würzigem Spinat

sambar – scharfer Eintopf mit Gemüse und Hülsenfrüchten

samosa – frittierte dreieckige Teigtasche gefüllt mit würzigem Gemüse oder Fleisch

tikka – Fleisch- oder Fischstückchen, die vor dem Backen in Joghurt eingelegt werden

vadai – Bratling aus Linsen, serviert mit herzhafter Linsensauce oder Joghurt

MALAIISCH & INDONESISCH

ais kacang – ähnelt *cendol*, jedoch mit Kondensmilch anstatt mit Kokosmilch hergestellt; manchmal auch *ice kacang* geschrieben

belacan – fermentierte Garnelenpaste; als Würzmittel verwendet

belacan kankong – grünes pfannengerührtes Gemüse in Garnelenpaste gebraten

cendol – regionale Dessertspezialität; besteht aus einem Berg geschabtem Eis, der gefüllt ist mit roten Bohnen, *attap* (die süße, geleeartige Frucht der Attappalme) und

Wackelpudding, garniert mit bunten Sirupen, Rohrzuckersirup und Kokosmilch

gado gado – kaltes Gericht mit Bohnensprossen, grünen
Bohnen, *tempeh,* Tofu, Reiskuchen und Krabbenchips,
garniert mit würziger Erdnusssauce

itek manis – Ente in Ingwer und Schwarze-Bohnen-Sauce
geköchelt

itek tim – ein Klassiker; Suppe mit gekochter Ente,
Tomaten, grünem Paprika, salzigem Gemüse und eingelegten Pflaumen

kari ayam – Hühnercurry

kaya – ein Toastbelag aus Kokos und Ei

kecap – Sojasauce; ausgesprochen wie „Ketchup" (aus
dem Malaiischen ins Englische übertragen, nicht umge-
kehrt)

kepala ikan – Fischkopf, entweder in einer Currysauce
oder gegrillt

kueh mueh – malaiische Küchlein

lontong – Reiskuchen in würziger Kokossauce bestreut mit
Kokosraspeln; manchmal mit Tofu und Ei

mee siam – weiße dünne Nudeln in süß-saurer Tamarin-
densauce

mee soto – Nudelsuppe mit Hühnerfleischstreifen

nasi biryani – Safranwürzreis mit Cashewnüssen, Mandeln
und Rosinen garniert

nasi minyak – Würzreis

pulut kuning – klebriger Safranreis

o-chien – Austernomelett

rojak – Salat aus Gurke, Ananas, Yam-Bohnen, Sternfrucht,
grüner Mango und Guave mit einem Dressing aus Krabbenpaste, Chilis, Palmzucker und frischem Limettensaft

sambal – Sauce aus gebratenen Chilis, Zwiebeln und
Garnelenpaste

soto ayam – scharfe Hühnersuppe mit Gemüse und
Kartoffeln

tempeh – eingelegte Sojabohnen, frittiert

PERANAKAN

ayam buah keluak – Hühnchen in einer herzhaften,
würzigen Sauce; serviert mit *buah keluak* (eine ungewöhnlich schmeckende pastenartige Nuss)

carrot cake – omelettartiges Gericht mit Rettich, Ei,
Knoblauch und Chili, auch bekannt als *chye tow kway*

kueh pie ti – frittierte Teigtaschen mit Garnelen, Chilisauce und gedämpften Rüben

otak – würzige Fischpaste in Bananenblättern gegart; ein
klassischer Peranakan-Snack, auch *otak-otak* genannt

papaya titek – eine Art Curryeintopf

satay bee hoon – Nudeln in Erdnusssauce

shui kueh – gedämpfte Rettichkuchen garniert mit
gebratenem, eingelegtem Rettich

soup tulang – Fleisch am Knochen in einer herzhaft-
scharfen, blutroten Tomatensauce

GLOSSAR

Siehe auch die Glossare für chinesische (S. 217), indische
(S. 217), malaiisch-indonesische (S. 217) und Peranakan-
Küche (oben).

adat – ungeschriebenes Recht der Malaien

akad nikah – malaiische Hochzeitszeremonie

ang pow – rotes Geldpaket als Opfergabe, Bezahlung
oder Geschenk

Baba – männlicher Peranakan

bandar – Hafen

batik – Technik des Textildrucks mit Wachs und Farbe

batu – Stein, Felsen, Meilenstein

bendahara – der höchste Beamte des Sultans

bercukur – malaiischer Haarschnitt

bertunang – sich verloben

bukit – Hügel

bumboat – motorisiertes *sampan*

bumiputra – einheimische Malaiien (wörtlich „Söhne
des Bodens")

chettiar – indischer Geldverleiher

chinthes – Fabelwesen, halb Löwe, halb Greif

chou – Clownfigur in der chinesischen Oper

godown – Lagerhäuser am Fluss

gopuram – bunter, reich verzierter Turm über dem
Eingang eines Hindutempels

gurdwara – Sikhtempel

hajj – muslimische Pilgerreise nach Mekka; ein Mann,
der eine solche Reise absolviert hat

hajjah – Frau, die nach Mekka gepilgert ist

hantar tanda – Einwilligung der Familie in eine
Eheschließung

haveli – traditionelles, mit Ornamenten geschmücktes
indisches Wohnhaus

hawker centre – überdachte Speiseareale mit Imbiss-ständen, auch bekannt als *hawker market*, *food court* und *food centre*

HDB – Housing & Development Board; staatliche Behörde für den öffentlichen und sozialen Wohnungsbau

imam – islamischer Geistlicher

istana – Palast

jalan – Straße

kallang – Werft

kampong – traditionelles malaiisches Dorf

kasot manek – Pantoffeln, Slipper

kavadi – Metallrahmen mit Dornen, geschmückt mit Pfauenfedern, Obst und Blumen, für die Thaipusam-Parade

kebaya – über dem Sarong getragene Bluse

kelong – Fischreuse auf Stelzen

kenduri – wichtiges malaiisches Festmahl

keramat – malaiischer Schrein

kerasong – Broschen, meist aus filigranem Gold oder Silber

kiasu – Hokkien-Wort, das die singapurische Philosophie des Bedachtseins auf den eigenen Vorteil ausdrückt

kongsi – chinesische Clan-Organisationen, deren Mitglieder sich gegenseitig unterstützen; auch als rituelle Bruderschaften, Triaden und Geheimgesellschaften bekannt

kopitiam – traditioneller Coffeeshop

kota – Festung, Stadt

kramat – malaiischer Schrein

KTM – Keretapi Tanah Malayu (malaiisches Eisenbahn-system)

kuala – Flussmündung, Ort wo ein Nebenfluss in einen größeren fließt

lorong – enge Straße, Gasse

masjid – Moschee

merlion – halb Löwe, halb Fisch und Symbol von Singapur

moksha – im Hinduismus Begriff für spirituelle Erlösung

MRT – (Mass Rapid Transit) Singapurs Metronetz

muezzin – Amtsträger einer Moschee, der die Gäubigen zum Gebet ruft

namakarana – indische Taufzeremonie

Nonya – weibliche Peranakan

padang – offene Rasenfläche; normalerweise der Hauptplatz der Stadt

pantai – Strand

PAP – People's Action Party, die Hauptpartei Singapurs

pasar – Markt

pasar malam – Nachtmarkt

penjing – chinesischer Bonsai

Peranakan – wörtlich „Halbblut"; bezieht sich auf die Straits-Chinesen, die ursprünglichen chinesischen Siedler Singapurs, die sich mit der malaiischen Bevölkerung durch Heirat verbanden und viele der malaiischen Gebräuche annahmen

pintu pagar – Schwingtüren, wie man sie in chinesi-schen Shophouses findet

po chai pills – traditionelles Heilmittel bei Reisedurchfall und kleineren Magenproblemen

pulau – Insel

raja – Fürst, Herrscher

Ramadan – islamischer Fastenmonat

rotan – Stock aus Rattan, mit dem Kriminelle gezüchtigt werden

sampan – kleines Boot

shen – Lokalgottheiten

Singlish – Variante des Englischen, wie sie in Singapur gesprochen wird

STB – Singapore Tourism Board (Fremdenverkehrszent-rale Singapur)

STDB – Singapore Trade Development Board (singapuri-sche Behörde für Handelsentwicklung)

sungei – Fluss

tai-tai – wohlhabende Müßiggängerin

tanjung – Kap, Landzunge

temenggong – malaiischer Verwaltungsbeamter

thali – Halskette, die von der Braut bei einer indischen Hochzeitszeremonie getragen wird; auch indisches Buffet mit Reis, gewürztem Gemüse, Suppe, verschiedenen Currys und Brot

thola – indische Gewichtseinheit

towkang – chinesische Dschunke

towkays – chinesische Geschäftsführer, Chefs

wayang – chinesische Straßenoper

wayang kulit – Schattenspiel

wet market – Markt für landwirtschaftliche Erzeugnisse

WTC – World Trade Centre

ÜBER DIESES BUCH

Dies ist die 1. deutsche Auflage von *Singapur,* basierend auf der mittlerweile 8. englischen Auflage, recherchiert und geschrieben von Mat Oakley und Joshua Samuel Brown. Die 7. Auflage wurde von Mat Oakley geschrieben, Simon Richmond überarbeitete die 6. Auflage. Der Reiseführer wurde vom Lonely Planet Büro in Melbourne in Auftrag gegeben. Die folgenden Personen waren an der Produktion beteiligt:

Verantwortliche Redakteure Holly Alexander, Shawn Low

Leitende Redakteure Victoria Harrison, Simon Williamson

Leitende Kartografen Jolyon Philcox, Peter Shields

Leitende Layoutdesignerin Indra Kilfoyle

Cheflektorat Helen Christinis, Katie Lynch

Kartografie David Connolly

Layout Celia Wood

Umschlagdesignerin Pepi Bluck

Projektmanager Chris Love

Redaktion Sprachführer Quentin Frayne

Dank an Chris Girdler, Nicole Hansen, Laura Jane, Yvonne Kirk, Lisa Knights, Wayne Murphy, Andy Rojas

Titelfotos Palmwedel in den Botanic Gardens, Rodney Hyett/Lonely Planet Images (oben); Parade zum chinesischen Neujahrsfest, David Noton Photography (unten)

Fotos im Innenteil Fotos im Innenteil von Lonely Planet Images: S. 2 Christian Aslund; S. 6 (Nr. 1), S. 8 (Nr. 2) Mervin Chua; S. 8 (Nr. 1), S. 9 (Nr. 2) Tom Cockrem; S. 4 (Nr. 1), S. 5 (Nr. 2), S. 7 (Nr. 3, Nr. 4), S. 10 (Nr. 1), S. 11 (Nr. 3), S. 12 (Nr. 1, Nr. 3) Felix Hug; S. 3, S. 4 (Nr. 3), S. 5 (Nr. 3), S. 9 (Nr. 1), S. 11 (Nr. 4), Richard I'Anson; S. 10 (Nr. 2) Paul Kennedy; S. 5 (Nr. 1) Aun Koh; S. 4 (Nr. 2), S. 6 (Nr. 2), S. 12 (Nr. 2) Phil Weymouth.

Soweit nicht anders angegeben, liegt das Copyright aller Fotos bei den jeweiligen Fotografen. Die meisten Fotos in diesem Reiseführer können bei Lonely Planet Images, www.lonelyplanetimages.com, auch lizenziert werden.

DANK DER AUTOREN
MAT OAKLEY

Dank an Ros Lim und Tracy Gan für die Vorschläge zum Thema Essen und alle sachkundigen Hinweise dazu, wo es das Beste und Leckerste gibt. Wie immer Dank an Shiwani für das Erdulden von Schlechte-Laune-Attacken und an Mae, die vor Ort alles rund um Kinderfreundlichkeit testet. Besondere Erwähnung gebührt Kristy Weller, ein Ausbund an Integrität und Ehrlichkeit und Inspiration für uns alle. Und zuletzt großen Dank an Lily, Leo und Lulu – die drei Ls, mit denen die Arbeit an diesem Buch zu einem echten Erlebnis wurde.

JOSHUA SAMUEL BROWN

Tief empfundener Dank an alle Freunde in Singapur, mit denen die Arbeit an diesem Buch weniger ein Job als vielmehr ein Lebensstil war: Ginny, Dawn, Ruqxana,

DIE LONELY PLANET STORY

Die Geschichte begann mit einem klassischen Reiseabenteuer: Tony und Maureen Wheeler tourten 1972 durch Europa und Asien nach Australien. Damals gab es für die Reise über Land keine wirklich hilfreichen Informationen, also veröffentlichten Tony und Maureen ihren ersten Lonely Planet Führer der dem ständig wachsenden Bedarf nach solchen Informationen entsprach.

Als Lonely Planet im Laufe der Jahre eine weltweit bekannte und beliebte Marke wurde, bekamen Tony und Maureen diverse Angebote für ihr Unternehmen. Erst 2007 fanden sie einen Geschäftspartner, dem sie zutrauten, ihren Prinzipien treu zu bleiben, die zwar ausgedehntes Reisen gutheißen, jedoch gleichzeitig verlangen, dabei umsichtig und umweltbewusst zu bleiben. Im Oktober 2007 kaufte BBC Worldwide 75 % des Unternehmens mit der Zusicherung, Lonely Planets Maxime aufrechtzuerhalten: unabhängiges Reisen, verlässliche Informationen und redaktionelle Unabhängigkeit.

Am Küchentisch fing alles an. Heute ist Lonely Planet der weltweit größte unabhängige Verlag für Reiseliteratur mit Büros in Melbourne (Australien), Oakland (USA) und London. Lonely Planet deckt den ganzen Globus ab, und die Liste der veröffentlichten Bücher und der Infos in verschiedenen Medien wird immer länger. Manche Dinge haben sich bis heute nicht verändert: Das Hauptziel ist nach wie vor, abenteuerlustigen Reisenden das an die Hand zu geben, was sie brauchen, um die Welt zu entdecken und besser zu verstehen.

Wir von Lonely Planet glauben, dass Traveller die Länder, die sie besuchen, bereichern können – sofern sie sich als Gäste respektvoll benehmen und ihr Geld klug ausgeben. Jedes Jahr spenden wir 5 % des Firmengewinns an karitative Einrichtungen rund um den Globus.

Jonathan, Asako und die Kinder, Wesley, Colin, Hanshih, Sakina Bridgit und natürlich der unglaubliche Tony Tan, ohne den das Buch nur halb so gut wäre (im besten Fall). Besonderer Dank an Alex Au, Victor Yue und Alvin Tan für die Interviews und ihr Wissen. Dieses Buch ist dem Andenken an Cliff Heller gewidmet, ohne den ich meinen ersten Besuch in Singapur vor Jahren allein hätte bewältigen müssen – und das nüchtern.

DANK VON LONELY PLANET

Wir möchten den Reisenden danken, die mit der letzten Ausgabe gereist sind und uns wertvolle Hinweise, nützliche Tipps und interessante Anekdoten mitteilten:

Mark Ackermoore, Bazga Ali, Marea Bass, Jeffree Benet, Itay Birger, Redvers Brandling, Jared Brubaker, Blake Brunner, Pensa Carlo, Julian Chin, Matt Collins, Roger Cornish, David Covill, Pamela Dawson, Rosanna D'Costa, Marja De Man, Mervyn Evans, Pat Eyre, Michael Fussthaler, Sally Gladstone, Fredrik Graffner, Donat Grgurovic, Spencer Han, Susanne Horras, Christoph Houben, Eveline How, Sharon How, Mike Howieson, Adrian Ineichen, Martha Iskyan, Rachel Janssen, Gillian Jeens, Martin Junginger, Eero Keränen, Yuncheul Kim, Darrel Kingham, Chan Kris, Rachel Lee, Louis Lehenaff, Dieter Von Lepel, Julian Lloyd, Woon Sien Loh, Borja Luque, Dominique Majecki, Mark Mallari, Oliver Munn, Wee Kee Nah, Karin Ohlin, Kerry Paterson, Haus Patterson, Jennifer Quong, Rishi Ramchand, Peter Randall, Rupert Reed, Shaun Rowley, Karl Ruloff,

WIR FREUEN UNS ÜBER EIN FEEDBACK

Post von Travellern zu bekommen ist für uns ungemein hilfreich – Kritik und Anregungen halten uns auf dem Laufenden und helfen, unsere Bücher zu verbessern. Unser reiseerfahrenes Team liest alle Zuschriften genau durch, um zu erfahren, was an unseren Reiseführern gut und was schlecht ist. Wir können solche Post zwar nicht individuell beantworten, aber jedes Feedback wird garantiert schnurstracks an die jeweiligen Autoren weitergeleitet, rechzeitig vor der nächsten Nachauflage.

Wer uns schreiben will, erreicht uns über www.lonelyplanet.com/kontakt.

Hinweis: Da wir Beiträge möglicherweise in Lonely Planet Produkten (Reiseführer, Websites, digitale Medien) veröffentlichen, ggf. auch in gekürzter Form, bitten wir um Mitteilung, falls ein Kommentar nicht veröffentlicht oder ein Name nicht genannt werden soll. Wer Näheres über unsere Datenschutzpolitik wissen will, erfährt das unter www.lonelyplanet.com/privacy.

Helga Schinkel, Lukas Schmid, Anke Schwabbauer, Scott Secker, Serene Seow, Ann Shield, Terry Sikora, Rogowski Stephen, Klaus Suemmerer, Craig Tehan, Ching Ching Tew, Jeyaram (Jack) Thangagelu, Kimon Theodossis, Stephen Wilson, David Yalin, Rodney Zandbergs, Sophia Zhang

HINTER DEN KULISSEN

Notizen

REGISTER

REGISTER

www.lonelyplanet.de

REGISTER

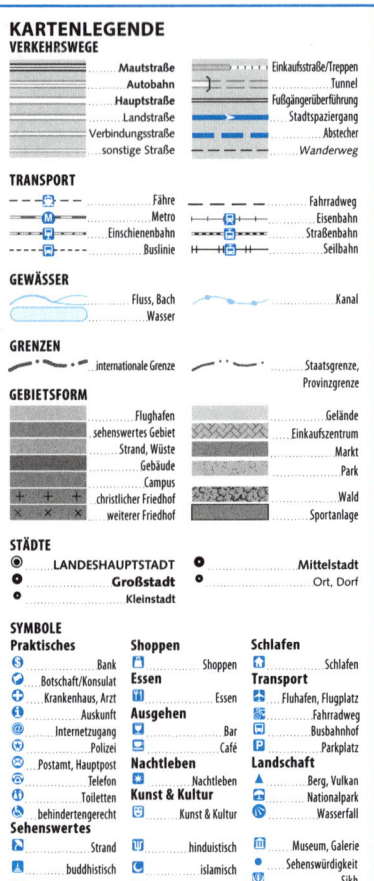

KARTENLEGENDE

VERKEHRSWEGE

- Mautstraße
- Autobahn
- Hauptstraße
- Landstraße
- Verbindungsstraße
- sonstige Straße
- Einkaufsstraße/Treppen
- Tunnel
- Fußgängerüberführung
- Stadtspaziergang
- Abstecher
- Wanderweg

TRANSPORT

- Fähre
- Metro
- Einschienenbahn
- Buslinie
- Fahrradweg
- Eisenbahn
- Straßenbahn
- Seilbahn

GEWÄSSER

- Fluss, Bach
- Wasser
- Kanal

GRENZEN

- internationale Grenze
- Staatsgrenze, Provinzgrenze

GEBIETSFORM

- Flughafen
- sehenswertes Gebiet
- Strand, Wüste
- Gebäude
- Campus
- christlicher Friedhof
- weiterer Friedhof
- Gelände
- Einkaufszentrum
- Markt
- Park
- Wald
- Sportanlage

STÄDTE

- LANDESHAUPTSTADT
- **Großstadt**
- Kleinstadt
- Mittelstadt
- Ort, Dorf

SYMBOLE

Praktisches
- Bank
- Botschaft/Konsulat
- Krankenhaus, Arzt
- Auskunft
- Internetzugang
- Polizei
- Postamt, Hauptpost
- Telefon
- Toiletten
- behindertengerecht

Sehenswertes
- Strand
- buddhistisch
- christlich
- konfuzianisch

Shoppen
- Shoppen
Essen
- Essen
Ausgehen
- Bar
- Café
Nachtleben
- Nachtleben
Kunst & Kultur
- Kunst & Kultur
- hinduistisch
- islamisch
- jüdisch
- taoistisch
- Denkmal

Schlafen
- Schlafen
Transport
- Flughafen, Flugplatz
- Fahrradweg
- Busbahnhof
- Parkplatz
Landschaft
- Berg, Vulkan
- Nationalpark
- Wasserfall
- Museum, Galerie
- Sehenswürdigkeit
- Sikh
- Zoo, Vogelschutzgebiet

Lonely Planet Publications,
Locked Bag 1, Footscray,
Victoria 3011, Australia

Verlag der deutschen Ausgabe:

MAIRDUMONT,
Marco-Polo-Str. 1, 73760 Ostfildern,
www.mairdumont.com,
lonelyplanet@mairdumont.com

Chefredakteurin deutsche Ausgabe:
Birgit Borowski

Redaktion und Lektorat: omnibooks (Bielefeld),
Jessica Vogt, Inga Westerteicher

Übersetzung: Olaf Bentkämper,
Inga Westerteicher, Andreas Zevgitis

Satz: Typomedia, Ostfildern/Scharnhausen

Singapur
1. deutsche Auflage August 2009,
übersetzt von *Singapore 8th edition,
Februar 2009* Lonely Planet Publications Pty

Deutsche Ausgabe
© Lonely Planet Publications Pty, August 2009

Fotos © Lonelyplanet Images,
wie angegeben (S. 220) 2009

Printed in China

Obwohl die Autoren und Lonely Planet alle Anstrengungen bei der Recherche und bei der Produktion dieses Reiseführers unternommen haben, können wir keine Garantie für die Richtigkeit und Vollständigkeit dieses Inhalts geben. Deswegen können wir auch keine Haftung für eventuell entstandenen Schaden übernehmen.